ELABORAÇÃO e AVALIAÇÃO de
PLANOS
DE NEGÓCIOS

Jocildo Figueiredo Correia Neto

ELABORAÇÃO e AVALIAÇÃO de PLANOS DE NEGÓCIOS

ALTA BOOKS
E D I T O R A
Rio de Janeiro, 2021

Elaboração e Avaliação de Planos de Negócios
Copyright © 2021 da Starlin Alta Editora e Consultoria Eireli.
ISBN: 978-65-5520-576-3

Todos os direitos estão reservados e protegidos por Lei. Nenhuma parte deste livro, sem autorização prévia por escrito da editora, poderá ser reproduzida ou transmitida. A violação dos Direitos Autorais é crime estabelecido na Lei nº 9.610/98 e com punição de acordo com o artigo 184 do Código Penal.

A editora não se responsabiliza pelo conteúdo da obra, formulada exclusivamente pelo(s) autor(es).

Marcas Registradas: Todos os termos mencionados e reconhecidos como Marca Registrada e/ou Comercial são de responsabilidade de seus proprietários. A editora informa não estar associada a nenhum produto e/ou fornecedor apresentado no livro.

Impresso no Brasil — 1ª Edição, 2021 — Edição revisada conforme o Acordo Ortográfico da Língua Portuguesa de 2009.

Erratas e arquivos de apoio: No site da editora relatamos, com a devida correção, qualquer erro encontrado em nossos livros, bem como disponibilizamos arquivos de apoio se aplicáveis à obra em questão.
Acesse o site www.altabooks.com.br e procure pelo título do livro desejado para ter acesso às erratas, aos arquivos de apoio e/ou a outros conteúdos aplicáveis à obra.

Suporte Técnico: A obra é comercializada na forma em que está, sem direito a suporte técnico ou orientação pessoal/exclusiva ao leitor.

A editora não se responsabiliza pela manutenção, atualização e idioma dos sites referidos pelos autores nesta obra.

Produção Editorial
Editora Alta Books

Gerência Comercial
Daniele Fonseca

Editor de Aquisição
José Rugeri
acquisition@altabooks.com.br

Produtores Editoriais
Illysabelle Trajano
Maria de Lourdes Borges
Thales Silva
Thiê Alves

Marketing Editorial
Livia Carvalho
Gabriela Carvalho
Thiago Brito
marketing@altabooks.com.br

Equipe de Design
Larissa Lima
Marcelli Ferreira
Paulo Gomes

Diretor Editorial
Anderson Vieira

Coordenação Financeira
Solange Souza

Assistente Editorial
Luana Goulart

Equipe Ass. Editorial
Brenda Rodrigues
Caroline David
Luana Rodrigues
Mariana Portugal
Raquel Porto

Equipe Comercial
Adriana Baricelli
Daiana Costa
Fillipe Amorim
Kaique Luiz
Victor Hugo Morais
Viviane Paiva

Atuaram na edição desta obra:

Revisão Gramatical
Natália Pacheco
Fernanda Lutfi

Capa
Rita Motta

Diagramação
Lucia Quaresma

Ouvidoria: ouvidoria@altabooks.com.br

Editora afiliada à:

Dados Internacionais de Catalogação na Publicação (CIP) de acordo com ISBD

C824e   Correia Neto, Jocildo Figueiredo
            Elaboração e Avaliação de Planos de Negócios / Jocildo Figueiredo Correia Neto. - Rio de Janeiro : Alta Books, 2021.
            384 p. ; 17cm x 24cm.

            Inclui índice e apêndice.
            ISBN: 978-65-5520-576-3

            1. Administração. 2. Negócios. 3. Plano de negócios. I. Título.

            CDD 658.4012
2021-3085   CDU 65.011.4

Elaborado por Vagner Rodolfo da Silva - CRB-8/9410

Rua Viúva Cláudio, 291 — Bairro Industrial do Jacaré
CEP: 20.970-031 — Rio de Janeiro (RJ)
Tels.: (21) 3278-8069 / 3278-8419
www.altabooks.com.br — altabooks@altabooks.com.br

SOBRE O AUTOR

Jocildo Figueiredo Correia Neto é professor do curso de administração da Universidade Federal do Ceará, doutor (FGV-SP/2010) e mestre (UNIFOR/2002) em administração de empresas, especialista em administração financeira (UECE/1999) e graduado em ciências da computação (UECE/1997). Atuou como executivo em empresas comerciais, de consultoria empresarial e de desenvolvimento de software. É autor e coautor de artigos científicos e dos seguintes livros:

- *Excel para profissionais de finanças*
- *Elaboração e avaliação de projetos de investimento*
- *Planejamento e controle orçamentário – Manual de orçamento empresarial*
- *Decisões de investimentos em Tecnologia da Informação – Vencendo os desafios da avaliação de projetos em TI*
- *Gestão financeira familiar – Como as empresas fazem*
- *Valuation empresarial – Avaliação de empresas considerando o risco*
- *Tomada de decisões gerenciais com analítica de dados – Aplicações práticas com Excel*

DEDICATÓRIA

A concepção de um plano de negócio requer coleta e análise de uma expressiva quantidade de dados, profunda capacidade analítica, competência para elaborar previsões refinadas, aguçada visão mercadológica e uma dose elevada de coragem. Todo esse esforço é consubstanciado em um documento que permitirá a tomada de decisões sobre a realização de um empreendimento.

Em muitos casos, esse empreendimento é o sonho de uma vida e a esperança de um futuro melhor. E sonhos e esperanças são infinitamente melhores quando compartilhados com quem você ama.

Compartilho todos os meus sonhos e as minhas esperanças com Isabel, Luna, Iuri e Caio.

SUMÁRIO

APRESENTAÇÃO	1
Proposta do livro	1
A quem se destina	2
Estruturação do livro	2

CAPÍTULO 1: INTRODUÇÃO	7
1.1. Conceito de plano de negócio	7
1.2. Campos de ação complementares	8
1.3. Os usos de um plano de negócio	9
1.4. Os propósitos de um plano de negócio	10
1.5. A complexidade em um plano de negócio	12
1.6. A incerteza em um plano de negócio	13
1.7. A multidisciplinaridade em um plano de negócio	15
1.8. Qualidade de um plano de negócio	16
1.9. Etapas nas quais um plano de negócio é elaborado	19
1.10. Visão geral da estrutura de um plano de negócio	23

CAPÍTULO 2: SEÇÃO INTRODUTÓRIA	25
2.1. Objetivos	25
2.2. Definições estratégicas do empreendimento	26
2.3. Produtos finais	26

CAPÍTULO 3: SEÇÃO MERCADOLÓGICA	29
3.1. Objetivos	29
3.2. Fundamentação da análise do ambiente externo	34
3.3. Pesquisas de mercado	52
3.4. Produtos finais	58

ELABORAÇÃO E AVALIAÇÃO DE PLANOS DE NEGÓCIOS

CAPÍTULO 4: SEÇÃO ESTRUTURAL — 71

4.1.	Objetivos	71
4.2.	Estrutura física para as atividades operacionais da empresa	74
4.3.	Relação entre a capacidade produtiva e o nível de atividade da empresa	83
4.4.	Manutenção e ampliação da capacidade produtiva	84
4.5.	Produtos finais	86

CAPÍTULO 5: SEÇÃO DE LOCALIZAÇÃO — 99

5.1.	Objetivos	99
5.2.	Orientações locacionais	100
5.3.	Variáveis locacionais	102
5.4.	Aspectos relevantes na definição da localização	105
5.5.	Critérios de comparação das alternativas	109
5.6.	Produtos finais	112

CAPÍTULO 6: SEÇÃO FINANCEIRA DE ATIVIDADES OPERACIONAIS — 115

6.1.	Aspectos relacionados à estrutura do fluxo de caixa do empreendimento	115
6.2.	Objetivos	117
6.3.	Conceitos básicos de contas operacionais	119
6.4.	Etapas da projeção do fluxo de caixa operacional	124
6.5.	Produtos finais	137

CAPÍTULO 7: SEÇÃO FINANCEIRA DE ATIVIDADES DE INVESTIMENTO — 161

7.1.	Objetivos	161
7.2.	Tipos de investimentos	163
7.3.	Reinvestimentos	183
7.4.	Produtos finais	190

CAPÍTULO 8: SEÇÃO FINANCEIRA DE ATIVIDADES DE FINANCIAMENTO — 193

8.1.	Objetivos	193
8.2.	Fontes de capital	195
8.3.	Custo de capital do empreendimento	206
8.4.	Produtos finais	213

Sumário xi

CAPÍTULO 9: SEÇÃO DE AVALIAÇÃO DA VIABILIDADE FINANCEIRA 219

9.1. Objetivos 220

9.2. Relações entre as seções do plano de negócio 220

9.3. Relações entre os fluxos de caixa 226

9.4. Fluxo de caixa da empresa e dos proprietários 237

9.5. Avaliação da viabilidade financeira do empreendimento 241

9.6. Produtos finais 247

CAPÍTULO 10: APRESENTAÇÃO DO PLANO DE NEGÓCIO 259

10.1. Sumário executivo 260

10.2. Apresentação oral do plano de negócio 261

APÊNDICE A: MÉTODOS DE CUSTEIO 265

A.1. Métodos de custeio por absorção e direto 265

A.2. Comparativo dos métodos de custeio em termos gerenciais 271

A.3. Impacto da escala de produção sobre os custos 277

APÊNDICE B: FORMAÇÃO DO PREÇO DE VENDA 281

B.1. Relação entre custo, preço e valor 281

B.2. Modelo de formação do preço de venda 283

B.3. Regimes de tributação federais 286

B.4. Regimes de tributação estaduais 287

B.5. Ciclo financeiro e custo financeiro 288

APÊNDICE C: AMORTIZAÇÃO DE EMPRÉSTIMOS 293

C.1. Sistema de amortização PRICE 293

C2. Sistema de amortização constante (SAC) 297

C.3. Comparação entre os métodos 300

ELABORAÇÃO E AVALIAÇÃO DE PLANOS DE NEGÓCIOS

APÊNDICE D: FUNDAMENTOS DA MATEMÁTICA FINANCEIRA — 303

D.1.	Valor do dinheiro no tempo	303
D.2.	Juros	305
D.3.	Taxas de juros	307
D.4.	Métodos de capitalização	309
D.5.	Equivalência de capitais	316
D.6.	Fluxos de caixa uniformes	322

APÊNDICE E: MÉTODOS DETERMINÍSTICOS DE VERIFICAÇÃO DA VIABILIDADE FINANCEIRA — 325

E.1.	Valor Presente Líquido (VPL)	326
E.2.	Valor Presente Líquido com taxas variáveis de desconto	329
E.3.	Valor presente de uma perpetuidade	334
E.4.	Taxa Interna de Retorno (TIR)	337

APÊNDICE F: TÉCNICAS DE AVALIAÇÃO FINANCEIRA CONSIDERANDO O RISCO — 343

F.1.	Conceitos e medidas de incerteza e risco	344
F.2.	Análise de cenários	350
F.3.	Simulação de Monte Carlo	355

ÍNDICE — 367

APRESENTAÇÃO

PROPOSTA DO LIVRO

O conceito de empreendedorismo está ganhando expressivo destaque em nossa sociedade. Muitas pessoas desejam criar seus próprios negócios. Comumente, essas pessoas são classificadas como empreendedores por necessidade ou por oportunidade. Empreendedores por necessidade são aqueles que, em função de um infortúnio, como a perda de emprego, por exemplo, veem-se sem renda e, diante dessa circunstância, forçam-se a criar o próprio negócio. Os empreendedores por oportunidade, ao contrário, não são motivados por uma circunstância negativa. Eles percebem uma necessidade mercadológica e, para explorá-la comercialmente, decidem criar um negócio.

Não somente pessoas físicas se enquadram em situações de empreendedorismo. Empresas já estabelecidas, em algum momento, também podem ter a necessidade de fazer novas empreitadas. Elas podem, por exemplo, expandir seus negócios como consequência de uma expectativa de ampliação do mercado atualmente atendido. Além disso, podem ampliar sua área de atuação, entrando em novos ramos de atividade, quer estes tenham ou não sinergia com o negócio original.

Ademais, o avanço tecnológico e o surgimento de novas necessidades proporcionam um ambiente adequado à criação de empreendimentos de base tecnológica, os quais desafiam as formas atuais e convencionais de atender aos anseios dos clientes. Potencialmente, podendo criar mercados até então inexistentes, o que coloca os empreendimentos diante de um cenário tanto arriscado quanto rentável — ambos em escalas muito fortes.

Outro ponto que merece atenção é a estratégia adotada por empresas para proporcionar crescimento. Empresas estabelecidas no mercado podem optar por crescer organicamente, utilizando os recursos disponíveis internamente ou, como alternativa, podem buscar ampliar sua participação de mercado por meio de aquisições de outras empresas ou fusões com empresas também estabelecidas no mercado. Neste último cenário, busca-se acelerar o aumento da participação de mercado, pois uma estrutura em pleno funcionamento será adquirida.

Percebe-se o quão efervescente está o mercado em termos de transações de aquisição e de fusões entre empresas (em inglês, *merger and acquisition*). Tais operações mostram-se fortemente intensas e com perspectivas de ampliação à medida que determinados setores de atividade tendem a se consolidar, gerando empresas de maior porte.

Frente a essas situações dinâmicas e arriscadas, é fundamental que o agente interessado no empreendimento verifique antecipadamente a existência da necessidade mercadológica, bem como a viabilidade de sua exploração. Além disso, é essencial identificar eventuais fatores de risco que possam prejudicar o funcionamento e a estruturação do empreendimento. Caso essa verificação prévia não seja realizada, o empreendedor poderá trilhar um caminho sem a devida preparação e orientação, estando sujeito a situações para as quais ele não se aprontou adequadamente. No limite, ele poderá decidir por realizar o empreendimento sem que este seja concebido de maneira viável, acarretando prejuízos financeiros expressivos.

O instrumento adequado a essa análise é o plano de negócio (*business plan*, em inglês). Ele é materializado por meio de um documento que contém todas as informações pertinentes ao empreendimento, sistematizadas de tal maneira que simulam a estruturação e o funcionamento do negócio, a fim de verificar antecipadamente a sua viabilidade. Esse plano também pode servir ao propósito de apresentar a ideia do negócio à outra parte interessada, tal como um potencial sócio.

Este livro se propõe a apresentar uma abordagem de elaboração e avaliação de planos de negócios por meio de técnicas, práticas e conceitos testados e aprovados. Ele busca orientar os agentes interessados em empreender a fazerem um plano de negócio consistente e abrangente, vislumbrando todos os aspectos que envolvem o planejamento do empreendimento, de forma a subsidiar adequadamente a decisão quanto à sua aceitação e execução.

A QUEM SE DESTINA

Este livro tem características voltadas tanto para o público acadêmico quanto profissional. Para estudantes de cursos de graduação e pós-graduação das áreas de gestão, tais como administração, contabilidade e economia, esta obra apresenta uma maneira de estruturar um plano de negócio com adequada fundamentação teórica e rigor na aplicação dos conceitos elencados.

Para profissionais de mercado envolvidos em processos de elaboração e avaliação de planos de negócios e/ou operações de aquisição e fusão, este livro proporciona uma maneira prática de elaborar os documentos necessários a essas operações e de avaliar a viabilidade financeira desses planos.

ESTRUTURAÇÃO DO LIVRO

O livro é estruturado em dez capítulos e seis apêndices. O primeiro capítulo aborda conceitos introdutórios, sem os quais o entendimento dos capítulos posteriores poderia ficar comprometido. Ele apresenta o conceito de um plano de negócio, seus campos de ação, os motivos para sua elaboração, suas características e etapas, critérios de qualidade e uma visão geral de sua estrutura. Ao final, o leitor deverá ter uma visão preliminar do que se trata e de como é composto um plano de negócio. Os oito capítulos seguintes apresentam as seções que tipicamente compõem um plano de negócio.

Como será posteriormente explicado, essa estruturação não é — nem poderia ser — imutável. Conforme suas características particulares, outros empreendimentos podem requerer uma estruturação diferente da sugerida neste livro. De toda forma, espera-se que a estrutura aqui apresentada e refletida tanto na ordem quanto na composição dos capítulos represente uma proposta potencialmente adequada à maioria das situações práticas.

Ainda em relação a esses oito capítulos, excetuando-se o segundo, que é ligeiramente mais simples (porém, não menos importante), suas formatações seguem uma linha única. No início de cada um, são apresentados os objetivos da respectiva seção, a fim de que o leitor compreenda o motivo de sua realização, bem como entenda a justificativa de sua posição no plano de negócio. Em seguida, são apresentadas referências teóricas e técnicas indispensáveis à elaboração dessa parte do plano de negócio. Por fim, os produtos finais de cada seção do plano de negócio são apresentados. Eles são os elementos que efetivamente integram o documento a ser elaborado, ou seja, os recursos pelos quais a avaliação de viabilidade é realizada.

O segundo capítulo aborda a seção introdutória do plano de negócio, que serve para apresentá-lo e para registrar alguns elementos prévios e necessários ao entendimento posterior do plano. Normalmente, contempla uma abordagem introdutória sobre as necessidades mercadológicas que um nicho de mercado apresenta e as formas de atender a essas necessidades. Abrange também as definições estratégicas basilares do empreendimento (visão, missão e valores) e a apresentação dos empreendedores proponentes do negócio. Além disso, evidencia a estrutura do documento.

O terceiro capítulo discorre sobre a seção mercadológica do plano de negócio. Nela, os resultados das pesquisas de mercado são registrados e analisados, os planejamentos mercadológico e comercial são estabelecidos, e são feitas as projeções para o nível de atividade do empreendimento.

O capítulo seguinte discorre sobre a seção estrutural, cujo objetivo é determinar a estrutura física necessária e mais adequada à operação do empreendimento. Nela, as necessidades estruturais para suportar as atividades produtivas e administrativas devem ser contempladas.

O quinto capítulo apresenta a seção de localização. Seu objetivo é determinar o(s) melhor(es) local(is) para sediar o empreendimento. Além desse estabelecimento geográfico, é importante identificar a melhor forma de dispor desse(s) local(is).

Os quatro capítulos seguintes são destinados mais especificamente ao aspecto financeiro do plano de negócio, usualmente composto por quatro seções. Isso se deve ao fato de que, dadas as características dos fluxos de caixa e a sua complexidade (que serão abordadas mais adiante), decidiu-se dividir as seções de acordo com os tipos de fluxo de caixa, os quais decorrem de três tipos de atividades desenvolvidas em um empreendimento.

Por sua vez, o sexto capítulo aborda a seção financeira dedicada às atividades operacionais do empreendimento. São objetos dessa seção as projeções de receitas operacionais, custos produtivos e despesas operacionais, além de algumas análises gerenciais relevantes.

O sétimo capítulo apresenta a seção financeira pertinente às atividades de investimento. Nessa seção, são projetadas as movimentações financeiras referentes aos investimentos e reinvestimentos em ativos fixos e em capital de giro.

O capítulo seguinte abrange a seção financeira das atividades de financiamento. São discutidas as fontes de capital, suas características, vantagens e desvantagens. Ao final dela, as movimentações financeiras decorrentes das decisões de financiamento do negócio são projetadas.

O nono capítulo apresenta a avaliação da viabilidade financeira do plano de negócio. Nela, o fluxo de caixa consolidado do empreendimento é projetado e avaliado financeiramente, a fim de indicar se ele, tal como foi concebido, é viável ou não. Ao final dessa seção, deve-se ter um parecer a respeito da viabilidade do negócio, a partir do qual os interessados podem tomar uma decisão.

O décimo capítulo não representa necessariamente uma seção do plano de negócio típico, mas traz discussões e elementos complementares importantes para auxiliar a "venda" do plano a possíveis interessados. O capítulo aborda o sumário executivo e sugestões para apresentar o plano em rodadas de divulgação de planos de negócios.

Concluídos esses capítulos, são apresentados seis apêndices. A motivação para colocar esses tópicos em apêndices é que, caso o leitor domine alguns deles, pode deixar de consultá-los sem prejuízo do entendimento e da continuidade dos capítulos. Ainda assim, mesmo que o leitor tenha conhecimento sobre os tópicos dos apêndices, sugere-se que eles sejam lidos, uma vez que os assuntos são abordados de maneira direcionada às necessidades específicas da elaboração e avaliação do plano de negócio.

O primeiro apêndice aborda métodos de custeio. Eles são essenciais para compor a seção financeira operacional do plano de negócio, uma vez que, dentre outras necessidades e objetivos, ela deve contemplar os custos estimados em função dos esforços de gerar os produtos e/ou os serviços a serem levados ao mercado. Além de mostrar como calcular custos por meio de dois métodos de custeio, esse apêndice traz uma discussão sobre a adequabilidade deles do ponto de vista gerencial.

O segundo apêndice apresenta uma maneira de formar o preço de venda direcionada predominantemente a produtos. Como o plano de negócio pressupõe a venda de produtos e serviços ao mercado, tais transações são mediadas por preços que devem ser estipulados. Portanto, a determinação de preços é central em qualquer plano de negócio e deve ser contemplada por ele.

Como há certa probabilidade de o empreendimento incorporar dívidas (o que é analisado na seção financeira de financiamento), deve-se conhecer os conceitos e métodos de amortização de empréstimos. Posto isso, o terceiro apêndice aborda duas formas de amortização de empréstimos que provavelmente são as mais conhecidas e usadas: SAC e PRICE. A forma de cálculo será apresentada para algumas circunstâncias tipicamente observadas na prática.

O quarto apêndice revisa conceitos básicos de matemática financeira, os quais são necessários ao entendimento das discussões sobre avaliação financeira. Focando os conceitos de juros, métodos de capitalização (simples, composto e contínuo) e equivalência de capital, esse apêndice é uma base conceitual importante para permitir o emprego dos métodos usados na verificação da viabilidade financeira do empreendimento.

Para que a última seção do plano de negócio seja devidamente elaborada, o que permitirá a avaliação da viabilidade do empreendimento, é necessário conhecer e aplicar técnicas de avaliação financeira. O quinto apêndice traz a técnica determinística de avaliação financeira mais adequada a esse propósito e à estruturação delineada nas seções do plano de negócio. O valor presente líquido (VPL) é apresentado, bem como a interpretação que se pode fazer do seu resultado. Nesse mesmo apêndice, são apresentados uma adaptação do seu cálculo para acomodar taxas variáveis de desconto e o cálculo do valor presente de uma perpetuidade, ambos necessários em determinadas circunstâncias de avaliação. Além do VPL, esse apêndice aborda a taxa interna de retorno (TIR) como outro método que pode ser empregado na verificação da viabilidade financeira do empreendimento.

O apêndice seguinte, último do livro, amplia essa discussão, abordando técnicas de avaliação financeira que consideram o risco. Inicialmente, debate-se sobre incerteza e risco e, em seguida, apresentam-se os métodos de análise de cenários e a simulação de Monte Carlo.

É importante destacar que, ao abordar essas técnicas, o leitor terá uma boa ideia de como se faz a avaliação do empreendimento (em inglês, *valuation*) por meio do chamado método do fluxo de caixa descontado. Apesar de esse não ser diretamente o foco da apresentação, todo o esforço envidado conduz naturalmente à avaliação do empreendimento, o que pode trazer um conteúdo informacional valioso e adicional à estrita identificação de viabilidade financeira. Portanto, não é inadequado afirmar que o leitor terá uma visão preliminar de como fazer um *valuation* pelo método do fluxo de caixa descontado.

O material suplementar deste livro está disponível no site www.altabooks.com.br (mediante busca pelo título do livro).

Capítulo 1
INTRODUÇÃO

Este capítulo tem o objetivo de apresentar conceitos necessários ao entendimento inicial sobre plano de negócio (*business plan*). Tais conceitos serão cruciais à leitura do livro e percebidos claramente na prática quando o leitor fizer seu próprio plano de negócio.

Primeiramente, o capítulo conceitua plano de negócio e os seus campos de ação. Em seguida, traz alguns de seus usos e propósitos. Posteriormente, discorre sobre características típicas dos planos de negócios (complexidade, incerteza e multidisciplinaridade). O capítulo segue com uma discussão sobre a qualidade de um plano de negócio e a apresentação de etapas típicas dentro das quais ele costuma ser elaborado. Por fim, elenca brevemente a sua estrutura conforme sugerida neste livro.

1.1. CONCEITO DE PLANO DE NEGÓCIO

Todo empreendimento comercial ou industrial requer o comprometimento de inúmeros tipos de recursos (humanos, financeiros, econômicos, tecnológicos, estruturais, informacionais etc.). Eles são empregados para estruturar a empresa e fazê-la funcionar, com o intuito de levar produtos e/ou serviços para um mercado-alvo, o qual supostamente tem necessidades que serão atendidas pelo consumo ou utilização desses produtos e/ou serviços.

Após empregar esses recursos na estruturação inicial da empresa e na sua capacidade de operar, eles deverão ser remunerados, gerando, em uma situação favorável, retorno sobre os investimentos feitos e criando valor aos empreendedores. Para gerar esse retorno desejado, o empreendimento deverá ter uma operação bem-sucedida no decorrer de um longo período. Verificar o retorno implica, portanto, durante um horizonte temporal longo, fazer uma análise sem a qual não será possível evidenciar o retorno que o empreendimento proporcionará.

Para criar o negócio, o empreendedor deve subsidiar sua decisão por meio da coleta e da análise de uma série de informações originadas de fontes internas e externas a respeito da sua estruturação e do seu funcionamento. Com tais informações, o empreendedor pode fundamentar melhor sua escolha de investir ou não na empresa. O detalhe relevante é que essa análise deverá abranger todo o ciclo de vida esperado do empreendimento, desde a sua estruturação até o seu funcionamento, que pode ter uma data definida para ser encerrado ou não (esse último corresponde à maioria dos casos).

ELABORAÇÃO E AVALIAÇÃO DE PLANOS DE NEGÓCIOS

Portanto, nesse contexto, **o plano de negócio consiste em um conjunto de informações ordenadas e sistematizadas de maneira racional que permite projetar como o empreendimento será estruturado e funcionará, a fim de subsidiar a decisão de investimento nele.** O plano de negócio é, basicamente, uma simulação prévia de todas as etapas de estruturação e de funcionamento do empreendimento, com o objetivo principal de subsidiar as decisões de investimento do empreendedor e/ou de outros interessados. Assim, o plano de negócio deve incorporar informações que permitirão a quem tenha interesse verificar antecipadamente a viabilidade do negócio, a fim de decidir se o empreendimento será realizado ou não. Tal viabilidade é analisada principalmente sob o aspecto financeiro, apesar de não se limitar somente a ele. Isso ocorre porque, se a viabilidade não for evidenciada, o empreendimento não terá condições mínimas para funcionar de maneira autônoma, por mais que outros aspectos se mostrem exequíveis.

1.2. CAMPOS DE AÇÃO COMPLEMENTARES

No contexto descrito, um plano de negócio apresenta dois campos de ação complementares. São duas perspectivas complementares que, em conjunto, conferem-lhe uma relevante importância e deixam claros os seus objetivos.

O primeiro campo de ação de um plano de negócio é a sua elaboração. É o esforço de conceber um documento que contenha todas as informações relevantes sobre a estruturação e o funcionamento da empresa analisada; e que contenha todos os elementos sobre os quais o decisor deve se apoiar na sua escolha, abrangendo todas as variáveis pertinentes ao negócio, da forma mais detalhada e com o maior grau de qualidade possíveis.

O segundo campo de ação é justamente a avaliação do plano de negócio anteriormente elaborado. Uma vez que a elaboração do plano de negócio é concluída, esse documento deverá conter todas as informações necessárias a uma avaliação. Predominantemente, o critério de avaliação tende a ser financeiro e usa informações e técnicas pertinentes. Porém, adicionalmente, outros critérios poderão ser usados para permitir a avaliação, a depender da natureza do empreendimento.

Ciente desses dois domínios complementares, a equipe que está elaborando o plano de negócio deve considerar que o resultado do seu trabalho será inevitavelmente submetido a uma avaliação. Portanto, mesmo que a equipe esteja envolvida somente na sua elaboração, ela deve fazê-lo a par de como o documento será avaliado posteriormente.

A avaliação, por sua vez, pode ter duas perspectivas complementares. A primeira acontece sob a ótica da empresa em si. Nesse prisma, a avaliação será feita em relação à viabilidade financeira do empreendimento como um todo, independentemente de quem são seus proprietários. A segunda perspectiva de avaliação se dá na ótica dos proprietários da empresa, ou seja, ela indicará se o negócio é atrativo para os proprietários.

Portanto, um mesmo plano de negócio, a depender de quem está patrocinando sua elaboração ou do propósito da análise, pode ser usado para apontar a viabilidade do empreendimento em si (avaliação da empresa) e/ou dos seus sócios (avaliação dos proprietários). Ambas as perspectivas de avaliação serão tratadas mais adiante.

1.3. OS USOS DE UM PLANO DE NEGÓCIO

Antes de comprometer recursos distintos e consolidá-los na forma de uma empresa, é importante verificar se há viabilidade nesse esforço. Não é recomendado estruturar e operar uma empresa sem antecipadamente planejar todos os aspectos que a envolvem da forma mais minuciosa possível. Essencialmente, o plano de negócio é usado para indicar se o empreendimento é viável ou não. É um documento utilizado internamente pelos seus proponentes com o objetivo de averiguar, por meio da comparação entre os recursos comprometidos e os retornos esperados, se é interessante realizá-lo.

Adicionalmente, o plano de negócio pode ser empregado para fins de obtenção de recursos financeiros junto a instituições financiadoras (públicas ou privadas), órgãos de fomento ou fundos de *private equity*, por exemplo. Esse tipo de uso deve respeitar as formalidades impostas e a estrutura indicada pela organização que analisará o plano. Como as organizações que avaliam planos de negócios costumam receber e analisar muitas propostas de empreendimentos, elas exigem que eles sejam submetidos dentro de uma padronização, sem a qual a análise comparativa seria dificultada.

Tipicamente, o plano de negócio voltado para buscar recursos financeiros externos deriva do plano de negócio feito anteriormente para que os proponentes verificassem internamente a sua viabilidade. Assim, inicialmente, a equipe que está desenvolvendo o plano de negócio o faz para fins internos e, somente se houver indicação de viabilidade do empreendimento, as suas opções de submissão a entes externos serão listadas. A partir daí, os planos de negócios a serem encaminhados aos possíveis financiadores serão elaborados com base nas informações do plano de negócio interno e de acordo com as regras das organizações para as quais eles serão submetidos.

Nota-se que o segundo tipo de plano de negócio evidencia outra importante função além da indicação de viabilidade do empreendimento. Ele também é um instrumento de comunicação por meio do qual são comunicadas as necessidades de investimento, os riscos assumidos, as necessidades de mercado a serem atendidas, os retornos qualitativos e quantitativos esperados, dentre várias outras informações que serão, no conjunto, necessárias para que as partes que o receberem possam tomar uma decisão — se farão parte ou não da empresa.

A utilização do plano de negócio não se encerra após a decisão de aceitação do empreendimento. Se a criação da empresa for aprovada e entrar em funcionamento, o plano serve para permitir o acompanhamento dos seus resultados e verificar se eles correspondem às projeções.

Esse uso mostra outro propósito não indicado até então. O plano de negócio não é apenas um instrumento prospectivo, por meio do qual uma decisão de investimento baseada em estimativas é tomada. Ele serve igualmente como um instrumento de controle, o qual pode servir de *benchmarking* durante a execução do empreendimento. Isso porque o plano de negócio contém informações sobre o funcionamento do empreendimento que não podem ser simplesmente ignoradas. Elas podem servir para balizar o funcionamento do empreendimento, indicando se os resultados alcançados estão coerentes com os projetados. Caso os resultados alcançados estejam aquém do que foi projetado, pode-se perceber uma necessidade de alteração de rumo e do funcionamento, a fim de favorecer a melhoria dos resultados. Caso os resultados sejam compatíveis com o que foi projetado ou até mesmo superiores, então há uma indicação de que tudo aquilo que foi projetado está sendo devidamente observado e que as coisas estão se desenvolvendo a contento.

O quadro a seguir resume tais usos:

QUADRO 1 – Usos de um plano de negócio

USO	DESCRIÇÃO
Interno	Análise interna da viabilidade financeira de um empreendimento.
Comunicação	Encaminhamento da proposta de um negócio a possíveis interessados.
Acompanhamento e controle	Instrumento de acompanhamento e controle de resultados realizados frente aos projetados.

1.4. OS PROPÓSITOS DE UM PLANO DE NEGÓCIO

Um plano de negócio pode ter diferentes propósitos, alguns dos quais serão apresentados aqui.

Quando se deseja executar um empreendimento completamente novo, sem qualquer estruturação ou funcionamento anteriores, diz-se que se tem uma implantação. Nesse caso, o plano de negócio simulará a criação de uma empresa nova e deverá permitir sua avaliação como um todo, desde a sua estruturação inicial.

Essa circunstância, normalmente, requer mais informações para a sua elaboração, uma vez que todos os aspectos do empreendimento devem necessariamente ser contemplados, e não somente uma parte. Isso, por si só, já indica uma ampla necessidade informacional, o que sugere ser imprescindível passar por todas as seções componentes de um plano de negócio.

Imaginando agora um empreendimento já em funcionamento, podem ocorrer estímulos externos positivos ou negativos que impõem a necessidade de alterar o empreendimento e, consequentemente, verificar antecipadamente a sua viabilidade.

Um estímulo externo positivo pode ser compreendido como um fato novo no mercado ou uma expectativa de aumento da demanda por seus produtos ou serviços, os quais podem ser explorados como oportunidades mercadológicas. Como resposta a, por exemplo, um aumento da demanda de mercado, pode-se desejar ampliar a capacidade produtiva. Nesse caso, deve-se verificar se a ampliação da capacidade produtiva é justificada e gerará retornos superiores aos desembolsos.

Outra situação é a possibilidade de ampliar a área de atuação da empresa. Pode-se pensar em atuar comercialmente em outros estados ou países, o que vai requerer investimentos adicionais, sejam em aumento do processo produtivo ou na ampliação das estruturas de atendimento comercial e logístico aos clientes. Essa situação requer a elaboração de um plano de negócio que verifique a viabilidade da expansão ou ampliação.

Um estímulo externo negativo, por outro lado, é uma indicação de que a demanda pelos seus produtos ou serviços sofrerá uma redução. Nesse caso, a fim de evitar manter uma capacidade produtiva e/ou administrativa ociosa, verifica-se a pertinência e a viabilidade de reduzir a escala de funcionamento do empreendimento. Uma planta fabril pode ser vendida ou uma unidade de negócio pode ser descontinuada. Em ambos os casos, frente ao novo nível de demanda no mercado, os custos e os benefícios devem ser analisados. Esse tipo de circunstância leva à elaboração de um plano de negócio de contração.

Em alguns casos, a distinção entre um plano de negócio para implantar uma nova empresa ou expandir uma existente torna-se tênue. Para fins ilustrativos, imagine dois planos que estão sendo elaborados por uma empresa que já atua em determinada região por meio da produção e venda de uma linha de produtos: o primeiro trata da ampliação da área de atuação da empresa para outras regiões do país, com a comercialização dos mesmos produtos atualmente fabricados e comercializados; o segundo trata da criação de uma nova unidade de negócios que fabricará e venderá outros tipos de produto que serão ofertados aos mesmos clientes atualmente atendidos (essa linha será complementar à original).

Perceba que esses dois planos de negócios hipotéticos têm, simultaneamente, características de implantação e de ampliação. No primeiro, ao buscar atuar em uma outra área geográfica, algumas questões são próprias de implantação, como, por exemplo, atender clientes novos com os quais não havia anteriormente qualquer tipo de relacionamento comercial e estruturar um sistema de logística antes não existente. No entanto, há determinados aspectos do empreendimento que serão aproveitados, e outros, ampliados, o que confere uma característica de ampliação.

No segundo, há elementos de implantação como, por exemplo, uma nova linha de produção, podendo indicar a necessidade de outros fornecedores, outras matérias-primas, outras habilidades produtivas etc. Também há elementos de ampliação, tais como o aproveitamento de toda a estrutura de logística atualmente em uso, da equipe comercial, do atendimento pós-venda etc. O que esses e outros pontos talvez precisem é de um aumento de suas capacidades. Porém, a base sobre a qual eles serão projetados é a que está atualmente em uso.

Em todo caso, não raro, um plano de implantação pode ser concebido já com uma expansão programada. Esse cenário é a elaboração de um plano de implantação de um negócio já com expectativa de que, em um horizonte temporal previsível, haverá aumento da demanda pelos produtos/serviços ofertados. Diante dessa perspectiva, já é prevista a expansão para aproveitar essa oportunidade. Portanto, dentro de uma implantação, já se tem uma ou mais expansões.

1.5. A COMPLEXIDADE EM UM PLANO DE NEGÓCIO

O que pode ser adotado como indicador do nível de complexidade de um objeto de estudo ou de uma decisão? Um possível indicador é a quantidade de variáveis associadas a esse objeto ou às decisões a ele pertinentes. Geralmente, o grau de complexidade é diretamente proporcional à quantidade de variáveis que envolvem as decisões sobre o objeto. Quanto mais variáveis envolvidas no processo decisório, mais complexa a decisão se torna.

Imagine uma decisão que envolva uma única variável, a qual pode apresentar apenas um de dois estados possíveis. Subir ou descer, ir ou ficar, ligar ou desligar, direita ou esquerda etc. De modo geral, são decisões que apresentam um nível de complexidade mais baixo, uma vez que se tem boa capacidade de lidar com essa quantidade de variáveis e de estados. Além disso, os desdobramentos e consequências da decisão tendem a ser elencados e analisados de forma razoavelmente fácil. Porém, à medida que novas variáveis são adicionadas, a capacidade analítica vai tornando-se mais difícil, forçando o emprego de recursos mais sofisticados para analisar os possíveis estados assumidos por essas variáveis, bem como as consequências de cada um desses estados.

Existem alguns motivos para essa dificuldade crescente com o aumento do número de variáveis. Em primeiro lugar, as variáveis podem ter inter-relacionamentos, o que requer uma avaliação conjunta de todas elas, e não uma avaliação individual e isolada. O estado de uma variável pode trazer implicações sobre outras e vice-versa. O comportamento de algumas variáveis pode ser requisito, impulsionador ou limitador, para o comportamento de outras.

Um segundo motivo é que nem todas as variáveis têm apenas duas possibilidades de estado da natureza (variáveis dicotômicas, em verdade, podem até mesmo ser raras). Muitas delas podem ter várias possibilidades de resultado. A depender da natureza da variável em questão, ela pode ser discreta ou contínua. Uma variável discreta apresenta múltiplas, mas finitas possibilidades de estado dentro de um intervalo de valores ou de categorias. Por exemplo, a quantidade de clientes atendidos em determinado período ou as diferentes cores de um lote de carros. Por sua vez, uma variável contínua pode assumir infinitos valores dentro de uma faixa de possibilidades. Como exemplos, citam-se o nível de faturamento ou de inadimplência de uma empresa.

O último motivo, mas não menos importante, é que as variáveis a serem consideradas podem ter diferentes naturezas: qualitativas ou quantitativas. Isso impõe diferentes abordagens para sua coleta e análise, já que tanto os instrumentos de coleta como os de análise devem ser compatíveis com o tipo de variável.

Por tudo isso, à medida que mais variáveis são incorporadas, aumenta-se a dificuldade inerente às análises, à previsibilidade e à avaliação dos desdobramentos. Portanto, a capacidade analítica torna-se mais árdua em uma situação com muitas variáveis.

Qual é a relação desse conceito com o plano de negócio?

O objetivo de um plano de negócio é permitir, antecipadamente, a avaliação da viabilidade de um empreendimento, de forma a possibilitar que o interessado tome a decisão de seguir adiante ou não. Para tanto, o plano de negócio deve simular a estruturação e o funcionamento desse empreendimento da maneira mais abrangente possível, a fim de projetar os seus resultados esperados.

Ainda que se trate de um empreendimento de pequeno porte, há inevitavelmente uma quantidade relevante de variáveis envolvidas, as quais devem ser admitidas nesse esforço de prospecção. Um plano de negócio que vise criar uma grande empresa industrial, por exemplo, requer a consideração de variáveis relacionadas ao mercado, ao processo produtivo, às necessidades de obras civis, ao impacto ambiental, ao mercado fornecedor de matérias-primas e insumos, às formas de financiamento disponíveis, à mão de obra disponível, dentre inúmeras outras. O plano de negócio de uma pequena empresa de prestação de serviços, apesar de ser bem menor do que o de uma indústria de grande porte, também se depara com muitas variáveis, exigindo que se dirija um bom grau de atenção a elas.

Além disso, as informações devem ser analisadas em conjunto, observando todas as possíveis inter-relações, o que torna essa tarefa especialmente complexa. Tome como exemplo a relação existente entre o preço de uma mercadoria e a sua quantidade demandada (conceito de elasticidade preço-demanda). É uma ideia que exemplifica como duas variáveis podem ter um inter-relacionamento que não pode ser ignorado na análise.

Sendo assim, a elaboração de um plano de negócio é naturalmente uma atividade complexa, dado o expressivo número de variáveis envolvidas, bem como suas várias naturezas.

1.6. A INCERTEZA EM UM PLANO DE NEGÓCIO

A incerteza também costuma ser uma característica comum aos planos de negócios. Em decorrência da quantidade de variáveis envolvidas (complexidade) e do momento em que ele é elaborado (antes da execução do empreendimento), inevitavelmente haverá algum nível de incerteza. Afinal de contas, todo ato de projeção, em si, está sujeito à incerteza.

Essencialmente, elaborar um plano de negócio envolve estimar o futuro. É necessário que a equipe projete todos os desdobramentos e os resultados financeiros decorrentes do comportamento dessas variáveis. A incerteza existe quando não se sabe ao certo se o resultado previsto realmente acontecerá conforme esperado, havendo uma possibilidade, maior ou menor, dependendo do caso, de que o resultado posteriormente observado seja diferente do projetado antecipadamente. Dessa forma, os resultados projetados, decorrentes da decisão de se investir no empreendimento, corresponderão à expectativa de valores e/ou estados da natureza de uma série de variáveis e, portanto, serão incertos.

Admita, por exemplo, uma cadeia de lojas de roupa infantil. Os gestores desejam verificar a viabilidade de abrir uma filial em um shopping center a ser aberto. Para verificá-la, dentre outras informações, é preciso estimar o fluxo esperado de clientes no shopping e na loja. No entanto, essa informação é bastante incerta, uma vez que o shopping não está em funcionamento e não há informações precisas sobre esse fluxo de clientes. Mesmo que esse shopping fosse antigo, e com um fluxo de clientes bem estável, ainda assim haveria incerteza sobre a quantidade de clientes. A imprecisão de tal informação agrega ao plano de negócio um elemento de incerteza, o que pode comprometer a qualidade dos resultados esperados.

Além disso, note que há variáveis sobre as quais os gestores de um empreendimento terão controle e outras, não. A respeito das variáveis sobre as quais se tem controle, de modo geral, há um melhor grau de previsibilidade sobre o seu comportamento futuro. Se, por exemplo, o desembolso com premiação por produtividade dos funcionários ligados ao processo produtivo depende de regras definidas internamente, então essa previsão dos desembolsos é mais fácil, de modo que, supostamente, haverá menos incerteza — ainda que ela não desapareça completamente, dada a existência de inúmeros fatores que podem afetar o nível de produtividade.

Para itens que sofrem impactos de uma variável sobre a qual o empreendimento não tem controle, de modo geral, sua previsibilidade será ainda mais incerta. Imagine uma empresa comercial cuja mercadoria a ser revendida é importada. Os custos das mercadorias vendidas, nesse caso, estarão intimamente ligados às cotações da moeda estrangeira. Sendo assim, para essa empresa, há um relevante fator de risco associado à cotação cambial. Variações cambiais afetarão direta e fortemente o custo da mercadoria a ser vendida, o qual, certamente, é um elemento bastante expressivo em seu fluxo de caixa, por se tratar de uma empresa comercial. Por mais que seja um fator *a priori* reconhecido (ou, pelo menos, deveria ser), a falta de ingerência da empresa sobre o câmbio torna o ato de prever essa variável um esforço sujeito a um grau considerável de incerteza.

Tal dificuldade ainda é potencializada quando se contempla o fator tempo. É mais fácil prever o comportamento de uma variável para um prazo mais curto do que para um prazo mais longo. É mais fácil prever a taxa de câmbio para daqui a um dia do que para daqui a um mês, um ano ou mais. Certamente, é mais fácil coletar dados e/ou estabelecer uma linha de raciocínio para períodos mais próximos da realidade atual. Em todo caso, quando se pensa na elaboração de um plano de negócio para verificar antecipadamente a viabilidade de um empreendimento, lida-se com prazos longos de decisão e de simulação, o que torna essa situação comum.

Naturalmente, o plano de negócio pode prever o uso de instrumentos que diminuam ou reduzam completamente alguns fatores de incerteza. Nesse caso, ele deve considerar esse uso, e na maioria das vezes tais instrumentos têm um custo de aquisição que deve ser mensurado. Derivativos, tais como contratos futuros, swaps e opções, por exemplo, podem ser utilizados para reduzir a variabilidade dos resultados de algumas atividades que dependem, direta ou indiretamente, de taxas de câmbio, taxas de juro, preços de *commodities* etc. Porém, na prática, tais instrumentos redutores da incerteza não são usados para eliminar completamente a incerteza, por imputarem um ônus financeiro muito expressivo.

1.7. A MULTIDISCIPLINARIDADE EM UM PLANO DE NEGÓCIO

Pense em uma empresa. Tipicamente, é formada por vários departamentos que se inter-relacionam a fim de que ela funcione adequadamente. Cada departamento tem uma função definida, cuja execução contribui para o desempenho da empresa no mercado em que atua.

Se você pensar sobre essa empresa pela perspectiva da abordagem sistêmica, ela pode ser representada por um sistema formado por vários subsistemas inter-relacionados. Tais subsistemas trabalham conjuntamente para permitir que o sistema completo (empresa) sobreviva no ecossistema (mercado) no qual está inserido. Caso esses subsistemas (departamentos) não trabalhem harmonicamente, o sistema (empresa) não terá um desempenho adequado no ecossistema (mercado). Como elaborar um plano de negócio é, essencialmente, projetar a estruturação e o funcionamento futuro do empreendimento, é fácil perceber que a estruturação e o funcionamento de cada departamento devem ser projetados. Caso não o sejam, o esforço feito pode gerar um resultado pouco confiável.

Considerando essa requerida multiplicidade de segmentos e em decorrência das características anteriormente discutidas, percebe-se que, para elaborar adequadamente um plano de negócio, são necessárias informações bastante variadas e relacionadas a diversos aspectos do empreendimento. Normalmente, essa variedade requerida de informações leva à necessidade de agregar pessoas de várias especialidades à equipe que elaborará o plano.

Como o plano de negócio para a criação de uma empresa requer informações necessárias à simulação da estruturação e do funcionamento de todos os seus departamentos, se não houver uma equipe multidisciplinar que conheça profundamente o comportamento de todos eles, a probabilidade de o esforço não contemplar todos os aspectos necessários aumenta consideravelmente. A falta de multidisciplinaridade pode implicar a incapacidade de desenvolver todas as partes do plano de negócio.

Ademais, como o plano de negócio requer a execução de várias coletas e análises de dados, a equipe participante deve deter o conhecimento específico em cada técnica requerida. Portanto, análises estatísticas e financeiras, pesquisas de mercado, cálculos de custos e tributos, concepção de minutas de contrato, definição de estrutura física, dentre tantas outras necessidades que o plano de negócio impõe, exemplificam o quão multidisciplinar deve ser a equipe de elaboração.

É importante mencionar que tal circunstância exige do principal gestor da equipe responsável pela elaboração do plano de negócio boa capacidade de agregação e gerenciamento de pessoal. Como a equipe é multidisciplinar, seus integrantes têm diferentes backgrounds e diferentes perspectivas sobre as partes do empreendimento, o que eventualmente pode gerar conflitos. As capacidades de harmonizar conhecimentos, gerenciar conflitos e planejar e executar atividades são desejadas em um gestor.

1.8. QUALIDADE DE UM PLANO DE NEGÓCIO

A leitura até aqui sugere que os esforços empregados na elaboração de um plano de negócio são muito intensos — o que, de fato, é verdade. Ela requer a execução coordenada de inúmeras atividades e a conjunção de muitos recursos.

Evidentemente, esse esforço está diretamente ligado à qualidade final do plano de negócio. Espera-se que, quanto mais energia e esmero forem empregados na elaboração dos elementos componentes do plano de negócio, melhor será a sua qualidade final. Consequentemente, espera-se que o grau de confiabilidade nas projeções feitas também seja maior. Por outro lado, em um plano de negócio no qual os recursos não foram disponibilizados em um nível adequado ou a qualidade do desenvolvimento das análises não tenha sido muito boa, o grau de confiabilidade nas projeções tenderá a ser baixo.

É importante ressaltar que, por mais que recursos tenham sido disponibilizados e esforços tenham sido empreendidos na elaboração do plano de negócio, não se espera que o nível de incerteza enfrentado seja completamente eliminado. É aceitável que, dada a natureza prospectiva da elaboração do plano de negócio, ainda haja algum grau de incerteza sobre as projeções. Afinal de contas, muitos elementos que irão compor os resultados esperados não estão sob o controle do empreendimento e dependem de circunstâncias externas.

Há, dessa forma, comportamentos distintos dos níveis de qualidade e de incerteza do plano de negócio em relação aos esforços realizados e recursos disponíveis, conforme ilustrado na figura a seguir.

FIGURA 1 – Esforços e recursos x qualidade do plano de negócio

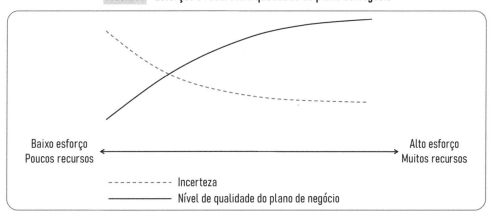

A figura mostra uma faixa horizontal que representa o nível de esforço realizado e os recursos utilizados na elaboração do plano de negócio. Ao longo de diferentes níveis de esforço e de recursos, há diferentes patamares de qualidade e incerteza em relação ao plano de negócio.

Partindo do extremo esquerdo da figura, tem-se um nível de esforço muito baixo e poucos recursos disponibilizados para elaborar o plano de negócio. Nesse contexto, o nível de qualidade do plano de negócio será muito baixo, e a incerteza sobre o que ele aponta será muito alta, fazendo com que o nível de confiabilidade no documento seja baixo. À medida que os esforços e os recursos disponíveis aumentam, espera-se que a qualidade do plano de negócio aumente, ao mesmo tempo em que a incerteza sobre os seus indicativos diminua, tornando as indicações do plano de negócio mais confiáveis. Evidentemente, quanto mais se deslocar para a direita, melhor será a qualidade do plano de negócio.

Entretanto, com o objetivo de aumentar a qualidade, gerar mais informações, reduzir a incerteza e aumentar a confiabilidade, esse aprofundamento requer maiores desembolsos. Os empreendedores devem considerar o *trade off* entre: investir mais nos estudos e obter informações mais precisas; e investir menos e obter informações menos precisas. Portanto, pode-se chegar a um ponto a partir do qual talvez não seja interessante insistir em aumentar o esforço e o emprego de recursos para incrementar a qualidade e diminuir a incerteza. Isso porque o nível de qualidade cresce e a incerteza decresce em passos cada vez menores, tornando pouco úteis esforços e recursos marginais a partir de determinado ponto. Esse ponto deve ser percebido por parte da equipe que está elaborando o plano de negócio, considerando as possibilidades existentes de recursos disponíveis.

Nesse contexto, há basicamente dois pontos que costumam influenciar — e limitar — o nível de qualidade do trabalho desenvolvido. O primeiro é a disponibilidade dos recursos necessários à elaboração. O conceito de recursos deve ser entendido de forma ampla. São recursos financeiros, pessoais, físicos e informacionais. Se não houver restrição à disponibilização desses recursos, em princípio, há uma excelente condição para o desenvolvimento do plano de negócio. Porém, como pode haver restrição de recursos financeiros para adquirir os demais, talvez o plano de negócio não seja desenvolvido em uma condição excelente. Talvez não haja recursos financeiros suficientes para contratar determinada pesquisa ou adquirir um banco de dados ou permitir uma viagem para realizar reuniões ou até mesmo para remunerar mais colaboradores. Isso pode comprometer em certo nível a qualidade do plano de negócio.

Outro ponto que costuma impactar a qualidade é o tempo disponível. Se houver prazo definido para a conclusão do documento, esse prazo torna-se um fator preponderante, pois estabelece uma restrição à equipe. Algumas partes do plano de negócio que requerem revisão ou maior reflexão sobre os passos desenvolvidos talvez não tenham a devida atenção em decorrência da falta de tempo hábil para tal.

Tipicamente, alguns cuidados podem ser tomados para melhorar o nível de qualidade e a confiabilidade do plano de negócio. O primeiro é integrar à equipe que está elaborando o plano de negócio uma ou algumas pessoas que tenham conhecimento prévio em empreendimentos similares ao que está sendo proposto. Imagine simular a estruturação e o funcionamento de um empreendimento sem que qualquer um dos membros da equipe conheça previamente, em termos práticos, a realidade desse tipo de empreendimento. Apesar de ainda assim ser possível elaborar o plano de negócio, evidentemente, o grau de dificuldade será maior, e o nível de confiança no resultado final poderá ser reduzido.

A experiência é um fator importante na elaboração do plano de negócio, tanto nas técnicas necessárias ao seu desenvolvimento quanto nas particularidades do empreendimento em si e do seu setor. Por isso, recomenda-se que haja na equipe membros que conheçam a fundo o setor e o tipo de empreendimento a ser executado.

Outro cuidado que se deve ter, sobretudo se o plano de negócio for destinado a buscar recursos financeiros externos, é com a evidenciação dos passos realizados para fazer as projeções. Para simular o comportamento futuro do empreendimento, suas atividades operacionais e produtivas devem ser estimadas. Em decorrência dessas atividades, haverá reflexos financeiros (fluxos de caixa) que também devem ser estimados para que seja possível fazer a avaliação de sua viabilidade.

Como se tratam de previsões, naturalmente, não há uma garantia firme de que o que está sendo projetado será realizado exatamente dessa forma. Sendo assim, a clareza e a transparência dos métodos empregados na elaboração das projeções são fundamentais para permitir que o destinatário do plano de negócio compreenda exatamente como foram os procedimentos empregados.

Perceba que, antes de questionar os fluxos de caixa projetados, se estão superavaliados ou subavaliados, é fundamental analisar se a metodologia utilizada para gerá-los foi coerente ou não. Essa coerência pode ser observada no que se refere tanto às fontes de dados utilizadas quanto à maneira com que foi realizada a coleta e análise desses dados. Um importante facilitador para essa verificação é descrever todas as etapas da maneira mais detalhada possível, evitando que permaneçam dúvidas a respeito dos procedimentos empregados.

Naturalmente, se o plano de negócio desenvolvido carecer de procedimentos consistentes para as projeções, isso ficará evidente na descrição, o que pode inibir essa transparência. Ainda assim, possivelmente, a parte que está recebendo o plano de negócio terá essa percepção de uma forma ou de outra.

Ainda nesse contexto, os critérios adotados e as premissas estabelecidas para dar suporte às projeções devem ser defensáveis. Como há possibilidade de questionamento a respeito dos fluxos de caixa projetados, os quais são usados para verificar a viabilidade do empreendimento, a equipe que elaborou o plano de negócio deve ter condições de defender suas estimativas. Para tanto, devem se basear nos critérios utilizados e na consistência das premissas adotadas.

Por fim, é fundamental que os membros da equipe que elabora o plano de negócio tenham boa capacidade analítica. Não há uma fórmula pronta e acabada para os fluxos de caixa serem projetados a partir das informações coletadas. São muitas informações, oriundas de muitas fontes e com naturezas bem distintas. É essencial ter habilidades de análise de maneira a condensar todas essas informações, estabelecer as premissas com fundamento e estimar os fluxos de caixa do empreendimento com coerência.

1.9. ETAPAS NAS QUAIS UM PLANO DE NEGÓCIO É ELABORADO

Elaborar um plano de negócio requer o entendimento completo do empreendimento, inclusive dos momentos que antecedem a sua posta em marcha. Para elaborar um plano de negócio, é importante dividir esse esforço em etapas, que vão desde a identificação da necessidade de sua elaboração até o encerramento do empreendimento. Dependendo do tipo de empreendimento, algumas etapas podem ser adicionadas ou suprimidas, não havendo, portanto, uma forma única de segmentá-las.

Apesar das etapas aqui apresentadas ultrapassarem a estrita elaboração do plano de negócio, ter o entendimento de todas é essencial para a sua elaboração.

O quadro a seguir resume as etapas sugeridas neste livro, que podem ser modificadas de acordo com as circunstâncias. As etapas podem ser agrupadas em duas fases. A primeira é uma fase de planejamento que culmina na decisão de executar o empreendimento ou não. Caso seja aceito, o empreendimento entra em fase de execução, abrangendo outras etapas.

ELABORAÇÃO E AVALIAÇÃO DE PLANOS DE NEGÓCIOS

QUADRO 2 – Fases e etapas nas quais um plano de negócio é elaborado

FASES	ETAPAS
Planejamento	Análises preliminares
	Anteprojeto
	Plano de negócio interno e/ou externo
	Avaliação (decisão)
Execução	Estruturação
	Testes e homologação
	Funcionamento
	Encerramento/continuidade

A primeira etapa requer a identificação das necessidades de determinado nicho de mercado, as quais podem justificar a criação ou expansão de um empreendimento que atenda tais necessidades. Deve-se verificar, ainda que de maneira incipiente, a existência de uma demanda do mercado que pode ser explorada comercialmente e atendida de maneira lucrativa. Para identificar isso, normalmente são realizadas análises preliminares que indicam antecipadamente se o empreendimento é necessário.

Essas análises permitem verificar, mesmo que de maneira superficial, se é possível realizar o empreendimento, considerando possíveis restrições legais, ambientais, financeiras, mercadológicas etc. Se, preliminarmente, verificam-se necessidades possíveis de serem atendidas e não houver restrições impeditivas, parte-se para a etapa seguinte.

Antes de elaborar o plano de negócio, é recomendado fazer um anteprojeto, que é uma versão mais simples do que a do documento completo. A estrutura do anteprojeto pode ser a mesma do plano de negócio, apenas havendo uma diferença entre ambos no que se refere ao nível de aprofundamento das seções. Um anteprojeto as apresenta em menor nível de detalhamento, e eventualmente algumas seções podem não ser elaboradas. Nesses casos, o anteprojeto deverá indicar que fontes de dados serão usadas, como eles serão tratados e como serão feitas as projeções pertinentes para que tais seções sejam desenvolvidas.

A realização de um anteprojeto se justifica pelo menor comprometimento de recursos na sua condução como contrapartida de um conjunto de análises menos aprofundadas. Ao realizar um anteprojeto, podem-se verificar antecipadamente os componentes do plano de negócio e, em uma eventual situação na qual a implementação do empreendimento não seja indicada, é possível verificar isso sem realizar plenamente o plano de negócio, o que requer um maior comprometimento de recursos financeiros e de tempo. Em adição, ao ser elaborado o plano de negócio, os dados contidos no anteprojeto são aproveitados, de modo que esse esforço não pode ser configurado como um custo perdido, mas como um custo intermediário.

Outra função do anteprojeto é apresentar o possível empreendimento aos *stakeholders* e obter autorização para elaborar o plano de negócio. Essa autorização também envolve solicitar recursos necessários para elaborar o plano de negócio, tais como recursos financeiros e pessoal capacitado, além de obter autorização para realizar as atividades, o que consome tempo. Esse uso é observado com mais frequência em organizações dentro das quais esses planos de negócios são propostos.

Logo após finalizar o anteprojeto e conseguir autorização para a continuidade, a equipe parte para a elaboração do plano de negócio. No quadro, há a indicação de plano de negócio interno e externo. O plano de negócio interno diz respeito ao plano de negócio utilizado internamente para subsidiar a decisão dos proponentes originais do negócio, tratando-se de um instrumento interno de decisão. O plano de negócio denominado externo refere-se àquele que é empregado para apresentar a concepção do negócio a potenciais interessados, tais como fundos de *private equity*, investidores, outras empresas do segmento e/ou bancos de financiamento. Conforme comentado antes, geralmente faz-se um plano de negócio para fins de verificação interna com o objetivo de posteriormente, se necessário, adaptá-lo e apresentá-lo a potenciais interessados.

Nessa etapa, todas as coletas e análises de dados serão conduzidas no nível de aprofundamento considerado adequado para seus propósitos. Cabe mais uma vez ressaltar que a estrutura do plano de negócio será elaborada em função de suas características próprias ou de alguma indicação formal por parte dos avaliadores externos. A estrutura indicada neste livro é uma sugestão que poderá ser ajustada conforme as exigências específicas.

Tão logo o plano de negócio seja finalizado, a etapa de avaliação será iniciada com o objetivo de verificar se a execução do empreendimento é viável ou não. Normalmente, a avaliação envolve aplicar técnicas de orçamento de capital aos fluxos de caixa projetados no documento gerado anteriormente.

Se o plano de negócio não for viável, há duas possibilidades. A primeira são os esforços serem finalizados nesse ponto e a equipe, liberada. Os desembolsos feitos até então serão perdidos, uma vez que o empreendimento não se mostra viável e não será executado. A outra é tentar identificar que pontos poderiam ser modificados no plano de negócio original, a fim de verificar se a implementação de tais mudanças poderia tornar o empreendimento viável. Naturalmente, isso requer refazer parte do plano de negócio dentro de parâmetros e premissas factíveis frente aos dados previamente coletados e analisados de forma recursiva. É possível que tais modificações permitam chegar a uma concepção viável de negócio, partindo para a etapa seguinte.

Caso o plano de negócio se mostre viável, será dado início à fase na qual as atividades previstas serão executadas. Nessa fase pós-plano de negócio, tem-se a estruturação do empreendimento, cujas primeiras atividades são as estruturações física e administrativa. Do ponto de vista físico, são executadas tarefas como construção de obras civis, reformas prediais, instalação de equipamentos etc. Do ponto de vista administrativo, podem ser citadas as atividades de formalização e legalização do empreendimento, recrutamento, seleção e treinamento de pessoal e demais tarefas pertinentes ao pleno funcionamento do negócio.

Uma vez que tudo esteja devidamente montado, é possível que sejam feitos testes de operação e de produção, a fim de verificar se a estrutura física e os equipamentos estão aptos a ter a operação iniciada. Se os testes forem bem-sucedidos, as instalações são homologadas, e seu funcionamento pode, finalmente, começar.

Com a estrutura física completa, os equipamentos instalados e a equipe de execução disponível, o empreendimento começa suas atividades, mesmo que inicialmente não atingindo sua capacidade produtiva plena. Em todo caso, a partir desse ponto, o empreendimento começa a gerar caixa decorrente de suas atividades operacionais.

O empreendimento pode ter um encerramento definido ou não. Estabelecer essa questão é extremamente importante para fins de elaboração e avaliação do plano de negócio. Isso implicará diferentes circunstâncias, as quais indicarão maneiras distintas de fazer o processo de avaliação.

Se o seu funcionamento tiver um horizonte temporal definido para cessar as atividades, os recursos incorporados ao empreendimento devem ser dispensados ao final. Em termos financeiros, haverá fluxos de caixa negativos para permitir as últimas atividades de encerramento e outros positivos gerados pela venda dos ativos remanescentes. Como exemplo de empreendimento que tenha prazo definido para encerrar, pode ser citada uma empresa que explorará uma concessão estatal durante um intervalo de tempo definido contratualmente.

Caso se trate de um empreendimento que não tenha uma finalização definida, considera-se a sua continuidade e os reinvestimentos necessários para tal. A forma de avaliar envolve uma abordagem que contemple o valor da continuidade do funcionamento da empresa, o que, em termos financeiros, significa a expectativa de geração de fluxos de caixa de maneira perpétua. O plano de negócio de uma empresa normalmente é feito sem considerar o encerramento das atividades.

1.10. VISÃO GERAL DA ESTRUTURA DE UM PLANO DE NEGÓCIO

Um plano de negócio é composto por várias seções, cada qual com objetivos claramente estabelecidos, bem como produtos finais que devem ser produzidos a fim de atingir seus respectivos objetivos. Naturalmente, deve haver forte coerência entre os objetivos de cada seção e seus produtos finais — o que ficará claro nos capítulos posteriores.

Essas seções são inter-relacionadas, pois as informações geradas por uma são utilizadas por outra(s), de forma que ela(s) consiga(m) atingir seus próprios objetivos e o plano de negócio como um todo permita a tomada de decisão. É importante registrar que, em função dessa interdependência de informações, apesar de serem apresentadas de maneira sequencial (nem poderia ser diferente), na prática, algumas partes das seções devem ser elaboradas quase paralelamente. Como há essa dependência, o elaborador deve perceber os impactos de uma nova informação nas demais seções.

Ainda decorrente da inter-relação entre as seções, é igualmente relevante perceber o quão fundamental é manter coerência entre os dados colocados em cada seção. A listagem de ativos fixos do empreendimento deve manter coerência com o nível de recursos monetários destinados à sua aquisição, por exemplo. Outro exemplo seria a coerência entre o processo produtivo escolhido e a quantidade do produto acabado gerada periodicamente. Caso as seções não apresentem coerência, os avaliadores perceberão esses pontos, reduzindo a qualidade do documento e dificultando a sua aprovação.

Neste livro, será apresentada uma estrutura básica de um plano de negócio. Dependendo da especificidade do empreendimento, essa estrutura pode sofrer alterações. O elaborador do plano de negócio deve ter a capacidade de identificar as seções mais relevantes e, se necessário, fazer as alterações convenientes. Evidentemente, a estrutura de um plano de negócio elaborado para buscar recursos financeiros deve respeitar a estrutura imposta pela parte à qual ele será enviado.

Também deve-se levar em consideração que a ordem e a necessidade das seções dependem das características da empreitada. Para o desenvolvimento de produtos baseados em tecnologia de informação, por exemplo, as circunstâncias são diferentes das que envolvem um negócio de entretenimento. Uma empresa de criação de bovinos tem diferentes necessidades de uma dedicada à extração de petróleo. Não é difícil perceber que, devido a essas diferenças, os planos de negócios podem conter diferentes seções, apesar do objetivo de verificar sua viabilidade ser o mesmo.

ELABORAÇÃO E AVALIAÇÃO DE PLANOS DE NEGÓCIOS

As seções sugeridas neste livro para um plano de negócio são mostradas no quadro a seguir:

QUADRO 3 – Seções de um plano de negócio

SEÇÕES
Introdutória
Mercadológica
Estrutural
Localização
Financeira de atividades operacionais
Financeira de atividades de investimento
Financeira de atividades de financiamento
Avaliação de viabilidade

As quatro primeiras seções objetivam traçar o funcionamento operacional e a estrutura necessária a esse funcionamento. Nelas, serão coletados dados sobre o mercado-alvo, os produtos a serem ofertados, o melhor processo produtivo e sua necessidade de equipamentos, a escala de produção adequada e o(s) local(is) onde o empreendimento será instalado, entre outros dados igualmente importantes.

As três seções posteriores estão ligadas diretamente aos aspectos financeiros do empreendimento. A partir dos dados levantados nas quatro primeiras seções e das premissas estipuladas, as últimas farão a conversão das informações em fluxos de caixa projetados que serão utilizados posteriormente na sua avaliação, última seção do documento.

Há, evidentemente, a possibilidade de haver outras seções, a depender das particularidades do plano de negócio que está sendo desenvolvido. Como exemplos, podem ser citadas as seções jurídica, de impacto ambiental e de sustentabilidade.

Capítulo 2
SEÇÃO INTRODUTÓRIA

Normalmente, um plano de negócio contém uma seção introdutória, na qual constam informações sintéticas e prévias sobre o empreendimento pretendido. Nessa seção, o leitor do plano de negócio tem uma visão inicial do que o empreendimento pretende fornecer, explicitando as necessidades a serem atendidas, o nicho de mercado que apresenta tais necessidades e como elas serão satisfeitas. Em seguida, a seção introdutória indica as definições direcionadoras da empresa (missão, visão e valores) e os empreendedores proponentes do negócio. Por fim, essa seção apresenta a estrutura do plano de negócio para que o leitor compreenda como a narrativa será delineada.

Primeiramente, este capítulo apresenta os objetivos dessa seção introdutória. Em seguida, destaca elementos básicos para a sua elaboração, que são as definições estratégicas a serem estabelecidas. Por fim, apresenta os produtos finais típicos dessa seção.

2.1. OBJETIVOS

Normalmente, não é uma boa prática de escrita iniciar um texto indo diretamente ao ponto, sem qualquer contextualização prévia. Ainda que o texto deva primar pela concisão, sobretudo em ambientes técnicos e empresariais (que é o caso), iniciar o conteúdo sem qualquer introdução pode tornar a leitura menos inteligível, por omitir o contexto no qual se dá a propositura do empreendimento.

Portanto, a seção introdutória objetiva apresentar a concepção do negócio, justificando e contextualizando a proposta da empresa, de maneira que o leitor passe a compartilhar essa perspectiva e tenha uma visão mais alinhada à ótica dos proponentes. É uma forma de diminuir eventuais objeções e obter uma percepção favorável por parte do leitor.

Apesar de não haver uma estrutura única e inequívoca para compor essa seção, esse objetivo é alcançado ao apresentar inicialmente a lacuna que o empreendimento pretende preencher em termos de oferta de produtos e/ou serviços. Tal lacuna é uma necessidade por parte de um mercado, a qual é percebida como uma oportunidade de negócio passível de exploração. Após apresentar esse contexto mercadológico, parte-se para o estabelecimento das definições estratégicas do empreendimento, cuja importância é central na medida em que direciona toda a conduta da empresa. Em seguida, é oportuno apresentar os criadores e pretensos empreendedores, evidenciando suas capacidades e competências. Por fim, elencar a estrutura do plano de negócio é adequado, pois indica o caminho a ser trilhado a fim de evidenciar a viabilidade do empreendimento.

2.2. DEFINIÇÕES ESTRATÉGICAS DO EMPREENDIMENTO

Toda organização empresarial deve (ou, pelo menos, deveria) estabelecer algumas definições que a orientariam estrategicamente no longo prazo. São estabelecimentos que se fazem necessários, a fim de deixar claro e evidente o que essa organização espera do futuro e como ela se portará frente a ele. Elas representam a sua identidade organizacional e os pilares conceituais sobre os quais a empresa será edificada e buscará crescer.

Usualmente, tais definições englobam a missão, a visão e os valores, cada qual apresentado em seguida.

2.2.1. Missão

A missão refere-se ao papel que a empresa representa em seu segmento de atuação. Expressa a razão da existência da empresa, por meio do que ela proporcionará aos seus clientes. É importante frisar que não se trata de limitar a missão aos produtos e/ou serviços que ela vende, mas às necessidades que ela atende e ao valor agregado oferecido aos seus clientes.

2.2.2. Visão

Trata-se de como os empreendedores visualizam a empresa daqui a alguns anos. A visão expressa a posição pretendida em termos de relevância de mercado no longo prazo. Naturalmente, essa expressão se relaciona estreitamente com a da missão, pois ambas compartilham aspectos mercadológicos externos.

2.2.3. Valores

Os valores estabelecem os princípios morais e éticos da empresa. Com eles, há uma orientação clara para a conduta dos seus colaboradores.

2.3. PRODUTOS FINAIS

Apesar de não haver uma maneira única de estruturar a seção introdutória do plano de negócio, os produtos finais apresentados a seguir, em grande parte das situações, atingem seus objetivos.

2.3.1. Justificativa do negócio

A elaboração de um plano de negócio segue um roteiro razoavelmente comum, conforme discutido no capítulo anterior. Em linhas gerais, a ideia de uma empresa parte da observação de uma necessidade existente em um nicho de mercado. Empreendedores, percebendo tal necessidade, consideram-na uma oportunidade passível de exploração comercial mediante a oferta de produtos e/ou serviços a esse mercado. Se a empresa for bem estruturada e operada, espera-se que o capital empregado nessa estruturação e nesse funcionamento tenha retorno atrativo. Caso haja evidências de retorno adequado, o plano de negócio aponta a viabilidade do empreendimento. A figura a seguir resume essa linha de raciocínio:

FIGURA 2 - Linha de raciocínio da justificativa do empreendimento

O propósito dessa seção é apresentar sucintamente essa narrativa, permitindo ao leitor compreender preliminarmente do que se trata o empreendimento. Primeiro, apresentam-se as necessidades identificadas para um mercado específico. Se possível, elas devem ser indicadas por meio do registro de elementos que as reforcem. Como as necessidades são pertinentes a um segmento de mercado, deve-se apresentá-lo e ressaltar que esse segmento é relevante tanto no presente quanto no futuro. Aliás, é essencial mostrar que há expectativa de crescimento de consumo no futuro.

Apresentados tais elementos, deve-se mostrar como essa necessidade pode configurar uma oportunidade de negócio. Nesse ponto, são expostos os produtos e/ou serviços que se pretende fornecer, a fim de que as necessidades sejam atendidas.

As evidências a respeito do retorno sobre o capital a ser investido serão apresentadas ao fim do plano de negócio, após a avaliação de todos os aspectos necessários. Aqui, pode-se indicar preliminarmente que a exploração dessa oportunidade, com a concepção de negócio feita, permite que se tenham retornos atrativos aos proprietários do empreendimento.

Com isso, o leitor passa a ter uma visão prévia sobre a proposta do empreendimento e pode se interessar em seguir a leitura completa do plano de negócio.

2.3.2. Definições estratégicas

Feita essa justificativa, é importante registrar os elementos norteadores da empresa no longo prazo. Tais elementos, além de ter fundamental relevância para a empresa em si, devem ser comunicados claramente aos potenciais interessados no plano de negócio, uma vez que esses devem ter conceitos alinhados aos dos proponentes do negócio.

Essa parte não se limita simplesmente a elencar a missão, a visão e valores da futura empresa. Esses itens devem ser reforçados por meio de explicações que sejam necessárias ao entendimento pleno dos elementos. Apesar de se esperar que sejam autoexplicativos, tecer considerações adicionais favorece o entendimento por parte dos leitores.

2.3.3. Empreendedores

Um elemento bastante relevante e que deve constar no plano de negócio é a apresentação dos empreendedores. Muito provavelmente, eles conceberam o empreendimento, bem como farão parte de sua execução. Portanto, apresentá-los é essencial em um plano de negócio, sobretudo se os investidores não tiverem a intenção de operar o empreendimento. Nesses casos, os conhecimentos técnico, administrativo e mercadológico, e a capacidade laboral dos proponentes do empreendimento, são elementos extremamente valiosos no plano de negócio.

Assim sendo, a apresentação dos empreendedores deve ser feita no sentido de apresentar e ressaltar as suas competências. Para tanto, devem ser contemplados seus *backgrounds* acadêmicos, suas experiências e realizações profissionais prévias. Ademais, devem ser registrados elementos que sugiram a capacidade de planejamento e operativa do empreendimento.

2.3.4. Estrutura do plano de negócio

Por fim, a estrutura do plano de negócio é apresentada. Devem ser indicadas suas seções e um breve descritivo de cada uma delas. Com isso, o fio condutor do plano de negócio fica claro, e o leitor terá uma visão preliminar de como ele foi construído.

Capítulo 3
SEÇÃO MERCADOLÓGICA

Essencialmente, um empreendimento é feito para atender às necessidades de determinado mercado por meio da oferta de produtos e/ou serviços. Dessa forma, ele funcionará dentro de um contexto mercadológico no qual acontecerão vários tipos de interação com diferentes agentes externos. A seção mercadológica é a parte do plano de negócio em que essas interações externas são projetadas, assim como os resultados esperados a partir delas, sobretudo os decorrentes das transações previstas com os clientes.

Inicialmente, este capítulo aborda os objetivos dessa seção. Segue com alguns conceitos que fundamentam a análise do ambiente externo (tipos de produto e serviço, ciclo de vida dos produtos, canais de distribuição e estruturas de mercado) e que contribuem com a análise do mercado, na medida em que fornecem referências conceituais e teóricas à sua realização. Em seguida, o capítulo tece considerações sobre as pesquisas de mercado, bem como sobre as etapas necessárias ao seu cumprimento. Por último, os produtos finais dessa seção são apresentados.

3.1. OBJETIVOS

A seção mercadológica é bastante ampla em relação aos seus propósitos. Há vários objetivos, alguns dos quais são descritivos, e outros, prospectivos. Considerando que o empreendimento se presta a atender alguma necessidade externa, ele certamente estará imerso em um ambiente no qual manterá relações com várias partes decorrentes de suas atividades. Em uma perspectiva ampla, a seção mercadológica estima o nível de atividade do empreendimento decorrente da oferta de seus produtos e/ou serviços aos seus clientes. Levando esse propósito em consideração, pode ser elencada uma série de objetivos específicos que permitem, em última instância, estimar o nível de atividade do empreendimento.

Sendo assim, os objetivos desse estudo são caracterizar produtos e/ou serviços a serem ofertados, descrever as características de todos os agentes externos com os quais o empreendimento irá se relacionar (potenciais clientes, concorrentes, fornecedores, governo, parceiros etc.), determinar as estratégias mercadológicas e comerciais, definir as condições de comercialização e, o mais importante, estimar o seu faturamento/recebimento ao longo de sua vida útil. Cada um desses objetivos será discutido.

ELABORAÇÃO E AVALIAÇÃO DE PLANOS DE NEGÓCIOS

As necessidades dos potenciais clientes serão atendidas pelo empreendimento por meio da oferta de produtos e/ou serviços. Tais produtos e serviços devem ser descritos nessa seção, para permitir que o avaliador entenda exatamente o que o empreendimento produzirá e disponibilizará ao mercado-alvo. De modo geral, essa descrição é feita por, pelo menos, dois prismas.

O primeiro envolve apresentar as características técnicas dos produtos e serviços. Tais características registram como serão esses produtos ou serviços, o que dá uma indicação da sua estrutura, se produto; ou da forma de prestação, se serviço. Por consequência dessa apresentação, fica evidente o nível de qualidade esperado para esses elementos. Ademais, no caso de produto, essa descrição também servirá de base para a definição da sua ficha técnica, fundamental para a estruturação do processo produtivo necessário à sua manufatura (ponto a ser abordado mais adiante no plano de negócio).

O segundo prisma de descrição refere-se à indicação dos benefícios esperados pelo uso ou consumo dos produtos e serviços por parte dos potenciais clientes. Afinal de contas, quando o cliente adquire um produto ou serviço, intrinsecamente, ele está buscando um benefício, a solução de uma necessidade. Portanto, é fundamental apresentar a proposta de valor que eles trazem aos clientes, até mesmo para definir de maneira clara o seu posicionamento no mercado frente aos concorrentes e justificar certas decisões mercadológicas.

Caso o produto ou serviço seja inovador, ou seja, se não há algo semelhante no mercado, ou o serviço tenha certo grau de complexidade em sua prestação, sua descrição deve ser mais detalhada do que o necessário para produtos ou serviços comuns no mercado. O avaliador do plano de negócio deve ter as condições adequadas para compreender completamente o que será levado ao mercado, tanto em termos técnicos quanto em termos de utilidade para os potenciais clientes.

Já que os produtos/serviços serão ofertados a uma determinada clientela como função do propósito principal do empreendimento, sua caracterização é componente integrante dessa seção. Ela viabiliza a análise das reais necessidades e do interesse de consumo dos potenciais clientes, permitindo que a equipe de execução estabeleça o posicionamento mercadológico e as condições de comercialização adequadas às características dos potenciais clientes.

Assim, os consumidores e suas necessidades devem ser descritos da maneira mais completa possível, pois são o elo seguinte na cadeia de suprimentos, e o relacionamento mantido com eles determinará o nível de atividade do empreendimento. Para tanto, suas características qualitativas e quantitativas ligadas aos hábitos de consumo e às suas necessidades devem ser descritas e analisadas profundamente.

As características quantitativas são aquelas que podem ser expressas de maneira objetiva por indicadores operacionais, comerciais e/ou financeiros. Já as qualitativas não estão sujeitas a uma mensuração objetiva. Apesar disso, elas têm um potencial de importância muito forte, sobretudo quando se trata de preferências de consumo, critérios de decisão de compra, aspectos valorizados nos produtos e serviços etc.

Ainda a respeito do objetivo de descrever e analisar o comportamento dos potenciais clientes, ressalta-se que o relacionamento a ser mantido com eles ocorrerá durante um longo período. O plano de negócio deve contemplar um prazo de avaliação longo, compatível com as características do empreendimento e, portanto, quando se trata do comportamento esperado dos potenciais clientes, deve-se considerar que este não se limita somente ao nível de consumo atual, mas à sua perspectiva de longo prazo. Apesar de haver uma necessidade atual que sugere certo patamar de consumo, deve-se projetar como ela se manifestará no futuro, podendo apontar para estabilidade, aumento ou, até mesmo, retração do consumo. Isso afetará diretamente o nível esperado de crescimento do negócio, variável crucial para o contexto.

Ao longo do funcionamento da empresa, dependendo da estrutura específica do mercado, é possível que haja concorrentes que atuem também no atendimento das necessidades desses mesmos potenciais clientes. Se assim for, é fundamental descrever a forma de atuação dos concorrentes com os quais o empreendimento competirá.

De modo geral, essa descrição tem caráter fundamentalmente comparativo. Portanto, analisar os concorrentes sob uma perspectiva competitiva é um importante objetivo dessa seção. Uma abordagem para realizar tal descrição é listar e analisar os pontos fortes e fracos dos concorrentes.

Os pontos fortes são aquelas características dos concorrentes percebidas positivamente por parte dos clientes, atributos que conferem à concorrência melhor posicionamento competitivo. De posse dessa informação, uma empresa em vias de iniciar seu funcionamento em um mercado que já tem competidores previamente existentes deve considerar esses pontos fortes como referências mínimas de atuação. Se, ao menos, não se igualarem a esses patamares, a empresa entrante certamente enfrentará dificuldades para se consolidar no mercado.

Os pontos fracos, por sua vez, são aquelas características que reduzem a competitividade desses concorrentes, o que pode configurar pontos de atenção do empreendimento proposto. Ao perceber os pontos fracos, o empreendimento em análise pode ser estruturado para contorná-los, a fim de assumir uma posição mais vantajosa perante os concorrentes.

Deve-se compreender que o entendimento do que é ponto forte ou fraco deve ser feito sob a ótica dos clientes. Quem indica se algo é bom ou ruim é o cliente, conforme o relacionamento que ele mantém com o seu fornecedor. Portanto, quando da classificação dos aspectos da concorrência, deve-se considerar predominantemente a percepção do consumidor.

Outro ponto a ser observado em relação aos concorrentes é quanto à similaridade dos seus produtos ou serviços. Caso os produtos ou serviços ofertados por um concorrente sejam similares aos que o empreendimento proposto ofertará, então diz-se que aquele é um concorrente direto. Caso os produtos ou serviços ofertados pelo concorrente não sejam similares, mas atendam às mesmas necessidades, diz-se que este é um concorrente indireto.

Apesar de a análise dos concorrentes diretos ser mais relevante, também é necessário analisar os concorrentes indiretos, porque, de alguma forma e em alguma medida, a atuação deles impactará o nível de atividade da empresa em análise. Certamente, a atuação dos concorrentes diretos terá impactos mais fortes e fáceis de se identificar do que os decorrentes da atuação dos concorrentes indiretos.

Outro elemento externo que deve ser objeto de descrição e análise do plano de negócio são os fornecedores. Eles representam o elo imediatamente anterior na cadeia de suprimentos e, geralmente, são essenciais para a viabilidade de funcionamento da empresa. Assim, eles devem ser apresentados de forma a evidenciar claramente como a cadeia de suprimentos funcionará tanto nos elos anteriores quanto nos posteriores.

É preciso ressaltar que, nesse contexto, fornecedores devem ter um conceito limitado. Não se trata de abordar todos os fornecedores de um empreendimento, mas aqueles que estão diretamente ligados ao seu negócio central, sem os quais o empreendimento não opera. Para ilustrar, não há necessidade de incorporar aqui os fornecedores de energia elétrica, de serviços de contabilidade, de materiais de expediente etc. São incorporados fornecedores de matérias-primas, mercadorias para revenda, insumos essenciais à prestação de serviços etc. Não que os primeiros não sejam importantes e, muitas vezes, limitantes quando ausentes. Porém, aqui são contemplados somente os fornecedores de componentes que participam da cadeia de suprimentos.

Eventualmente, para conseguir atender às necessidades dos seus clientes, um empreendimento requer o estabelecimento de relações de parceria com outras empresas. Isso ocorre quando o empreendimento objeto do plano de negócio não consegue abranger todas as etapas necessárias ao pleno atendimento dos clientes. Se assim for, deve-se destacar quem são os parceiros necessários ao empreendimento e as funções desempenhadas por eles.

Os parceiros podem atuar de várias formas, a depender das características do produto ou serviço. Talvez haja a necessidade de o empreendimento contar com parceiros financeiros, os quais terão a função de financiar as aquisições dos clientes. Talvez haja a necessidade de estabelecer parcerias com fins tecnológicos. O empreendimento em si não detém certa tecnologia fundamental à prestação do serviço, o que pode ser suprido pelo parceiro. Outro exemplo é quando são estabelecidas parcerias comerciais, nas quais os produtos e serviços dos empreendimentos são ofertados de maneira complementar.

Observe que a parceria não é propriamente uma relação de fornecimento. É uma relação de complementação, na qual as empresas parceiras se beneficiam conjuntamente no atendimento de uma necessidade de um cliente comum. Algumas vezes, essa parceria é diretamente percebida pelo cliente, enquanto não é muito clara em outras ocasiões. De toda forma, caso o empreendimento não contasse com essa parceria, provavelmente ele teria que realizar o que o parceiro faz ou teria o seu valor agregado ao cliente reduzido pela oferta incompleta de uma solução.

Um último ente externo objeto de descrição e análise na seção mercadológica é o governo. Apesar de todo empreendimento manter inúmeros tipos de relação com o governo, em particular, essa parte do plano de negócio centra-se nas relações mantidas com órgãos governamentais que tenham impacto direto ou indireto na estruturação e na forma de atuação no mercado, por meio dos órgãos fiscalizadores e reguladores.

Se, por exemplo, o empreendimento, devido a suas características, estiver sujeito a alguma regulação por parte de certa agência reguladora, os normativos aos quais ele está condicionado devem ser devidamente observados e respeitados. Caso a atuação não seja condizente com esses normativos, o empreendimento funcionará à revelia do que deveria ser, pois esses normativos têm implicações diretas tanto sobre a estruturação quanto sobre o funcionamento da empresa, motivo pelo qual devem ser considerados nessa etapa do plano de negócio.

Uma vez descritos e analisados os entes com os quais a empresa manterá relacionamento, deve-se definir as estratégias mercadológicas para viabilizar o atendimento aos clientes. De posse de todas as informações anteriormente coletadas e analisadas, é necessário estabelecer uma maneira de operar comercialmente o empreendimento, com o propósito de atender da melhor forma possível às necessidades dos clientes, respeitando eventuais restrições impostas por outros entes mercadológicos. Além disso, é fundamental definir como o produto chegará ao consumidor final ao longo dos vários elos na cadeia de suprimentos e as condições comerciais adotadas nas transações comerciais (formas de recebimento, prazos de entrega, garantias etc.).

Depois de descritos e analisados todos esses elementos, inclusive os entes externos com os quais a empresa manterá relacionamento, parte-se para o objetivo principal dessa seção, que é estimar seu nível de atividade ao longo do horizonte temporal de avaliação. O nível de atividade do empreendimento será materializado por meio da projeção do faturamento e do recebimento. O primeiro é o registro por meio de regime de competência (apuração da atividade por meio da data do fato gerador), enquanto o segundo é a apuração por regime de caixa (usando como referência temporal a efetiva movimentação financeira decorrente do faturamento).

ELABORAÇÃO E AVALIAÇÃO DE PLANOS DE NEGÓCIOS

Ambos são fundamentais para as demais seções, pois elas farão uso direto dessas informações. A seção estrutural, por exemplo, necessita da estimativa de quantidade vendida periodicamente dos produtos/serviços. A seção financeira operacional requer os valores de faturamento para estimar os desembolsos com tributos incidentes sobre a operação, por exemplo.

O quadro a seguir sumariza esses objetivos:

QUADRO 4 – Resumo de objetivos da seção mercadológica

OBJETIVOS
Descrever os produtos/serviços a serem ofertados.
Descrever e analisar os potenciais clientes (quantificação, qualificação, necessidades e hábitos de consumo).
Descrever e analisar os concorrentes diretos e indiretos, verificando seus pontos fortes e fracos.
Descrever e analisar os fornecedores de elementos centrais à atividade do empreendimento (matérias-primas, insumos produtivos e mercadorias para revenda).
Descrever os parceiros comerciais, tecnológicos, financeiros etc.
Descrever os órgãos reguladores e regulamentos legais que impactam a estruturação e o funcionamento do negócio.
Definir as estratégias mercadológicas e as condições de comercialização.
Projetar o nível de atividade do empreendimento em regimes de competência e de caixa.

3.2. FUNDAMENTAÇÃO DA ANÁLISE DO AMBIENTE EXTERNO

Para atender aos objetivos traçados, alguns conceitos devem ser revistos. Inicialmente, deve-se enquadrar o produto e/ou serviço em uma tipologia que proporcione alguns entendimentos a respeito das necessidades dos clientes e formas de fornecimento. Em seguida, indica-se verificar o ciclo de vida esperado do produto e/ou serviço, o que sugere diferentes níveis de venda durante o período de análise do empreendimento. Posteriormente, é apresentado o conceito de canal de distribuição, por onde trafegam os produtos até que eles cheguem ao consumidor final. A possibilidade de haver diferentes estruturações desse canal impacta diretamente as projeções de níveis de atividade. Por fim, essa fundamentação explora as possíveis estruturas de mercado e os seus impactos sobre a atuação da empresa que é objeto do plano de negócio.

3.2.1. Tipos de produtos e serviços

Como já foi observado e dito, o atendimento das necessidades dos clientes será realizado pela venda de produtos e/ou pela prestação de serviços. As características desses produtos e serviços são relevantes para a operação do empreendimento, e algumas delas são semelhantes para uma mesma categorização, motivo pelo qual compreender e classificar os tipos de produtos e serviços é relevante.

Além disso, diferentes tipos de produtos e serviços podem indicar diferentes tipos de pesquisa de mercado. A depender do produto/serviço, a estratégia para montar a pesquisa de mercado pode variar, assim como as fontes de dados empregadas para dar suporte às projeções. De forma semelhante, as expectativas de comportamento de produtos/serviços de diferentes categorias podem ser bem distintas ao longo do seu ciclo de vida. Particularmente, os perfis da quantidade vendida e dos preços praticados podem variar consideravelmente. Ademais, características como frequência de compra, necessidade de financiamento diferenciado, de pós-venda/assistência técnica e treinamento, ou de serviços agregados, entre outras, geralmente são comuns para os produtos e serviços englobados na mesma categoria. Portanto, analisar esses tipos é fundamental.

Passando para a categorização de produtos e serviços, eles podem ser classificados de maneira mais ampla em três tipos: tangíveis, intermediários e intangíveis. Os produtos tangíveis são subdivididos em bens de consumo não duráveis, bens de consumo duráveis e bens de capital. Os produtos intermediários são as matérias-primas e insumos necessários à produção de outros bens ou serviços. Por último, os produtos intangíveis englobam os serviços públicos e privados — o contexto do livro limita a discussão aos serviços privados. O quadro a seguir resume tais categorias:

QUADRO 5 – Categorias de produtos/serviços

TIPO	CATEGORIA
Tangíveis	Bens de consumo não duráveis.
	Bens de consumo duráveis.
	Bens de capital.
Intermediários	Insumos.
	Matérias-primas.
Intangíveis	Serviços públicos.
	Serviços privados.

Bens de consumo não duráveis são aqueles cujo usuário vai utilizar ou consumir em um período curto de tempo. Como exemplos, podemos citar alimentos e materiais de limpeza, de higiene e de escritório. Tais produtos geralmente apresentam uma alta frequência de compra, pois os clientes sempre precisam de reposição para novo uso/consumo. Pela abrangência de uso desses produtos, tanto clientes do tipo pessoa física quanto jurídica precisam adquiri-los. Naturalmente, se o empreendimento objetivar atender a um ou a outro, sua estrutura será diferente, pois, para contemplar pessoas físicas ou organizações empresariais, a abordagem é diferente, apesar de o produto em si ser o mesmo (ou bem similar). Por isso, deve-se verificar o tipo de cliente a ser atendido, porque haverá diferença tanto na concepção e condução da pesquisa de mercado como na estruturação e operação do empreendimento.

Quando analisados individualmente, os preços de mercado de bens de consumo não duráveis tendem a não ser muito altos em relação ao orçamento do comprador. Na maioria dos casos, o preço de uma unidade de sabonete, por exemplo, não é significativo frente às receitas de uma família ou de uma empresa que precisam consumir tal item. Sendo assim, não há necessidade de estruturar uma engenharia financeira muito sofisticada para viabilizar ao cliente a compra desse item. Normalmente, a forma de recebimento é simplificada, com prazos curtos e instrumentos de cobrança simples.

Bens de consumo duráveis são produtos cujo período de utilização é mais longo, podendo se estender por meses ou anos. Como exemplos, podem ser citados veículos, equipamentos e eletrodomésticos. Isso faz com que a frequência de aquisição desses produtos seja menor por parte de um mesmo cliente (meses ou anos).

De forma semelhante aos bens de consumo não duráveis, os duráveis podem ser vendidos para pessoas físicas e jurídicas, pois ambas precisarão deles em suas atividades. Uma empresa precisa adquirir um veículo, por exemplo, para fazer entregas ou prover a locomoção de funcionários. Uma família precisa adquirir um veículo para deslocamento dos seus integrantes. Uma empresa precisa adquirir um computador para permitir que o funcionário execute suas atividades laborais, enquanto uma família precisa de um para que o filho realize suas atividades educacionais.

Quanto ao financiamento das compras, no entanto, geralmente o grau de complexidade é maior, já que, sob o aspecto financeiro, os preços de bens de consumo duráveis são mais representativos individualmente do que os dos não duráveis. Uma família, por exemplo, somente poderá ter condições de comprar um veículo se houver uma maneira de facilitar financeiramente essa aquisição, proporcionando condições compatíveis ao preço de aquisição do bem e à renda familiar. Portanto, o empreendimento deverá prever a necessidade de financiar a venda de maneira adequada, sob pena de limitar a quantidade comercializada dos bens.

Em alguns casos, tal financiamento pode ser provido por um parceiro (banco comercial ou uma financeira, por exemplo), e não necessariamente pelo empreendimento em si. Se assim for, deve-se evidenciar o estabelecimento dessa parceria no plano de negócio.

Um aspecto fundamental para bens de consumo duráveis, percebido em menor escala para bens de consumo não duráveis, é o pós-venda. Como bens de consumo duráveis têm seu uso estendido por vários meses ou anos, deve haver uma preparação do empreendimento para isso. O pós-venda pode ser necessário em vários aspectos, tais como assistências técnicas para correções preventivas e/ou corretivas (em garantia e fora dela), treinamentos, indicações de uso etc. Para tanto, o empreendimento deve prever tais necessidades, a fim de adaptar sua estrutura e funcionamento.

Ao pensar em um empreendimento que fabricará e venderá eletrodomésticos, por exemplo, deve-se identificar a melhor maneira de estruturar uma rede de assistência técnica na área de abrangência da venda. Definir se tal rede será própria ou terceirizada e como abastecê-la de peças de reposição são questões pertinentes ao pós-venda de bens de consumo duráveis, as quais devem estar contempladas no plano de negócio.

Bens de capital são máquinas e equipamentos necessários à fabricação de outros bens. Tipicamente, são adquiridos por empresas que irão utilizá-los no processo produtivo como fatores fixos de produção. Assim sendo, os bens de capital, pelas suas características, são voltados especificamente a clientes empresariais, e não a pessoas físicas. Portanto, o mercado-alvo desse tipo de bem costuma ser bem restrito e direcionado.

Além disso, geralmente, o empreendimento deve se estruturar de modo a viabilizar financeiramente a aquisição do produto/serviço por parte dos clientes, ainda que esses últimos possam buscar formas de fazê-lo por si só. Bens de capital podem ter valores extremamente vultosos, mesmo para empresas de grande porte que necessitem deles. Portanto, apresentar alternativas financeiras para facilitar a aquisição desses bens é comum a empreendimentos voltados a essa atividade.

Por fim, o pós-venda é essencial para esse tipo de produto, uma vez que se tratam de máquinas cujo uso se dará por muitos anos em ambientes de produção com funcionamento contínuo. Devido a disso, provavelmente, o grau de criticidade do pós-venda para bens de capital é muito maior do que para bens de consumo duráveis, já que eventuais paradas implicarão perdas muito expressivas para as empresas que os usam. Em adição, a assistência técnica para bens de capital tende a ser muito especializada, requerendo mão de obra altamente capacitada e atualizada.

Além da preocupação com pós-venda de bens de capital, pensar em ofertar serviços agregados ao bem em si é necessário em vários casos. Para vender uma máquina de grande porte que será usada por uma empresa em seu processo produtivo, por exemplo, pode-se requerer uma consultoria de instalação e configuração, bem como treinamento aos futuros usuários antes de colocá-la efetivamente em funcionamento. Não se trata somente de vender uma máquina, mas permitir que ela seja efetiva e plenamente utilizada.

ELABORAÇÃO E AVALIAÇÃO DE PLANOS DE NEGÓCIOS

Bens intermediários são elementos utilizados no processo produtivo como insumos à manufatura (fatores variáveis de produção). Eles são incorporados aos produtos acabados ou consumidos ao longo de sua produção. Como exemplo, temos as matérias-primas, insumos e embalagens.

Analogamente aos bens de capital, isso limita o público–alvo do empreendimento e, consequentemente, da pesquisa de mercado. Como, normalmente, tanto bens de capital quanto intermediários são usados por um grupo específico de empresas, isso permite direcionar melhor os esforços de pesquisa de mercado, facilitando sua concepção e execução.

Serviços são elementos intangíveis que atendem a uma necessidade de pessoas físicas e/ou jurídicas sem que haja a venda física de um produto. Como exemplo, podemos citar consultorias empresariais, auditorias, conserto e instalação de equipamentos, instituições de ensino, entre tantos outros.

Há uma gama muito extensa de tipos de serviço que podem ser prestados, havendo igualmente inúmeras formas de prestar esses serviços e cobrar os clientes. Esses aspectos dependerão do tipo de serviço. Eles podem ser cobrados, por exemplo, por hora, por alguma unidade de medida do serviço, por produto final produzido (relatório, parecer, software etc.), por grau de desempenho etc. Esse é um ponto importante, pois, dependendo da forma de prestação do serviço e da forma de estruturação do preço, a maneira de projetar o nível de atividade será bem diferente.

3.2.2. Ciclo de vida dos produtos/serviços

Quando um produto ou serviço é lançado no mercado, espera-se que seu comportamento mude ao longo do tempo, uma vez que não é plausível esperar a manutenção indefinida do mesmo patamar de vendas. Em função de uma série de circunstâncias, um produto/serviço apresenta um ciclo de vida, com fases e comportamentos distintos no preço praticado e na quantidade vendida. Em função dessas alterações de quantidade vendida e de preços praticados, torna-se importante analisar e projetar o ciclo de vida do produto/serviço, uma vez que essas variáveis determinam os níveis de atividade nas várias fases do ciclo de vida dos produtos/serviços.

Apesar de nem sempre ser possível distingui-las ou observá-las com a mesma formatação para todo e qualquer produto/serviço, em princípio, podem ser indicadas quatro fases típicas desse ciclo de vida. São elas: introdução, crescimento, maturidade e declínio. Cada qual será explicada em seguida.

A fase de introdução inicia com a disponibilização inicial do produto/serviço no mercado, após as fases de pesquisa, desenvolvimento e teste. Nessa fase, normalmente, o patamar de vendas é baixo. Quando a inserção acontece em um mercado já formado, com outras em-

Capítulo 3: Seção Mercadológica **39**

presas fornecendo produtos/serviços similares, deverá haver um deslocamento de consumo por parte dos clientes, os quais deverão deixar de adquiri-los dos atuais fornecedores para consumir do novo empreendimento. Caso o produto/serviço seja inovador, sem um mercado previamente formado, isso sugere que os esforços devem ser no sentido de fomentar um novo hábito de consumo nos clientes potenciais, a fim de que haja uma necessidade a ser atendida.

Em ambos os casos, costuma haver uma inércia inicial que deverá ser ultrapassada mediante ações mercadológicas realizadas no intuito de apresentar o produto/serviço aos potenciais clientes e de gerar demanda. Portanto, na fase de introdução, a quantidade vendida é tipicamente baixa, assim como sua taxa de crescimento, dado o efeito da inércia inicial.

Com relação ao preço, podem ser observados dois comportamentos possíveis e distintos, os quais decorrem das características do mercado e do produto/serviço ofertado. Um primeiro comportamento pode ser a adoção de um preço baixo, o que favorece a penetração no mercado, principalmente se não houver qualquer diferencial que o torne único e se ele estiver em um mercado já formado. Nesse caso e nessa fase, o preço praticado seria relativamente baixo.

Outra situação possível em relação ao preço adotado na fase introdutória seria o estabelecimento de um preço relativamente alto. Imagine um produto/serviço diferenciado ou que tenha forte apelo emocional para os consumidores (produto exclusivo ou limitado, por exemplo). A fim de manter sua excepcionalidade ou sofisticação e de aproveitar a percepção de valor sobre o produto/serviço, a empresa pode adotar um preço relativamente alto no início.

Outros produtos/serviços que tipicamente têm preços mais altos na fase introdutória são aqueles que exigiram substancial investimento em pesquisa e desenvolvimento (P&D). Eles podem ter uma vantagem frente aos concorrentes, dada uma barreira conferida por uma patente, e têm espaço para serem comercializados mediante um preço superior. Não raro, esse preço é necessário para gerar retorno sobre os investimentos prévios em P&D, sem os quais a empresa não seria incentivada a inovar.

Após essa fase inicial, espera-se que haja um crescimento mais acentuado da quantidade vendida, como resposta aos esforços mercadológicos de divulgação empreendidos na fase inicial. Concorrendo ainda para o incremento da demanda, tem-se a própria aceitação crescente do produto/serviço no mercado, que pode ocorrer conforme mais e mais clientes o adquirem e percebem seus benefícios. Portanto, nessa fase de crescimento, a quantidade vendida do produto/serviço experimenta uma acentuada taxa de variação positiva. Nota-se um comportamento de rápido crescimento no nível de venda, fazendo com que o baixo patamar da etapa introdutória cresça para um bem mais elevado.

Tal qual na introdução, os preços também podem apresentar comportamentos distintos na fase de crescimento, de acordo com as características do produto/serviço e do mercado. Por um lado, para conseguir atingir essas taxas aceleradas de crescimento na venda, talvez seja necessário reduzir o preço, incentivando o aumento da sua demanda. Por outro lado, se o produto/serviço se mostrar muito promissor e sua demanda for inelástica (pouco sensível à modificação no preço), talvez não seja necessário diminuir o preço, e possivelmente um aumento será até viável, aproveitando o aquecimento da procura.

É de se esperar que, em algum momento, a taxa de crescimento acentuada vivida durante esse período cesse. Há dois possíveis motivos para isso, sendo um interno e o outro, externo. O motivo interno possível é o alcance do limite da capacidade produtiva e/ou de atendimento aos clientes do empreendimento, fazendo com que, mesmo existindo uma demanda maior, não se tenha a capacidade de atendê-la plenamente. O motivo externo é o atingimento do nível de saturação do mercado consumidor, não havendo consumo adicional, ainda que a empresa tenha capacidade produtiva para suprir demandas maiores. Sendo assim, a confluência desses dois fatores pode levar a uma redução da taxa de crescimento e a uma estabilização da quantidade vendida.

De toda forma, a partir daí, inicia-se a fase de maturidade ou estabilidade, caracterizada por um período no qual a quantidade de vendas do produto/serviço se estabelece em um patamar razoavelmente estável e duradouro.

Evidentemente, não se deve imaginar uma demanda estritamente uniforme nessa fase. Apesar de ser caracterizada pela estabilidade da quantidade vendida, podem ocorrer momentos de alta e queda decorrentes de fatores ou períodos sazonais, os quais impactam as quantidades demandadas pelos clientes. Serviços ligados ao turismo, por exemplo, sofrem ao longo do ano com efeitos sazonais muito fortes e facilmente perceptíveis. Mesmo que esse tipo de serviço seja estável, ainda assim ele sofrerá variações em seu nível de atividade decorrentes de períodos de alta e de baixa estação.

Ademais, apesar dessa esperada estabilidade, a empresa pode lançar mão de estratégias que buscam ampliar as vendas e, consequentemente, sua participação no mercado. Particularmente, em um ambiente de competição acirrada, às vezes as ações mercadológicas de um competidor podem afetar o equilíbrio do mercado, fazendo com que as participações dos competidores sofram mudanças temporárias. Depois desses períodos sazonais ou dessa possível mudança temporária na dinâmica do mercado, a quantidade vendida tende a se reestabelecer próximo ao patamar original. Um exemplo seria o lançamento de outros modelos de um produto, incorporando novos atributos de interesse dos clientes. Outro exemplo seria remodelar ou ampliar um serviço prestado, tornando-o mais atrativo. Os efeitos de tais estratégias, no entanto, podem ser pouco duradouros, ampliando a venda momentaneamente, mas retornando a patamares anteriores em seguida.

A fase de estabilidade, por conseguinte, não é caracterizada por um patamar de vendas exatamente uniforme e imutável. Provavelmente ocorrerão movimentos de aumento e de diminuição desse patamar e, em seguida, um retorno ao patamar médio de venda. Apenas espera-se que não haja mudanças drásticas e persistentes no patamar de vendas.

Evidentemente, uma exceção ao que foi explicado antes ocorre quando há uma mudança estrutural no mercado que pode afetar de maneira mais duradoura a sua dinâmica. Imagine, por exemplo, que, em um mercado estável cuja venda agregada de todos os competidores também é estável, haja a entrada de um novo concorrente. Tal entrada, se bem executada, fará com que a participação de mercado dos demais competidores se altere para baixo, uma vez que haverá mais fornecedores e a demanda agregada por parte dos clientes é a mesma. Haverá uma divisão da demanda agregada entre mais competidores, cabendo uma fatia menor a cada um dos que estavam anteriormente em atividade.

De forma semelhante, mas em sentido inverso, se um competidor, por algum motivo, sair do mercado, os clientes anteriormente atendidos por ele terão que deslocar sua compra para os fornecedores remanescentes, o que aumentará suas respectivas quantidades vendidas. Essas são situações que sugerem alterações persistentes no nível de venda e que podem alterar o patamar de estabilidade de venda do produto/serviço do empreendimento.

Em relação ao preço, durante a fase de maturidade, ele também pode se manter relativamente estável, caso não haja algum fato novo, como, por exemplo, a entrada de concorrentes no mercado ou o surgimento de produtos substitutos. Entretanto, da mesma forma como podem ser observadas alterações pontuais na quantidade vendida, os preços podem flutuar, uma vez que são elementos passíveis de alteração decorrentes das ações mercadológicas de cada competidor.

A última fase de vida de um produto/serviço é denominada declínio. Ela é caracterizada por uma queda irreversível na sua venda, que pode acontecer devido a fatores tais como o surgimento de produtos/serviços melhores e/ou substitutos, a obsolescência tecnológica e a diminuição ou eliminação da necessidade por parte dos consumidores. Geralmente, fatores externos conduzem a esse declínio, limitando em parte a capacidade da empresa de reverter tal situação.

No declínio, além da queda da quantidade vendida, espera-se que os preços praticados também tenham comportamentos decrescentes. Isso deriva da tentativa de alcançar maiores patamares de venda ou de manter os níveis anteriores. Portanto, nessa fase, as duas variáveis determinantes do faturamento têm expectativas de variação negativa, diminuindo irreversivelmente a capacidade de gerar caixa a partir dessa etapa.

A figura a seguir resume o comportamento típico do ciclo de vida de um produto/serviço, exprimindo os possíveis comportamentos das variáveis quantidade vendida e preço praticado ao longo dessas fases, conforme explicação anterior:

FIGURA 3 – Comportamento da quantidade vendida e do preço ao longo do ciclo de vida do produto/serviço

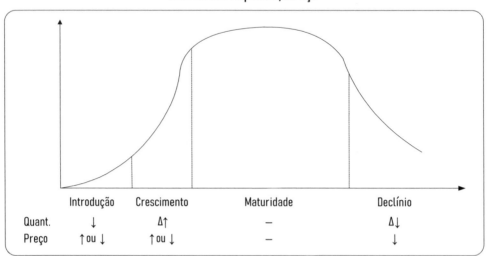

Atualmente, em função do desenvolvimento tecnológico em alguns setores, observa-se que o ciclo de vida de certos produtos ou serviços é cada vez mais curto. Setores que têm produtos e serviços fortemente baseados em tecnologia, por exemplo, sofrem uma pressão muito forte para criar e disponibilizar novos produtos/serviços, tornando seus ciclos de vida mais curtos. Nesses setores, as empresas podem até mesmo lançar substitutos de seus próprios produtos/serviços, gerando inovações continuamente, de forma a assegurar sua participação no mercado e evitar que os concorrentes antecipem essas inovações.

É importante ressaltar o risco de se confundir o ciclo de vida do produto ou serviço que o empreendimento comercializa com o ciclo de vida do empreendimento em si. Não se deve fazer tal confusão, sob pena de o negócio entrar em declínio a partir do eventual declínio do produto ou serviço. A percepção sobre o empreendimento deve ser maior do que aquela sobre o produto ou serviço por ele comercializado, de modo que eventuais interrupções de comercialização de certos produtos ou serviços não impactem severamente a continuidade do empreendimento.

Sendo assim, a expectativa do comportamento cíclico do produto/serviço no mercado deve levar os gestores a tomarem decisões que evitem a queda do nível de atividade do empreendimento. Ao perceber o início da fase de declínio, os gestores podem, por exemplo, lançar outra linha de produtos/serviços, criando um novo ciclo de vida e, com isso, buscando recompor os níveis de atividade do empreendimento. Essa estratégia pode evidenciar o seguinte comportamento das linhas de produto/serviço:

FIGURA 4 - Ciclos de vida recorrentes de produtos/serviços

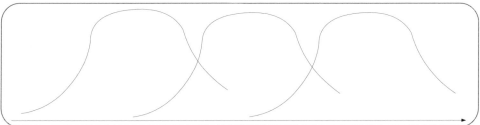

Alternativamente, os gestores podem tentar fazer melhorias nos produtos/serviços que estão experimentando esse declínio como forma de dar maior sobrevida a eles. Isso pode reconfigurar a curva do ciclo de vida do produto/serviço, evitando a irreversível fase de declínio.

Independentemente da estratégia adotada, os gestores devem primar pela manutenção do empreendimento por meio de um nível de atividade condizente com sua estrutura. Isso costuma requerer constantes reinvestimentos, a fim de renovar os ciclos de vida dos produtos/serviços. Novos lançamentos ou a renovação de produtos/serviços existentes, tipicamente, pressupõem investimentos em P&D e em propaganda.

Evidentemente, podem ocorrer exceções a essa configuração típica do ciclo de vida. Certos produtos ou serviços, por exemplo, podem apresentar uma venda inicial muito alta que posteriormente se reduz a um patamar inferior. Como exemplos dessa situação podem ser citados filmes exibidos em salas de cinema e peças teatrais. Certas linhas de produtos tecnológicos também podem se comportar dessa maneira. Admita o lançamento de um produto tecnológico inovador, cuja expectativa por parte dos consumidores seja muito alta. Possivelmente, haverá uma procura muito expressiva por ocasião de seu lançamento, mas que diminuirá com o passar do tempo.

Portanto, ao elaborar o plano de negócio, a equipe deve estimar como irão se comportar a quantidade vendida e o preço de venda dos produtos e/ou serviços ao longo do tempo, conforme suas características e as do mercado.

3.2.3. Canais de distribuição

Espera-se que o empreendimento tenha produtos e/ou serviços que atendam às necessidades dos clientes, o que implica a necessidade de lhes disponibilizar esses produtos/serviços. Assim, devem-se identificar as formas pelas quais esses produtos/serviços serão entregues aos usuários finais, respeitando restrições logísticas, financeiras, mercadológicas e legais e atendendo aos níveis de qualidade exigidos. Portanto, sobretudo em empreendimentos que fornecem bens físicos, devem ser definidos e descritos os caminhos percorridos pelos produtos até seu destino final da maneira mais eficiente e competitiva possível.

Esses caminhos são chamados canais de distribuição e referem-se à estruturação dos elos em uma cadeia de suprimentos que deve existir para permitir a disponibilização dos produtos aos clientes finais, que efetivamente os usam ou consomem. Ela deve ser concebida de maneira a atender às expectativas dos clientes quanto ao prazo de entrega, ao preço final, à qualidade e à existência de serviços agregados. Assim, uma cadeia de suprimentos deve considerar todos os agentes envolvidos desde os fornecedores de matérias-primas até o cliente final do produto acabado. Portanto, o plano de negócio deve descrever em que etapa da cadeia de suprimentos o empreendimento está localizado e quais relacionamentos diretos e indiretos devem ser formados.

Uma cadeia típica é representada na figura a seguir:

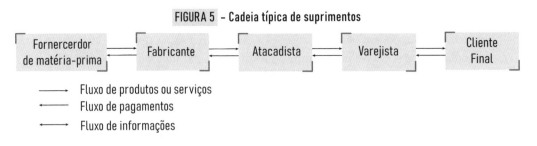

FIGURA 5 – Cadeia típica de suprimentos

⟶ Fluxo de produtos ou serviços
⟵ Fluxo de pagamentos
⟵ Fluxo de informações

Essa figura ilustra os elos da cadeia, cada qual com suas relações diretas representadas por setas. As setas direcionadas para a direita representam o fluxo de matérias-primas/produtos/serviços entre os elos até a sua chegada ao cliente final. As setas direcionadas para a esquerda representam o fluxo financeiro pelo pagamento de matérias-primas/produtos/serviços. Em ambos os sentidos, há um fluxo de informações que deve existir entre seus membros, a fim de que essa cadeia funcione de maneira articulada e eficiente, evitando desperdícios e ampliando os resultados de todos. Se quaisquer dessas setas não fluírem adequadamente, a cadeia não funcionará em sua plenitude, e os benefícios mútuos não serão otimizados.

A fim de ilustrar a importância da cadeia de suprimentos para a concepção de um empreendimento, imagine uma fábrica de um produto destinado ao uso de pessoas físicas (sapato, por exemplo). Essa fábrica lança mão de um processo produtivo que utiliza fatores de produção fixos e variáveis. Um desses fatores variáveis são as matérias-primas. Elas devem ser fornecidas por outras empresas (assume-se que não há verticalização nesse exemplo) e, por isso, devem ser consideradas na estruturação da cadeia. A empresa fabricante (objeto do plano de negócio) recebe matérias-primas e efetua o pagamento por elas.

Após o processo produtivo finalizado, os sapatos são vendidos em grandes quantidades a um atacadista. Essa venda é feita mediante um preço P1, que, multiplicado pela quantidade Q1, gera o faturamento do fabricante. O atacadista, por sua vez, revende os sapatos para lojas varejistas por um preço P2, o qual deve ser maior do que P1, uma vez que incorpora custos e despesas próprios do atacadista. O faturamento do atacadista será P2 vezes Q2 (quantidade vendida no período).

Os varejistas disponibilizarão os sapatos nas prateleiras das lojas, a fim de atender aos clientes finais. Cada consumidor, normalmente, adquirirá um par de sapatos (a não ser que ele queira fazer um estoque pessoal ou tenha compulsão por compras!) a um preço P3, maior do que P2. O faturamento do varejista será a quantidade vendida para os clientes (Q3) multiplicada pelo preço P3.

Esse exemplo serve para evidenciar que, apesar do plano de negócio em questão ser destinado à empresa fabricante, a demanda desta somente existirá se o varejista adotar um preço P3 coerente com a percepção de valor por parte do cliente final. No entanto, do ponto de vista do fabricante, seu nível de faturamento será derivado da quantidade vendida (Q1) e do preço praticado (P1). A demanda do primeiro membro da cadeia também só será garantida se os demais trabalharem em conjunto, de maneira a atender todas as expectativas do cliente final.

Outro aspecto importante nesse exemplo é a relevância e os propósitos de cada elo. Imagine que a fabricante deseje atender a cada cliente final diretamente. Nesse caso, ela teria que investir fortemente em logística para atendê-lo onde quer que ele esteja e na quantidade desejada (um ou dois pares de sapato, por exemplo). Outro aspecto importante seriam as formas de pagamento disponibilizadas. Um cliente final, por exemplo, gostaria de pagar pelo sapato por meio de cartão de crédito parcelado, tal qual em lojas varejistas do ramo. Esses dois aspectos são bem atendidos pelo varejista, que tem uma estrutura adaptada à venda de pequenas quantidades e formas de recebimento coerentes com os demais concorrentes.

Para atender diretamente ao cliente final, conforme essa situação hipotética, o fabricante teria que assumir funções típicas de um varejista. Isso implicaria nova estrutura e maiores despesas para permitir tal atendimento. Porém, o preço a ser cobrado do cliente final seria P3 em vez de P1. O fabricante seria incentivado a atender diretamente o cliente final se as despesas adicionais fossem compensadas mais do que proporcionalmente pelo incremento da receita.

Essa situação mostra que, ao eliminar elos na cadeia de suprimentos, pode haver uma expectativa de aumento de receita. Por outro lado, isso é acompanhado por aumento das despesas e custos, dada a necessidade de assumir funções dos elos logísticos eliminados. Analisar essa decisão é fundamental no momento do plano de negócio, pois diferentes caminhos tomados levarão a resultados igualmente diferentes.

Outro objetivo de analisar a cadeia de suprimentos é determinar o nível de qualidade desejado para o atendimento ao cliente final. Ao conceber essa cadeia, as expectativas dos clientes finais em termos de prazo de entrega e de serviços agregados devem ser contempladas. Se ela não atender plenamente a tais exigências, outras cadeias irão se posicionar de forma mais competitiva, possibilitando-lhes melhores resultados.

Isso sugere que a competição não se dá exclusivamente entre os elos semelhantes das cadeias. Um fabricante não compete apenas com outro fabricante de produtos semelhantes. A competição se dá entre cadeias de suprimento completas, conforme esta figura:

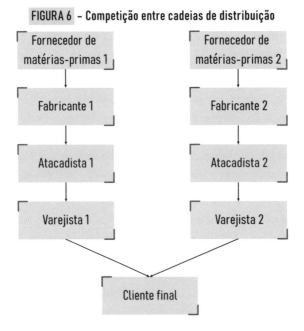

FIGURA 6 – Competição entre cadeias de distribuição

Há duas cadeias de distribuição que podem levar o produto ao cliente final. Admitindo que o plano de negócio seja do Fabricante 1 (cadeia à esquerda na FIGURA 6), o seu produto pode até ter mais qualidade do que o produto fabricado pelo Fabricante 2 (cadeia à direita na FIGURA 6); porém, se a cadeia composta pelos elos Atacadista 1 e Varejista 1 não for eficiente, o cliente final receberá o produto a um preço muito alto, em um tempo inadequado, em um estado de conservação ruim ou mediante uma combinação dessas circunstâncias.

Caso isso ocorra, é possível que o cliente opte por comprar da outra cadeia, se ela disponibilizar o produto a um preço aceitável, em um tempo adequado e em um bom estado de conservação, ainda que o produto em si não seja tão bom quanto o do Fabricante 1.

Portanto, se a cadeia de suprimentos concebida por um fabricante até o seu cliente final não for eficiente (ou, pelo menos, tão eficiente quanto a outra), seu nível de atividade será prejudicado, abrindo margem para que outras cadeias de suprimentos atendam melhor aos clientes finais e se beneficiem dos resultados do outro fabricante e dos seus elos da cadeia de suprimentos.

Nesse contexto, outro ponto precisa ser considerado: deve-se perceber o impacto na estratégia de pesquisa de mercado conforme a posição do empreendimento na cadeia de suprimentos. Se o plano de negócio for de um fabricante, por exemplo, apesar de seu nível de atividade ser gerado pela relação com o elo imediatamente posterior, muito provavelmente será essencial averiguar por meio de pesquisa outros elos da cadeia. Isso porque diferentes elos conterão diferentes informações sobre o comportamento do mercado. Portanto, realizar mais de uma pesquisa em diferentes elos da cadeia além dos imediatamente adjacentes é fundamental para permitir uma avaliação completa do mercado. Naturalmente, nesse caso, a estruturação das pesquisas junto a cada elo será diferente, pois elas terão objetivos distintos e complementares.

Retomando o exemplo do plano de negócio de uma fábrica de sapatos, imagine que essa fábrica venderá para cadeias de varejo, as quais revenderão para os clientes finais. Uma parte da pesquisa de mercado será feita com os varejistas, e a outra, com os clientes. A pesquisa feita com os varejistas, provavelmente, incluirá questões a respeito da quantidade comprada por tipo de sapato e por período, da forma de pagamento, dos períodos de sazonalidade, dos tamanhos e cores mais demandados, dentre tantas outras informações. As pesquisas com os clientes, por sua vez, objetivam verificar aspectos tais como tipos de sapato desejados, cores e materiais preferidos, eventuais problemas com os sapatos atualmente disponíveis no mercado, expectativas em termos de novos modelos etc. Provavelmente, tratam-se de informações complementares para que o pretenso fabricante formate os produtos de acordo com os anseios dos potenciais clientes e faça as projeções de maneira mais fundamentada.

3.2.4. Estruturas de mercado

O mercado pode ser caracterizado conforme a quantidade de agentes atuantes nele. A importância de tal análise reside na diferença entre o comportamento esperado do produto/serviço no mercado e as relações entre competidores e clientes, determinando diferentes níveis de preço e de demanda. Portanto, ao elaborar o plano de negócio de um empreendimento, é fundamental entender a estrutura de mercado em que ele estará inserido, pois ela influencia diretamente o estabelecimento do preço e das condições de comercialização, bem como a expectativa de quantidade vendida.

ELABORAÇÃO E AVALIAÇÃO DE PLANOS DE NEGÓCIOS

A microeconomia descreve seis tipos básicos de mercado, que serão explicados nos próximos parágrafos e sumarizados no quadro a seguir:

QUADRO 6 – Estruturas de mercado

ESTRUTURAS DE MERCADO
Monopólio
Oligopólio
Concorrência perfeita
Concorrência monopolística
Monopsônio
Oligopsônio

O monopólio é caracterizado por apresentar apenas um fornecedor no mercado e vários compradores. Nesse caso, não há concorrentes diretos para esse produto/serviço no mercado analisado, o que pode conferir um poder de monopólio à empresa fornecedora.

O poder de monopólio decorre da posição privilegiada que a empresa mantém frente aos seus clientes, por ser a única fornecedora. Uma consequência direta dessa posição é a capacidade de praticar preços acima dos que seriam praticados em uma situação na qual houvesse concorrentes diretos. Outra decorrência da atuação isolada no mercado é a capacidade do monopolista de determinar o nível de produção, controlando a quantidade produzida e disponibilizada ao mercado consumidor, assim como as condições de comercialização.

Apesar do poder de monopólio e da certa liberdade para atribuir preços aos seus produtos, em termos práticos, a empresa monopolista não consegue aumentar substancialmente o preço de seus produtos/serviços. Ela deve adotar um nível de preço compatível com a capacidade de aquisição dos consumidores, pois, caso os preços sejam estabelecidos em níveis excessivamente altos, talvez o mercado consumidor efetivo fique bastante restrito.

Outra preocupação fundamental no estabelecimento do preço de venda é com a elasticidade da demanda. Essa variável mede o vínculo entre a variação percentual na demanda devido à variação percentual do preço. Tal relação geralmente indica um índice negativo, que representa uma queda na demanda para um aumento no preço e vice-versa.

Se o produto/serviço for elástico (módulo do índice maior do que 1), uma variação positiva no preço determinará uma queda mais do que proporcional na quantidade demandada, limitando a capacidade da empresa monopolista de aumentar os preços praticados. Se, por outro lado, o produto/serviço for inelástico (módulo do índice menor do que 1), a empresa terá mais liberdade para aumentar os preços, pois a variação da demanda será menos do que proporcional à variação do preço.

Normalmente, a condição de monopolista é derivada de uma concessão legal ou de barreiras à entrada de competidores. A concessão pode ocorrer, por exemplo, por determinação governamental, na qual determinada área será atendida apenas por um fornecedor do produto ou serviço. Tome-se o exemplo de serviços como coleta de lixo ou abastecimento de água e energia para consumidores residenciais. Nesses casos, o governo concede a permissão de prestação desses serviços a uma empresa, que pode ocorrer de maneira exclusiva em determinada região geográfica (note que, em uma mesma área, pode haver a concessão de funcionamento a mais de uma empresa, não caracterizando, nesse caso, um monopólio).

Em situações nas quais há monopólio da exploração da atividade concedida pelo poder público, espera-se regulação por parte do governo. Tal ação estatal ocorre de forma a diminuir o poder de monopólio e evitar que a população adquira os produtos/serviços com preços excessivos, baixa qualidade e sob condições inadequadas.

Uma barreira que pode levar ao monopólio seria o alto nível de investimento exigido. Alguns empreendimentos requerem investimentos vultosos, inibindo a entrada de novos participantes. Outra circunstância que favorece o surgimento de um monopólio é a detenção de patente para produção de determinado produto ou oferta de um serviço. Nesse caso, o monopólio deixa de existir quando a patente expira e outras empresas passam a explorar esse mercado.

O oligopólio é uma estrutura de mercado comum e tem características bastante próprias. Ele é caracterizado pela participação de poucos competidores no mercado, os quais vendem produtos/serviços que podem ser diferenciados ou não.

O termo "poucos" não tem um número exato. É uma quantidade tal que as ações mercadológicas de um competidor são percebidas pelos demais e os forçam a reagir com outras ações mercadológicas, o que costuma conduzir o mercado a uma intensa dinâmica competitiva. Portanto, corresponde a uma quantidade de competidores que permita o monitoramento detalhado das condições de comercialização e dos preços praticados por parte de todos eles.

Dessa forma, os competidores em um mercado oligopolista têm ações e reações mercadológicas constantes, com o objetivo de manter ou ampliar suas respectivas participações no mercado. Além de tentar evitar ou inibir a entrada de novos participantes, buscam posições competitivas melhores frente aos atuais concorrentes. Como a quantidade de competidores é pequena, as ações empreendidas por um são percebidas pelos demais, incentivando-os a ter alguma reação.

Se, por exemplo, um competidor reduzir o preço de um produto a fim de aumentar suas receitas mediante o aumento de quantidade vendida, os demais competidores provavelmente reagirão a essa atitude. Eles podem acompanhar a redução do preço ou diferenciar algum aspecto do produto, permitindo, dessa forma, a manutenção ou até mesmo o aumento do preço praticado. Por seu turno, o consumidor, percebendo tal competição, pode se beneficiar ao buscar as melhores opções de aquisição, acirrando ainda mais a disputa entre os fornecedores.

Outro exemplo pode ser ligado às condições de comercialização: uma empresa varejista pode ampliar os prazos e os meios de pagamento. Se essa for uma ação bem recebida pelos clientes, estes migrarão suas aquisições para essa empresa, diminuindo o nível de venda dos demais fornecedores. Estes últimos, por sua vez, deverão reagir de alguma maneira para evitar a perda de clientes.

Perceba que, em um oligopólio, as ações de um concorrente impactam os resultados dos demais, forçando-os a alguma reação. Essas ações/reações são sequenciais no tempo e fazem parte da característica de um mercado oligopolista. Portanto, ao tomar alguma decisão mercadológica, uma empresa atuante em um setor oligopolista deve tentar antecipar as reações dos concorrentes. As decisões de uma empresa dependem em parte das decisões tomadas pelos seus concorrentes.

Sendo assim, um mercado oligopolista limita, mas não elimina, as margens de manobra e a capacidade de definir condições de comercialização por parte dos seus competidores em comparação ao que aconteceria se não houvesse concorrentes, que é o caso de um mercado monopolista.

Uma concorrência perfeita existe quando há uma quantidade muito grande de competidores atuando no mercado de um produto/serviço idêntico (sem diferenciação). A grande quantidade de competidores é tal que nenhum deles tem poder de influenciar isoladamente os preços praticados no mercado, dado que sua relevância frente ao mercado total é irrisória. Portanto, uma situação de concorrência perfeita ocorre quando três condições são atingidas: aceitação de preços, homogeneidade nos produtos/serviços e livre entrada e saída.

A aceitação de preços é uma condição na qual as empresas participantes do mercado competitivo não têm poder para determinar os preços praticados. Essa falta de poder decorre do seu pequeno tamanho frente ao mercado como um todo. Se uma empresa tentar aumentar o preço do seu produto/serviço, continuará havendo muitas alternativas de fornecedores dos quais os consumidores podem comprar. A empresa que aumentou o preço não conseguirá vender, sendo forçada a reduzi-lo àquele que é praticado no mercado. Por outro lado, caso essa empresa tente reduzir o preço inicialmente, talvez essa decisão não conduza a um aumento expressivo de sua quantidade vendida. Assim, ela será incentivada a novamente aumentar o preço para o patamar do mercado, o que conduzirá a níveis de demanda bem próximos.

Essa lógica também se aplica aos consumidores, os quais aceitam o preço de mercado. Quando há uma quantidade suficientemente grande de consumidores, provavelmente, um único não terá poder suficiente para conseguir adquirir o produto/serviço a um preço relativamente baixo, pois os fornecedores não serão incentivados a praticar preços abaixo do mercado.

A outra condição que caracteriza a concorrência perfeita é a homogeneidade dos produtos/serviços comercializados. Eles são homogêneos quando não há diferenciação perceptível, sendo substitutos perfeitos entre si. A inexistência de diferença significa que os fornecedores não conseguem praticar preços diferentes uns dos outros. Caso eles tenham diferenciais, seja em termos de atributos físicos ou serviços agregados, os fornecedores têm a possibilidade de cobrar preços mais altos frente aos dos concorrentes. A homogeneidade, portanto, é condição para um mercado perfeitamente competitivo.

A última condição que caracteriza uma concorrência perfeita é a livre entrada e saída de competidores e consumidores. A livre entrada e saída de competidores está associada à inexistência de custos relevantes para uma nova empresa entrar ou sair do mercado, em caso de prejuízo. Os consumidores podem, por sua vez, trocar de fornecedor facilmente, sem custos relevantes.

A concorrência monopolística agrega características próximas da concorrência perfeita. Das três condições essenciais à concorrência perfeita, a monopolística apresenta duas: há muitas empresas e não há barreiras à entrada e saída. No entanto, os produtos/serviços comercializados têm diferenças entre si, permitindo, dessa forma, que os preços possam sofrer alguma alteração.

Essas diferenças podem surgir por meio de marcas únicas, qualidade superior e características singulares, por exemplo. Apesar dessas diferenças, os produtos/serviços ainda são substituíveis entre si, apresentando uma alta elasticidade cruzada (a variação de preço de um pode influenciar a variação de demanda de outro).

Com essa configuração, as empresas podem exercer certo poder de monopólio, uma vez que elas têm produtos/serviços diferenciados frente aos dos muitos concorrentes. Caso uma parcela dos consumidores valorize as características diferenciadoras, esse fornecedor pode atuar em certo nicho do mercado mediante preço acima do que seria cobrado no caso de um produto/serviço homogêneo. Porém, se o preço superar a percepção de valor por parte do cliente, este pode, com facilidade, substituir o fornecedor por outro, ainda que esse último não tenha as características diferenciadoras.

O monopsônio é caracterizado por um mercado com muitos fornecedores e apenas um comprador. Essa circunstância pode conferir a esse único cliente o poder de influenciar o preço do produto/serviço a seu favor. O poder de monopsônio pode fazer com que o comprador adquira o produto/serviço por um preço mais baixo caso ele seja comercializado em um mercado comprador competitivo.

Há certa similaridade entre o monopólio e o monopsônio. No primeiro, o fornecedor pode exercer um poder de monopólio frente aos consumidores, ao passo que, no segundo, o comprador exerce o poder frente aos fornecedores. Nesses casos, o comportamento dos preços é afetado pela intensidade desse poder.

Um oligopsônio refere-se a um mercado que tem poucos compradores. Nesse caso, esses poucos compradores podem ter algum nível de poder frente aos fornecedores, dependendo das características do mercado e do produto/serviço. Assim como em um monopsônio, uma empresa que atua em um oligopsônio deve analisar o mercado mediante a admissão de um possível poder por parte dos compradores.

Como o plano de negócio é elaborado sob a ótica e o interesse do fornecedor, se a intenção é criar uma empresa que terá um único comprador (monopsônio) ou alguns compradores (oligopsônio), há de se admitir um risco considerável. O risco de mercado, nesses casos, sobretudo no primeiro, é muito alto, dada a dependência total ou muito forte de um ou poucos clientes.

Por fim, percebam um aspecto na relação entre as estruturas de mercado monopólio, oligopólio e concorrência perfeita. Há uma sequência de aumento do grau de concorrência ao longo dessas estruturas. Com isso, gradativamente há uma redução na capacidade de determinar preços de venda dos produtos/serviços e de estabelecer as condições comerciais. É essencial que a equipe que esteja desenvolvendo o plano de negócio compreenda tais capacidades, para verificar em que medida é possível ao empreendimento definir ou seguir as condições de atuação nesse mercado. É uma variável extremamente impactante sobre as estratégias mercadológicas a serem adotadas.

3.3. PESQUISAS DE MERCADO

De modo geral, a pesquisa de mercado deve ser realizada a fim de responder três grupos de questões fundamentais: 1) quem são os potenciais clientes; 2) quais são as suas necessidades e características comportamentais; 3) qual é a estimativa de quantidade vendida e por quais preços e em que condições os clientes estão dispostos a adquirir os produtos/serviços. Ao responder a essas questões, será possível atingir o objetivo principal da seção mercadológica.

Naturalmente, para responder a essas questões, a pesquisa não deve considerar somente essas variáveis diretamente. Ela deve contemplar, na medida do possível, todos os fatores que, direta ou indiretamente, compõem e afetam as decisões de compra por parte dos potenciais clientes. Nessa busca, a pesquisa de mercado pode requerer várias fontes de dados, sejam elas internas ou externas, além de contemplar variáveis de diferentes naturezas (qualitativas e quantitativas).

Antes de prosseguir com as etapas da pesquisa de mercado, é importante destacar quatro pontos. O primeiro é que pesquisa de mercado não é a mesma coisa que a seção mercadológica do plano de negócio. A primeira está dentro da segunda, pois, para ser feita a seção mercadológica como está sendo apresentada, é necessário desenvolver uma ou mais pesquisas de mercado. Assim, é fundamental não considerar equivocadamente que ambas são semelhantes.

O segundo ponto é a necessidade de realizar mais de uma pesquisa de mercado para elaborar a seção mercadológica. Muito provavelmente, será indicada a necessidade de fazer mais de uma pesquisa de mercado junto a alvos distintos, com metodologias e propósitos diferentes. Somente assim o plano de negócio terá elementos suficientes para fundamentar as estimativas de nível de atividade do empreendimento.

O terceiro aspecto é indicar claramente a metodologia adotada. Isso serve para transparecer os procedimentos adotados, o que permite conferir maior credibilidade às projeções feitas. Caso as etapas das coletas e das análises sobre os dados não sejam minuciosamente registradas no plano de negócio, certamente surgirão dúvidas a respeito das premissas levantadas e dos valores projetados. Para evitar tais dúvidas, todas as etapas das pesquisas devem ser detalhadas da maneira mais aprofundada possível.

Por fim, há vários livros sobre esse tema, cada qual enfatizando certas etapas e mecanismos para realização de uma pesquisa de mercado completa. As etapas mostradas aqui (planejamento, coleta, análise e apresentação) não objetivam esgotar o assunto, tampouco devem ser consideradas como únicas. Elas retratam uma sequência que pode ser ajustada conforme as características do plano de negócio em elaboração. O que importa é que a pesquisa gere os subsídios necessários para elaborar as suas estimativas financeiras.

As quatro etapas da pesquisa de mercado serão apresentadas a seguir.

3.3.1. Planejamento da pesquisa

O planejamento envolve todas as definições anteriores à execução da pesquisa propriamente dita. Essa etapa objetiva prever os recursos financeiros, pessoais e terceirizados, bem como estabelecer as fontes de dados mais adequadas e as metodologias a serem empregadas para coleta e análise desses dados. É por meio do planejamento que os recursos necessários para as atividades serão previstos e alocados no tempo devido, de forma que todas as atividades ocorram sequencialmente, sem quebra de continuidade, e que os objetivos sejam alcançados.

O planejamento bem elaborado permite que as ações da pesquisa sejam executadas da maneira mais eficiente possível, evitando desperdícios e garantindo que os dados investigados atendam às necessidades informacionais. Se, por acaso, o planejamento não tiver sido bem elaborado, algumas variáveis essenciais à seção mercadológica podem ser negligenciadas. Imagine fazer uma pesquisa de mercado com potenciais clientes e não perguntar qual seria o preço que eles estão dispostos a pagar pelo produto/serviço ou não investigar que características eles consideram mais importantes. São questionamentos essenciais na maioria dos cenários.

Caso isso ocorra, basicamente há duas possibilidades de desdobramento: a primeira é seguir adiante na elaboração dessa e das demais seções sem essa informação, e a segunda consiste em refazer parte da pesquisa de mercado, para coletá-la. Na primeira hipótese, a qualidade do plano de negócio será comprometida, em maior ou menor grau, pela falta de informação importante. Na segunda, haverá um custo adicional pelo retrabalho, além de possivelmente atrasar o cronograma das atividades de desenvolvimento do plano de negócio. Não raro, a tentativa de fazer nova pesquisa pode esbarrar em algum impedimento por parte dos pesquisados.

Nessa etapa, podem ser verificados os impactos das decisões relacionadas à profundidade da pesquisa de mercado. Uma pesquisa mais superficial requer um nível de desembolso mais modesto. Por outro lado, tal decisão acarreta dados menos apurados, conferindo-lhes menor nível de confiança. Uma pesquisa mais aprofundada, por sua vez, terá como produto final dados mais confiáveis e detalhados. No entanto, esse maior nível de profundidade exige mais desembolso para sua consecução. Tal dilema deve ser objeto de discussão no momento do planejamento da pesquisa.

Outro elemento a ser discutido no planejamento são os tipos de dados buscados, os quais podem ser classificados em primários e secundários. Dados primários são aqueles coletados diretamente da sua fonte. Normalmente, não têm qualquer tratamento prévio e exigem uma investigação de campo junto a clientes, fornecedores, concorrentes etc. Os dados primários possibilitam uma análise direcionada aos propósitos da pesquisa, uma vez que permitem que técnicas de análise quantitativa e/ou qualitativa sejam executadas nos dados brutos, a fim de que sejam extraídas as conclusões nos formatos desejados.

Dados secundários são obtidos a partir de outras pesquisas realizadas com os elementos de interesse (clientes, fornecedores, concorrentes etc.) e/ou dizem respeito a dados econômicos, demográficos e sociais. Normalmente, esses dados já passaram por algum tipo de tratamento, nem sempre adequado às necessidades específicas do plano de negócio. Considerando tais características, o planejamento envolve decidir quais dados serão coletados (primários e/ou secundários) e como serão executadas as análises.

A decisão de escolher entre dados primários e secundários também passa por questões financeiras. Dados primários requerem, geralmente, pesquisas documentais e de campo mais extensas, podendo exigir uma grande equipe de pesquisadores e altos desembolsos. Dados secundários podem ser obtidos gratuitamente (entidades governamentais, institutos de pesquisas estatais, secretarias de estado etc.) ou mediante pagamento a institutos de pesquisa privados.

3.3.2. Coleta de dados

Uma vez feito o planejamento da pesquisa, parte-se para sua execução. A primeira etapa objetiva coletar os dados de acordo com o definido no planejamento. Os recursos são alocados, os pesquisadores, mobilizados, e o processo de coleta é iniciado.

Caso se trate de dados primários, normalmente essa coleta envolve pesquisas de campo junto aos elementos de interesse. A pesquisa de campo pode utilizar como instrumento de coleta questionários com questões fechadas e/ou abertas (dependendo das variáveis). Questões fechadas estão associadas a variáveis quantitativas, e as abertas, a variáveis qualitativas. Esses questionários podem ser aplicados pessoalmente ou por meios eletrônicos. Também pode ser empregada a técnica de entrevista, por meio da qual o entrevistador faz perguntas diretamente ao entrevistado, utilizando um roteiro que pode ser mais ou menos sujeito a modificações durante os questionamentos. As entrevistas são indicadas em casos nos quais se deseja maior aprofundamento das respostas, o que não é normalmente alcançado pelo uso de questionários. Isso é possível quando o entrevistador tem boa experiência tanto em entrevistas quanto no assunto em si, pois ele poderá derivar novas questões de acordo com as respostas que vão sendo fornecidas, enriquecendo bastante os dados coletados.

A coleta de dados primários pode ser do tipo censo ou amostra. Uma pesquisa censitária é aquela na qual toda a população de interesse da pesquisa é consultada. Nesse caso, há normalmente um grande esforço e nível de desembolso para conseguir acesso a todos os elementos e coletar os dados desejados. A amostra, por outro lado, contempla a pesquisa feita com parte da população. Se essa amostra for estatisticamente significativa e os procedimentos da amostragem forem rigorosos, evita-se incorrer em vieses que reduzam a qualidade dos dados coletados, e espera-se que os resultados reflitam o comportamento da população de maneira confiável, mesmo que ela não tenha sido completamente pesquisada.

Caso a coleta envolva dados secundários, é requerida uma investigação de registros sobre o assunto de interesse. Nesse caso, os pesquisadores consultam documentos impressos ou eletrônicos, e podem ser utilizadas as mais variadas fontes disponíveis, de acordo com o contexto.

É importante perceber que, dependendo do tipo de empreendimento, os elementos pesquisados podem diferir consideravelmente e, em decorrência, os instrumentos usados na pesquisa também. Se o plano de negócio verifica a viabilidade de um empreendimento que fabricará bens de capital, a pesquisa deverá ser realizada com empresas que potencialmente os utilizem. Se o empreendimento contemplar a venda de produtos destinados aos consumidores finais, estes deverão ser investigados, bem como as empresas que fazem parte da cadeia de suprimentos. Cada situação requer uma avaliação específica, profunda e crítica, de maneira a determinar quem fornecerá os dados e de que maneira isso será feito.

Como outros exemplos de técnicas de coleta de dados, podemos citar: técnica Delphi, analogia histórica, grupo focal e painel de especialistas.

A técnica Delphi requer que um coordenador passe a um grupo interdisciplinar previamente escolhido um questionário a respeito do mercado. As respostas obtidas são processadas e incorporadas a um novo questionário. De posse dos resultados dessa etapa, o grupo responde novamente ao questionário, agora com a perspectiva dos dados coletados anteriormente. Esse processo é repetido até que o coordenador considere a existência de certa convergência nas respostas. Note que não há necessidade de haver consenso pleno, o que possivelmente nem ocorrerá. Porém, objetiva-se chegar a um ponto de razoável proximidade nas expectativas.

Outra técnica possível é a analogia histórica. Ela pode ser usada quando o produto/serviço é muito novo no mercado e não há dados históricos sobre ele. Nesse caso, pode ser elencado um produto relativamente similar que sirva como benchmarking para a análise e estimativa da demanda. Um exemplo típico seria a previsão de demanda da TV em cores a partir de dados históricos da TV em preto e branco. Apesar de serem produtos diferentes, eles devem atender a necessidades parecidas, e o comportamento histórico de um pode indicar aproximadamente o comportamento esperado do outro. Portanto, coletar dados sobre a TV em preto e branco pode ser uma abordagem possível para entender o comportamento esperado do mercado da TV em cores.

O grupo focal é uma técnica que envolve convidar potenciais clientes para uma mesa redonda e investigar fatores relevantes associados ao consumo do produto/serviço. Nessa ocasião, podem ser feitas dinâmicas, tais como experimentação do produto/serviço e recebimento de feedbacks sobre esse uso. Um mediador lança perguntas sobre aspectos do produto/serviço e tenta identificar fatos relevantes, coletando dados sobre comportamentos esperados. Nesse caso, a seção pode ser gravada para fins de análise posterior.

O painel de especialistas requer a reunião de pessoas com profundo conhecimento sobre o mercado e/ou o produto/serviço. Nessa reunião, são lançadas perguntas sobre o mercado atual e seu comportamento futuro. O propósito é coletar a maior quantidade possível de ideias e perspectivas sobre os comportamentos atual e futuro do mercado.

3.3.3. Análise dos dados

Uma vez que os dados tenham sido coletados, é iniciada a fase de análise. Não adianta somente dispor dos dados que versam sobre os comportamentos esperados no mercado, sendo fundamental que eles sejam analisados, a fim de gerar informações úteis aos propósitos da seção. Ela deve permitir que conclusões sejam tiradas a respeito das questões fundamentais: quem comprará, em que quantidade e por qual preço.

Além disso, deve haver completa coerência entre os tipos de dados coletados e os métodos de análise, uma vez que estes dependem daqueles e dos propósitos da pesquisa. Se os dados forem quantitativos, os tratamentos terão natureza quantitativa. Tipicamente, para dados quantitativos, podem ser usadas técnicas de estatística descritiva, multivariada e inferencial, de maneira a extrair e apresentar informações não percebidas por meio dos dados brutos.

Como exemplos de análise quantitativa, podem ser citados os modelos de regressão (simples ou múltipla) e a análise de séries históricas. Esses casos são adequados quando se tem acesso a dados históricos quantitativos e quando se espera que o futuro repita o comportamento passado. Caso não haja a expectativa de que o ambiente futuro de negócios seja razoavelmente parecido com o passado, essas técnicas não terão muita valia. Sendo assim, sobre esses dados, deverão ser agregadas expectativas sobre as variáveis que influenciam o comportamento futuro do mercado e, somente após essas premissas estabelecidas, os dados poderão ser analisados.

Caso os dados sejam qualitativos, os processos de análise devem ser compatíveis com os seus tipos. Naturalmente, técnicas estatísticas não serão diretamente adequadas a textos discursivos ou percepções qualitativas. Uma técnica de análise de dados qualitativos empregada com certa frequência é a análise de conteúdo, cuja concepção se baseia na verificação do quanto ocorrem determinados termos ou referências em um discurso ou texto. Com a categorização de termos e/ou referências, é possível fazer uma avaliação mais estruturada sobre um texto livre, facilitando a extração e a análise de informações.

Tanto para dados quantitativos quanto qualitativos, há disponibilização de muitas opções de software para auxílio às análises. Há muitos pacotes de software estatístico que permitem análises quantitativas, assim como pacotes que realizam análises de conteúdo. Resta à equipe de elaboração das pesquisas de mercado definir quais são mais adequados.

É fundamental que os dados sejam criticados no que se refere à sua coerência. Com grandes massas de dados, podem ocorrer erros de coleta e/ou tratamento, os quais interferem na sua qualidade e consequente análise. Assim, verificar criticamente os resultados, comparando-os com referências confiáveis ou submetendo-os à percepção de especialistas no setor deve ser uma prática recorrente para evitar resultados esdrúxulos.

3.3.4. Apresentação dos resultados

Uma vez que os dados foram analisados, é fundamental que eles sejam tratados adequadamente para apresentação às partes interessadas ou para a incorporação ao plano de negócio — situação pertinente ao contexto. Deve-se ressaltar que tão importante quanto a qualidade da coleta e da análise dos dados é a apresentação dos resultados. Ela é fator relevante na conclusão da pesquisa de mercado. Tabelas sintéticas e gráficos com notas explicativas devem ser elaborados para permitir uma apresentação adequada, evitando mostrar dados irrelevantes aos propósitos analíticos.

Mesmo não havendo necessidade de apresentar a pesquisa de mercado a uma plateia, todos os seus resultados, conclusões e etapas devem fazer parte do plano de negócio (incorporados ao texto principal ou como material anexo). É fundamental que o avaliador do plano de negócio compreenda detalhadamente as etapas da pesquisa de mercado que subsidiam a elaboração dos produtos finais da seção mercadológica e parte das demais. Essa transparência proporciona credibilidade e confiabilidade sobre os produtos finais da seção.

3.4. PRODUTOS FINAIS

Essa parte do capítulo apresenta os produtos finais da seção mercadológica, os quais devem ser compatíveis com os seus propósitos.

Inicialmente, devem ser explicitados os produtos e/ou serviços a serem ofertados. Em seguida, as partes com as quais o empreendimento manterá alguma relação devem ser descritas e analisadas (clientes, fornecedores, concorrentes, parceiros, governo etc.). Posteriormente, e a partir das informações até então levantadas, deve ser estabelecida a estratégia mercadológica que o empreendimento adotará. Segue-se com o estabelecimento das condições comerciais adotadas para que ocorram as transações comerciais esperadas. Por fim, devem ser estimados os níveis de atividade do empreendimento, os quais são compostos pela quantidade vendida e pelos preços praticados.

3.4.1. Descrição dos produtos e/ou serviços

Um dos objetivos da seção mercadológica é descrever os produtos a serem vendidos ou serviços a serem prestados aos clientes. O plano de negócio tem uma importante função de informar todas as suas características, seus diferenciais e os benefícios destinados aos consumidores. Por meio dessa descrição detalhada, o leitor compreenderá exatamente o que o empreendimento se propõe a fornecer, permitindo-lhe ter melhores condições de verificar sua viabilidade.

A primeira etapa é descrever tecnicamente o produto ou o serviço. Ela serve para definir sua estrutura, informações técnicas, forma de apresentação e demais características intrínsecas a ele. Caso seja um serviço, deve-se descrever suas características, a forma de oferecimento e os resultados esperados com sua prestação.

Pertinente a essa descrição, é fundamental indicar o nível de qualidade esperado do produto ou serviço. Tal nível de qualidade permite estabelecer melhor o seu posicionamento mercadológico e fundamentar uma proposta de valor para os clientes. Além disso, tanto a descrição técnica quanto o nível de qualidade constituem informações centrais para definir o processo produtivo necessário à sua produção — assunto da seção seguinte.

Em seguida, é importante relatar os benefícios esperados. As características dos produtos são percebidas por parte dos clientes por meio dos benefícios alcançados com seu consumo ou uso. Assim, a descrição de seus benefícios tem papel fundamental nessa etapa, pois eles serão o principal argumento favorável à geração da venda.

Outro ponto relevante a ser registrado são seus diferenciais frente aos demais produtos/serviços disponíveis no mercado. Caso haja diferenciais que lhe confiram alguma vantagem competitiva sobre os outros, é essencial explicitá-los. Planos de negócios que envolvam inovação tecnológica geralmente requerem a pesquisa e o desenvolvimento de um produto ou serviço diferenciado, cujo surgimento pode criar um mercado novo ou alterar a estrutura competitiva vigente. Nesse contexto, mostrar os diferenciais é fundamental.

Ademais, uma decorrência direta dessa diferenciação é a possibilidade de praticar preços superiores aos dos concorrentes, caso estes não tenham diferencial. Portanto, um produto/serviço que apresenta diferenciais, provavelmente, terá custo produtivo maior, porém deve ter maior valor percebido por parte do cliente, o que viabiliza a cobrança de preço superior. Tal perspectiva, se observada no produto/serviço, deve ser descrita nessa parte do plano de negócio.

Um ponto deve ser destacado aqui. Caso o produto/serviço seja comum, sem qualquer aspecto inovador ou inédito, e caso já haja outros similares largamente disponíveis no mercado, o esforço de sua descrição não precisa ser demasiado. Provavelmente, uma descrição simples e direta permitirá ao leitor um perfeito entendimento do que se trata. Entretanto, caso o plano de negócio se destine a levar ao mercado um produto/serviço inovador que não tenha qualquer referência ou paralelo atual no mercado, certamente, isso exigirá uma explicação com maior grau de minúcia.

Em qualquer hipótese, no entanto, é essencial frisar que a objetividade deve ser um princípio ao longo de todo o texto. Ser detalhado não significa ser prolixo na descrição, mas fornecer todas as informações necessárias ao perfeito entendimento.

3.4.2. Descrição e análise do ambiente no qual a empresa estará inserida

Uma vez expostas todas as informações sobre os produtos/serviços, outro componente típico da seção mercadológica é a descrição e a análise do mercado em que o empreendimento funcionará. Como ele ofertará produtos/serviços a um mercado consumidor, é crucial descrever como estará inserido no mercado, assim como as relações mantidas externamente. Tal descrição abrange clientes, concorrentes, fornecedores, parceiros comerciais e demais agentes que tenham alguma expectativa de relação com o empreendimento.

Os clientes são parte fundamental da seção mercadológica. Afinal de contas, eles consumirão ou usarão os produtos/serviços gerados pelo empreendimento, a fim de atender às suas próprias necessidades. Estudar a expectativa dos clientes com relação a essa demanda é fundamental, pois ela se configura como um dos objetivos de destaque dessa seção. A partir da determinação das características dos produtos/serviços, pode-se investigar a predisposição dos potenciais consumidores a adquiri-los, determinando, dessa forma, o nível de venda esperado e os preços que eles estão dispostos a pagar.

60 ELABORAÇÃO E AVALIAÇÃO DE PLANOS DE NEGÓCIOS

É importante reforçar que a análise dos potenciais clientes deve abranger o seu comportamento esperado de compra tanto no período atual quanto, sobretudo, no futuro. Certamente, o horizonte temporal do plano de negócio abrange muitos anos, durante os quais as necessidades e os hábitos de consumo dos clientes podem sofrer alterações sensíveis, o que acarreta tal consideração.

Em alguns casos, como nos de bens de consumo duráveis ou não duráveis, as características demográficas dos consumidores podem interferir na determinação do interesse em adquirir os produtos. Sendo assim, descrever características demográficas, sociais e econômicas é fundamental ao se analisar os clientes. Para bens intermediários e de capital, por exemplo, os clientes do empreendimento serão outras empresas que farão uso daqueles em seu processo produtivo. Portanto, a pesquisa, que possivelmente foi realizada junto a esses potenciais clientes, deve permitir descrever suas características, bem como a intenção de compra dos produtos, culminando com uma ampla análise dos seus hábitos de compra e de suas expectativas futuras de ter relações comerciais com a empresa objeto do plano de negócio.

O plano de negócio não deve deixar de considerar a provável existência de concorrentes. Dependendo da estrutura de mercado, a presença de competidores é variável fundamental na análise e requer a devida atenção, uma vez que sua atuação no mercado impacta o nível de atividade da empresa que está sendo avaliada.

Não devem ser abrangidas apenas aquelas empresas concorrentes que ofertam produtos ou serviços idênticos (concorrentes diretos), mas também as que, mesmo não fornecendo produtos/serviços idênticos, afetam o nível de atividade por atender, de alguma forma, às necessidades dos potenciais clientes (concorrentes indiretos). Devem ser identificados e analisados os seus pontos fortes e fracos, de maneira a permitir o melhor posicionamento da empresa no mercado.

Os fornecedores representam o elo imediatamente anterior ao empreendimento. Eles podem ser objeto de descrição nessa parte do plano de negócio, sobretudo se o empreendimento for fortemente dependente de um ou de alguns fornecedores específicos. Quanto mais relevantes forem os fornecedores, mais importante será essa descrição.

Um relacionamento bastante importante é com eventuais parceiros, no caso de o empreendimento não ter as condições para ofertar seus produtos/serviços sem o apoio daqueles. Nessa situação, podem ser estabelecidas parcerias em vários âmbitos, a fim de permitir que o produto/serviço seja desenvolvido e/ou disponibilizado ao mercado. Quando o empreendimento é viável mediante o estabelecimento de algum tipo de parceria, normalmente os envolvidos apresentam alguma complementaridade em termos tecnológicos, logísticos, comerciais ou financeiros. Nesse caso, o plano de negócio deve registrar a motivação da parceria, bem como evidenciar as sinergias e os ganhos mútuos.

Caso haja uma regulamentação muito forte sobre o mercado no qual o empreendimento atuará, é fundamental que essa regulamentação seja registrada no plano de negócio. Isso é mais destacado quando as regulamentações indicam exigências que terão forte impacto limitador sobre as atividades operacionais e/ou sobre a estrutura do empreendimento. Em ambos os casos, haverá impacto sobre os resultados projetados, os quais deverão constar no plano de negócio.

3.4.3. Estratégia mercadológica

Com as descrições dos produtos/serviços e do ambiente no qual eles serão oferecidos, o plano de negócio pode tecer considerações sobre as estratégias a serem adotadas para entrar no mercado e sobre como será o posicionamento frente aos potenciais clientes e aos concorrentes. Dessa forma, os conhecimentos das características do mercado e dos produtos concorrentes proporcionados por essa seção são fundamentais para compreender e estimar o comportamento do produto/serviço no mercado, bem como auxiliar sua projeção de vendas.

A estratégia mercadológica deve indicar os passos a serem seguidos pela empresa para alcançar os níveis de atividade almejados, considerando a competição a ser enfrentada e os demais fatores de risco externos.

Os próprios esforços de coleta, descrição e análise dos dados empreendidos até aqui constituem bases informacionais que subsidiam o estabelecimento desses direcionamentos. Uma vez em posse de tais informações, os meios de comunicar e fazer chegar os produtos/serviços aos clientes devem ser definidos. O atendimento às necessidades dos clientes não se limita unicamente à criação de produtos/serviços aderentes às necessidades deles, mas também significa promover adequadamente a comunicação com o mercado-alvo e assegurar o acesso adequado dos clientes aos seus produtos/serviços. A estratégia mercadológica deve compreender e contemplar isso.

Além do mais, nessa conjuntura, estabelecer o posicionamento da empresa frente às entidades externas com as quais serão mantidos relacionamentos é crucial. Tal posicionamento ressalta uma imagem que se deseja transparecer e comunicar ao mercado, ajudando a criar marca e proposta de valor relevantes. Isso é essencial para firmar a empresa no ambiente e alcançar elevada participação de mercado de maneira sustentável.

Evidentemente, tal estratégia requer revisões periódicas, até mesmo para acomodar mudanças ambientais anteriormente não previstas. No entanto, tais revisões não devem ser confundidas necessariamente com alterações drásticas ou com a completa negação do que foi planejado até o momento. São revisões no sentido de readequar os passos estabelecidos, com o intuito de assegurar o alcance das metas estipuladas em termos de nível de atividade.

3.4.4. Condições de comercialização

Descritos os produtos/serviços, o ambiente que envolve o empreendimento (clientes, concorrentes, parceiros etc.) e as estratégias mercadológicas, é importante apresentar as condições de comercialização. Elas são fatores-chave para determinar os padrões de recebimento e de disponibilização dos produtos/serviços, impactando diretamente o nível de competitividade frente aos concorrentes. Algumas condições de comercialização tipicamente tratadas nessa parte são os critérios para concessão de crédito, as formas e os prazos de recebimento dos clientes e os prazos de entrega dos produtos/serviços.

Nas transações comerciais com o empreendimento, os critérios de concessão de crédito determinam quem irá recebê-lo e em que quantidade. Para conceder esse crédito ao cliente, este deve atender aos requisitos estipulados pela empresa em sua política de crédito. Conceder crédito significa que a empresa troca um ativo disponível hoje (produto/serviço) por uma promessa futura de recebimento (conta a receber). Tal operação objetiva ampliar o nível de receitas mediante financiamento da compra e é de grande importância, já que envolve uma atividade arriscada. Ao trocar um ativo por uma expectativa de recebimento, existe uma possibilidade de que o cliente não honre com o compromisso assumido, tornando a inadimplência um efeito colateral de análises de crédito mal elaboradas. Se, por outro lado, a análise e a concessão de crédito forem bem conduzidas, espera-se que a empresa atinja um nível desejado de faturamento, sem incorrer em taxas de inadimplência excessivas.

A concessão de crédito também tem uma função mercadológica. Ao financiar o cliente, um empreendimento pode se diferenciar frente a outro que tem uma política de crédito mais restritiva. A contrapartida para o empreendimento que concede crédito de forma mais frouxa é a possibilidade de altas taxas de inadimplência, apesar de uma venda esperada maior. A empresa mais rígida em sua política de crédito pode experimentar baixas taxas de inadimplência, porém o nível de vendas pode ser menor.

Uma perspectiva nesse contexto é sua comparação com a prática do mercado. Normalmente, o setor no qual o empreendimento atuará adota certas características relacionadas à concessão de crédito e à forma de recebimento. Um empreendimento instalado nesse setor provavelmente enfrentará dificuldades em não acompanhar tais práticas. Por exemplo, um setor que tipicamente apresenta formas de recebimento bem longas é o varejo, não sendo raras cadeias de lojas que oferecem formas de recebimento em várias parcelas que se estendem por vários meses. Nesses casos, se um novo empreendimento tentar vender somente à vista, provavelmente sentirá resistência por parte dos clientes, de forma a inibir as vendas.

Assim, a pesquisa de mercado deve contemplar como as empresas atuantes nesse mercado concedem crédito, no que se refere às práticas de coleta e análise de dados, o perfil dos prazos concedidos e as formas de recebimento disponibilizadas aos clientes. Todas essas variáveis podem impactar os fluxos de receita esperados do empreendimento, o que reforça sua importância.

O prazo de entrega, em particular, tem forte impacto sobre os níveis de atividade. Dependendo do produto/serviço e do mercado, ele é variável central para o processo decisório de compra por parte dos clientes. Em muitos casos, não adianta ter um produto excepcional em termos de qualidade e proposta de valor, a um preço bastante competitivo, se ele não for entregue em um prazo adequado. Portanto, é bastante importante estudar detidamente a cadeia de suprimentos na qual o negócio estará inserido. Ineficiências logísticas externas e internas podem comprometer irreversivelmente os prazos de entrega e, como decorrência, o desempenho do empreendimento.

3.4.5. Projeção do nível de atividade

Após concluir as análises relacionadas ao produto/serviço e ao mercado, a última etapa da seção mercadológica é projetar o nível de atividade do empreendimento, o que subsidiará as demais seções. Basicamente, o nível de atividade será expresso por meio de dois quadros: a projeção de faturamento e a projeção de recebimento, ambos ao longo da vida útil da empresa.

Apesar de aparentemente similares, esses quadros apresentam diferenças. O quadro de faturamento reflete a quantidade de produtos vendidos em cada período multiplicada pelos respectivos preços de venda. Dito de outra forma, essa é uma projeção do nível de atividade apurada por regime de competência, no qual o fato gerador da apuração é a data da efetiva realização da venda. Portanto, nessa projeção, não são levados em consideração os prazos de recebimento, a inadimplência e demais impactos sobre os valores faturados.

A projeção do recebimento é realizada a partir da projeção de faturamento. Ela representa efetivamente os fluxos de caixa de recebimento, que são a representação da projeção do nível de atividade do empreendimento por regime de caixa. Nesse regime, o fato gerador é a efetiva movimentação financeira na sua data de realização. No caso, o fato gerador da projeção de recebimentos é o pagamento por parte do cliente, que pode não coincidir com a data da venda. Se a empresa concede ao cliente um prazo de pagamento de 30 dias, por exemplo, a venda será realizada hoje (faturamento), e o recebimento será efetivado em 30 dias, ou seja, a empresa somente contará com esse recurso em 30 dias.

Além disso, como já comentado anteriormente, ao conceder crédito, a empresa assume, em maior ou menor medida, um risco de inadimplência. Parte do faturamento pode não ser recebido, diminuindo, dessa forma, os valores projetados de recebimento e a capacidade de gerar caixa.

Resumidamente, o regime de competência apura a atividade pela data da venda, e o regime de caixa, pela data da movimentação financeira decorrente da venda. Se a empresa vende à vista, as apurações pelos dois regimes serão semelhantes. Se houver concessão de crédito, as apurações terão diferenças entre si.

As duas projeções são fundamentais para o plano de negócio. Como será visto em seções posteriores, ambas têm propósitos distintos e oferecem informações complementares. A projeção por regime de competência (faturamento), por exemplo, será usada como base de cálculo para tributos incidentes sobre a operação do negócio. A projeção por regime de caixa (recebimento) será parte integrante dos fluxos de caixa projetados, sobre os quais a avaliação de viabilidade financeira será feita.

Imagine um empreendimento que comercializará dois produtos (A e B). O horizonte temporal da análise será de seis meses, e deseja-se estimar o faturamento e o recebimento para esse período. Com base na pesquisa de mercado, na capacidade produtiva a ser instalada e na expectativa derivada da sazonalidade do mercado, espera-se que, no primeiro mês, sejam vendidas 1.000 unidades do produto A e 1.500 do produto B. Nos meses 2 e 3, a quantidade vendida do produto A têm expectativa de aumentar 0,5%. Essa demanda estabilizará nos meses 4 e 5 e, no último, prevê 1.000 unidades vendidas, em decorrência do período desfavorável do ano. Nos meses 2, 3 e 4, espera-se que a quantidade vendida do produto B cresça 0,7%, mantendo-se estável nos meses 5 e 6.

A pesquisa de mercado indica que os preços desses produtos não são muito voláteis e não devem sofrer alteração no período considerado (naturalmente, para um período maior, deveria ser considerado um reajuste dos preços, a fim de mantê-los atualizados de acordo com a inflação projetada e com os preços de mercado). Os preços estimados, em conformidade com os praticados no mercado e com os custos projetados, indicam que os preços para A e B são respectivamente R$12,50 e R$15,50.

Capítulo 3: Seção Mercadológica

De posse desses dados, é possível montar um quadro com as quantidades previstas de venda e outro com os preços estimados, a seguir apresentados:

QUADRO 7 – Projeção de quantidade vendida

PRODUTOS	MÊS 1	MÊS 2	MÊS 3	MÊS 4	MÊS 5	MÊS 6
A	1.000	1.005	1.010	1.010	1.010	1.000
B	1.500	1.511	1.521	1.532	1.532	1.532

QUADRO 8 – Projeção de preço dos produtos

PRODUTOS	MÊS 1	MÊS 2	MÊS 3	MÊS 4	MÊS 5	MÊS 6
A	R$ 12,50	R$ 12,50	R$ 12,50	R$ 12,50	R$ 12,50	R$ 12,50
B	R$ 15,50	R$ 15,50	R$ 15,50	R$ 15,50	R$ 15,50	R$ 15,50

Multiplicando as células correspondentes de ambos os quadros, tem-se a projeção do faturamento (regime de competência) esperado para o período, conforme quadro a seguir:

QUADRO 9 – Projeção de faturamento (regime de competência)

PRODS.	MÊS 1	MÊS 2	MÊS 3	MÊS 4	MÊS 5	MÊS 6
A	R$ 12.500,00	R$ 12.562,50	R$ 12.625,31	R$ 12.625,31	R$ 12.625,31	R$ 12.500,00
B	R$ 23.250,00	R$ 23.412,75	R$ 23.576,64	R$ 23.741,68	R$ 23.741,68	R$ 23.741,68
Total	R$ 35.750,00	R$ 35.975,25	R$ 36.201,95	R$ 36.366,99	R$ 36.366,99	R$ 36.241,68

ELABORAÇÃO E AVALIAÇÃO DE PLANOS DE NEGÓCIOS

A partir da projeção de faturamento, pode-se montar a projeção do recebimento. Para tanto, é necessário saber o padrão de recebimento das vendas e alguma outra variável que possa impactar a formação desse fluxo de caixa. Admitindo, por exemplo, que o padrão de recebimento da empresa seja estipulado em 50% à vista e 50% com 30 dias, monta-se a seguinte projeção de recebimento:

QUADRO 10 – Projeção de recebimento (regime de caixa)

PRODS.	MÊS 1	MÊS 2	MÊS 3	MÊS 4	MÊS 5	MÊS 6	MÊS 7
A	R$ 6.250,00	R$ 12.531,25	R$ 12.593,91	R$ 12.625,31	R$ 12.625,31	R$ 12.562,66	R$ 6.250,00
B	R$ 11.625,00	R$ 23.331,38	R$ 23.494,69	R$ 23.659,16	R$ 23.741,68	R$ 23.741,68	R$ 11.870,84
Total	R$ 17.875,00	R$ 35.862,63	R$ 36.088,60	R$ 36.284,47	R$ 36.366,99	R$ 36.304,33	R$ 18.120,84

Perceba que, no primeiro mês, o nível de recebimento foi baixo, pois somente metade do seu faturamento foi recebido dentro do próprio mês. No segundo, parte do recebimento corresponde à metade do faturamento do mês anterior, e outra parte, à metade do faturamento do mês corrente. Como o prazo máximo de recebimento atinge um mês, a análise considerou um mês adicional para refletir parcela do faturamento do sexto mês que será recebida no sétimo.

Considere agora a possibilidade de inadimplência. A partir de verificações feitas ao longo da seção mercadológica, concluiu-se que, historicamente, para esse segmento de mercado, 2% do que é concedido de crédito não é recebido. Admitindo a continuidade desse padrão, pode-se refazer a projeção de recebimento de modo que essa inadimplência seja contemplada, conforme este quadro:

QUADRO 11 – Projeção de recebimento com inadimplência (regime de caixa)

PRODS.	MÊS 1	MÊS 2	MÊS 3	MÊS 4	MÊS 5	MÊS 6	MÊS 7
A	R$ 6.250,00	R$ 12.405,63	R$ 12.467,65	R$ 12.499,06	R$ 12.499,06	R$ 12.437,66	R$ 6.125,00
B	R$ 11.625,00	R$ 23.097,25	R$ 23.258,93	R$ 23.421,74	R$ 23.504,26	R$ 23.504,26	R$ 11.633,42
Total	R$ 17.875,00	R$ 35.502,87	R$ 35.726,58	R$ 35.920,80	R$ 36.003,32	R$ 35.941,92	R$ 17.758,42

De maneira compatível com o quadro anterior de recebimento, ainda há o mês adicional, decorrente do prazo de recebimento ofertado aos clientes. Entretanto, os valores projetados de recebimento sofreram uma redução de 2% somente nas parcelas a prazo, o que implica redução do total recebido.

Esse comportamento ao longo dos períodos também pode ser apresentado conforme o gráfico de linhas a seguir:

FIGURA 7 – Comportamento mensal do faturamento por produto e total

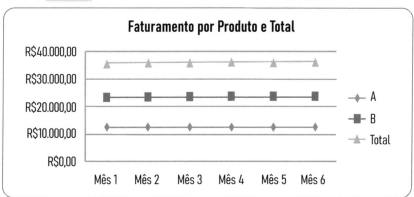

A participação relativa de cada produto em relação ao total pode ser calculada e apresentada. No exemplo dado, dois produtos compõem o faturamento total. O produto A tem faturamento total projetado de R$75.438,44, e o B, de R$141.464,42, totalizando R$216.902,85 (valor arredondado). Assim, o produto A corresponde a 34,78% (R$75.438,44/R$216.902,85) do faturamento total, e o produto B, a 65,22% (R$141.464,42/R$216.902,85). Essa análise pode ser representada por meio de um gráfico de pizza, conforme segue:

FIGURA 8 – Participação percentual dos produtos no faturamento

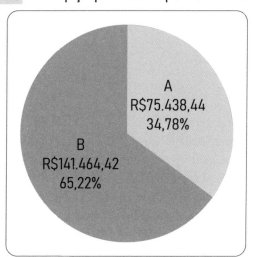

ELABORAÇÃO E AVALIAÇÃO DE PLANOS DE NEGÓCIOS

Algumas observações finais sobre a seção mercadológica devem ser feitas. Em primeiro lugar, é fundamental perceber que os preços praticados em um período não serão os mesmos em períodos posteriores. Isso ocorre em função tanto da etapa do ciclo de vida (visto em tópico específico neste capítulo) quanto em função da própria necessidade de reajustá-los. Como muitos dos elementos de custo e despesa sofrerão reajustes ao longo dos anos, é natural que esses aumentos sejam compensados por subida nos preços de venda praticados pelo empreendimento.

Naturalmente, a margem para aumento nos preços de venda depende de muitos aspectos. Se o nível de competitividade for muito acirrado, é possível que a margem para aumento seja mais limitada. Se, por outro lado, o produto/serviço for único ou tiver um diferencial de destaque, tem-se maior capacidade de aumentar o preço.

De toda forma, o empreendimento talvez não tenha completa ingerência sobre aspectos que facilitem ou dificultem tais aumentos. Portanto, é essencial levantar premissas sobre o comportamento esperado dos reajustes de preço, tentando abranger todas as variáveis pertinentes a esse respeito.

Outro aspecto relacionado ao preço de venda é bastante relevante. Perceba que é fundamental estimar os preços de venda nessa seção. Sem eles, não é possível projetar o nível de atividade. O detalhe é que, até esse ponto, toda a discussão relacionada ao estabelecimento do preço de venda foi fundamentada unicamente em informações externas, tais como os preços praticados pelos concorrentes e os preços que os potenciais clientes estão dispostos a pagar. Entretanto, para fundamentar melhor o estabelecimento do preço de venda, além desses aspectos externos, também é necessário considerar aspectos internos, tais como o custo de disponibilização do produto ou do serviço e a formação do preço de venda, ambos baseados em métodos e cálculos adequados. Para os leitores que requeiram indicações de métodos de custeio e de formação de preço de venda, os dois primeiros apêndices desse livro auxiliam nessa necessidade.

Um cenário que requer atenção é quando a carteira de produtos ou serviços do empreendimento é muito extensa. Quando se tem um empreendimento que comercializa dezenas, centenas ou milhares de itens, a projeção individualizada para fins de elaboração do plano de negócio é inviável. O nível de detalhamento requerido para se projetar individualmente cada item de produto é incompatível com o que se dispõe nesse contexto. Portanto, em casos dessa natureza, a melhor abordagem é agrupar produtos ou serviços mediante critérios que permitam a projeção do nível de atividade do empreendimento por meio de informações como quantidades e preços médios por grupo. Dessa forma, o ponto central é definir o critério de agrupamento a ser utilizado para permitir isso.

Um direcionamento possível para agrupar produtos/serviços é usar critérios de proximidade das variáveis representativas para o faturamento e o recebimento. Assumindo que o faturamento e o recebimento são funções da quantidade vendida e dos preços praticados,

Capítulo 3: Seção Mercadológica

a sugestão é formar grupos que tenham essas duas variáveis razoavelmente próximas entre si. Quando os itens de um grupo têm quantidades vendidas e preços de venda próximos, podem ser adotados preços e quantidades médios para representar esse grupo. Sendo assim, cada grupo somente conterá itens que têm quantidades vendidas e preços de venda afins, tornando as quantidades médias e os preços médios representativos daquele grupo. Por outro lado, caso os itens incluídos em um grupo não tenham quantidades e/ou preços próximos entre si, os valores médios não serão bons representantes dos itens desse grupo, o que prejudicará a qualidade da projeção.

Imagine o exemplo de um atacadista de bebidas cuja carteira de vendas contemple uísques, vinhos, espumantes, licores, vodcas etc. Certamente, o catálogo de vendas desse empreendimento terá centenas ou milhares de itens, o que inviabilizará a projeção individual de quantidade vendida e de preços praticados para estimar o seu nível de atividade.

Pegue, para fins de ilustração, somente a categoria de vinhos. Admita que sejam pensadas três categorias baseadas na cor dos vinhos: tintos, brancos e rosados. Porém, o fato de terem cores semelhantes não dá qualquer referência sobre suas similaridades para fins de projeção financeira. Pode-se identificar um vinho tinto com preço unitário de R$20,00 e outro de R$750,00, por exemplo. Certamente, colocá-los em um mesmo agrupamento não será nem representativo do primeiro nem do segundo, pois os valores médios serão muito distantes dos valores individuais extremos. Além disso, certamente a quantidade vendida de ambos será bem diferente, o que também não sugere que ambos devam ser tratados em uma mesma segmentação.

Pensando nesses termos, talvez seja necessário agregar outros critérios para fazer o agrupamento. Talvez, indicando o teor de açúcar do vinho (seco, meio doce e suave). Com esse critério adicional, os vinhos poderão ser agrupados em seis categorias, em vez de três. Entretanto, você continua tendo a possibilidade de ter itens muito diferentes em termos de preço de venda e de quantidade, mesmo sendo, por exemplo, um vinho branco suave. Os valores médios de preços e de quantidade vendida não serão bons representantes dos seus membros.

Talvez, essas seis categorias possam receber outra dimensão, que é a classe do vinho. Eles podem ser divididos em vinhos simples, standard e premium, por exemplo. A ideia dessa divisão seria segmentar de acordo com o preço de venda, o que daria maior homogeneidade em termos de preço e de quantidade vendida em grupos menores, evitando dispersões muito grandes nessas duas variáveis para os membros de um mesmo grupo.

Ampliando esses critérios de agrupamento, sugere-se também considerar proximidade em termos de custo de aquisição. Isso porque, em seção mais adiante na qual serão calculados os custos produtivos, as análises também serão feitas pelos mesmos agrupamentos. Caso haja uma dispersão muito grande em termos de custo, o agrupamento não será um bom representante dos seus elementos constituintes.

Portanto, sugere-se que o critério de agrupamento de produtos e serviços seja feito por proximidade em termos de preço de venda, preço de custo e quantidade vendida.

Por fim, ressalta-se que os participantes da equipe que elaboram o plano de negócio devem ter capacidade analítica bem desenvolvida para projetar o nível de atividade. Como visto, há muitas fontes de dados, cada qual com diferentes variáveis, sofrendo influências diversas. Não há, por outro lado, qualquer método previamente estabelecido e isento de riscos que permita gerar tais projeções. Dessa forma, porque cada plano de negócio tem suas características próprias, é preciso que a equipe tenha uma capacidade de compreensão delas e de se adaptar às informações disponíveis para projetar o nível de atividade do empreendimento da melhor forma possível.

Projetar o nível de atividade do empreendimento representa o primeiro grande desafio na elaboração do plano de negócio. Essa atividade não é trivial, tampouco isenta de incertezas e questionamentos. Ao mesmo tempo, tem relevo central para a qualidade do plano de negócio como um todo, motivo pelo qual sua elaboração deve receber forte atenção e ser objeto de esforços criteriosos e robustos.

Capítulo 4
SEÇÃO ESTRUTURAL

Uma vez projetado o nível de atividade do empreendimento, por meio das estimativas de faturamento (regime de competência) e de recebimento (regime de caixa), o foco passa a ser na estrutura física em que todas as atividades da empresa serão realizadas. Para que esse nível de atividade seja alcançado, uma série de tarefas operacionais deve ser executada. Sua plena e correta execução, entre outras circunstâncias, depende de uma estrutura física adequada que as contemple.

Portanto, a seção estrutural do plano de negócio abrange a definição e a justificativa da estrutura física compatível com as atividades a serem desenvolvidas na empresa. Nela, devem constar todos os aspectos relacionados à estruturação física da empresa, sejam relacionados a imóveis, obras civis de construção e/ou adaptação, bens de capital, equipamentos diversos, veículos, móveis, utensílios etc.

Inicialmente, este capítulo aborda o estabelecimento dos objetivos dessa seção do plano de negócio. Em seguida, trata das atividades operacionais típicas de uma empresa, dividindo-as em dois grupos: atividades administrativas e comerciais e atividades produtivas. Posteriormente, discute a relação entre a capacidade produtiva instalada e o nível de atividade da empresa. Logo depois, discute-se a respeito da manutenção e ampliação da capacidade produtiva ao longo do tempo. No fim do capítulo, serão apresentados os produtos finais típicos dessa seção.

4.1. OBJETIVOS

A seção estrutural tem como objetivo principal definir a estrutura física necessária à plena execução de todas as atividades operacionais que o empreendimento requer para atuar no nível de atividade almejado. Por estrutura física, admite-se um conceito amplo que envolve desde o(s) imóvel(is) onde o empreendimento funcionará até os equipamentos a serem utilizados pelos funcionários em suas tarefas, passando por elementos tais como móveis, veículos, maquinários da produção, equipamentos de informática, utensílios diversos e, eventualmente, outros itens estruturais requeridos. A respeito das atividades operacionais, também deve-se ter uma visão ampla, pois é preciso abranger todas aquelas sem as quais o funcionamento da empresa seria comprometido total ou parcialmente.

ELABORAÇÃO E AVALIAÇÃO DE PLANOS DE NEGÓCIOS

Para os propósitos dessa seção, tais atividades operacionais podem ser segmentadas em dois grupos. O primeiro é o das atividades administrativas e comerciais, as quais geralmente são bem extensas, envolvendo diversas áreas e departamentos da empresa, tais como os departamentos administrativo, financeiro, contábil, comercial, de pessoal, de recursos humanos, de marketing e de logística. O segundo grupo é composto pelas atividades produtivas, que em empresas industriais são direcionadas aos departamentos nos quais ocorrem processos de manufatura; ou, no caso de empresas prestadoras de serviço, aos departamentos nos quais os serviços são concebidos e prestados.

Portanto, essa seção detalha tecnicamente a estrutura física e os equipamentos usados nas atividades administrativas, comerciais e produtivas. Dessa forma, faz parte dessa seção levantar requisitos, coletar dados e sistematizar informações técnicas sobre todas as atividades operacionais do empreendimento, de maneira a conceber uma estrutura física adequada.

É oportuno destacar que o detalhamento técnico da estrutura física e dos equipamentos não recai necessariamente sobre a equipe que está elaborando o plano de negócio. É possível que essa equipe não tenha capacitação para elaborar os projetos técnicos, como os arquitetônicos ou de engenharia, inerentes a essa parte do plano de negócio. Apesar de esses projetos técnicos serem integrantes do plano de negócio, sua elaboração pode ficar a cargo de outra equipe formada por profissionais dotados das competências adequadas à sua criação, tais como arquitetos e engenheiros. Sendo esse o caso, a equipe responsável pela elaboração do plano de negócio levantará os requisitos funcionais e estruturais do empreendimento e irá repassá-los à equipe responsável pelos projetos técnicos, para que esta, devidamente inteirada do que é necessário para a realização das atividades operacionais, tenha condições de elaborá-los.

Definidas as atividades operacionais e concebidos os projetos técnicos, a seção estrutural deve elencar os ativos necessários à execução daquelas. Sem que estejam disponíveis uma estrutura física, equipamentos, veículos, móveis e demais ativos fixos, o empreendimento não terá como realizar plenamente suas atividades operacionais nem atender aos seus clientes por meio da oferta de produtos/serviços. Portanto, nessa seção, os ativos fixos necessários devem ser definidos e listados detalhadamente.

Dando seguimento aos objetivos da seção estrutural, devem ser estimados alguns cronogramas associados à estruturação inicial do empreendimento e à manutenção dessa estrutura ao longo do horizonte temporal de análise. O estabelecimento desses cronogramas provocará efeitos em outras seções do plano de negócio, como ficará claro em capítulos posteriores.

O primeiro cronograma a ser determinado é o que representa as atividades de estruturação, teste e homologação da empresa. Será necessário um período de tempo para que o empreendimento se torne apto a funcionar, desde a instalação do canteiro de obras até a verificação de que toda a estrutura física é apropriada ao início das atividades operacionais. Ao longo desse período, serão executadas muitas atividades que utilizarão recursos humanos, financeiros, tecnológicos, equipes terceirizadas etc. Tais atividades devem ser colocadas em um cronograma, a fim de balizar outras informações sobre a estruturação do empreendimento.

Com base no cronograma de atividades de estruturação, deve-se determinar o cronograma de incorporação dos ativos necessários às atividades do empreendimento. Não é de se esperar que todos os ativos listados anteriormente precisem estar disponíveis estritamente no momento inicial, podendo ser incorporados paulatinamente, conforme as atividades indicadas no cronograma anterior. Portanto, o cronograma de incorporação dos ativos deve estar relacionado ao cronograma das atividades de estruturação.

Como os ativos fixos têm vidas úteis específicas, eles não serão operacionais para sempre. Em algum momento, cada um deles deve ser substituído, por melhor que sejam as manutenções preventivas e corretivas. Portanto, faz parte do escopo dessa seção determinar o cronograma físico de substituição de ativos, a fim de que as capacidades produtivas e de atendimento aos clientes sejam mantidas. Não havendo tal substituição dos ativos, a capacidade operacional do empreendimento cairá, afetando seu nível de atividade. Para mantê-lo, a estrutura física do empreendimento deve ser renovada periodicamente.

Por fim, caso seja previsto no plano de negócio um aumento do nível de atividade que requeira aumento da capacidade produtiva e/ou administrativa, esse aumento deve ser contemplado nessa seção mediante o estabelecimento de um cronograma físico de novas incorporações de ativos. Sem esses novos ativos, provavelmente, o empreendimento não terá condições de alcançar patamares maiores de nível de atividade.

Infere-se, portanto, que a seção estrutural tem caráter predominantemente técnico. Parte das informações aqui descritas são de engenharia civil, arquitetura, instalações hidráulicas, elétricas, de tecnologia de informação e de telecomunicação, dentre outras. Tais definições, por sua vez, têm impacto e importância em termos financeiros. Certamente, quanto maior a necessidade de obras civis e de equipamentos, maior será a necessidade de investimentos (seção financeira de investimentos) e, consequentemente, de recursos para financiá-los (seção financeira de financiamento). Portanto, avaliar os aspectos técnicos do empreendimento, tanto os relacionados às atividades administrativas quanto às produtivas, é fundamental para o plano de negócio como um todo, pois gera informações a serem utilizadas mais adiante em outras seções.

4.2. ESTRUTURA FÍSICA PARA AS ATIVIDADES OPERACIONAIS DA EMPRESA

Imagine uma empresa comercial. Essencialmente, ela compra mercadorias e as mantém em estoque por determinado período, para, posteriormente, revendê-las. Por sua vez, uma empresa industrial, em essência, compra matérias-primas e insumos e os coloca em um processo produtivo, ao final do qual serão gerados produtos acabados, os quais são posteriormente vendidos. Já uma empresa de serviços presta um serviço de alguma natureza para os seus clientes, utilizando-se ou não de insumos para viabilizar essa atividade.

Há algumas tarefas comuns a todas essas empresas, mesmo que sejam de diferentes setores de atividade. Por exemplo, todas devem ter atividades ligadas à gestão financeira, contábil, pessoal e fiscal; devem ter um departamento de marketing para planejar e executar as ações mercadológicas; devem ter uma equipe comercial responsável por efetuar as vendas dos produtos/serviços da empresa; devem ter um departamento que seja responsável por estabelecer critérios de crédito e realizar cobranças, dentre tantas outras atividades. Para que essas atividades funcionem adequadamente, é necessário ter uma estrutura física apropriada. Portanto, no âmbito da seção estrutural, a equipe que está elaborando o plano de negócio deve compreender as necessidades e os conceitos relacionados às atividades operacionais, a fim de que se tenha uma visão correta do que deve ser contemplado na estrutura para permitir o funcionamento correto e completo dessas atividades.

Posto isso, inicialmente, são apresentados aspectos das atividades administrativas e comerciais e, em seguida, das produtivas.

4.2.1. Atividades administrativas e comerciais

As atividades administrativas e comerciais abrangem aquelas ligadas à gestão do empreendimento, bem como as pertinentes à área comercial. Costumeiramente, englobam muitas tarefas, as quais são desenvolvidas em vários departamentos e necessitam de estrutura física e equipamentos adequados. A importância da análise de tais atividades nesse ponto é definir a estrutura física e os equipamentos necessários ao seu funcionamento.

Um empreendimento comercial, por exemplo, essencialmente comprará de fornecedores mercadorias e irá revendê-las aos seus clientes, conforme as necessidades destes. Portanto, sua atividade central envolve esses dois aspectos (compra e revenda de mercadorias). Além disso, os colaboradores da empresa necessitarão realizar atividades administrativas, tais como contas a pagar e a receber, recrutamento e seleção de pessoal, manutenção de equipamentos e prédios, entre tantas outras. Sem todas essas atividades, o empreendimento não funcionaria a contento.

Se esse empreendimento atuar no segmento varejista, também será necessário estruturar uma área de atendimento presencial aos clientes. Nesse caso, é fundamental elaborar o projeto arquitetônico da loja, a fim de que os clientes sejam atendidos, verifiquem e testem os produtos e efetuem o pagamento das compras. O projeto de engenharia deve contemplar a área na qual essas atividades comerciais ocorrem, pois, sem ela, o empreendimento não geraria as receitas operacionais.

Se, por outro lado, esse empreendimento atuar no segmento atacadista, não haverá necessidade de estruturar uma loja que tenha uma área de atendimento ao cliente. No entanto, haverá a necessidade de estruturar fisicamente uma área de despacho de mercadorias, bem como de ter uma estrutura de entrega, contemplando, provavelmente, a disponibilização de veículos adequados à logística de entrega.

Empresas atuantes nas áreas industrial e de serviços também terão atividades administrativas e comerciais que requerem estruturas físicas e equipamentos específicos. Tais elementos devem ser igualmente definidos nessa seção.

Nesse momento, deve-se destacar que a estrutura física requerida para a plena execução das atividades administrativas e comerciais só poderá ser concebida corretamente se a equipe que está levantando as necessidades tiver profundo conhecimento sobre a realização de tais atividades. Caso contrário, a equipe não terá elementos suficientes para vislumbrar a estrutura física minimamente requerida, tampouco os equipamentos imprescindíveis às atividades.

4.2.2. Atividades produtivas

As atividades produtivas englobam todas as ações diretamente efetuadas para compor o processo de manufatura em uma empresa industrial ou para compor a prestação do serviço em uma empresa de serviços. Elas viabilizam a criação do produto acabado ou a prestação do serviço.

Para melhor compreender essas atividades produtivas, pode-se usar o contexto de uma empresa industrial, na qual ocorrem processos manufatureiros responsáveis por gerar o produto acabado.

O processo produtivo descreve como serão as atividades de manufatura, quais serão os fatores de produção e em que medida esses últimos serão empregados, a fim de gerar um produto acabado. Em relação a esse produto acabado, um dos vários elementos gerados pela seção mercadológica é a descrição técnica do produto a ser comercializado aos clientes. A partir dessa descrição técnica, o processo produtivo necessário deve ser estabelecido de maneira coerente com a definição precedente. Em outras palavras, como o processo produtivo deve gerar o produto acabado conforme os requisitos técnicos definidos na seção mercadológica, sua definição deve partir das características técnicas estabelecidas nessa seção.

Os fatores de produção são componentes do processo produtivo, a partir dos quais esse processo pode ser estruturado. Tais fatores são divididos em fixos e variáveis. Fatores fixos de produção são os bens de capital usados no processo de transformação. Eles são incorporados ao empreendimento após o desembolso de recursos financeiros na forma de investimentos e são materializados como máquinas, equipamentos, imóveis e móveis utilizados diretamente no processo produtivo.

Normalmente, fatores fixos de produção têm vidas úteis longas, de modo que não se desgastam ou exaurem rapidamente. Mesmo com a expectativa de uma vida útil longa, e ainda que sejam providenciadas todas as manutenções preventivas e corretivas, tais elementos apresentam certa vida útil, após a qual sua capacidade produtiva fica comprometida parcial ou totalmente. Em função disso, deve-se considerar a substituição periódica desses bens, já que o processo produtivo não deve sofrer impactos em decorrência de equipamentos sucateados e/ou ineficientes. A substituição dos bens de capital, quando necessária, deve ser contemplada nessa seção, conforme será evidenciado posteriormente.

Os fatores variáveis de produção, por sua vez, são elementos incorporados ao produto acabado ou consumidos durante a produção deste. Eles estão associados aos insumos diretos, tais como matérias-primas, embalagens, mão de obra direta, energia elétrica e demais elementos constituintes dos produtos gerados ou despendidos durante o processo.

Em decorrência dessas características, a recorrência de aquisição desses fatores é bastante frequente. Os desembolsos decorrentes dessas aquisições são de natureza operacional e classificados como custos produtivos. Tipicamente, o volume de sua aquisição depende do nível de produção do empreendimento: quanto maior o nível de produção, maior será o desembolso total na forma de custos produtivos.

O esquema gráfico a seguir representa, de forma simples, como pode ser entendido um processo produtivo. Uma confluência de fatores fixos e variáveis de produção, dispostos de maneira eficiente e em proporções adequadas, define o processo produtivo e permite gerar o produto final da forma como foi concebido na seção mercadológica.

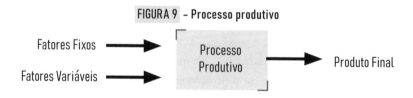

FIGURA 9 – Processo produtivo

Esse processo produtivo deve ser estruturado da maneira mais eficiente possível. Um processo produtivo ineficiente, que acarreta desperdícios e utiliza inadequadamente os fatores de produção, sejam eles fixos ou variáveis, certamente conduzirá a resultados financeiros inferiores ou, na pior das hipóteses, inviabilizadores do empreendimento.

Assim, devem ser consideradas, quando da determinação do processo produtivo, formas otimizadas de utilização dos fatores produtivos. Isso requer a participação ativa, nessa fase do plano de negócio, de pessoas que tenham conhecimento pleno sobre o processo produtivo, suas limitações e potenciais problemas. Uma equipe multidisciplinar, incluindo analistas de custo, especialistas em produção, engenheiros, fornecedores, entre outros, é essencial nesse ponto.

Nesse contexto, é possível que haja processos produtivos alternativos, conforme a figura a seguir:

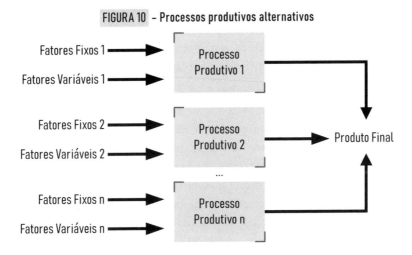

FIGURA 10 - Processos produtivos alternativos

Em primeiro lugar, deve-se partir do princípio de que os processos produtivos em consideração devem gerar o produto com as mesmas características técnicas e de qualidade definidas na seção mercadológica. Não é adequado incluir na análise comparativa processos produtivos que criem produtos finais diversos daqueles estabelecidos anteriormente. Caso haja diferenças nos produtos gerados em função de diferentes processos produtivos, haverá inconsistência entre as seções mercadológica e estrutural.

Ademais, estabelecer inicialmente a referência do produto final para, posteriormente, elencar processos alternativos faz com que não haja diferenças significativas entre os resultados desses processos produtivos. Não havendo diferenças nos produtos gerados, consequentemente não deverá haver diferenças em termos de posicionamento de mercado e de receitas operacionais esperadas, conforme o que foi estimado na seção mercadológica. Assim, são efetivamente comparados processos produtivos passíveis de comparação.

Em segundo lugar, observa-se que esses processos produtivos são mutuamente excludentes. A escolha de um implica automaticamente a desistência dos demais. Portanto, no momento da elaboração dessa seção do plano de negócio, deve-se determinar qual processo produtivo é o mais adequado, uma vez que algumas alternativas podem se mostrar superiores a outras. Geralmente, tal comparação é feita em termos financeiros e operacionais.

ELABORAÇÃO E AVALIAÇÃO DE PLANOS DE NEGÓCIOS

Em termos financeiros, devem ser evidenciados todos os reflexos financeiros decorrentes de cada processo produtivo alternativo. Como os resultados dos processos produtivos não terão diferenças significativas em termos de produto gerado (haverá similaridade nos produtos gerados independentemente do processo produtivo escolhido), a análise comparativa pode restringir-se ao esforço de produção, o que é representado financeiramente por investimentos na aquisição de fatores fixos de produção e por custos produtivos associados aos fatores variáveis de produção. Caso os processos produtivos alternativos gerem produtos com diferentes características técnicas, é possível que haja diferenças significativas nas receitas operacionais geradas, o que acarretaria a necessidade de incluí-las na comparação. Em adição, como já exposto anteriormente, não seria adequado analisar processos produtivos que gerem produtos acabados distintos, uma vez que poderia ser escolhido um que gere produtos incompatíveis com o estabelecido na seção mercadológica.

Em termos operacionais, podem ser identificados aspectos tais como níveis de desperdício e de produtividade, quantidade de mão de obra necessária para operacionalização e vida útil dos fatores fixos de produção. Tais aspectos, em maior ou menor medida, também podem ser refletidos financeiramente. O nível de desperdício, por exemplo, é refletido na quantidade de matéria-prima consumida por lotes de produção iguais. Se um processo alternativo desperdiçar menos matérias-primas do que outro, ele produzirá a mesma quantidade de produtos acabados utilizando efetivamente menos matérias-primas, o que configura maior eficiência produtiva. De forma semelhante, se um processo produtivo tiver melhor nível de produtividade do que outra opção, aquele poderá gerar o mesmo número de itens em menos tempo (ou, no mesmo período, aquele produzirá mais itens). Observa-se, portanto, a possibilidade de expressar financeiramente esses aspectos operacionais, o que permite uma melhor comparação.

Uma situação que normalmente surge nesse momento é o *trade off* existente entre processos produtivos mais modernos e menos modernos ou mais automatizados e menos automatizados. Para ilustrar tal situação, imagine a necessidade de escolher bens de capital para uma indústria em que há duas alternativas disponíveis. A primeira alternativa é composta por equipamentos mais modernos, os quais permitem maior automatização do processo e melhor aproveitamento dos insumos. A segunda é formada por equipamentos relativamente ultrapassados, fazendo com que o processo não seja realizado de maneira tão automatizada. Sendo assim, devem ser elencadas as variáveis afetadas pela escolha feita. Entre outras, podem ser enumeradas as seguintes: valor de aquisição dos equipamentos, custo de instalação e configuração, custo periódico de manutenção, custo com matéria-prima, custo com mão de obra necessária para operar, custo com insumos (energia elétrica e água, por exemplo), produtividade por período e vida útil dos equipamentos.

Na primeira opção, geralmente, espera-se que o investimento feito nos equipamentos (fatores fixos de produção) seja mais oneroso em decorrência da maior incorporação de tecnologia do que na segunda. No entanto, como a primeira alternativa incorpora mais tecnologia e, em tese, é mais eficiente no que se refere ao uso de matérias-primas, insumos e mão de obra (fatores variáveis de produção), espera-se que aqui o uso desses elementos seja mais eficiente do que na segunda. Portanto, a adoção de um processo produtivo mais moderno, cujo investimento inicial seja maior, pode ser justificada pela maior eficiência no uso dos fatores variáveis de produção, que é refletida em menor nível de custos produtivos (custos diretos e indiretos) — o que está sendo verificado nesse momento.

A respeito da instalação e configuração dos equipamentos, é possível que os custos dos mais modernos sejam maiores do que os de equipamentos menos modernos. Isso porque a mão de obra necessária para tal é mais especializada e, consequentemente, sua remuneração pode ser maior. Para custos periódicos de manutenção, também pode haver diferenças significativas entre os diferentes tipos de equipamento.

Em relação à matéria-prima, é possível esperar que o equipamento mais automatizado tenha um nível menor de desperdício do que aquele que requer mais intervenções manuais. Se assim for, para uma mesma quantidade produzida, é possível usar menos matéria-prima no processo que desperdiça menos.

Para a mão de obra direta, o equipamento mais moderno, por exemplo, pode ser operado por um funcionário para a produção mensal de certa quantidade de produtos, enquanto outro, mais antigo e mais barato, pode necessitar de dois funcionários no mesmo período e para a mesma quantidade produzida. Isso é reflexo do grau de automação do equipamento. Admitindo que o salário do único funcionário necessário para operar o equipamento mais moderno é menor do que os salários agregados dos dois funcionários requeridos para operar o equipamento mais antigo, deve-se verificar se essa economia na remuneração da mão de obra compensa o investimento maior no equipamento mais moderno.

Isso sugere que não basta basear a comparação apenas na quantidade de funcionários necessários para garantir a produção. Tal comparação deve ser feita tomando por referência a remuneração agregada. Imagine, na situação do parágrafo anterior, que o único funcionário dedicado a operar a produção no equipamento mais moderno tenha um nível de capacitação tal que a sua remuneração sozinha seja maior do que a dos dois funcionários destinados a operar o equipamento alternativo. Nesse caso, o desembolso com mão de obra para o equipamento menos automatizado seria menor, ainda que composta por mais funcionários.

O uso de energia elétrica e outros insumos, tais como água, por exemplo, ainda que não necessariamente incorporados ao produto acabado, pode ser diferente em processos produtivos alternativos. Portanto, os custos derivados do seu uso também o serão, o que indica que devem ser levados em conta na comparação.

No tocante ao nível de produtividade, diferentes bens de capital podem prover capacidades produtivas distintas. Geralmente, essa variável deve ser estimada por uma grandeza de entrada ou saída por unidade de tempo. Por exemplo, unidades produzidas por mês ou quilogramas processados por hora. Tendo diferentes níveis de produtividade, essa variável

80 ELABORAÇÃO E AVALIAÇÃO DE PLANOS DE NEGÓCIOS

deve ser contemplada na comparação, uma vez que, para uma mesma quantidade produzida, será necessário mais ou menos tempo de operação da máquina, o que implica mais ou menos custos produtivos.

Por fim, dentro da listagem feita de variáveis, os equipamentos dos processos alternativos podem ter vidas úteis desiguais. Como o processo produtivo deve ser pensado para funcionar continuadamente, sem interrupção permanente (o que significaria a parada da empresa), isso provoca a necessidade de assegurar o seguimento da produção por meio da substituição dos equipamentos quando eles não forem mais operacionais ou estiverem em um nível de produtividade considerado inadequado. No caso de vidas úteis distintas, é necessária a sua substituição em momentos também distintos, o que deve ser refletido na avaliação comparativa.

O quadro a seguir ilustra de forma conceitual a comparação entre esses processos (semiautomatizado e automatizado):

QUADRO 12 – Comparação entre diferentes processos produtivos

PROCESSO PRODUTIVO	AUTOMATIZADO	SEMIAUTOMATIZADO
Aquisição dos equipamentos	$$	$
Instalação e configuração dos equipamentos	$$	$
Custo de manutenção de equipamentos	$$	$
Aquisição de matérias-primas	$	$$
Custo com mão de obra direta	$	$$
Custos com insumos (energia elétrica, água etc.)	$$	$
Nível de produtividade	PP	P
Vida útil dos equipamentos (anos)	TT	T
...	...	...

Perceba que esse quadro não está apresentando as variáveis com valores/quantidades reais, mas de forma conceitual. Quando se tem $ e $$, por exemplo, não está indicando que um tem o dobro do valor monetário do outro, mas, tão somente, que o valor de um ($$) é maior do que o do outro ($). De forma semelhante ocorre quando se tem P e PP indicando diferentes níveis de produtividade, e T e TT para referências temporais.

Dado esse cenário a partir de algumas variáveis, as quais não podem ser consideradas exaustivas nem pertinentes a toda e qualquer situação, notam-se alguns pontos relevantes. Primeiro, elas não se manifestam ao mesmo tempo. Quando se trata do investimento no equipamento em si, isso tem um reflexo financeiro no momento inicial. Os custos, por sua vez, ocorrerão em momentos distintos ao longo de todo o período de avaliação da produção. Em segundo lugar, algumas variáveis não são diretamente expressas em termos financeiros. No entanto, como observado anteriormente, elas podem sê-lo a partir de uma análise mais aprofundada. Os níveis de desperdício e de produtividade exemplificam esse aspecto. Terceiro, a produção não pode ser interrompida, motivo pelo qual, se um equipamento atinge a sua vida útil, não sendo mais operacional ou o sendo em níveis muito baixos, ele deve ser substituído. Por fim, as vidas úteis não são necessariamente iguais, o que força a substituição de equipamentos alternativos em datas diferentes.

Tais pontos indicam ser necessário realizar uma análise comparativa nos fluxos de caixa incrementais das alternativas em questão. Não se pode compará-los sem que tais variáveis sejam expressas em termos de fluxos de caixa dispostos no tempo. A figura a seguir ilustra os fluxos de caixa projetados desses processos (automatizado à esquerda e semiautomatizado à direita), permitindo visualizar a concepção explicada.

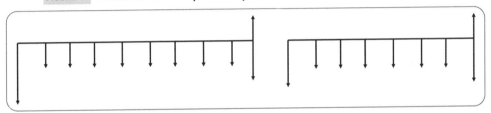

FIGURA 11 – Fluxos de caixa dos processos produtivos automatizado e semiautomatizado

Sendo assim, podem ser usadas técnicas como o Valor Presente Líquido (VPL) ou o Valor Uniforme Equivalente (VUE). Ressalta-se que, de modo geral, o método a ser empregado com maior frequência deve ser o VUE, porque, dada a sua origem, ele é adequado a situações de comparação de alternativas mutuamente excludentes, com vidas úteis distintas e que devem contemplar a continuidade da operação, ou seja, muito provavelmente o conjunto de circunstâncias observadas nesse cenário. O VPL poderia ser empregado se as vidas úteis fossem iguais para as alternativas analisadas, o que parece ser menos frequente em termos práticos. Caso não o sejam, resta empregar o VUE.

De toda maneira, para se fazer uma análise financeira por meio do VPL ou do VUE, há a necessidade de usar uma taxa de juros para o desconto dos fluxos de caixa. Restringindo-se à sequência das seções apresentadas até então, não dispomos dessa taxa nesse momento, pois ela somente será definida na seção financeira das atividades de financiamento (penúltima seção na estrutura adotada neste livro).

Para contornar essa condição de informação incompleta, o desenvolvimento das seções não pode seguir rigorosamente essa sequência estrutural. Na prática, algumas partes de algumas seções devem ser desenvolvidas de maneira paralela, respeitando, naturalmente, as relações informacionais entre essas partes do plano de negócio. Na impossibilidade de fazer o cálculo preciso dessa taxa de desconto, pode-se, ao menos, estabelecer uma razoável aproximação, mediante, por exemplo, a definição de uma faixa possível de valores, a fim de viabilizar a análise comparativa dos processos produtivos. Na completa impossibilidade de estabelecer sequer um valor aproximado, o uso de critérios financeiros para estipular o melhor processo produtivo ficará comprometido de modo que a equipe precisará usar outros critérios.

Um critério não financeiro que pode ser empregado é a identificação, se possível, dos processos produtivos adotados pelos concorrentes. Se houver certa convergência entre eles, pode-se sugerir que essa foi a melhor escolha. A partir dessa informação externa, pode-se decidir pela instalação de um processo produtivo similar ou fazer comparações partindo dessa referência.

Ressalta-se que o uso do conceito de VUE (critério financeiro) deve respeitar o indicado tecnicamente para o equipamento (critério técnico), não sendo, portanto, análises estritamente separadas. Para conhecer mais sobre o método do VUE, sugere-se a consulta a livros de matemática financeira ou análise de investimentos.

Outra questão merecedora de atenção é a eventual necessidade de mão de obra especializada, por exemplo. Antes de assumir esse processo produtivo, deve-se garantir que essa mão de obra estará disponível, pois esse é um fator sem o qual o processo ficará comprometido. Instalações especiais também são fatores complementares que devem ser levados em conta, principalmente na etapa dos projetos técnicos (antes da aquisição e montagem dos equipamentos).

Um problema nessa etapa é se eventualmente algumas soluções alternativas não forem consideradas. Como os processos produtivos impactam fortemente o custo dos produtos e sua qualidade, isso por si só justifica uma análise detida sobre as alternativas disponíveis. Além disso, na hipótese de haver muitos concorrentes no mercado e o grau de competitividade ser considerável, amplia-se a necessidade de analisar vários processos produtivos de maneira a aumentar a convicção de escolher o mais adequado.

O nível de eficiência do processo produtivo deve ser relativizado com aquele que foi alcançado pelos concorrentes, sobretudo em mercados altamente competitivos. Talvez, um processo produtivo se mostre interessante para o empreendimento, no entanto, ao observar o que os concorrentes adotam, pode-se chegar à conclusão de que outro processo mais eficiente — e mais oneroso — seja o mais adequado.

Ao desconsiderar alguma alternativa de processo produtivo, perde-se a oportunidade de verificar uma situação viável e potencialmente melhor. Assim, a verificação de mais processos produtivos aumenta a chance de escolher o mais adequado, mesmo admitindo o custo inerente à pesquisa e à análise das alternativas. A equipe que está desenvolvendo o plano de negócio deve definir até que ponto deve-se avançar nessa comparação (vide discussão sobre a qualidade de um plano de negócio).

4.3. RELAÇÃO ENTRE A CAPACIDADE PRODUTIVA E O NÍVEL DE ATIVIDADE DA EMPRESA

O nível de atividade projetado na seção mercadológica representa, em boa medida, um limitador para as definições feitas na seção estrutural. Se a capacidade produtiva instalada for pequena em relação ao que se espera vender no mercado, o nível de venda alcançado pela empresa estará limitado pela capacidade produtiva, e não pela demanda dos clientes. Por outro lado, em condições normais, não há motivos para instalar um processo produtivo que tenha capacidade produtiva muito superior à demanda do mercado, pois isso indicará ociosidade dos equipamentos — em que pese considerar eventuais picos sazonais de vendas e, consequentemente, de produção. Dessa forma, a fatia do mercado a que se espera atender é um balizador da capacidade permitida pelo processo produtivo incorporado, evitando-se adotar um nível produtivo máximo muito abaixo ou muito acima do patamar esperado de vendas.

A esse respeito, é importante perceber que o comportamento do mercado muda com o passar do tempo. Normalmente, o comportamento de um produto, conforme comentado anteriormente, manifesta-se no mercado como um ciclo composto de quatro fases: introdução, crescimento, maturidade e declínio. Cada uma dessas fases tem características próprias e variações distintas em termos de preço e de quantidade vendida. Dado esse comportamento dinâmico do produto no mercado, a decisão sobre o processo produtivo deve considerar a quantidade vendida ao longo dessas diferentes fases.

Imagine um empreendimento que produzirá e comercializará um produto com expectativa de ter essas quatro fases bem definidas. Com isso, os níveis de venda desse produto serão distintos nas quatro fases. No que se refere ao processo produtivo e aos fatores de produção, há algumas situações possíveis nesse caso.

A primeira situação seria adotar, desde o início, um processo produtivo e fatores de produção adequados à quantidade projetada de venda no período de maturidade do produto, ou seja, o maior nível de vendas esperado. Ao tomar essa decisão, os fatores de produção, principalmente os fixos, ficarão parcialmente ociosos até que a demanda atinja o ponto máximo, o que pode demorar meses ou anos. Nesse caso, além da ociosidade parcial dos fatores fixos de produção, haverá impactos financeiros decorrentes do investimento mais vultoso em equipamentos que tenham mais capacidade do que o necessário por um período de tempo. Como será explorado mais adiante, esse tipo de decisão imputa ao empreendimento um custo de capital inicial maior do que o estritamente necessário.

Outra situação seria adotar, no início (fase de introdução e talvez a de crescimento), um processo produtivo e fatores de produção compatíveis à quantidade de produto vendida. Nesse caso, o comprometimento de recursos seria compatível com a quantidade produzida e vendida atualmente, reduzindo a ociosidade dos equipamentos e o custo de capital incorrido. Apesar dessa compatibilidade inicial entre níveis de produção e de venda, em algum momento no futuro será necessário readequar o processo e os fatores produtivos aos novos patamares de venda. Caso não haja essa readequação, por mais que se tenha um ambiente externo favorável à venda de maiores quantidades, a capacidade produtiva limitará as possibilidades de ampliação da venda. De outro modo, ocorrendo tal readequação, a capacidade de atender a essa demanda ficará assegurada.

O problema desse cenário é que a ampliação, dependendo do caso, pode ser tecnicamente complicada e onerosa. Do ponto de vista técnico, fazer essa readequação pode implicar a parada no processo produtivo atualmente instalado para sua desmontagem e posterior instalação e configuração do novo. É possível que essas etapas demandem um período muito longo, além de requererem esforços muito intensos. Portanto, essa substituição pode não ser trivial em algumas situações.

Naturalmente, isso tem implicações financeiras. De início, há necessidade de fazer desembolsos com a aquisição dos novos equipamentos, bem como com sua instalação e configuração e a desinstalação dos equipamentos anteriormente usados. Em adição, haverá um período ao longo do qual não haverá produção, o que afetará a capacidade de vendas e de geração de caixa decorrente da venda — não havendo produção, não haverá produtos a serem vendidos, exceto o estoque feito anteriormente.

Os gestores do empreendimento e a equipe que elabora o plano de negócio devem tomar uma decisão. Ela provavelmente estará em algum ponto intermediário entre as duas alternativas apresentadas. Uma condição desejável para essa decisão seria um processo produtivo flexível que acomode dinamicamente as diferentes demandas do mercado. Tal processo seria aumentado ou diminuído, a um custo relativamente barato, conforme as circunstâncias do mercado. Porém, alguns processos produtivos exigem investimentos vultosos para serem feitos, o que pode inviabilizar sua realização aos poucos e inibir essa flexibilidade produtiva.

Portanto, caso a estrutura física não seja adequada ao nível de atividade previsto na seção mercadológica, haverá incoerência entre essas duas seções. Tal eventualidade deve ser identificada o quanto antes, a fim de evitar erros e inconsistências em outras partes do documento.

4.4. MANUTENÇÃO E AMPLIAÇÃO DA CAPACIDADE PRODUTIVA

Em relação ao contexto descrito neste capítulo, deve-se ter em mente dois pontos complementares. O primeiro é que as atividades operacionais de uma empresa não podem parar. Caso haja algum impeditivo para a continuidade das atividades, sejam elas produtivas ou administrativas, certamente as demais sofrerão alguma consequência, e, ainda que esta reduza a capacidade produtiva, busca-se recompô-la por meio de sua própria recuperação. No entanto, em uma situação extrema, se as atividades operacionais pararem, isso indica o término da operação empresarial, o que é, por certo, indesejável.

O segundo ponto é que todos os equipamentos têm uma vida útil estimada. Ainda que não se tornem completamente inoperantes, basta que seu nível de produtividade caia abaixo de um patamar minimamente aceitável para que esse equipamento seja substituído, sob pena de haver comprometimento parcial ou total da capacidade de operação da empresa.

Em função desses dois pontos, o plano de negócio deve prezar pela manutenção da capacidade operacional do empreendimento, no que se refere tanto às atividades produtivas quanto às administrativas e comerciais. Comprometer tais atividades em decorrência do sucateamento dos equipamentos é uma situação que deve ser evitada. Uma solução para manter a capacidade operativa da empresa é substituir os equipamentos de forma recorrente, de maneira a preservar a estrutura necessária à realização das atividades.

Por mais que as manutenções preventivas e corretivas sejam devidamente feitas sobre os equipamentos, respeitando rigorosamente as recomendações dos fabricantes e antecipando eventuais problemas, em algum momento, eles não apresentarão nível de produção adequado, levando à decisão de substituí-los por outros que tenham condições operacionais apropriadas.

Em tempo, ressalta-se que as substituições aludidas objetivam, tão somente, manter a capacidade operacional do empreendimento. Por exemplo, ao substituir um bem de capital por outro semelhante, apenas está sendo mantida a capacidade produtiva previamente instalada. É evidente que o equipamento que foi substituído poderia estar apresentando um nível inferior de produção dado seu nível de desgaste. Porém, ao trocá-lo por outro de mesma característica técnica, a capacidade produtiva original é reestabelecida, não lhe conferindo uma expansão efetiva.

Entretanto, se no plano de negócio houver previsão de aumento do nível de atividade empresarial, provavelmente isso somente será viabilizado caso ocorra o aumento efetivo da sua capacidade operacional. Essa ampliação é possível mediante expansão da capacidade de operação, o que requer a incorporação de novos ativos fixos. Somente assim, a empresa está habilitada a expandir sua capacidade de produzir, de gerenciar e de comercializar consistentemente. A expansão do nível de atividade deve ser viabilizada e precedida pela incorporação de capacidades produtiva, administrativa e comercial adicionais, sem as quais essa expansão pode não ocorrer efetivamente.

Não custa registrar que, decorrente dessa eventual expansão dos ativos fixos, haverá necessidade de um patamar adicional de substituições, abrangendo tanto os ativos inicialmente incorporados quanto os posteriormente agregados.

4.5. PRODUTOS FINAIS

Parte-se, agora, para a apresentação dos produtos finais típicos dessa seção. Inicialmente, devem ser definidas e descritas todas as atividades operacionais necessárias ao pleno funcionamento da empresa. Por conseguinte, definem-se os requisitos estruturais necessários para suportá-las. Posteriormente, devem ser elaborados e apensados os projetos técnicos relacionados à estruturação física do empreendimento, abrangendo todas as atividades anteriormente explicadas. Em seguida, deve ser feita uma listagem de todos os ativos fixos necessários ao funcionamento da empresa e, por fim, devem ser montados cronogramas físicos baseados nas atividades de estruturação do empreendimento, conforme serão apresentados adiante.

4.5.1. Descrição das atividades operacionais

Em primeiro lugar, é preciso identificar e descrever todas as atividades operacionais necessárias ao funcionamento integral do empreendimento. Ao identificá-las, facilita-se o levantamento dos requisitos estruturais necessários à execução das atividades administrativas, produtivas e comerciais.

Uma ferramenta visual bastante utilizada nessa etapa é o fluxograma. Ele representa graficamente, por meio de formas e setas com significados pré-definidos, todos os fluxos de material, recurso e informação observados ao longo dos processos produtivos, administrativos e comerciais. Ele também evidencia os responsáveis pelas etapas, bem como o local onde cada uma será realizada. O fluxograma ainda permite visualizar de maneira clara os processos, tornando-o uma interessante ferramenta de comunicação.

Caso o plano de negócio envolva inovação tecnológica, por exemplo, sua explicação detalhada reforçará a viabilidade da sua produção. Além disso, em planos de negócios de inovação tecnológica, o entendimento e a descrição das atividades produtivas são fundamentais, pois são um diferencial frente aos produtos ou processos atualmente disponíveis no mercado.

Naturalmente, tais descrições pressupõem que, previamente, houve uma definição a respeito dos melhores processos produtivo e administrativo, dentre eventuais possibilidades analisadas. É possível que, no plano de negócio, seja recomendado registrar como se deu o processo decisório que permitiu definir a melhor alternativa de processo produtivo e/ou administrativo. Ainda que o plano de negócio não requeira tal informação, deve-se perceber que um processo decisório coerente deve ser utilizado para tal definição, sob pena de potencialmente comprometer a eficiência das atividades.

4.5.2. Projetos técnicos

O segundo conjunto de produtos finais dessa seção abrange os projetos de natureza técnica pertinentes à estrutura física do empreendimento. Entre eles, podem ser citados projetos arquitetônicos, de obras civis, elétricos, logísticos, de geração de energia e de saneamento. Os projetos técnicos representam as especificações detalhadas das estruturas físicas do empreendimento, devendo ser coerentes entre si e com as atividades operacionais concebidas previamente.

Provavelmente, haverá a necessidade de compor ou contratar uma equipe especializada na elaboração desses projetos além da que está elaborando o plano de negócio em si. Os componentes da equipe que está elaborando o plano de negócio levantarão necessidades e requisitos relacionados a todas as atividades a serem desenvolvidas na empresa, o que subsidiará o trabalho da equipe responsável pelos projetos técnicos. Portanto, mesmo que a equipe do plano de negócio não seja responsável diretamente pela concepção dos projetos técnicos, ela é responsável por indicar a outra todas as necessidades estruturais da empresa.

Nesse âmbito, deve-se levar em conta que aspectos legais e regulatórios podem influenciar diretamente a estrutura física da empresa. Havendo normativos legais sobre a estrutura da empresa conforme seu ramo de atividade, eles devem ser atendidos, sob pena de que a empresa não obtenha as licenças básicas para funcionar.

Um aspecto relevante desses projetos que impacta a operacionalização do empreendimento é o *layout* definido. Ele é uma representação gráfica da disposição física dos móveis e dos equipamentos necessários às atividades operacionais. Por intermédio dele, percebe-se o fluxo físico de materiais (matérias-primas, produtos em elaboração e produtos acabados) e de pessoas no exercício de suas atividades.

O *layout* tem influência direta sobre as operações logísticas e deve ser elaborado de maneira a otimizar o trânsito interno de pessoas e materiais, bem como os pontos de entrada de matérias-primas ou mercadorias para revenda e as saídas de produtos acabados ou mercadorias vendidas. Além disso, também tem uma função informativa relevante, pois os avaliadores podem comparar os bens de capital ilustrados com as listagens apresentadas.

Por meio da descrição detalhada de todas as atividades administrativas, comerciais e produtivas, que foi explicada anteriormente, os interessados no plano de negócio podem compreender que atividades deverão ser executadas quando do funcionamento da empresa e como elas estão interligadas. Isso é fundamental para que eles tenham uma visão da estrutura física requerida, além de fundamentar a justificativa para a incorporação dos ativos fixos a serem listados posteriormente.

Destaca-se que os projetos técnicos, por si só, são bastante volumosos. Nesse caso, o plano de negócio pode apontar apenas seus aspectos mais relevantes, de modo que os projetos compunham material anexo. Ainda há de se considerar a possibilidade de o público-alvo do

88 ELABORAÇÃO E AVALIAÇÃO DE PLANOS DE NEGÓCIOS

plano de negócio não ter interesse em se aprofundar nos aspectos técnicos, o que reforça essa sugestão de, no documento do plano de negócio, colocar as informações mais importantes e deixar anexos os projetos técnicos que podem ser consultados pelas pessoas adequadas.

4.5.3. Listagem de ativos fixos

Uma vez concluídos os projetos técnicos, o elemento a ser criado em seguida é a listagem de todos os ativos fixos sem os quais as atividades operacionais não serão realizadas completamente. Ela objetiva elencar os ativos fixos necessários para a estruturação inicial do empreendimento.

Apesar de não haver uma única maneira de criar tal listagem, podem ser sugeridas algumas variáveis para a sua composição, que podem ser ampliadas conforme particularidades do plano de negócio.

O primeiro item para elaborar a lista é a descrição técnica do ativo. Tal descrição deve ser tão detalhada quanto for necessário para que não haja dúvidas na aquisição e no uso desse ativo. Quando se tratar de um computador, por exemplo, é importante indicar a velocidade e a arquitetura do processador, a memória RAM, a capacidade de armazenamento, o tamanho da tela e demais características pertinentes ao seu uso.

Outro elemento é o local onde o ativo ficará alocado. Isso é importante para facilitar eventuais verificações entre o que é requerido para viabilizar as atividades e onde essas atividades serão operacionalizadas.

A categorização do ativo é outro elemento interessante na listagem. Enquadrar os ativos em categorias permitirá segmentações posteriores que serão muito úteis. Portanto, os ativos listados poderão ser categorizados, por exemplo, em imóveis, móveis, equipamentos de informática, veículos, bens de capital etc.

Para cada ativo, é fundamental indicar a sua vida útil estimada. Como não se espera que o ativo seja funcional eternamente, ainda que ele receba todas as manutenções indicadas, deve ser estabelecida a sua vida útil, a fim de estimar quando ele será substituído. Para tanto, deve ser observado o que foi comentado anteriormente nesse mesmo capítulo, no que se refere à necessidade de substituição dos equipamentos, bem como ao momento adequado para essa ação.

Ademais, é importante perceber que um mesmo tipo de ativo, a depender do seu uso, pode ter vidas úteis estimadas distintas. Imagine, por exemplo, computadores, cujas listagens podem indicar que eles serão necessários em diferentes locais da empresa. Apesar de ter a mesma descrição técnica, a depender do uso e do local, eles podem ter diferentes vidas úteis estimadas. A vida útil de um computador usado na área de escritório tende a ser maior do que a de um computador com as mesmas características instalado no chão

Capítulo 4: Seção Estrutural 89

de fábrica (este está sujeito a temperaturas mais altas, uso contínuo por mais horas e a um ambiente mais empoeirado do que aquele). Por isso, a listagem deve distinguir ativos que, apesar de tecnicamente semelhantes, têm usos diferentes.

Veja esse exemplo simples para ilustrar essa listagem. Admita o plano de negócio de uma empresa que ofertará cursos preparatórios para concursos. Os estudos técnicos de engenharia e de arquitetura foram realizados considerando uma estrutura de funcionamento na qual serão necessários os itens listados no quadro a seguir.

QUADRO 13 – Exemplo de listagem de ativos

ITEM	DESCRIÇÃO	QTD.	SETOR	CATEGORIA
1	Cadeira - administrador(a)	1	Administração	Móveis
2	Cadeira - interlocutor	2	Administração	Móveis
3	Computador - administrador(a)	1	Administração	Equipamento de informática
4	Mesa - administrador(a)	1	Administração	Móveis
5	Ar-condicionado 12 mil BTUs	1	Recepção	Equipamentos
6	Armário de arquivo	1	Recepção	Móveis
7	Bebedouro	1	Recepção	Equipamentos
8	Cadeira - interlocutor	2	Recepção	Móveis
9	Cadeira - secretário(a)	1	Recepção	Móveis
10	Computador - secretário(a)	1	Recepção	Equipamento de informática
11	Impressora	1	Recepção	Equipamento de informática
12	Máquina de café	1	Recepção	Equipamentos
13	Mesa - secretário(a)	1	Recepção	Móveis
14	Sofá de 3 lugares	1	Recepção	Móveis
15	Telefone	1	Recepção	Equipamentos
16	Ar-condicionado 24 mil BTUs	1	Sala de aula	Equipamentos
17	Cadeira - professor(a)	1	Sala de aula	Móveis
18	Carteiras - alunos	50	Sala de aula	Móveis
19	Computador - professor(a)	1	Sala de aula	Equipamento de informática
20	Mesa - professor(a)	1	Sala de aula	Móveis

(continua)

ITEM	DESCRIÇÃO	QTD.	SETOR	CATEGORIA
21	Projetor	1	Sala de aula	Equipamento de informática
22	Quadro branco	1	Sala de aula	Móveis
23	Tela de projeção	1	Sala de aula	Móveis

Na listagem, verifica-se a descrição dos ativos necessários, com suas especificações detalhadas (não esmiuçadas aqui para economizar espaço). Percebe-se também que o empreendimento terá os setores de administração, recepção e sala de aula, cada qual tendo ativos fixos pertinentes ao seu funcionamento. Esses ativos, por sua vez, foram categorizados em móveis, equipamentos e equipamentos de informática.

As informações constantes nessa listagem, ou que estejam descritas no plano de negócio, são evidenciadas na medida do que se deseja. Outras informações poderiam ser incorporadas, como: vida útil esperada do item, observações para cada item, garantia desejada, fornecedores potenciais, aspectos técnicos etc.

4.5.4. Cronogramas

É importante prever em que momentos os ativos fixos serão necessários, de maneira a não comprometer o cronograma de atividades de estruturação do negócio (construção de obras civis, reformas, instalação de equipamentos, testes e funcionamento). Uma etapa pode ser dependente da finalização de outra, e a instalação de um ativo fixo pode depender da execução de atividades anteriores, assim como ser pré-requisito para o início de outras atividades.

No limite, pode-se adquirir e disponibilizar todos os ativos fixos imediatamente, para minimizar ou evitar o risco de comprometer a execução das atividades de estruturação por falta dos equipamentos e máquinas no momento adequado. No entanto, essa decisão tem reflexos financeiros negativos. Como será aprofundado mais adiante, dispor de ativos fixos ou quaisquer outros recursos muito antecipadamente implica incorrer em custos de capital adicionais, pois esses ativos dependem de recursos financeiros para sua aquisição, os quais, por sua vez, têm desembolsos associados. Adquirir ativos que ficarão ociosos por determinado período imputa custo de capital ao empreendimento que poderia ser minimizado. Sob outra ótica, os ativos ficariam sujeitos à desvalorização durante o período no qual não seriam efetivamente usados, bem como ao começo do período de garantia. Não menos importante, dispor de todos os ativos imediatamente poderia comprometer o espaço físico disponível à execução das atividades de estruturação, como, por exemplo, fazer obras civis ou reformas em um espaço preenchido por equipamentos e móveis a serem instalados.

Por esses motivos, elaborar um cronograma das atividades que contemplem as etapas da estruturação até antes do funcionamento da empresa e outro que indique o momento adequado para dispor de cada ativo é fundamental nessa seção do plano de negócio. Como esse segundo depende do primeiro, a princípio, deve-se estabelecer o cronograma de atividades de estruturação do empreendimento.

Tal cronograma pode ser elaborado no formato de um diagrama ou gráfico de Gantt. Seu formato típico lembra uma planilha, na qual as linhas são preenchidas com os itens que se deseja distribuir temporalmente e as colunas recebem as referências de tempo. No caso específico, as linhas recebem marcos relacionados às atividades de estruturação da empresa. Certamente, tais marcos são estabelecidos com mais propriedade por profissionais que têm experiência em atividades de engenharia, os quais têm conhecimento sobre as etapas essenciais para tornar operacional o arranjo físico de uma empresa.

Em relação às colunas, elas recebem as referências temporais ao longo das quais os itens das linhas serão distribuídos. A depender do tipo de item elencado nas linhas, essas referências podem variar bastante, indo de dias até anos. No entanto, em termos de plano de negócio, normalmente, os horizontes temporais são mais longos e menos detalhados, sendo, geralmente, expressos em meses. Eventualmente, podem ser usadas referências mais detalhadas (semanas) ou mais superficiais (anos) — o que será explorado mais adiante. Portanto, tal cronograma deve ter um nível de detalhamento compatível com as necessidades informacionais, o que deve ser definido pela equipe que elabora o plano de negócio.

Vários softwares podem ser usados para esse fim. Eles permitem a elaboração de cronogramas de atividades, contemplando inclusive a programação das relações entre as atividades e dos recursos necessários em cada uma delas. Há ainda funcionalidades que permitem balancear o uso dos recursos ao longo das atividades.

Como decorrência do cronograma de atividades relacionadas à estruturação do empreendimento, elabora-se o cronograma físico de incorporação dos ativos fixos, comentado anteriormente. Esse cronograma representa a expectativa de datas nas quais cada ativo fixo será necessário, e, com isso, podem-se determinar os momentos adequados à aquisição deles e minimizar os problemas mencionados anteriormente referentes à indisponibilidade ou à disponibilização muito antecipada. Evidentemente, a indicação temporal de quando os ativos serão necessários decorre do cronograma de atividades anteriormente estimado. Algumas delas, para serem executadas, requerem certos ativos. Se eles não estiverem disponíveis no momento adequado, as atividades serão prejudicadas, o que atrasará o início da operação da empresa.

O cronograma de incorporação física dos ativos também é apresentado no formato de Gantt, porém registrando os ativos fixos nas linhas. Isso decorre do propósito desse cronograma, que é indicar quando cada ativo deverá estar disponível fisicamente.

Duas observações devem ser feitas: a primeira é que cada plano de negócio deve ter os espaços temporais dos seus cronogramas definidos de acordo com sua especificidade; a outra é que os cronogramas de atividade e de incorporação inicial dos ativos devem utilizar a mesma referência temporal. Se o primeiro for semanal, sugere-se que o segundo também o seja, a fim de manter coerência na apresentação dos períodos estimados para as atividades e para a disponibilização dos ativos.

Em termos de estruturação do empreendimento, após a completa execução das atividades programadas, junto à completa disponibilização física dos ativos fixos, a empresa estará apta a iniciar suas atividades operacionais. Porém, não se deve esquecer das vidas úteis desses ativos. Cada ativo tem certa vida útil que deve ser respeitada, a fim de que a capacidade produtiva do empreendimento seja mantida. Perceba que, se um equipamento atinge sua vida útil, seu funcionamento será prejudicado, repercutindo negativamente sobre o nível de atividade do empreendimento. Portanto, em algum momento no futuro, será necessária a substituição dos ativos fixos, devendo-se buscar manter a capacidade produtiva do empreendimento pela substituição dos equipamentos que atingem o limite de sua vida útil.

A vida útil do equipamento pode ser determinada tecnicamente por meio da identificação do momento a partir do qual ele perde sua capacidade plena de funcionamento ou funciona de maneira ineficiente. Para dar suporte a essa indicação, pode-se contar com informações técnicas disponibilizadas pelos fornecedores dos equipamentos e/ou disponíveis internamente por meio do histórico de utilização de equipamentos similares (esse último só é possível caso se trate de um plano de negócio de expansão, o qual pressupõe a existência de dados históricos).

Uma vez definido o tempo de vida útil de cada equipamento, registram-se essas substituições no cronograma físico de substituições. De modo geral, quando se faz esse tipo de cronograma, adota-se uma referência anual, pois é mais prático pensarmos em substituições anuais dos equipamentos.

Caso o plano de negócio preveja uma expectativa de aumento do nível de atividade da empresa a partir de algum momento, além de se pensar em um cronograma de substituição dos ativos, o qual é necessário à manutenção da capacidade produtiva, deve-se pensar em um cronograma físico de incorporação de novos ativos, essencial para o incremento da capacidade operacional.

De modo geral, o cronograma físico de incorporação de novos ativos tem sua apresentação em termos anuais, seguindo a mesma lógica do cronograma físico de substituições. Também é importante destacar que, a partir do momento em que novos ativos são incorporados, deve haver o reflexo de substituição física desses novos ativos.

Perceba que deve haver coerência entre os processos operacionais definidos, a listagem dos ativos fixos e todos os cronogramas físicos estimados (atividades de estruturação, incorporação inicial dos ativos, substituições e novas incorporações). Quanto maior a complexidade das atividades operacionais, mais difícil torna-se o desenvolvimento dessa seção e a entrega dos seus produtos finais. Além disso, se não forem devidamente elaborados, apresentarão incongruências em seções posteriores do plano de negócio.

Voltando ao exemplo do curso preparatório para concursos, cuja listagem de ativos foi elaborada anteriormente neste capítulo, os cronogramas pertinentes podem ser projetados agora. O primeiro é o cronograma de atividades de estruturação, o qual está expresso em semanas, por se tratar de uma referência temporal adequada ao caso.

QUADRO 14 – Exemplo de cronograma de atividades de estruturação em semanas

ITEM	1	2	3	4	5	6	7	8	9
Troca do piso	■	■	■						
Reforma elétrica e hidráulica			■	■	■				
Pintura						■	■		
Instalação de ares-condicionados							■		
Instalação do quadro branco							■		
Instalação da tela de projeção							■		
Instalação do projetor no teto							■		
Colocação dos móveis								■	
Instalação dos equipamentos									■

Como decorrência do cronograma de atividades relacionadas à estruturação do empreendimento, pode-se elaborar o cronograma físico de incorporação dos ativos fixos, representando a expectativa de datas nas quais cada ativo fixo será necessário. Com isso, podem-se determinar os momentos adequados para a sua aquisição e minimizar os problemas mencionados anteriormente referentes à indisponibilidade ou à disponibilização muito antecipada.

94 ELABORAÇÃO E AVALIAÇÃO DE PLANOS DE NEGÓCIOS

A partir do cronograma de atividades, pode-se conceber o cronograma de disponibilização dos ativos fixos. Para o exemplo dado, adota-se referência semanal, conforme o quadro a seguir.

QUADRO 15 – Exemplo de cronograma de incorporação dos ativos fixos em semanas

ATIVO	1	2	3	4	5	6	7	8	9
Cadeira - administrador(a)								■	
Cadeira – interlocutor								■	
Computador - administrador(a)									■
Mesa - administrador(a)								■	
Ar-condicionado 12 mil BTUs							■	■	
Armário de arquivo								■	
Bebedouro									■
Cadeira - interlocutor								■	
Cadeira - secretário(a)								■	
Computador - secretário(a)									■
Impressora									■
Máquina de café									■
Mesa - secretário(a)								■	
Sofá de 3 lugares								■	
Telefone									■
Ar-condicionado 24 mil BTUs							■		
Cadeira - professor(a)								■	
Carteiras - alunos								■	
Computador - professor(a)									■
Mesa - professor(a)								■	
Projetor							■		
Quadro branco							■		
Tela de projeção							■		

Perceba que os dois cronogramas são semanais. Como esse exemplo se refere a um empreendimento bastante simplificado, apenas para fins de ilustração, optou-se por usar horizontes de tempo semanais. Observe também que os cronogramas de atividades de estruturação e de incorporação inicial de ativos fixos utilizam a mesma referência temporal. Como o primeiro é semanal, o segundo também o é, a fim de manter coerência na apresentação dos períodos estimados para as atividades e para a disponibilização dos ativos fixos.

Uma vez definido o tempo de vida útil de cada ativo, devem-se registrar as substituições em um cronograma físico. Se o tempo adotado no plano de negócio for de dez anos, deve-se levar em conta a frequência de substituição de cada ativo (ou grupo de ativos similares). O quadro a seguir registra a expectativa de substituição anual dos equipamentos do exemplo.

QUADRO 16 – Exemplo de cronograma de substituição dos ativos em termos anuais

ATIVO	1	2	3	4	5	6	7	8	9	10
Cadeira - administrador(a)					1					1
Cadeira – interlocutor					2					2
Computador - administrador(a)			1			1			1	
Mesa - administrador(a)					1					1
Ar-condicionado 12 mil BTUs										1
Armário de arquivo					1					1
Bebedouro										1
Cadeira - interlocutor					2					2
Cadeira - secretário(a)					1					1
Computador - secretário(a)			1			1			1	
Impressora					1					1
Máquina de café										1
Mesa - secretário(a)					1					1
Sofá de 3 lugares										1
Telefone					1					1
Ar-condicionado 24 mil BTUs										1
Cadeira - professor(a)					1					1
Carteiras - alunos			25			25			25	

(continua)

ATIVO	1	2	3	4	5	6	7	8	9	10
Computador - professor(a)		1			1			1		
Mesa - professor(a)				1						1
Projetor				1						1
Quadro branco				1						1
Tela de projeção										1

Esse cronograma, diferentemente dos anteriores, está usando um horizonte de tempo anual. De modo geral, quando se faz o cronograma de substituição dos equipamentos, adota-se uma referência anual, pois é mais prático pensarmos em substituições anuais dos equipamentos.

Caso o plano de negócio preveja uma expectativa de aumento do nível de atividade da empresa a partir de algum momento, além de se pensar em um cronograma de substituição dos ativos, necessário à manutenção da capacidade operacional, deve-se pensar em um cronograma de incorporação de novos ativos, essencial para o incremento da capacidade operacional.

Usando o mesmo exemplo, admita a previsão de que, a partir do sexto ano de operação, o curso conseguirá atender o dobro de alunos. Tal premissa foi indicada na seção mercadológica. Para tanto, será necessário duplicar a estrutura física de sala de aula, não implicando, porém, aumento da estrutura administrativa. Sendo assim, deve-se estruturar uma sala de aula idêntica à primeira, o que vai requerer a incorporação de novos ativos ao final do quinto ano. O cronograma a seguir ilustra essa necessidade.

QUADRO 17 – Exemplo de cronograma de novas incorporações/substituições de ativos em termos anuais

ATIVO	1	2	3	4	5	6	7	8	9	10
Cadeira - administrador(a)										
Cadeira – interlocutor										
Computador - administrador(a)										
Mesa - administrador(a)										
Ar-condicionado 12 mil BTUs										

(continua)

ATIVO	1	2	3	4	5	6	7	8	9	10
Armário de arquivo										
Bebedouro										
Cadeira - interlocutor										
Cadeira - secretário(a)										
Computador - secretário(a)										
Impressora										
Máquina de café										
Mesa - secretário(a)										
Sofá de 3 lugares										
Telefone										
Ar-condicionado 24 mil BTUs					1					
Cadeira - professor(a)					1					1
Carteiras - alunos					50			25		
Computador - professor(a)					1			1		
Mesa - professor(a)					1					1
Projetor					1					1
Quadro branco					1					1
Tela de projeção					1					

De modo geral, o cronograma de incorporação de novos ativos tem sua apresentação em termos anuais, seguindo a mesma lógica do cronograma de substituições. Também é importante destacar que, a partir do momento em que novos ativos são incorporados, deve haver o reflexo de substituição física desses novos ativos.

Capítulo 5
SEÇÃO DE LOCALIZAÇÃO

Até esse ponto, o plano de negócio estimou o nível de atividade do empreendimento e a estrutura física necessária para que as atividades operacionais sejam realizadas plenamente e de forma a alcançar aquele nível de atividade. Após levantar informações sobre esses dois pontos, essa seção define o local onde a estrutura concebida será efetivamente instalada. Portanto, devem ser levadas em conta todas as variáveis ligadas à localização do empreendimento, bem como todas as consequências dessa decisão para a empresa.

O capítulo inicia com os objetivos dessa seção. Em seguida, aborda os conceitos de orientações e variáveis locacionais, os quais são fundamentais para a elaboração dessa seção. Posteriormente, apresenta uma série de aspectos relevantes na escolha da localização do empreendimento e alguns critérios usados para fundamentá-la. Por fim, apresenta os produtos finais típicos dessa seção.

5.1. OBJETIVOS

Não é difícil perceber que a localização do empreendimento tem implicações sobre seu desempenho e, consequentemente, sobre seus resultados esperados. Tanto receitas quanto desembolsos operacionais e, possivelmente, investimentos dependerão em parte da localização escolhida. Portanto, diferentes localizações podem conduzir a diferentes resultados, dada a expectativa de impactos sobre os fluxos de caixa do empreendimento.

Sendo assim, o objetivo central dessa seção é determinar o melhor local para o empreendimento, denominado nesse contexto de localização ótima. Ao partir do princípio de que há alternativas viáveis para estabelecer geograficamente o empreendimento, surge a necessidade de escolher aquele endereço que proporciona os melhores benefícios.

O termo "localização ótima" deriva da ideia de otimização. Provavelmente, não haverá um local específico que apresente a melhor situação em todos os aspectos analisados. Um local terá alguns aspectos muito bons e outros não tanto assim. Com isso, deve-se escolher aquele que maximize os aspectos cujos valores mais altos são desejados (receitas operacionais, por exemplo) e minimize aqueles cujos valores mais baixos são preferíveis (custos e despesas, por exemplo), melhorando o quanto for possível as consequências da escolha do local. Em termos práticos, a localização ótima é aquela que maximiza a diferença entre receitas e desembolsos operacionais.

Adicionalmente, a depender do empreendimento, é perfeitamente possível tratarmos de mais de um local, forçando a equipe a pensar em localizações ótimas. Pode-se estabelecer, por exemplo, um local para os processos produtivos e outro para instalar os administrativos e comerciais. Outra possibilidade, observada em termos práticos com certa frequência, é o estabelecimento de vários centros de distribuição, assegurando uma dispersão geográfica favorável que alcance mais eficiente e rapidamente os clientes. A dispersão pode ser uma escolha que conduz à redução do nível de desembolso, seja ele relacionado a investimentos ou a desembolsos operacionais (despesas e custos).

Outro objetivo dessa seção é indicar como o(s) imóvel(is) será(ão) disponibilizado(s). Tipicamente, um imóvel pode ser adquirido ou alugado. Para cada uma dessas modalidades de uso, haverá consequências financeiras distintas, as quais devem ser avaliadas.

Para determinar essa localização ótima ou essas localizações ótimas e como será(ão) disponibilizada(s), é importante identificar as orientações locacionais que referenciam geograficamente a decisão e as variáveis que são afetadas pelos locais alternativos.

5.2. ORIENTAÇÕES LOCACIONAIS

Para entender o conceito de orientação locacional, imagine um empreendimento sob o ponto de vista geográfico. Ele mantém relacionamentos diretos com elos imediatamente adjacentes na cadeia de suprimentos. Usando como referência um empreendimento industrial, de um lado, ele adquire insumos e matérias-primas (fatores variáveis de produção) de fornecedores, os quais, junto aos fatores fixos de produção, viabilizam um processo de transformação e geram um produto acabado. Pelo outro lado, esse produto acabado é vendido aos seus clientes diretos ou elos intermediários na cadeia, conforme ilustrado nesta figura:

FIGURA 12 – Elos adjacentes na cadeia de suprimentos

Fornecedores ⟶ Empresa ⟶ Clientes

Caso, geograficamente, fornecedores e clientes estejam próximos entre si, à medida que a empresa estabelece um local para sua fixação próximo de um, prontamente fica perto do outro. Tal situação é muito boa, pois as distâncias dos dois elos com os quais ela mantém relação direta tornam-se, simultaneamente, curtas, favorecendo atividades logísticas de entrada e de saída mais baratas e rápidas.

Por outro lado, é perfeitamente possível que esses elos estejam geograficamente distantes entre si. Nesse caso, ao estabelecer a empresa mais próxima dos clientes, automaticamente ela fica mais distante dos fornecedores e vice-versa. Tem-se, nessa circunstância, um trade off, indicando que decidir ficar mais próximo de um dos elos acarreta maior distância do outro.

Diante disso, a equipe que está estudando a localização do empreendimento deve identificar qual é o elo para o qual a proximidade deve ser priorizada. Esse direcionamento geográfico é chamado orientação locacional, cujo objetivo é indicar para qual região o empreendimento deve tender, aproximando-se mais daquela que deve ser priorizada.

Para defini-la, tomam-se por base aspectos comerciais, logísticos e produtivos, as atividades operacionais desenvolvidas e as distâncias dos elos com os quais são mantidos relacionamentos diretos. Admitindo todos esses elementos, é possível estabelecer conceitualmente qual deve ser a orientação do seu empreendimento em termos geográficos.

Tipicamente, as orientações locacionais podem ser direcionadas aos clientes, aos fornecedores ou, até mesmo, às atividades internas.

Um tipo de empresa que normalmente apresenta orientação locacional para os seus clientes é a do setor varejista. Uma empresa varejista deve priorizar a proximidade com os seus clientes, a fim de proporcionar comodidade e economia para eles, sobretudo quando se pensa em varejo de atendimento físico, por meio de uma loja. Tal orientação pode ocorrer, inclusive, em detrimento da proximidade com os fornecedores, uma vez que, se a localização não for condizente com as expectativas dos clientes, seu nível de atividade será diretamente comprometido.

Por outro lado, é possível que uma empresa tenha sua orientação direcionada aos fornecedores. Imagine uma indústria cuja matéria-prima principal venha de uma empresa já estabelecida. Pode ser uma boa decisão localizar-se próximo a esse fornecedor, tendo em vista o custo de transporte dessa matéria-prima, além do tempo de reposição. Adicionalmente, imagine que seus potenciais clientes se encontram muito dispersos geograficamente. Isso faz com que a prioridade recaia sobre o fornecedor e não sobre os clientes, já que não é viável ficar próximo a todos eles ao mesmo tempo.

É possível que a orientação locacional seja direcionada nem aos fornecedores nem aos clientes, mas ao modal de escoamento dos produtos. Pense em uma indústria cuja produção seja predominantemente voltada à exportação e cujo modal logístico adequado seja marítimo. Uma possibilidade de orientação locacional é estabelecê-la próxima a um porto, facilitando a logística de embarque dos produtos vendidos.

Não é difícil identificar circunstâncias que sugerem a orientação locacional para as atividades operacionais internas. Imagine uma empresa de tecnologia de informação, cujo produto é um software distribuído pela internet. Nesse caso, não haverá qualquer tráfego físico de mercadorias entre a empresa e seus clientes, tampouco haverá a necessidade de comparecimento físico para que o pagamento seja realizado. Os trânsitos do produto e do pagamento serão feitos via internet. Com isso, do ponto de vista do cliente, a localização física da empesa é razoavelmente irrelevante.

ELABORAÇÃO E AVALIAÇÃO DE PLANOS DE NEGÓCIOS

Isso, no entanto, não implica que a empresa não deva se preocupar em relação à sua localização. Para que ela consiga conceber, criar e disponibilizar o software, certamente precisará ter à disposição mão de obra bastante qualificada. Sendo assim, uma orientação locacional relevante é o seu estabelecimento em um local que tenha oferta adequada de mão de obra qualificada, como, por exemplo, em uma cidade que tenha cursos de graduação e pós-graduação em ciências da computação ou áreas afins.

Percebe-se que as orientações locacionais indicam a macrolocalização do empreendimento (regiões, cidades ou bairros). Porém, em termos práticos, é essencial definir a microlocalização (imóvel específico). Para tanto, as variáveis que serão utilizadas para definir a escolha do local específico devem ser estabelecidas. Elas são chamadas variáveis locacionais e serão explicadas a seguir.

5.3. VARIÁVEIS LOCACIONAIS

Diferentes localizações podem afetar diferentes elementos em um empreendimento. Qualquer elemento que sofra influência da localização pode ser entendido, para os fins dessa seção, como variável locacional, a qual se torna um componente que orienta a escolha da localização do empreendimento.

Normalmente, esses impactos sobre as variáveis estão associados a diferentes tipos e volumes de desembolsos, fazendo com que cada alternativa de local do empreendimento conduza a diferentes níveis de despesas, custos e/ou investimentos. Além disso, diferentes locais também podem impactar o nível de receita operacional esperado, uma vez que cada um pode alterar significativamente o público-alvo atendido — mais adiante esse ponto será retomado. Portanto, as variáveis locacionais são itens que têm seus comportamentos alterados em função da localização escolhida.

Dada essa característica das variáveis locacionais, elas devem ser utilizadas para indicar a decisão sobre o local a ser escolhido. Por meio de comparações entre os comportamentos esperados das variáveis locacionais em decorrência das diferentes alternativas de localização, pode-se identificar a alternativa que conduza ao melhor comportamento dessas variáveis.

Tome a seguinte explicação baseada nos elos adjacentes da cadeia de suprimentos. Imagine uma empresa industrial, que requer a aquisição de bens intermediários (matérias-primas e insumos) e a venda de produtos manufaturados.

FIGURA 13 – Desembolsos operacionais afetados pela localização

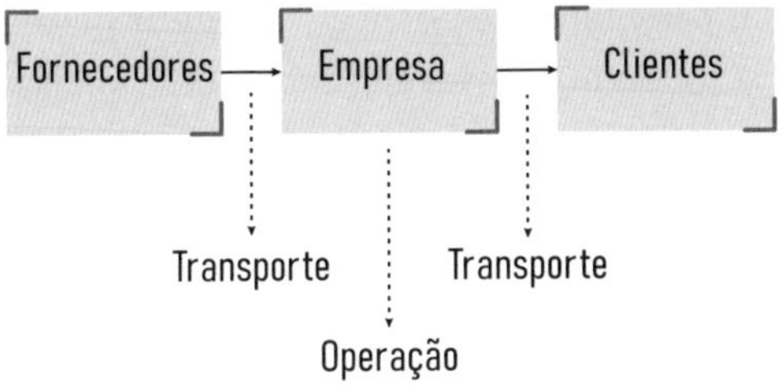

Fornecedores → Empresa → Clientes

Transporte   Transporte

Operação

Considerando a aquisição de bens intermediários, existem custos relacionados ao seu transporte. Normalmente, esse custo é função da quantidade de matérias-primas e insumos (peso), da distância entre a origem e o destino e do custo de transporte por unidade de peso e de distância percorrida. Quanto mais distante a empresa estiver da fonte de matérias-primas e insumos, bem como quanto maior for o peso desses elementos, maior será o custo com transporte desses itens.

Considerando a comercialização dos produtos manufaturados para os clientes, quanto mais distante a empresa estiver deles e quanto maior for o peso transportado, maior será a conta relacionada ao frete desses produtos acabados. Não esqueça que os desembolsos com transportes, tanto de matérias-primas quanto de produtos acabados, são acrescentados por outros desembolsos assessórios, tais como seguros e pedágios.

O local onde a empresa está instalada também pode influenciar os custos associados ao processo produtivo. Alguns fatores variáveis podem ter diferentes preços de aquisição conforme o local escolhido do processo produtivo, como, por exemplo, salários, tributos, tarifas de energia, aluguel etc.

Evidentemente, se houver um trade off entre esses itens de desembolso, deve-se priorizar aquele cujo desembolso for mais expressivo. Se, por exemplo, os custos de produção associados à localização forem maiores do que os desembolsos totais de transporte, a escolha da localização deve ser aquela que minimize o primeiro. Se os desembolsos com transporte forem maiores do que o custo de produção, a localização do empreendimento deve ser aquela que minimize os de transporte. Se o custo de transporte de insumos e matérias-primas for maior que a despesa de transporte de produtos acabados, a localização deve ser mais próxima dos fornecedores. Caso contrário, deve ser mais próxima dos clientes.

Assim, em uma primeira verificação, os desembolsos com transportes de matérias-primas e produtos acabados, bem como os custos do processo produtivo, são variáveis relevantes na decisão, tornando-se fortes candidatas a serem consideradas variáveis locacionais. Os comportamentos delas em função das diferentes alternativas de localização devem ser estimados de maneira a permitir uma comparação.

ELABORAÇÃO E AVALIAÇÃO DE PLANOS DE NEGÓCIOS

Entretanto, as variáveis locacionais não se limitam somente aos gastos operacionais com produção e transporte. É perfeitamente possível identificar outros elementos financeiros impactados pela localização. Os mais evidentes são os desembolsos com aquisição (investimento) e aluguel (custo ou despesas). Geralmente, tais desembolsos são tão expressivos quanto pertinentes ao contexto de análise locacional. As alternativas disponíveis para estabelecer a empresa podem envolver compra e/ou locação, o que muda substancialmente as movimentações financeiras decorrentes. No caso da compra, haverá um desembolso substancial de recursos financeiros no início, o que será compensado por menores desembolsos operacionais posteriores, uma vez que não haverá custo de aluguel. Adicionalmente, a empresa detém um patrimônio imobiliário. No caso da locação, não haverá desembolso substancial no início, mas haverá necessidade de desembolsos operacionais recorrentes com aluguel. Nesse último caso, não haverá formação de um ativo imobiliário para a empresa. São variáveis que indicam circunstâncias e consequências que devem ser comparadas no âmbito dessa seção, uma vez que diferentes decisões acarretarão diferentes padrões de fluxo de caixa, exigindo uma análise cuidadosa dos locais e das formas de uso desses locais.

Portanto, devem ser listadas e analisadas todas as contas financeiras que terão comportamentos distintos a partir de diferentes imóveis escolhidos. Elas serão variáveis locacionais que, ao serem comparadas, darão subsídio à escolha da localização ótima.

Um aspecto adicional deve ser contemplado. Comparar movimentações financeiras é razoavelmente fácil, uma vez que se tenha uma projeção confiável delas e que se trata de números passíveis de confrontação objetiva. Contudo, as variáveis locacionais não são formadas somente por elementos financeiros, podendo incorporar elementos quantitativos de outras naturezas e elementos qualitativos.

Imagine o plano de negócio de uma faculdade particular. Entre inúmeras variáveis locacionais que se pode pensar, admita que os alunos deverão ir a essa faculdade para receber o serviço. Alguns alunos utilizarão transporte privado e, outros, o público. Assim, tanto a disponibilidade de estacionamento (próprio ou terceirizado) deverá ser contemplada quanto a proximidade e disponibilidade de pontos de transporte público (paradas de ônibus e estações de trem e de metrô, por exemplo). São aspectos importantes que podem ser quantificados e comparados, mas não necessariamente em termos financeiros.

Imagine, agora, o processo de escolha de uma sala comercial para instalar uma empresa de consultoria administrativa. Há duas possibilidades em análise: a primeira é uma sala em um edifício comercial recentemente inaugurado, moderno, bastante conhecido e localizado em área nobre da cidade; a segunda é em um edifício comercial antigo e localizado em bairro periférico. Certamente, o nível de desembolso para alugar o metro quadrado da sala localizada no segundo edifício é bem menor do que o do primeiro edifício — raciocínio semelhante poderia ser conduzido no caso de aquisição. Usando somente essa variável locacional, a escolha recairia facilmente sobre a segunda opção.

Porém, a imagem que a empresa passa aos seus clientes pode ser um aspecto bastante relevante. Estar localizado em um edifício moderno e central talvez lhes dê uma sinalização favorável, ainda que os gastos associados a esse local sejam superiores. Dessa forma, o aspecto da imagem transmitida ao cliente pela sua localização torna-se uma variável locacional importante e de caráter qualitativo.

Variáveis locacionais qualitativas têm um papel muito destacado na análise. O problema associado a elas é que compará-las torna-se difícil pela falta da possibilidade de mensuração. Diferentemente de variáveis quantitativas, cuja comparação é facilitada pela objetividade, as qualitativas devem ser comparadas por meio de conceitos atribuídos, por exemplo: ótimo, bom, regular, ruim e péssimo são escalas conceituais em formato ordinal que podem ser usadas para qualificar determinada variável. A dificuldade reside na "distância relativa" entre elas. O quão melhor é o ótimo em relação ao bom? É duas vezes melhor? Com variáveis quantitativas, tal diferença é objetiva, ao passo que, com qualitativas, não.

Isso sugere, portanto, que as variáveis locacionais podem se apresentar em formatos distintos: financeiros, quantitativos e qualitativos. Isso implica adotar métodos de comparação multicritérios, os quais abrangem uma miríade de variáveis de formatos diferentes.

Aproveita-se para retomar um ponto apresentado anteriormente. Foi dito que a ideia de localização ótima vem do conceito de otimização. Ao se adotar uma razoável quantidade de variáveis locacionais para permitir a decisão do(s) local(is) específico(s), não se espera que todas as variáveis de um único local tenham o melhor comportamento possível simultaneamente. Um local terá variáveis em melhor situação e outras em pior situação, sugerindo que a escolha deve ser a melhor possível e não a melhor absoluta.

5.4. ASPECTOS RELEVANTES NA DEFINIÇÃO DA LOCALIZAÇÃO

Deve ter ficado claro que há inúmeras variáveis locacionais e aspectos a serem contemplados na escolha da localização ótima. Certamente, há variáveis e aspectos comuns a vários planos de negócios. Mas, também, há alguns particulares, que são pertinentes somente a determinado empreendimento ou a empreendimentos de um setor específico.

Dito isso, beira o inviável elencar exaustivamente variáveis locacionais e aspectos relevantes a serem considerados. Não obstante, é possível elencar e comentar alguns dos mais comuns, o que se faz a seguir.

5.4.1. Adaptação do local escolhido

Um aspecto relevante a respeito do local escolhido é o seu nível de adequação às atividades operacionais a serem desenvolvidas. Caso o imóvel escolhido esteja em um nível de conservação adequado e sua estrutura já seja compatível com as especificações técnicas definidas na seção estrutural, haverá nenhuma ou pouca necessidade de intervenções iniciais sobre o imóvel e, consequentemente, serão necessários pouco desembolso e pouco tempo para prepará-lo. Porém, se o estado de conservação do imóvel estiver aquém do desejado e/ou sua estrutura carecer de adaptações, deverão ser feitas intervenções, as quais implicarão desembolsos e tempo relevantes antes de colocar o negócio em funcionamento. Certamente, quanto maiores as intervenções, maior o nível de desembolso e de tempo.

Por exemplo, havendo duas alternativas específicas de local, deve-se verificar se há diferenças significativas para torná-las operacionais. Um imóvel pode necessitar de pouquíssimas alterações e adaptações estruturais, enquanto outro pode requerer uma reforma muito extensa. Tais alternativas indicam diferentes níveis de desembolso para adequá-los, o que pode ser compensado ou não pelos seus valores de compra ou de locação, os quais também se configuram como variáveis locacionais.

5.4.2. Localização imposta pelo empreendimento

Alguns empreendimentos são intrinsecamente dependentes do local, pois, nesses casos, a oportunidade ou necessidade a ser atendida está fortemente atrelada a ele.

Veja, por exemplo, o caso de uma empresa varejista que avalia a expansão de suas lojas. Há um novo shopping center sendo construído, e a empresa deseja avaliar se é interessante abrir uma filial nele. Nesse caso, o empreendimento é completamente ligado ao local, pois esse último foi o ponto de partida para o negócio, sendo um requisito fundamental à análise.

Ressalta-se que tal contexto não significa desconsiderar totalmente o aspecto de localização. É imperativo analisar o local da loja dentro do shopping center, considerando o seu tamanho (informação dada na seção estrutural) e a disponibilidade de espaços. Ademais, deve-se definir a forma pela qual o espaço será disponibilizado, se locado ou comprado — admitindo que o shopping center permita essas duas modalidades. É uma situação que limita consideravelmente a gama de possibilidades de locais para instalar o negócio, mas não implica sua desconsideração completa.

Sendo assim, nesses casos, a localização tende a ser o ponto de partida do plano de negócio, junto à seção mercadológica. Ambas as seções devem ser feitas conjuntamente, a fim de reconhecer e assegurar a relevância da localização para o resultado mercadológico.

5.4.3. Possibilidade de expansão

Um fator muito importante para a definição do local é a possibilidade de expansão. Um plano de negócio é elaborado considerando o seu comportamento esperado ao longo de vários anos. Portanto, o local escolhido deve ser coerente com a expectativa de nível de atividade estimado durante esses anos, admitindo a dinâmica e a escala do empreendimento ao longo de sua vida útil.

Imagine o plano de negócio de uma fábrica. Entre duas alternativas possíveis, foi escolhido um imóvel que estava disponível na forma de aluguel. Ele servirá para instalar tanto o processo produtivo quanto a parte destinada à administração. O projeto de engenharia elaborado mostra que as instalações já serão completamente usadas com o maquinário instalado para atender à demanda atual.

No entanto, ao verificar a curva de venda prevista dos produtos, percebe-se que, em dois anos, mais equipamentos deverão ser incorporados de maneira a aumentar a capacidade produtiva. Nesse momento, o local escolhido não terá condições de acomodar os novos equipamentos, tornando-se uma restrição ao aumento da capacidade produtiva. A empresa deverá decidir se restringe a capacidade produtiva, perdendo a oportunidade de aumentar sua receita operacional, ou se faz uma mudança para outro local, onde seja permitida a instalação da capacidade produtiva adicional.

Alternativamente, no momento da decisão inicial, a equipe pode antecipar essa necessidade e escolher um local adequado à demanda atual e à futura, evitando uma readequação ou relocalização posterior. Entenda como local adequado um que suporte a capacidade produtiva maior e seja compatível com a demanda futura. Nesse caso, perceba que o imóvel deveria ser maior, o que poderia indicar mais desembolso com aquisição (alternativa de compra) ou mais desembolso com aluguel (alternativa de locação). Esse espaço maior ficaria ocioso no início, imputando um custo adicional ao empreendimento enquanto não fosse utilizado plenamente. Assumir esse desembolso adicional no início deve ser objeto de avaliação por parte da equipe.

5.4.4. Concentração ou dispersão

As variáveis locacionais também impactam as decisões quanto à concentração ou dispersão. Se, por exemplo, o processo produtivo requer alta escala para se tornar viável, talvez seja interessante mantê-lo concentrado em um único ponto. Mesmo que os produtos sejam enviados a locais de consumo distantes e/ou dispersos, torna-se economicamente interessante manter um único local de produção e, a partir desse ponto, enviá-los aos mercados consumidores.

Ainda em relação ao local, o que pode ser decidido nesse caso é a instalação de centros de distribuição estrategicamente espalhados por várias regiões. Tais centros serviriam como estoques intermediários, a fim de melhorar e tornar mais rápido o atendimento aos clientes. Dessa forma, as atividades produtivas ficariam concentradas, uma vez que elas requerem escala, e as atividades logísticas, distribuídas, a fim de permitir um nível satisfatório de atendimento aos clientes. Portanto, há decisões distintas em termos de concentração e dispersão para diferentes atividades da empresa.

ELABORAÇÃO E AVALIAÇÃO DE PLANOS DE NEGÓCIOS

Por outro lado, caso o processo produtivo não necessite de escala muito grande para ser viabilizado e não requeira investimentos vultosos, pode ser interessante montar várias plantas produtivas próximas aos mercados consumidores mais importantes. Os desembolsos com transporte são minimizados com essa decisão, ao mesmo tempo em que os custos de produção não são fortemente penalizados.

5.4.5. Disponibilidade de insumos e/ou estrutura adequada

Outro aspecto relevante na escolha da localização do empreendimento é a disponibilidade de estrutura e fatores produtivos adequados ao funcionamento do negócio.

Imagine um empreendimento relacionado à tecnologia de ponta. Um fator produtivo fundamental é a mão de obra especializada e capacitada. Caso não haja disponibilidade de mão de obra compatível, o seu funcionamento será inadequado. Portanto, no local definido para instalação e funcionamento do processo produtivo, deve ser levada em consideração a disponibilidade de mão de obra qualificada.

Caso, por algum motivo, o empreendimento tenha que ser instalado em um local ermo e necessite de mão de obra especializada, provavelmente deverá usar subterfúgios para atrair funcionários de outros locais. Talvez, seja necessário ofertar um nível salarial maior, oferecer benefícios diferenciados e disponibilizar infraestrutura de moradia. Haverá, portanto, um desembolso adicional para atrair essa mão de obra qualificada.

Nesse mesmo caso de instalação em um local distante, fora da zona urbana, por exemplo, deve-se garantir a oferta de fatores fundamentais ao funcionamento da empresa, tais como o fornecimento de energia elétrica, a disponibilidade de serviços de telecomunicação e a existência de boas estradas de acesso, para que a produção seja devidamente transportada. Sem fornecimento adequado desses serviços e dessa estrutura, o funcionamento da empresa será prejudicado.

5.4.6. Benefícios fiscais/estruturais

Alguns governos estaduais ou municipais adotam estratégias para atrair investimentos produtivos às suas regiões. Essa atração é interessante porque gera empregos e porque aumenta a renda per capita e a qualidade de vida da população. Assim, como parte dessas estratégias, podem ser concedidos benefícios aos empreendimentos que queiram se instalar nessas regiões.

Um tipo de benefício concedido é a postergação ou redução da base de cálculo do recolhimento de tributos. Um governo estadual, por exemplo, pode conceder um prazo elástico de recolhimento para uma fábrica se instalar em determinada área. Os tributos que deveriam ser recolhidos no mês seguinte à venda, por exemplo, poderiam ter um prazo de alguns anos. Esse incentivo aumenta o capital de giro disponível à empresa, reduzindo seu custo de capital, o que configura benefícios muito interessantes. Em outros casos mais extremos, pode ser concedida uma redução da base de cálculo dos tributos, efetivamente diminuindo o seu recolhimento e não somente postergando-os.

Outro tipo de benefício é a oferta de estrutura para os empreendimentos. Como exemplo, pode ser citada a disponibilização de terreno ou galpão já pronto para a construção do empreendimento, reduzindo, assim, a necessidade de investimentos.

Naturalmente, apesar desses benefícios concedidos, é importante ressaltar que a infraestrutura da região é fundamental. De nada adianta uma região oferecer incentivos fiscais ou estruturais se não há estradas adequadas ao escoamento da produção, infraestrutura de fornecimento de energia e telecomunicações, bem como fornecimento de água e coleta de esgoto. Esses são todos elementos externos imprescindíveis ao funcionamento da empresa.

5.4.7. Decisões com pouca fundamentação

Algumas decisões podem ser subjetivas, não adotando critérios estruturados. Certas localizações podem ser decididas por conveniência, ainda que isso não leve necessariamente aos melhores comportamentos das variáveis locacionais.

Uma preferência pessoal, por exemplo, pode indicar a localização do empreendimento. Essa preferência pode decorrer da ligação pessoal do empreendedor com a cidade ou com o bairro. Nesse caso, algumas alternativas viáveis e eventualmente melhores não chegam a ser consideradas.

Além disso, a disponibilização prévia de um local para sediar o empreendimento pode facilitar sua implantação. Essa conveniência pode servir de critério para a escolha desse local, mesmo havendo a possibilidade de outros locais mais interessantes.

É importante ter cuidado com decisões pouco fundamentadas. Eventuais investidores podem questionar esse ponto, o que pode levar a alterações no plano de negócio ou, em uma situação-limite, à desistência de participar dele.

5.5. CRITÉRIOS DE COMPARAÇÃO DAS ALTERNATIVAS

Conforme percebido na discussão precedente, escolher o local exato da instalação do empreendimento pode incluir critérios qualitativos e quantitativos. Os critérios qualitativos, apesar de propensos a algum nível de subjetividade, são importantes no processo decisório, principalmente quando os aspectos financeiros não forem predominantes na decisão.

Quando o critério predominante for quantitativo, normalmente ele será associado ao nível de desembolso esperado com cada alternativa viável de localização. Tais desembolsos podem ocorrer na forma de investimentos (aquisição do imóvel para instalação do empreendimento) e/ou na forma de desembolsos operacionais (aluguel, condomínio, manutenção, seguros etc.).

Assim, cada alternativa de localização traz consequências variadas em termos de fluxo de desembolsos. Ao escolher uma alternativa de localização que pode ser adotada mediante a aquisição de um imóvel, deve-se dispor de recursos financeiros suficientes para fazê-la. A alternativa de alugar o imóvel, por sua vez, não requer o desembolso inicial para a aquisição. No entanto, periodicamente, o empreendimento terá um custo operacional relacionado ao aluguel pelo uso do imóvel. A contrapartida do investimento no primeiro caso é o menor nível de desembolsos operacionais ao longo do funcionamento, por não haver necessidade de pagar a conta de aluguel. A questão a ser respondida, nesse contexto, é se a não incidência do aluguel é compensada pelo capital comprometido na compra do imóvel.

Como decorrência dessa diferença de desembolsos (compra contra aluguel, no exemplo), faz-se necessária uma análise financeira completa das alternativas que se apresentam como viáveis ao empreendimento. Uma forma de conduzir essa análise é comparar os fluxos de caixa esperados por cada alternativa durante a vida útil do empreendimento.

Para elaborar essa comparação, é indicado o cálculo dos fluxos de caixa decorrentes de cada alternativa trazidos a valor presente por meio de uma taxa de desconto que reflita o custo de capital do empreendimento. Em outras palavras, para cada alternativa, deve ser calculado o Valor Presente Líquido (VPL) ou Valor Uniforme Equivalente (VUE) dos fluxos de caixa resultantes dessas decisões. Com isso, podem ser comparadas as alternativas, sejam elas de compra ou aluguel, em uma mesma base temporal (fluxo de caixa no momento presente ou fluxo de caixa periódico) ao mesmo custo de capital (a ser detalhado na seção financeira das atividades de financiamento), optando-se pela alternativa de maior VPL ou VUE (quando negativos, representando saídas de caixa, o maior VPL ou VUE representam o menor nível de desembolso).

A análise deve ser feita ao longo da vida útil de funcionamento da empresa, porque os fluxos de caixa podem sofrer diferentes variações ao longo dela. Admita, hipoteticamente, um empreendimento de uma loja varejista de eletrodomésticos. São consideradas duas alternativas de localização em dois shoppings da cidade. Um deles tem aluguel R\$ X, corrigido anualmente pelo índice IGPM. O outro tem um aluguel R\$ Y corrigido anualmente pelo IPCA.

Essa análise não poderá ser feita somente considerando os preços atuais do aluguel. Deve ser contemplada a expectativa de comportamento dos índices de reajuste em ambos os casos ao longo do tempo de atividade previsto das lojas. Se os índices de reajuste fossem os mesmos em ambos os casos, a comparação direta entre R\$ X e R\$ Y seria possível.

Até o momento, foram discutidas decisões alternativas que trazem consequências para os desembolsos (investimentos, despesas e/ou custos). Não raro, diferentes localizações também podem afetar o nível de receitas operacionais. Um determinado local pode ter um custo de aquisição maior do que outro. Porém, a primeira alternativa apresenta maior potencial para o nível de receitas operacionais. Caso o valor presente dos fluxos de caixa das receitas incrementais da primeira alternativa supere o custo de aquisição adicional, a primeira é melhor do que a segunda. Sendo assim, além dos desembolsos, as receitas operacionais devem ser contempladas nos fluxos de caixa incrementais. Porém, é fundamental fazer uma avaliação a respeito dessa eventual diferença de receitas operacionais, o que pode ser evidenciado por meio de um exemplo ilustrativo similar.

Imagine que você está fazendo o plano de negócio de um empreendimento varejista que deverá ser instalado em um shopping center. Sendo assim, você verifica a possibilidade de localizar seu empreendimento no shopping center A ou no shopping center B. O A é voltado ao público A, sendo localizado em uma área nobre da cidade e com uma estrutura bastante sofisticada em termos de conforto e serviços. Já o B é voltado para as classes C e D, está localizado em um bairro periférico da cidade, e sua estrutura física é mais simples do que a da primeira alternativa. Portanto, a questão que se coloca é a seguinte: Esse exemplo trata-se de um plano de negócio com dois locais possíveis ou dois planos de negócios distintos?

Perceba que essa questão é levantada em função da forte diferença entre as alternativas de localização do empreendimento, o que leva ao atendimento de clientes que têm características bem distintas. Certamente, os clientes habituais do shopping center A são bem diferentes dos clientes habituais do shopping center B, apresentando diferentes níveis de renda e de padrão de consumo. Em decorrência, os interesses nas visitas aos shoppings, os perfis de aquisição, os tickets médios e vários outros aspectos relacionados ao comportamento de compras são distintos entre os potenciais clientes de ambos os equipamentos imobiliários. Por consequência, provavelmente, a seção mercadológica deve expressar o comportamento de um tipo de consumidor que não representa simultaneamente esses dois grupos.

Tudo isso leva a crer que o caso não é de um único plano de negócio com duas alternativas de localização em avaliação, mas dois planos de negócios distintos, em função dos diferentes potenciais consumidores. Apesar de as duas opções, claramente, compartilharem alguns aspectos comuns, tais como procedimentos administrativos e comerciais, fornecedores e estrutura física da loja, o aspecto inicial, que é o mercado a ser atendido, é significativamente diferente para as duas lojas. Se o público-alvo das alternativas de localização diferir muito entre si, isso é um poderoso indicador de que as alternativas de localização não são comparáveis em termos de mercado. Certamente, haverá grandes diferenças nas quantidades e tipos de produtos vendidos, o que implica diferentes níveis de atividade para cada loja. Em função disso, os resultados da seção mercadológica seriam bem diferentes de acordo com o local escolhido, sugerindo não serem localizações alternativas para o mesmo empreendimento, mas dois empreendimentos diferentes. Portanto, nesse caso, talvez seja recomendável fazer planos de negócios distintos ou avaliar alternativas de localização que sejam mais parecidas em termos de potenciais clientes.

ELABORAÇÃO E AVALIAÇÃO DE PLANOS DE NEGÓCIOS

Em suma, cada alternativa de localização deveria ter suas consequências em termos de fluxos de caixa, positivos e negativos, completamente computadas e comparadas. Portanto, escolher entre diferentes locais para o empreendimento requer a verificação dos fluxos de caixa incrementais das alternativas trazidos a valor presente (técnica que será aprofundada em apêndice).

Além dessas variáveis expressas em termos financeiros, as variáveis qualitativas também devem ser empregadas na decisão, conforme expresso anteriormente. Porém, diferentemente das variáveis quantitativas e financeiras, devem ser usados conceitos nessa comparação em vez de números e fluxos de caixa.

A visão agregada de aspectos quantitativos e qualitativos deve dar uma dimensão maior e mais adequada dos aspectos locacionais, bem como proporcionar uma decisão fundamentada de maneira mais pertinente.

5.6. PRODUTOS FINAIS

A seção de localização objetiva registrar a(s) localização(ões) escolhida(s), o que requer apresentar adicionalmente a condução do raciocínio até a chegada à decisão e os elementos que a fundamentaram.

Portanto, tipicamente, essa seção apresenta a descrição da localização dos elos imediatamente adjacentes na cadeia de suprimentos (fornecedores e clientes), a apresentação e a explicação da orientação locacional adotada e das variáveis locacionais que impactam essa escolha, a listagem de alternativas viáveis para estabelecer o empreendimento e o local escolhido a partir das análises qualitativas e quantitativas realizadas.

Ressalta-se que, em algumas estruturas de planos de negócios, esses elementos não são solicitados explicitamente no documento, bastando a indicação do local escolhido. No entanto, mesmo não sendo solicitada a apresentação pormenorizada da análise, realizá-la é essencial para tomar a melhor decisão possível. Portanto, não registrar explicitamente a linha de raciocínio adotada não significa poder instalar o empreendimento em qualquer lugar sem as análises necessárias.

De forma geral, os tópicos seguintes retratam os produtos finais típicos dessa seção.

5.6.1. Localização dos fornecedores e dos clientes

Normalmente, o primeiro elemento dessa seção é a indicação dos locais onde majoritariamente se encontram os elos adjacentes na cadeia de suprimentos com os quais a empresa manterá relação direta (fornecedores e clientes). Esse é o ponto de partida para que se tenha uma noção geográfica inicial de onde o empreendimento deve estar.

Evidentemente, é possível que os próprios fornecedores estejam dispersos entre si, o que também pode ocorrer com os clientes. Tal dispersão interna dificulta a identificação das suas localizações. Porém, sendo possível fazer tal indicação, ao menos em termos de concentração predominante, a condução das etapas posteriores torna-se mais fácil.

De toda forma, é possível que não seja identificada uma concentração mais densa em determinados locais, sobretudo com clientes. Isso acontecendo, pode-se ter a sugestão de adotar centros de atendimento ou de distribuição geograficamente espalhados, o que é objeto de avaliação nessa seção.

Ademais, em conjunto com as características do tipo de negócio, uma vez identificadas essas localizações, a orientação locacional pode ser visualizada, o que permite estabelecer a sua macrolocalização.

5.6.2. Identificação das variáveis locacionais

Verificados onde predominantemente estão fornecedores e clientes, bem como definida a orientação locacional adequada ao empreendimento, devem ser listadas as variáveis locacionais relevantes. Como tais variáveis sofrem influência do(s) local(is) escolhido(s), elas devem ser identificadas, a fim de que os seus comportamentos sejam estimados de forma comparativa.

Conforme pontuado anteriormente, não há uma listagem-padrão de tais variáveis. Há algumas relativamente comuns a todos os empreendimentos (preço de aquisição, preço de aluguel, valores de adaptação ou construção do imóvel, desembolsos com transportes de matérias-primas, mercadorias ou pessoas etc.), assim como há variáveis específicas, cuja identificação depende das particularidades do empreendimento.

5.6.3. Listagem e comparação das alternativas

O passo seguinte é buscar e listar alternativas de locais para a implantação do empreendimento. Essas alternativas devem respeitar critérios de viabilidade técnica, financeira, locacional, logística e demais que sejam pertinentes ao plano de negócio. Portanto, só devem ser elencadas as alternativas que, em princípio, atendem a todos os requisitos.

Porém, a escolha deve recair somente sobre um dos locais elencados, o que implica fazer uma comparação das alternativas usando as variáveis locacionais como parâmetros, e escolher o melhor.

Cada local viável terá consequências em termos das variáveis locacionais definidas. Para variáveis expressas em termos financeiros, as consequências devem ser computadas mediante comparação dos fluxos de caixa das alternativas trazidos a valor presente. A engenharia econômica provê os recursos necessários a essa tomada de decisão. Para variáveis operacionais quantitativas, a comparação se dá diretamente por meio dos valores das variáveis. Para as variáveis qualitativas, as comparações devem ser conduzidas mediante conceitos, os quais devem ser comparados qualitativamente.

Tais variáveis devem ser dispostas em uma estrutura na qual elas possam ser visualizadas e comparadas, de forma a permitir a escolha do(s) melhor(es) local(is). Veja o exemplo de quadro comparativo a seguir:

QUADRO 18 – Exemplo de quadro comparativo de localizações

VARIÁVEL/IMÓVEL	IMÓVEL 1	IMÓVEL 2	IMÓVEL 3	...	IMÓVEL Nº X
Preço de compra					
Preço de locação					
Valor da reforma/ construção					
Imagem institucional					
Área construída					
Área não construída					
Facilidade de acesso					
Distância do centro da cidade					

Nas colunas, são dispostos os imóveis em análise; nas linhas, as variáveis locacionais. Nas células, ficam registrados os valores/situações de cada variável locacional para cada imóvel avaliado.

5.6.4. Definição do(s) local(is) escolhido(s)

Após considerar as alternativas viáveis, as variáveis qualitativas e quantitativas em cada alternativa e os impactos financeiros, a localização específica deve ser determinada.

É perfeitamente comum que um único imóvel não tenha as melhores situações simultaneamente para todas as variáveis. Certamente, busca-se um imóvel que tenha, predominantemente, as melhores situações.

Capítulo 6
SEÇÃO FINANCEIRA DE ATIVIDADES OPERACIONAIS

Projetado o nível de atividade do empreendimento e definidas sua estrutura física e sua(s) localização(ões), parte-se agora para a análise e projeção dos reflexos financeiros decorrentes das atividades operacionais do negócio.

Este capítulo estreia as seções voltadas predominantemente aos aspectos financeiros do plano de negócio, os quais culminarão com a projeção do fluxo de caixa. Inicialmente, apresenta aspectos relevantes sobre a estrutura completa do fluxo de caixa do empreendimento e sobre as próximas três seções do plano de negócio. Depois, trata dos objetivos da presente seção. Em seguida, aborda conceitos básicos sobre as contas de natureza operacional, as quais compõem o fluxo de caixa operacional. Parte-se para a apresentação de etapas necessárias à projeção do fluxo de caixa operacional do empreendimento. O capítulo finaliza com a apresentação dos produtos finais típicos dessa seção, incluindo a explicação de análises normalmente conduzidas nessa parte do plano de negócio.

É importante informar que, para os leitores que não têm conhecimentos sobre métodos de custeio, há um apêndice que trata especificamente de alguns deles. Em adição, esse apêndice aborda aspectos gerenciais importantes e os impactos de diferentes escalas de produção sobre os custos. Tais assuntos são relevantes para essa seção.

6.1. ASPECTOS RELACIONADOS À ESTRUTURA DO FLUXO DE CAIXA DO EMPREENDIMENTO

É fundamental apresentar alguns pontos antes de iniciar essa e as próximas seções. Eles relacionam-se à estrutura do fluxo de caixa projetado do empreendimento, sobre o qual a avaliação de viabilidade financeira da empresa será realizada.

O primeiro ponto a ser destacado é a compreensão de que o fluxo de caixa do empreendimento deve contemplar todas as movimentações financeiras (especificamente no contexto de um plano de negócio, as movimentações financeiras projetadas). Sendo assim, é natural que o fluxo de caixa tenha uma quantidade expressiva de contas, as quais devem ser organizadas da melhor forma possível, a fim de que as necessidades analíticas sejam alcançadas.

Outro ponto que merece ser destacado é que a organização das contas do fluxo de caixa, também abordada mais adiante neste livro, é iniciada pelo entendimento de que há grupos de atividade tipicamente desenvolvidos em um empreendimento. Cada conjunto de atividades tem características e desdobramentos financeiros específicos, o que justifica a segmentação do fluxo de caixa conforme tais atividades. Ademais, as contas financeiras usadas para registrar as movimentações financeiras conforme as atividades são diferentes, tendo, inclusive, maneiras distintas e específicas de serem projetadas. Tais circunstâncias fomentam essa separação por atividades.

As atividades utilizadas para segmentar o fluxo de caixa e as suas contas são operacionais, de investimento e de financiamento. As atividades operacionais são aquelas tarefas executadas em decorrência dos funcionamentos administrativo e produtivo do empreendimento e relacionadas ao seu propósito principal. Uma empresa industrial, por exemplo, de maneira ampla, adquire matérias-primas e executa atividades de transformação para gerar um produto acabado, o qual é estocado e vendido posteriormente. Uma empresa comercial, por sua vez, adquire mercadorias, as quais são estocadas e posteriormente vendidas. Já uma empresa prestadora de serviços atende às necessidades dos seus clientes mediante a oferta de um serviço cuja formatação pode variar a depender de sua natureza. Essas são visões genéricas das atividades operacionais principais realizadas por esses três tipos de empreendimento. Em todos eles, também existirão atividades operacionais de suporte, tais como a gestão contábil, fiscal, financeira, de pessoal, logística etc.

As atividades de investimento abrangem as decisões e ações ligadas à aquisição de itens que compõem a estrutura física da empresa (edifícios, bens de capital, equipamentos, veículos etc.), aos seus eventuais desinvestimentos e ao dimensionamento do capital de giro necessário à operação do negócio. Em conjunto, tais elementos, quando dimensionados corretamente, propiciam a estrutura necessária e adequada ao funcionamento operacional.

Por fim, as atividades de financiamento compreendem todas as decisões sobre como captar recursos financeiros para viabilizar os investimentos (esses analisados e dimensionados no âmbito das atividades de investimento). Naturalmente, como recursos financeiros serão requeridos, seus fornecedores deverão ser remunerados, o que também está na esfera das atividades de financiamento.

Partindo dessa separação de atividades, o fluxo de caixa pode ser dividido sob os mesmos critérios. Para refletir financeiramente as atividades operacionais, tem-se o fluxo de caixa operacional. As atividades de investimento têm suas implicações financeiras registradas no fluxo de caixa de investimentos. O fluxo de caixa de financiamento expressa as movimentações financeiras decorrentes das atividades de financiamento. A agregação desses três fluxos de caixa gera o fluxo de caixa total do empreendimento.

É importante destacar que os segmentos dos fluxos de caixa, apesar de separados, mantêm relacionamentos estreitos entre si — como será aprofundado mais adiante. A segmentação do fluxo de caixa total em partes de acordo com as atividades de um empreendimento é um subterfúgio que facilita os esforços de projeção, as análises gerenciais e a verificação da viabilidade financeira. Por isso, em princípio, as partes do fluxo de caixa devem ser tratadas separadamente e, depois, agregadas.

Tomando isso por base, a estrutura do plano de negócio também é afetada por essa divisão. A presente seção (financeira das atividades operacionais) e as duas próximas (financeira das atividades de investimento e financeira das atividades de financiamento) dedicam-se a projetar essas partes do fluxo de caixa. Sendo assim, antecipadamente, pode-se estabelecer que o objetivo principal de cada uma dessas seções é projetar as respectivas partes do fluxo de caixa, favorecendo uma metodologia mais adequada a esse complexo esforço.

O quadro a seguir resume tal divisão. A primeira coluna indica as categorias de atividades tipicamente realizadas em um empreendimento. A segunda coluna mostra as respectivas partes do fluxo de caixa, as quais devem ser consolidadas posteriormente. A última coluna apresenta as respectivas seções do plano de negócio, nas quais as partes do fluxo de caixa serão apropriadamente estudadas e projetadas.

QUADRO 19 – Atividades do empreendimento, partes do fluxo de caixa e seções do plano de negócio

ATIVIDADES	FLUXO DE CAIXA	SEÇÕES DO PLANO DE NEGÓCIO
Operacionais	Operacional	Financeira das atividades operacionais
Investimentos	Investimentos	Financeira das atividades de investimento
Financiamento	Financiamento	Financeira das atividades de financiamento

O fluxo de caixa consolidado deve ser objeto da seção de avaliação da viabilidade financeira. Nela, o fluxo de caixa será consolidado (conforme orientações a serem prestadas), e a viabilidade do empreendimento, verificada, usando técnicas de orçamento de capital sobre as movimentações financeiras projetadas.

6.2. OBJETIVOS

Conforme indicado anteriormente, o objetivo principal da seção financeira das atividades operacionais é projetar o fluxo de caixa operacional do empreendimento ao longo do horizonte temporal de análise. Essa projeção é gerada a partir dos dados constantes nas seções elaboradas anteriormente e de premissas sobre a execução das atividades operacionais ao longo da vida útil do empreendimento.

Tais dados serão representados na forma de fluxos de caixa que indicam a expectativa de movimentações financeiras decorrentes da execução das atividades operacionais do empreendimento. Portanto, de maneira geral, os movimentos financeiros categorizados como receitas operacionais, custos produtivos e despesas operacionais fazem parte do fluxo de caixa operacional, já que refletem financeiramente as suas atividades.

A projeção das receitas operacionais foi realizada na seção mercadológica. Um dos produtos finais daquela seção é a projeção do nível de atividade pelo regime de caixa, a qual será incorporada ao fluxo de caixa operacional projetado na presente seção.

Com relação aos custos produtivos e às despesas operacionais, ambas deverão ser projetadas nessa seção. Para tanto, são usados dados coletados e analisados tanto nas seções anteriores quanto na presente.

Para projetar os custos produtivos, deve ser estimada a quantidade de mercadorias a serem adquiridas (caso de uma empresa comercial), de produtos a serem fabricados (caso de uma empresa industrial) e/ou de serviços a serem prestados (caso de uma empresa prestadora de serviços). Aliado a essa projeção, cuja provável fonte de informação principal é um plano de compra e/ou de produção definido para suportar a quantidade de vendas projetada na seção mercadológica, deve-se definir o método de apropriação de custos aos produtos/serviços. A apropriação de custos é denominada custeio, existindo vários métodos na literatura com esse propósito. Alguns desses métodos serão apresentados neste capítulo, a fim de que sirvam como referência para a escolha a ser feita.

Não é demais assinalar que os custos sofrem impactos diretos das escalas de compra e de produção. Portanto, havendo forte alteração no nível de atividade do empreendimento ao longo da sua vida útil, o comportamento dos custos pode ser bem distinto. Como nosso contexto é o de elaboração de um plano de negócio, o qual pode ser destinado à implantação de um novo empreendimento, é inerente a esse tipo de plano de negócio que haja diferentes níveis de atividade, com consequentes níveis diferentes de produção e, por fim, diferentes custos produtivos.

Sendo assim, em certos planos de negócios, deve-se perceber a necessidade de efetuar o custeio para diferentes patamares de produção/compra, bem como de estimar os resultados operacionais para cada patamar. Com isso, é possível, caso necessário, identificar a melhor escala de produção em função dos diferentes níveis de resultado. De toda forma, como as quantidades produzidas e vendidas não são previstas com absoluta certeza, é importante avaliar antecipadamente os resultados financeiros decorrentes de diferentes níveis de atividade.

As despesas operacionais, que fazem parte do fluxo de caixa operacional, também devem ser estimadas nessa seção. Parte dessas despesas também varia em função de diferentes patamares de nível de atividade (venda ou recebimento), e não em função de diferentes patamares de produção, como os custos. Sua projeção deve ser baseada na estrutura operacional montada e nas atividades a serem realizadas.

Outro objetivo dessa seção é elaborar análises gerenciais sobre o desempenho operacional esperado do empreendimento. Dentre elas, são destacadas as análises vertical e horizontal e a estimativa do seu ponto de equilíbrio operacional.

Além disso, pode-se analisar de forma mais profunda a carteira de produtos e serviços ofertados pelo empreendimento. Na seção mercadológica, verificaram-se apenas as receitas operacionais advindas dos produtos vendidos e dos serviços prestados, ao passo que, nesta seção, calculam-se os custos associados a eles, permitindo, com isso, montar um quadro mais informativo sobre a importância de cada produto/serviço para o empreendimento. Isso é possível por meio da análise custo-volume-lucro, que será apresentada adiante.

Um último ponto merece atenção. Na seção mercadológica, foram definidos os preços de venda dos produtos/serviços. No entanto, até aquele ponto, não foram calculados os custos para vender os produtos e/ou prestar os serviços, os quais são mensurados na presente seção (evidentemente, essa observação está seguindo estritamente a ordem proposta das seções). Caso, de fato, os preços tenham sido estabelecidos com base unicamente na observação do mercado (expectativa dos potenciais consumidores e/ou preços praticados pelos futuros concorrentes), ao concluir o custeio, é fundamental verificar se os preços de venda são compatíveis com os custos calculados, a fim de se chegar a uma definição baseada em informações completas.

6.3. CONCEITOS BÁSICOS DE CONTAS OPERACIONAIS

Para melhor entendimento sobre o fluxo de caixa operacional, a formação dos seus valores, componentes e a sua estruturação, é fundamental que alguns conceitos sejam compreendidos. Não havendo tal compreensão, tanto a estruturação do fluxo de caixa operacional quanto a projeção dos valores em si podem ser prejudicadas.

Os conceitos a serem apresentados são os relacionados às entradas e às saídas operacionais, essas últimas também chamadas de gastos ou desembolsos operacionais. As entradas operacionais são formadas pelas receitas operacionais. As saídas operacionais são formadas pelos custos (fixos e variáveis) e despesas operacionais (fixas e variáveis). O quadro a seguir resume tais elementos:

QUADRO 20 – Elementos conceituais do fluxo de caixa operacional

	Entradas	Receitas operacionais
Contas operacionais	Saídas (gastos ou desembolsos)	• Custos — Fixos — Variáveis • Despesas — Fixas — Variáveis

As receitas operacionais compreendem as movimentações financeiras positivas (entradas de caixa) decorrentes da atividade principal da empresa. Essas atividades principais podem ser revenda de mercadorias (empresas comerciais), venda de produtos manufaturados (empresas industriais) e/ou prestação de serviços (empresas de serviços).

Os custos são desembolsos operacionais gerados pelo consumo de fatores de produção no processo de manufatura de um produto (empresa industrial), pelos gastos incorridos na prestação de um serviço (empresa de serviços) ou pelos gastos associados à aquisição de mercadorias para revenda (empresa comercial). Portanto, custos estão intimamente associados ao processo de gerar o produto/serviço que será vendido/prestado. Conforme seu comportamento, eles podem ser classificados como fixos ou variáveis.

Os custos fixos são aqueles associados aos esforços de gerar o produto a ser vendido ou o serviço a ser prestado que não variam de forma diretamente proporcional à variação do nível de produção. Eles mantêm-se relativamente inalterados dentro de determinadas escalas de produção, podendo, ainda assim, sofrer alterações em saltos.

Esses saltos ocorrem diante de algum fator produtivo adicionado em consequência de maior escala, de nova estrutura para funcionamento e/ou de acréscimos em seus preços de aquisição. Por exemplo, se a necessidade de produção aumentar a partir de determinado ponto, talvez seja necessária a contratação de outro funcionário para supervisionar as atividades. Também a partir de outro nível de produção, talvez seja necessária a aquisição de novo equipamento, o que conduzirá ao aumento dos gastos com manutenção e seguros.

Isso ilustra o comportamento de variação não proporcional dos custos fixos relacionado à variação do indicador de escala. Também permite perceber que, mesmo sendo denominados fixos, a partir de certo nível de produção, esses custos podem sofrer mudanças. O ponto relevante é que essas mudanças não ocorrem de maneira diretamente proporcional, mas em aumentos discretos.

Como exemplos de custos fixos, podem ser citados: aluguel do local destinado à produção, material de limpeza usado no ambiente produtivo, salários fixos dos funcionários da produção, manutenção de bens de capital, manutenção de software usado diretamente na prestação de serviço etc. Perceba que esses exemplos representam gastos ligados estritamente ao esforço de produção e de prestação de serviço, respectivamente em empresas industriais e de serviços. Empresas comerciais, a princípio, não costumam apresentar custos de natureza fixa, apenas de natureza variável, a seguir apresentados.

Os custos variáveis, por sua vez, são gastos operacionais que variam de maneira diretamente proporcional à variação do nível de produção (empresa industrial), do esforço direcionado à prestação de serviços (empresa de serviços) e do nível de compra de mercadorias para revenda (empresa comercial). A cada unidade adicional produzida, unidade de serviço prestada ou unidade de mercadoria comprada, tem-se um aumento direto nos custos variáveis. Sendo assim, a referência para os custos variáveis é o nível de produção, desembolso com estoque de mercadorias para revenda e esforço para prestação dos serviços, respectivamente em empresas industriais, comerciais e de serviços.

Como exemplo de custos variáveis, podem ser citadas a compra de matéria-prima, insumos e embalagens para o processo produtivo, a compra de mercadorias para revenda etc.

Os custos totais em determinado período são dados pela soma dos custos fixos e variáveis incorridos nesse período (CT = CF + CV). Portanto, os custos totais têm componentes fixos e componentes variáveis.

O gráfico a seguir ilustra o comportamento de uma empresa industrial, na qual os custos fixos ficam inalterados dentro de determinada faixa de produção:

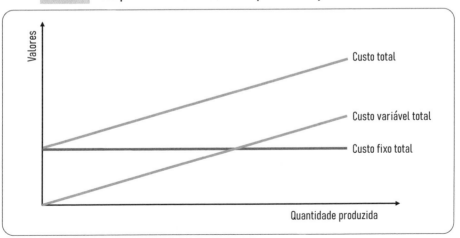

FIGURA 14 – Comportamento dos desembolsos produtivos cujo custo fixo é estável

Os custos fixos, no entanto, podem sofrer alterações pontuais quando ultrapassam certos níveis de produção, alterando o gráfico, conforme segue:

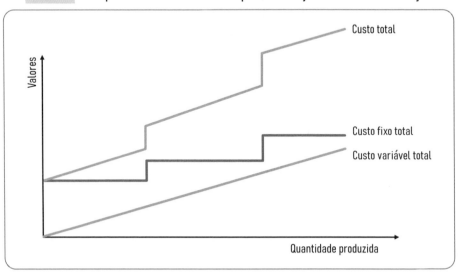

FIGURA 15 – Comportamento dos desembolsos produtivos cujo custo fixo sofre alteração

As despesas operacionais fazem parte dos gastos (ou desembolsos) operacionais. Elas representam saídas operacionais de caixa que não estão associadas ao esforço de prestação de serviços, de manufatura e/ou compra de mercadorias para revenda. De forma mais simples, são gastos operacionais não classificados como custos. Portanto, são saídas operacionais de caixa decorrentes dos esforços administrativo, comercial e logístico.

De maneira semelhante aos custos, as despesas são subdivididas em fixas e variáveis. Portanto, a soma das despesas fixas com as variáveis gera as despesas totais (DT = DF + DV).

As despesas fixas são os desembolsos operacionais não classificados como custos e que não variam de forma diretamente proporcional à variação do nível de atividade do empreendimento (faturamento ou recebimento). Elas existem em decorrência da estrutura montada e necessária para a realização das atividades operacionais, excetuando-se as produtivas.

As despesas variáveis são desembolsos operacionais que têm comportamento diretamente proporcional à variação do nível de atividade do empreendimento (faturamento ou recebimento). Para maiores patamares de nível de atividade, ocorrerão proporcionalmente maiores despesas variáveis; para menores patamares de nível de atividade, será observado proporcionalmente menor nível de despesas variáveis.

O gráfico a seguir ilustra o comportamento das despesas operacionais totais, caso a despesa fixa mantenha-se inalterada dentro da faixa analisada de nível de atividade.

FIGURA 16 - Comportamento das despesas operacionais cujas despesas fixas permanecem inalteradas

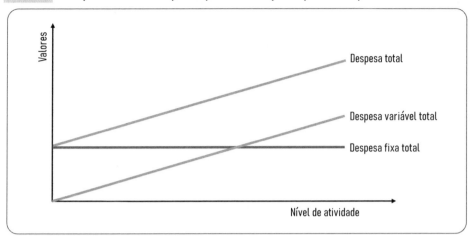

Caso as despesas fixas sofram incrementos em função do aumento do nível de atividade, o gráfico pode ficar com o seguinte perfil:

FIGURA 17 - Comportamento das despesas operacionais cuja despesa fixa sofre alteração

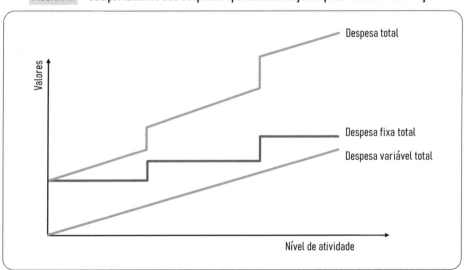

Percebe-se que a diferença marcante entre custos e despesas é que, enquanto aqueles estão associados ao esforço que antecede as vendas, as despesas estão associadas ao nível de atividade do empreendimento (faturamento ou recebimento). Dito isso, as grandezas de referência para custos e despesas variáveis são distintas.

6.4. ETAPAS DA PROJEÇÃO DO FLUXO DE CAIXA OPERACIONAL

Esta seção apresenta passos para auxiliar a projeção do fluxo de caixa operacional do empreendimento. A sequência sugerida pode ser modificada a depender das particularidades operacionais da empresa, uma vez que o fluxo de caixa operacional é o reflexo financeiro das atividades operacionais a serem desenvolvidas. As fontes de dados disponíveis também podem afetar essas etapas, uma vez que pode haver relação de interdependência entre as atividades operacionais. Porém, de modo geral, espera-se que essa sequência seja propícia à maior parte dos casos.

Os passos são a elaboração do plano de contas financeiro, a projeção das receitas operacionais, a projeção dos custos produtivos, a projeção das despesas operacionais e a consolidação do fluxo de caixa operacional.

6.4.1. Elaboração do plano de contas financeiro

O primeiro passo para projetar o fluxo de caixa operacional é elaborar o plano de contas financeiro, por meio do qual as movimentações operacionais serão registradas. Tipicamente, esse é o primeiro passo porque toda projeção financeira é elaborada por contas, cujos comportamentos são individualizados. Portanto, deve-se listar as contas que refletem cada movimentação financeira, bem como definir como essas contas serão agrupadas.

As contas do fluxo de caixa podem ser sintéticas ou analíticas. Contas sintéticas são aquelas que agregam outras contas, sejam elas sintéticas ou analíticas. Uma vez que ocorre essa agregação, a conta sintética tem o seu valor dado pela soma das contas que, hierarquicamente, estão compreendidas por aquela. Portanto, elas não recebem valores em decorrência direta da execução das atividades operacionais do empreendimento, sendo apenas totalizadoras de outras contas analíticas ou sintéticas.

O propósito do uso de contas sintéticas é organizar melhor as informações e permitir análises gerenciais. Contas sintéticas são normalmente formadas por contas que sejam similares em algum aspecto, como, por exemplo, o objetivo da movimentação financeira. A título de ilustração, pode-se ter uma conta sintética denominada despesas com pessoal, a qual agrega as movimentações financeiras ligadas à remuneração dos colaboradores, tais como salários, encargos sociais, benefícios etc.

Contas analíticas, por sua vez, são aquelas que representam o nível mais baixo e detalhado em um plano de contas financeiro. Por isso, todas as movimentações financeiras específicas são apropriadas diretamente em contas analíticas, e não em contas sintéticas. Voltando ao exemplo das contas relacionadas à remuneração dos colaboradores, dentro da conta sintética benefícios, podem existir contas analíticas, tais como plano de saúde, seguro de vida, gratificações etc.

Portanto, o mecanismo para elaborar um plano de contas financeiro é feito por meio do uso adequado das contas analíticas, as quais receberão diretamente o registro das movimentações financeiras e das contas sintéticas, que permitirá o agrupamento de todas as contas. Em relação a esse agrupamento, algumas observações serão feitas em seguida, de forma que o plano de contas financeiro permita o alcance de todos os objetivos gerenciais.

O plano de contas financeiro deve ser baseado nas atividades operacionais do empreendimento. Para tanto, quando de sua concepção, devem-se considerar todas as atividades de natureza operacional executadas no decorrer do funcionamento da empresa, de forma a vislumbrar todas as movimentações financeiras derivadas dessas atividades. Isso permite a identificação e projeção das movimentações financeiras geradas pelas atividades produtiva e administrativa, minimizando, dentro do possível, a possibilidade indesejada de se negligenciarem contas operacionais fundamentais à estrutura do plano de contas.

Caso, eventualmente, alguma conta seja negligenciada, em termos práticos, isso afetará diretamente a qualidade do fluxo de caixa projetado. A não identificação de uma conta faz com que a projeção a desconsidere, o que, certamente, configurará um erro. O agravante é que tal erro somente será percebido quando o empreendimento iniciar o seu funcionamento operacional, muito tempo após a elaboração do plano de negócio e a decisão de aceitar o empreendimento.

O seu formato deve permitir uma análise completa, atendendo a requisitos de exequibilidade e de custos adequados de obtenção. O formato do fluxo de caixa é exequível quando as fontes de dados disponíveis permitem elaborar premissas sobre os seus comportamentos futuros. Já os custos de obtenção dependem da disponibilidade de tais fontes. Quanto mais remoto e complexo for o acesso aos dados, mais onerosa tende a ser a projeção.

Também é importante verificar nesse momento o nível de detalhe que o plano de contas terá. Ao montar um plano de contas extremamente detalhado, com contas muito específicas, o esforço para projetar seus valores vai requerer análises muito detalhadas das atividades operacionais, podendo dificultar o processo. Por outro lado, montar um plano de contas muito amplo, sem contemplar contas mediante certo nível de detalhamento, acarreta uma avaliação superficial, sem aprofundar devidamente os aspectos financeiros das atividades operacionais previstas. Um plano de contas que tenha forte aversão a detalhes pode levar a uma análise extremamente superficial, configurando uma situação indesejada. Escolher os extremos pode comprometer a qualidade da projeção, sendo importante utilizar um bom julgamento baseado em experiência prévia para definir o grau de detalhamento adequado das contas.

Outra observação importante sobre o plano de contas é a nomenclatura adotada. Utilizar nomes de fácil entendimento é relevante, uma vez que, provavelmente, muitas pessoas lerão o plano de negócio. Naturalmente, não deve ser negligenciada a relevância de se colocar, no plano de negócio, textos explicativos das contas apresentadas ou uma parte destinada a essas informações. Mesmo assim, com planos de negócios muito extensos e fluxos de caixa igualmente grandes, ter nomes de contas autoexplicativas (dentro do possível) é de grande valia para uma boa leitura e compreensão do documento.

Conforme indicado no início do capítulo, além de projetar o fluxo de caixa operacional do empreendimento ao longo do horizonte temporal de análise, essa seção também tem como objetivo a realização de análises gerenciais sobre esse fluxo de caixa. Sendo assim, o plano de contas financeiro deve permitir que sejam feitas as análises gerenciais que serão mostradas mais adiante nos produtos finais desta seção.

Como critério dessa adequação, os desembolsos devem ser separados em custos e despesas e em fixos e variáveis. Como os custos dizem respeito aos gastos operacionais associados ao esforço produtivo, e como as despesas são os gastos operacionais associados às demais atividades operacionais, sugere-se que eles sejam apresentados separadamente, a fim de que as análises sejam segmentadas para as atividades produtivas e para as demais. No que se refere ao relacionamento dos desembolsos com níveis de atividade, é essencial separar o que for de natureza fixa do que for de natureza variável. Isso facilitará o cálculo do ponto de equilíbrio operacional do empreendimento, conforme será apresentado.

Outro aspecto relevante em relação ao plano de contas é o fato dele ser influenciado pelo tipo de tributação incidente sobre as atividades da empresa. Diferentes enquadramentos tributários indicam diferentes bases de cálculo para alguns tributos incidentes sobre a atividade do empreendimento. Sendo assim, é perfeitamente possível que haja fortes diferenças entre os planos de conta de empresas que atuam no mesmo segmento, caso tenham enquadramentos tributários distintos.

Um exemplo é a separação em contas sintéticas como receitas operacionais, custos produtivos, despesas operacionais e tributos incidentes sobre a operação. As receitas operacionais normalmente seguem a divisão apontada na seção mercadológica (tipo de receita, unidade de negócio, categorias de produtos, áreas geográficas etc.). Os custos produtivos são tipicamente divididos em fixos e variáveis (seguindo recomendação anterior). As despesas operacionais podem ser divididas de acordo com a análise desejada, ou seja, por tipos similares de desembolso ou por sua natureza. Por tipo de desembolso, podem ser citadas categorias como despesas administrativas, comerciais, com pessoal, jurídicas etc. Por natureza, podem ser divididas em despesas fixas e variáveis. Caso sejam divididas por similaridade em tipos de desembolso, ainda assim é fundamental que, em um mesmo agrupamento, não haja mistura de contas fixas e variáveis, caso contrário, o cálculo do ponto de equilíbrio será dificultado.

Os tributos incidentes sobre a operação podem ser colocados em um segmento específico. Contudo, é importante frisar que diferentes tributos podem ter diferentes bases de cálculo e diferentes periodicidades de recolhimento. Portanto, apesar de poderem estar em um mesmo agrupamento (sob uma mesma conta sintética), o método usado para projetá-los pode divergir bastante.

Veja o exemplo a seguir de um plano de contas financeiro destinado a registrar as movimentações operacionais de uma empresa comercial. Perceba que as contas analíticas não foram apresentadas. Isso se deu em função do espaço aqui disponível.

QUADRO 21 – Exemplo de estrutura de fluxo de caixa operacional de uma empresa comercial

1	RECEITAS OPERACIONAIS
...	
2	**CUSTOS COM MERCADORIAS VENDIDAS**
...	
3	**DESPESAS OPERACIONAIS**
3.1	Despesas variáveis
...	
3.1.1	Tributos incidentes sobre a operação
...	
3.1.2	Comissões sobre vendas
...	
3.2	Despesas fixas
...	
3.2.1	Despesas com pessoal
...	
4	**RESULTADO OPERACIONAL**

Do ponto de vista visual, o recuo em algumas linhas evidencia as hierarquias das respectivas contas. Além disso, aquelas que apresentam as contas sintéticas estão sombreadas, de forma a facilitar sua identificação.

Em termos de estrutura, a primeira conta sintética é a de receitas operacionais, derivadas das entradas de caixa decorrentes da revenda de mercadorias, uma vez que se trata de uma empresa comercial. As receitas operacionais, nesse exemplo, não têm contas sintéticas, sendo formadas unicamente por contas analíticas. Dependendo da extensão da quantidade de itens revendidos, essa conta, que é de primeiro nível, poderia ter agrupamentos internos (contas sintéticas de segundo nível) que permitiriam organizar melhor as receitas operacionais.

ELABORAÇÃO E AVALIAÇÃO DE PLANOS DE NEGÓCIOS

A conta sintética de primeiro nível seguinte é a de custos com a aquisição das mercadorias que serão revendidas. Dentro dessa conta, além das mercadorias em si, podem existir outras, tais como fretes e tributos incidentes sobre as mercadorias adquiridas, por exemplo.

As despesas operacionais representam a conta sintética do primeiro nível seguinte. No exemplo, elas estão subdivididas em duas contas sintéticas de segundo nível: despesas variáveis e despesas fixas. Além de contas analíticas, as despesas variáveis contêm as contas sintéticas de tributos incidentes sobre a operação e comissões sobre as vendas, as quais, por sua vez, possuem contas analíticas. A conta de despesas fixas é composta por contas analíticas e por um agrupamento que agrega as despesas com pessoal (conta sintética de terceiro nível).

Ao final, tem-se uma conta sintética de resultado denominada resultado operacional. Ela será formada pela soma algébrica das contas sintéticas de primeiro nível (receitas operacionais, custos com mercadorias vendidas e despesas operacionais).

Observe, a seguir, um exemplo de estrutura de fluxo de caixa operacional de uma empresa industrial.

QUADRO 22 – Exemplo de estrutura de fluxo de caixa operacional de uma empresa industrial

1	**RECEITAS OPERACIONAIS**
	...
2	Custos produtivos
2.1	Custos variáveis
	...
2.2	Custos fixos
	...
3	**DESPESAS OPERACIONAIS**
3.1	Despesas variáveis
	...
3.2	Despesas fixas
	...
4	**TRIBUTOS INCIDENTES SOBRE A OPERAÇÃO/LUCRO**
	...
5	**RESULTADO OPERACIONAL**

A primeira conta sintética de primeiro nível é a de receitas operacionais. Geralmente, essa é a primeira parte de um fluxo de caixa operacional. A segunda conta sintética de primeiro nível é a de custos produtivos, a qual se subdivide em custos variáveis e custos fixos (ambas contas sintéticas de segundo nível). Dentro delas, seria perfeitamente possível haver contas sintéticas, além das analíticas. A terceira conta sintética de primeiro nível é a de despesas operacionais, também subdividida em variáveis e fixas. Para os tributos incidentes sobre a operação e/ou sobre o lucro, usou-se, nesse exemplo, uma conta sintética de primeiro nível. Dentro dela, poderia haver outras contas sintéticas de forma a agrupar os tributos em função de critérios que poderiam ser definidos para fins de organização. Por fim, tem-se a conta sintética de resultado, dada pela soma algébrica das contas sintéticas de primeiro nível.

Ressalta-se que os quadros apresentados são meros exemplos, sem qualquer ambição de serem estruturas adaptáveis a todas as empresas. A estruturação do fluxo de caixa deve ser feita de maneira específica para cada empresa, de acordo com suas características e particularidades. Apenas sugere-se que os aspectos aqui pontuados sejam considerados, a fim de que a projeção ocorra da melhor forma possível e que as demais partes do plano de negócio sejam elaboradas de maneira satisfatória.

6.4.2. Projeção das receitas operacionais

Uma vez estipuladas as contas que compõem o fluxo de caixa operacional, o próximo passo é estimar as receitas operacionais esperadas. Tal estimativa, na realidade, já foi elaborada na seção mercadológica a partir das pesquisas e análises de dados internos (históricos) e externos (pesquisas em dados primários e/ou secundários).

O último produto final da seção mercadológica foi a projeção do nível de atividade do empreendimento por regime de caixa (projeção do recebimento). Ela é a que será utilizada para compor as receitas operacionais do fluxo de caixa operacional.

É importante registrar que as receitas operacionais podem ser base para determinadas despesas variáveis. Isso ocorre porque as despesas variáveis, por definição, variam de maneira diretamente proporcional à variação de alguma referência de nível de atividade do empreendimento, e as receitas operacionais são o reflexo do nível de atividade por regime de caixa. Portanto, ao agrupar os elementos constituintes da receita operacional por meio de contas sintéticas, deve-se considerar tal necessidade.

Por exemplo, tipicamente, as receitas derivadas da venda de produtos devem ser separadas das receitas derivadas da prestação de serviços, quando a empresa tiver essas duas fontes de receitas operacionais. Isso porque esses dois tipos de receita podem servir de bases distintas para alguma despesa variável. Uma conta que ilustra bem tal possibilidade é a conta de comissões. É possível, para não dizer comum, que as regras de comissionamento para produtos e serviços sejam diferentes entre si, o que reforça a observação prática desse exemplo.

6.4.3. Projeção dos custos produtivos

O passo seguinte consiste em projetar os desembolsos operacionais classificados como custos produtivos. Como eles representam financeiramente os esforços necessários para gerar produtos a serem vendidos e/ou serviços a serem prestados aos clientes, tipicamente, envolvem projetar os reflexos financeiros do plano de produção em uma empresa industrial, o plano de compras de mercadorias para revenda em uma empresa comercial e o plano de prestação de serviços em uma empresa de serviços.

Inicialmente, devem-se apurar os custos dos produtos e/ou dos serviços. Para tanto, deve-se definir um método de custeio, dentre alguns existentes e disponíveis na literatura — um dos apêndices do livro aborda tópicos relacionados a dois tipos de custeio. Com isso, a partir da apropriação individual dos custos do produto/serviço, os custos variáveis e fixos agregados podem ser projetados na forma de fluxo de caixa, refletindo todo o esforço necessário à posterior geração de receita operacional.

Presumindo que os custos são divididos em variáveis e fixos e que ambos têm comportamentos distintos, suas projeções devem ser tratadas de maneiras diferenciadas.

A discussão pode ser iniciada a partir da projeção dos custos variáveis, os quais têm comportamentos diretamente proporcionais ao do nível de produção. Com isso, a abordagem para projetá-los parte das expectativas futuras de níveis de produção. Assim, normalmente, os custos variáveis são estimados em função da quantidade física de produtos ou da quantidade de unidades de serviço prestado, pois, como são de natureza direta ou variável, seus níveis de desembolso acompanham proporcionalmente o nível de produção. Portanto, verificar e implementar no fluxo de caixa a relação entre os custos variáveis e as quantidades produzidas (ou unidades de serviço prestado) permitem a projeção dessa categoria de desembolso operacional.

Posto isso, a maneira mais objetiva de fazê-lo é estimar as quantidades a serem produzidas periodicamente do produto ou do serviço. Essa quantidade dependerá do plano de produção do empreendimento, cujo objetivo é disponibilizar produtos acabados ou serviços ao menor custo possível, evitando tanto excesso (gerando custo financeiro) quanto falta de estoque (comprometendo o atendimento aos clientes). A partir disso, basta multiplicar a quantidade pelos respectivos custos variáveis unitários (ver apêndice sobre custeio), para se chegar à estimativa periódica de custos variáveis totais. Portanto, para cada período projetado, deve-se multiplicar a quantidade produzida pelo seu respectivo custo unitário variável.

É certo que as expectativas de produção decorrem das de vendas. Apesar disso, algumas circunstâncias podem sugerir que a curva de produção não siga exatamente a curva de vendas. Imagine, por exemplo, uma empresa industrial cuja matéria-prima principal esteja sujeita a períodos de colheita distintos ao longo de um ano. Provavelmente, a empresa que

Capítulo 6: Seção Financeira de Atividades Operacionais **131**

necessitará dessa matéria-prima terá que manter estoques regulados ao longo do ano, a fim de que não tenha problemas relacionados à interrupção da produção. O reflexo financeiro disso é a concentração de desembolso a partir da aquisição dessa matéria-prima em momentos específicos do ano, o que não é refletido no nível de vendas durante o mesmo período.

Outro ponto a ser levado em conta é que o custo variável unitário pode alterar com o tempo. É esperado que ele sofra variações decorrentes dos reajustes naturais de preço devido à inflação. Portanto, os custos variáveis unitários devem refletir esse aumento por meio de critérios de reajuste a serem analisados e estipulados. Se houver algum critério específico para o elemento específico de custo variável, pode-se empregá-lo. Porém, não existindo um critério ou indicador específico, podem-se usar indicadores gerais de inflação para realizar tais reajustes.

Outra abordagem para projetar os custos variáveis é aquela feita por meio de relações percentuais estabelecidas entre esses custos e alguma base de cálculo que reflita o nível de atividade do empreendimento. Uma análise histórica, por exemplo, pode indicar que certo elemento de custo variável equivale a determinado percentual do nível de faturamento de determinado produto/serviço. Caso os movimentos dessas contas estejam fortemente relacionados (módulo do coeficiente de correlação próximo a 1), esse custo pode ser estimado por certo percentual multiplicado pela base de cálculo.

Tal abordagem talvez infrinja o aspecto conceitual do custo, cuja referência é a produção e não a venda. Porém, para níveis de produção bem próximos do nível de venda (hipótese plausível para muitas empresas), pode-se adotar tal método. Por exemplo, em empresas prestadoras de serviços nas quais não há formação de estoque de insumos, geralmente, essa relação pode ser empregada sem problema. Evidentemente, é algo que a equipe de elaboração do plano de negócio deve avaliar.

Os custos fixos, por sua vez, decorrem da estrutura de produção montada e das expectativas sobre os desembolsos necessários para permitir que essa estrutura funcione adequadamente para a produção estimada. Os custos fixos são desembolsos operacionais gerados pelo processo produtivo que existem independentemente do nível de produção, não tendo variações diretamente proporcionais às variações dos níveis de produção.

Assim, premissas sobre o comportamento dos custos fixos devem ser estabelecidas, a fim de que seus valores sejam projetados para os períodos futuros. Caso haja dados históricos sobre esses custos fixos, esses poderão ser usados para subsidiar as projeções dos seus valores. Tais dados históricos podem ser analisados por meio de estatísticas descritivas básicas (média, mediana, desvio-padrão, curtose, assimetria etc.). Se houver expectativa de comportamento futuro coerente com o passado, esses dados podem ser bons sinalizadores dos dados projetados.

132 ELABORAÇÃO E AVALIAÇÃO DE PLANOS DE NEGÓCIOS

No entanto, mesmo com a disponibilidade de tais dados históricos, caso se tenha uma expectativa de novas circunstâncias do empreendimento (novo nível de produção, nova estrutura produtiva, mais mão de obra indireta, fontes alternativas de energia etc.), os valores projetados não poderão ser elaborados completamente a partir dos dados históricos. Além desses, devem ser levadas em conta as novas circunstâncias e as diferenças decorrentes nos custos.

É fundamental perceber que não se espera que os custos permaneçam inalterados ao longo dos anos. Portanto, é essencial que a projeção incorpore o reajuste dos custos ao longo do tempo. Ademais, esses critérios de reajuste podem mudar para diferentes elementos de custo. Talvez, algum insumo seja importado, indicando que seu preço de compra depende da taxa de câmbio, enquanto outros insumos são nacionais e, portanto, sofrem impacto da inflação do período.

Veja o caso da mão de obra direta utilizada no processo produtivo. As remunerações desses funcionários são classificadas como custos, uma vez que são gastos operacionais destinados ao esforço produtivo. A mão de obra direta é composta pela remuneração da força de trabalho necessária à produção, pelos encargos sociais e pelos benefícios oferecidos. Os salários dos funcionários sofrem (normalmente, de forma anual) reajustes frequentes. Tais reajustes salariais devem ser projetados, de forma a refletir adequadamente a realidade.

6.4.4. Projeção das despesas operacionais

Projetados os custos de produção, parte-se para a projeção das despesas operacionais. Elas são desembolsos operacionais não relacionados ao processo produtivo, decorrendo do esforço de gerenciar o empreendimento e de gerar as receitas operacionais.

Para projetar as despesas operacionais, devem ser estabelecidas premissas que permitirão as projeções. Premissas são expectativas sobre o comportamento futuro de cada variável a ser projetada. Tais expectativas podem ter diferentes fontes de dados para serem geradas, desde a análise histórica até estimativas subjetivas. O estabelecimento claro e coerente dessas premissas confere à projeção uma expectativa mais aproximada da realidade e, consequentemente, maior qualidade.

As etapas da projeção das despesas operacionais dependem dos seus tipos. Adotando a categorização de variável e fixa, são utilizadas diferentes formas de projeção. Iniciando pelas despesas de natureza variável, sabe-se que elas decorrem diretamente do nível de atividade do empreendimento, que pode ser expresso pelo faturamento ou pelo recebimento, dependendo da conta em questão. Portanto, sua projeção pode ser realizada por meio de relações de proporcionalidade, implementadas por meio de taxas percentuais, com as respectivas bases de cálculo.

Tome o exemplo dos tributos incidentes sobre a operação do empreendimento. Alguns deles são calculados sobre o faturamento bruto de um mês e recolhidos no mês seguinte. Admita, por exemplo, o PIS e a COFINS, que pertencem à esfera federal e incidem sobre o

Capítulo 6: Seção Financeira de Atividades Operacionais **133**

valor bruto do faturamento. Outros tributos são calculados sobre o lucro líquido do período, caso esse seja positivo. É o caso do Imposto de Renda da Pessoa Jurídica (IRPJ) e da Contribuição Social sobre o Lucro Líquido (CSLL). Na esfera estadual, tem-se o Imposto sobre Circulação de Mercadorias e Serviços (ICMS), que incide sobre a comercialização de produtos, serviços de transporte e telefonia e fornecimento de energia elétrica. Se o empreendimento for comercial, por exemplo, haverá a incidência de ICMS sobre o faturamento dos produtos vendidos. Na esfera municipal, há o Imposto sobre Serviços de Qualquer Natureza (ISSQN), que incide sobre o faturamento proveniente de serviços.

Percebe-se claramente que as bases de cálculo são diferentes nos casos do ICMS e ISSQN. Ao projetar o fluxo de caixa operacional, deve-se levar em conta essas diferenças de bases de cálculo na projeção do faturamento. Se um único empreendimento comercializar produtos e prestar serviços, os faturamentos dessas duas atividades devem ser projetados separadamente, a fim de permitir o cálculo adequado dos tributos.

É importante ressaltar a relevância de estudar profundamente os tributos aos quais o empreendimento estará sujeito. Geralmente, as contas relacionadas aos tributos são bastante vultosas, além de apresentarem diferenças substanciais de negócio para negócio. Ademais, diferentes empresas podem ser enquadradas em diferentes formas de tributação. No âmbito federal, por exemplo, uma empresa pode ser enquadrada no Lucro Real, no Lucro Presumido ou no Simples Nacional, indicando diferentes formas de cálculo e alíquotas.

Sendo assim, é aconselhável, ao verificar os tributos incidentes sobre o empreendimento, que a equipe de elaboração do plano de negócio conte com assessoria jurídica no âmbito tributário, detentora dos conhecimentos necessários para estabelecer as premissas relacionadas aos tributos a serem recolhidos. Além disso, essa assessoria deve indicar o melhor enquadramento tributário, a fim de otimizar os desembolsos com tributos. Pode-se, por exemplo, fazer uma análise do nível de recolhimento de tributos caso o empreendimento seja tributado pelo lucro presumido ou pelo Simples Nacional, caso tais enquadramentos sejam possíveis para a empresa em questão.

Outro exemplo de despesa variável é a comissão paga à equipe de vendas. Normalmente, parte da remuneração da equipe de vendas é dada por comissões sobre o faturamento ou sobre o recebimento (a base de cálculo é uma definição interna, geralmente seguindo a prática do mercado em que atua). Na realidade, observam-se inúmeras formas de cálculo de comissões e bônus sobre as vendas, inclusive com taxas escalonadas. Em todo caso, deve-se modelar a regra atribuída à comissão da equipe de vendas para projetá-la.

Perceba que, nesses exemplos, devem ser estabelecidas as taxas de cada despesa variável, as respectivas bases de cálculo e o momento em que serão realizadas. Geralmente, com esses três parâmetros, as despesas variáveis podem ser projetadas. Sugere-se, portanto, montar e preencher uma tabela como a indicada a seguir, a fim de estruturar melhor as premissas das despesas variáveis.

ELABORAÇÃO E AVALIAÇÃO DE PLANOS DE NEGÓCIOS

QUADRO 23 – Premissas para a projeção de despesas variáveis

CONTA	BASE DE CÁLCULO (NÍVEL DE ATIVIDADE)	TAXA PERCENTUAL	MOMENTO DO DESEMBOLSO OU PERIODICIDADE	FONTE DE INFORMAÇÃO	MEMÓRIA DE CÁLCULO

A primeira coluna contém a conta sobre a qual estão sendo estabelecidas as premissas. A segunda coluna contém a base de cálculo sobre a qual a conta será estimada. A terceira coluna contém o percentual utilizado para multiplicar a base de cálculo para chegar à estimativa da despesa variável. A quarta coluna indica o momento do desembolso ou periodicidade de ocorrência dessa despesa. Talvez seja no mesmo período (mesmo mês, por exemplo) de ocorrência da base de cálculo ou talvez seja no período imediatamente seguinte (próximo mês, por exemplo). A penúltima coluna registra a fonte de informação utilizada para preencher as colunas anteriores. A última coluna apresenta a memória de cálculo. É muito importante registrar todas essas informações, pois elas servem para validar os fluxos de caixa posteriormente.

As despesas fixas, por sua vez, requerem uma abordagem diferente. Como seus comportamentos independem do nível de atividade do empreendimento (pelo menos, de forma diretamente proporcional), devem ser estabelecidas premissas baseadas nas expectativas de realização das atividades operacionais necessárias ao funcionamento da empresa e nos consequentes gastos na forma de despesas.

Essas expectativas podem ser baseadas em estimativa de atividades futuras e/ou em dados históricos, quando esses últimos estiverem disponíveis (planos de negócios de implantação, por exemplo, normalmente não têm dados históricos) e quando forem relevantes para projetar o comportamento futuro. A equipe deve estimar todas as atividades necessárias ao funcionamento da empresa e a estrutura necessária para as atividades administrativas, comerciais, tecnológicas, logísticas etc. Uma vez estimados esses elementos, os desembolsos operacionais fixos gerados por essas atividades e por essa estrutura deverão ser projetados.

É fundamental que essas estimativas sejam bem elaboradas, de maneira a não desconsiderar atividades e os desembolsos fixos delas decorrentes. Caso certos valores não sejam projetados, serão observadas diferenças entre aqueles que foram efetivamente projetados e os realizados após o início do funcionamento do empreendimento. Tais diferenças, devido à desconsideração de determinados elementos de despesa fixa, levam a uma superavaliação equivocada do empreendimento.

Exemplos de despesa fixa são energia elétrica, telefonia, materiais de limpeza e de escritório, segurança, aluguel e remuneração do pessoal não ligado às atividades produtivas. Cada elemento desses poderá ser projetado de forma diferente, conforme as premissas adotadas para seus comportamentos futuros e a maneira como seus valores são gerados.

Capítulo 6: Seção Financeira de Atividades Operacionais   135

Considerar reajustes nos valores, decorrentes de expectativas de aumento dos desembolsos, é essencial nessa projeção. Afinal de contas, não é factível esperar que o desembolso com qualquer despesa fixa no primeiro ano de funcionamento da empresa seja o mesmo nos anos seguintes. Sendo assim, para cada elemento de despesa fixa ou conjunto de elementos relativamente similares, devem ser estimados como seus valores serão reajustados ao longo da vida útil do empreendimento.

A projeção de inflação é uma boa indicadora desses reajustes. Como é sabido, o dinheiro tem valor distinto em diferentes momentos, perdendo seu poder de compra com o passar do tempo. Portanto, os produtos e serviços adquiridos terão reajustes que, em muitos casos, podem ser estimados mediante taxas esperadas de inflação.

Há vários indicadores de inflação que são calculados com o objetivo verificá-la em determinados setores. Como exemplo desses indicadores, podem ser citados IPCA, IGPM e INCC. Usando o exemplo de aluguel do imóvel onde a empresa está instalada, se a cláusula contratual indica que o aluguel será reajustado anualmente pelo IGPM, então as projeções deverão considerá-lo. Assim, o comportamento desse indicador deve ser estimado a fim de que a despesa em questão seja projetada.

Geralmente, a remuneração do pessoal é bastante relevante em muitos empreendimentos. Ao entrar na fase de funcionamento, a empresa dependerá de pessoas que têm diferentes funções e, consequentemente, diferentes formas de remuneração. Faz parte dessa seção estimar os desembolsos com pessoal, agregando aos salários outros gastos, tais como encargos sociais, planos de saúde, seguros de vida etc. Portanto, a estimativa dos valores relacionados ao pessoal deve partir da quantidade de pessoas que há em cada função para que o empreendimento funcione. Relacionados às quantidades e às funções, devem ser atribuídos desembolsos complementares (encargos sociais e benefícios) e remunerações ao longo do horizonte temporal do plano de negócio, gerando um quadro completo de desembolso com pessoal.

Não pode ser esquecido que, ao longo do funcionamento da empresa, podem ser agregados novos colaboradores à medida que o nível de atividade aumenta ou outras áreas são atendidas. Tendo essa perspectiva, os fluxos de caixa de remuneração do pessoal devem ser ajustados.

Outro ponto a ser observado na projeção das despesas associadas a pessoal envolve os seus critérios de reajuste. Caso os colaboradores do empreendimento façam parte de alguma categoria organizada em sindicato, os reajustes provavelmente serão indicados conforme os acordos salariais periódicos da categoria. Portanto, uma possibilidade de estimativa desse critério seria baseá-la no histórico de reajustes. Na falta de um reajuste específico da categoria de trabalhadores, ainda pode-se utilizar a variação do salário mínimo, que ocorre anualmente conforme regras definidas pelo governo.

136 ELABORAÇÃO E AVALIAÇÃO DE PLANOS DE NEGÓCIOS

Outro ponto fundamental para os elementos fixos das despesas diz respeito ao seu comportamento em relação ao nível de atividade da empresa. Similar aos custos fixos tratados anteriormente, as despesas fixas não variam proporcionalmente à variação do nível de atividade do empreendimento. Tal comportamento, no entanto, não quer dizer que não haja impacto do nível de atividade do empreendimento sobre as despesas fixas. As despesas fixas podem sofrer aumentos pontuais a partir de determinados níveis de atividade, e não diretamente proporcionais como ocorre com as despesas variáveis. Sendo assim, ocorrem a partir da indicação de necessidade adicional de estrutura física, de aumento de pessoal ou de novas operações fundamentais ao novo patamar de funcionamento.

Uma maneira de implementar esses aumentos discretos é por meio do uso de gatilhos de aumento para as despesas fixas. O gatilho é uma indicação do ponto a partir do qual determinada despesa terá um aumento imediato e ele deverá conter uma variável de referência para ser checada. Quando essa variável atingir ou ultrapassar certo patamar, a despesa fixa terá determinado aumento. Há, portanto, três elementos para cada gatilho: a variável de referência, o valor de referência da variável que dispara o gatilho e o impacto sobre a despesa fixa.

Caso o plano de negócio seja de expansão, modernização ou qualquer outro tipo que porventura disponha de dados históricos, esses poderão ser utilizados como base à projeção do valor de desembolsos fixos. Imagine um empreendimento cuja diretoria deseje expandir as operações. Dentre outras necessidades incrementais, será fundamental aumentar a quantidade de pessoas da área comercial, cujas remunerações têm componentes fixos e variáveis. Nesse caso, o empreendimento já conta com dados históricos de remunerações que podem ser utilizados para auxiliar a estimativa do comportamento futuro das contas de remuneração desse pessoal. Além disso, o empreendimento conta com informações históricas de despesas que sofrerão algum tipo de aumento, como combustível, energia, telefonia etc.

De maneira a consolidar todas essas informações e premissas a respeito das despesas fixas, sugere-se o uso de um quadro nos seguintes moldes:

QUADRO 24 – Premissas para projeção das despesas fixas

CONTA	VALOR ESTIMADO	FONTE DOS DADOS	MEMÓRIA DE CÁLCULO	CRITÉRIO DE REAJUSTE	GATILHO DE INCREMENTO

A primeira coluna contém a conta analítica de despesa fixa a ser projetada. A segunda coluna registra o valor estimado para essa despesa no primeiro período projetado. A terceira coluna indica as fontes de dados utilizadas para dar suporte ao valor estimado na coluna anterior. A quarta coluna é a memória de cálculo, que pode ser bastante útil para auxiliar consultas posteriores. A quinta coluna apresenta o critério de reajuste adequado a essa despesa. A última coluna apresenta a regra de gatilho para o incremento do valor estimado para essa despesa.

É fundamental destacar a existência de despesas antes do efetivo início das atividades do empreendimento. Perceba que ele requer certo período para ser estruturado antes de iniciar suas atividades operacionais (vide seção estrutural). Ao longo desse período de estruturação, é possível que o empreendimento incorra em algumas despesas, as quais são chamadas de despesas pré-operacionais, pois ocorrem em momento anterior à efetiva operação do empreendimento. Como exemplo de despesas pré-operacionais, podem ser citados o pagamento do aluguel, salário de funcionários, energia elétrica, fornecimento de água e coleta de esgoto, segurança, honorários contábeis etc.

Portanto, ao fazer a projeção do fluxo de caixa operacional, durante o período de estruturação do empreendimento, esses elementos podem ser necessários e, assim sendo, devem ser projetados.

6.4.5. Consolidação do fluxo de caixa operacional

Uma vez projetados esses segmentos do fluxo de caixa operacional e, eventualmente, outros segmentos, conforme o plano de contas adotado, eles devem ser agrupados. Tipicamente, um bom procedimento é dispor inicialmente as receitas operacionais, depois os custos e, por fim, as despesas operacionais. Evidentemente, a forma de agrupá-los pode ser feita conforme necessidades informacionais específicas. Contudo, aquela disposição parece ser usada de forma mais recorrente.

A partir dessa agregação, o fluxo de caixa operacional completo é projetado. Por conseguinte, agora é possível definir contas de resultado. Tais contas apresentam resultados de interesse mediante implementação de fórmulas que usam as demais contas do fluxo de caixa operacional. A partir desses resultados, análises podem ser feitas, e decisões gerenciais, tomadas. Exemplos de contas de resultado são o LAJIDA (EBITDA, em inglês), a margem de contribuição total e o resultado operacional.

6.5. PRODUTOS FINAIS

O produto final mais importante dessa seção é o fluxo de caixa operacional projetado, que incorpora uma série de informações que podem ser analisadas pelos interessados no plano de negócio.

Assim, em adição ao fluxo de caixa operacional projetado, podem ser elaboradas avaliações complementares, tais como a análise vertical, análise horizontal, a determinação do ponto de equilíbrio operacional do empreendimento e a análise custo-volume-lucro.

6.5.1. Fluxo de caixa operacional projetado

A partir do plano de contas financeiro, cada conta deverá ser projetada através da base temporal adequada ao empreendimento. Normalmente, em planos de negócios de longo prazo, os fluxos são apresentados em bases anuais. Os de prazo menor podem ser apresentados em bases mensais.

No entanto, mesmo planos de negócios apresentados em bases anuais devem ser elaborados por meio de bases mensais. Isso porque esse método permite melhor quantificação do capital de giro necessário para financiar as atividades operacionais, principalmente na fase inicial do funcionamento (assunto apresentado e justificado apropriadamente no capítulo seguinte).

O fluxo de caixa operacional deve apresentar o resultado operacional em cada período, que é dado pelas receitas operacionais totais menos os custos produtivos e as despesas operacionais. Esse resultado é a geração de caixa que se tem a partir da atividade principal do empreendimento, a qual implica movimentações financeiras de entrada e saída operacionais.

A equipe de elaboração deve compreender que o plano de negócio é, antes de tudo, um instrumento de análise e comunicação, apresentando elementos ordenados que permitem sua avaliação por parte dos interessados no empreendimento. Assim, prezar por uma boa explicação é essencial para a qualidade do plano de negócio. Dito isso, torna-se imperativo que, nessa seção, além dos fluxos de caixa projetados, estejam disponíveis explicações pormenorizadas das premissas utilizadas na projeção das contas. O avaliador do plano de negócio, provavelmente, terá certa dificuldade em compreender os valores projetados sem as devidas explicações das metodologias utilizadas para suportá-los. Assim, como sugestão de ordem prática, todos os fluxos projetados deverão ser justificados por meio da explicação de como eles foram mensurados, da apresentação das variáveis que os fundamentaram e da explicação dos passos realizados na projeção.

A justificativa da projeção de alguns grupos de conta requer explicações muito detalhadas. São os casos de desembolsos com pessoal, tributos incidentes sobre a operação, custos produtivos, dentre outros que têm complexidade expressiva e que requerem maior esforço de projeção. Assim, diante da necessidade de explicações detalhadas, a projeção do fluxo de caixa operacional pode ser precedida por subseções dedicadas a apresentar apropriadamente tais fundamentações. Portanto, é normal que o produto final "fluxo de caixa operacional projetado" seja precedido por produtos intermediários necessários à elaboração desse.

6.5.2. Análise vertical

Ao elaborar a projeção do fluxo de caixa operacional, os gestores podem usar alguns critérios para analisar os resultados. Há muitas formas de se analisar um fluxo de caixa e, dependendo dos objetivos da análise, podem ser usados diferentes indicadores. As análises vertical e horizontal permitem conclusões interessantes sobre as contas do fluxo de caixa. Aqui, é apresentada a análise vertical.

Capítulo 6: Seção Financeira de Atividades Operacionais **139**

A análise vertical mostra a participação relativa de cada item de uma demonstração financeira em relação a determinado total. Com ela, sabe-se a importância de cada item em relação ao total de sua categoria. A partir disso, pode-se direcionar mais fortemente os esforços de projeção e de análise para as contas mais representativas. Não que as contas de menor peso na análise vertical sejam necessariamente negligenciadas, mas a ideia é permitir empregar esforços analíticos proporcionais à importância da conta.

Ela também permite a comparação, no mesmo período, do percentual de um dado item com o de outra organização do mesmo setor. Portanto, essa análise pode ser utilizada como meio de comparação entre diferentes empresas (desde que sejam do mesmo setor, para que a comparação tenha efeito prático).

Veja o exemplo a seguir.

QUADRO 25 – Exemplo de análise vertical

CONTAS	VALORES	AV%
Receita operacional	R$225.000,00	100%
Mercadorias linha A	R$115.000,00	51,11%
Mercadorias linha B	R$110.000,00	48,89%
Custos variáveis	R$101.250,00	45%
Mercadorias para revenda	R$90.250,00	40,11%
Fretes sobre aquisições	R$11.000,00	4,89%
Despesas operacionais	R$103.850,00	46,16%
Despesas fixas	R$36.350,00	16,16%
Água	R$500,00	0,22%
Energia elétrica	R$2.500,00	1,11%
Material de higiene	R$450,00	0,2%
Material de limpeza	R$650,00	0,29%
Serviços de segurança	R$1.000,00	0,44%
Serviços de limpeza	R$1.250,00	0,56%
Telefonia	R$1.500,00	0,67%
Terceirizados	R$3.500,00	1,56%
Salários fixos	R$25.000,00	11,11%

(continua)

CONTAS	VALORES	AV%
Despesas variáveis	R$67.500,00	30%
Tributos sobre a venda	R$56.250,00	25%
Comissões	R$11.250,00	5%
RESULTADO OPERACIONAL	**R$19.900,00**	**8,84%**

Esse exemplo ilustra o resultado de um período (um mês, por exemplo). O resultado operacional (R$19.900,00) foi calculado por meio da diferença entre a receita operacional do período (R$225.000,00), os custos variáveis (R$101.250,00) e as despesas operacionais totais (R$103.850,00). As despesas operacionais totais são subdivididas em despesas fixas (R$36.350,00) e variáveis (R$67.500,00).

A terceira coluna mostra a análise vertical de cada item do fluxo de caixa operacional em relação à receita operacional. A receita operacional é utilizada como item de comparação porque representa os recursos gerados para fazer frente aos itens de desembolso operacional (custos e despesas). Portanto, ao fazer essa análise, verifica-se quanto cada item de desembolso operacional representa percentualmente da receita operacional.

A conta de água, por exemplo, custou R$500,00 no período, representando 0,22% da receita operacional (R$500,00/R$225.000,00). Os demais itens têm sua análise vertical calculada de maneira semelhante, mediante a divisão do seu valor individual pela receita operacional do período.

Algumas informações podem ser derivadas da análise. Verifica-se, a princípio, que a conta "mercadorias para revenda" corresponde a 40,11% das receitas operacionais. Essa é a conta analítica de desembolso operacional mais representativa de todas, seguida pelas contas "tributos sobre a venda" (25%) e "salários fixos" (11,11%). Essas três contas consomem 76,22% da receita operacional. A conta analítica de desembolso operacional menos representativa é a "material de higiene", comprometendo apenas 0,20% da receita operacional.

Esses percentuais sugerem que qualquer erro na projeção da conta "mercadorias para revenda", por menor que seja, terá forte impacto sobre o resultado operacional, ao passo que, eventualmente, um grande erro de projeção na conta "material de higiene" não afetará fortemente o resultado operacional. Isso reforça, portanto, o argumento de que a análise vertical permite direcionar melhor os esforços de análise e projeção para determinadas contas.

A análise vertical também pode ser empregada para as contas sintéticas. Verifica-se que os custos variáveis representam 45% das receitas operacionais, as despesas fixas, 16,16%, e as despesas variáveis, 30%. Assim, tem-se a participação relativa de grupos de contas similares em relação ao valor de referência.

Além disso, a análise vertical também pode ser efetuada sobre as contas de resultado. Observando a conta "resultado operacional", verifica-se que ela foi de 8,84%. Esse é o resultado operacional em termos percentuais do período. Normalmente, esse percentual é chamado lucratividade operacional, pois é o resultado operacional em relação à receita operacional.

A análise vertical pode ser calculada de maneira alternativa. Em vez de utilizar como parâmetro a receita operacional do período, podem ser usadas as contas sintéticas dentro das quais as demais contas estão dispostas. Veja o mesmo exemplo nessa configuração alternativa.

QUADRO 26 – Exemplo de análise vertical

CONTAS	VALORES	AV%
Receita operacional	R$225.000,00	100%
Mercadorias linha A	R$115.000,00	51,11%
Mercadorias linha B	R$110.000,00	48,89%
Custos variáveis	R$101.250,00	100%
Mercadorias para revenda	R$90.250,00	89,14%
Fretes sobre aquisições	R$11.000,00	10,86%
Despesas operacionais	R$103.850,00	100%
Despesas fixas	R$36.350,00	35%
Água	R$500,00	0,48%
Energia elétrica	R$2.500,00	2,41%
Material de higiene	R$450,00	0,43%
Material de limpeza	R$650,00	0,63%
Serviços de segurança	R$1.000,00	0,96%
Serviços de limpeza	R$1.250,00	1,20%
Telefonia	R$1.500,00	1,44%
Terceirizados	R$3.500,00	3,37%
Salários fixos	R$25.000,00	24,07%
Despesas variáveis	R$67.500,00	65%
Tributos sobre a venda	R$56.250,00	54,16%
Comissões	R$11.250,00	10,83%
RESULTADO OPERACIONAL	R$19.900,00	8,84%

ELABORAÇÃO E AVALIAÇÃO DE PLANOS DE NEGÓCIOS

No exemplo, as contas sintéticas "receita operacional", "custos variáveis" e "despesas operacionais" representam as referências de totalidade. Tome a conta sintética "despesas operacionais" como exemplo. Todas as contas pertinentes a ela, analíticas e sintéticas, têm suas análises verticais calculadas em relação ao total de despesas operacionais. A conta "tributos sobre a venda" é a mais representativa das despesas operacionais (R$56.250,00/ R$103.850,00 = 54,16%). A conta "material de higiene" é a menos representativa (R$450,00/ R$103.850,00 = 0,43%).

Qualquer uma dessas duas maneiras de se fazer a análise vertical pode ser usada. Por vezes, depende muito da forma como se deseja verificar a participação relativa de cada conta. Diante da facilidade de implementar tais análises em planilhas eletrônicas, o ônus de fazer as duas análises não é alto. Portanto, se não houver definição prévia de qual das duas será a preferida por parte do leitor do plano de negócio, ambas podem ser feitas sem grande esforço.

6.5.3. Análise horizontal

Outra análise que pode ser realizada sobre o fluxo de caixa operacional é a horizontal, que permite examinar a evolução histórica de uma série de valores em intervalos sequenciais de tempo. Com isso, descreve-se o comportamento das contas, sintéticas e/ou analíticas, ao longo do tempo, permitindo verificar suas expectativas de variação longitudinal e inferir sobre a evolução das contas do fluxo de caixa operacional, de maneira que seja possível identificar e se antecipar a comportamentos eventualmente indesejados.

Como exemplo de tais comportamentos indesejados, pode ser citada a queda na margem de lucro operacional. Como o resultado operacional do empreendimento, genericamente, é dado pelas receitas operacionais menos os custos produtivos e as despesas operacionais, esses elementos podem ter variações temporais distintas. Portanto, se a intensidade do aumento da receita operacional for menor do que a intensidade de aumento dos custos produtivos, por exemplo, certamente a margem de lucro operacional será comprometida ao longo do tempo. Dentro das contas componentes do grupo de custos produtivos, é possível haver uma conta com maior representatividade nesse aumento periódico, a qual pressionará esse forte aumento dos custos produtivos frente ao aumento menos proporcional das receitas operacionais. Tais situações poderão ser identificadas por meio da análise horizontal, já que ela pode identificar quais contas estão pressionando mais a deterioração do desempenho operacional da empresa.

Tal uso evidencia a complementaridade entre as análises vertical e horizontal. Perceba que a segunda mostra como as contas comportam-se ao longo do tempo, o que pode incluir, sem qualquer problema, realizar a análise horizontal dos indicadores calculados na análise vertical. Pode-se verificar, por exemplo, o comportamento do percentual das despesas variáveis sobre as receitas operacionais ao longo do tempo, assim como a margem de contribuição percentual.

A forma de operacionalizar a análise horizontal é aplicar o conceito de variação percentual sobre os valores da série. Como o cálculo requer a comparação com valor anterior, a análise horizontal inicia no segundo período. A fórmula da variação percentual é a seguinte:

$$\Delta\% = \frac{V_{final} - V_{inicial}}{V_{inicial}}$$

Porém, a análise horizontal tem duas versões. A primeira é chamada variação acumulada ou fixa. Nela, as comparações de todos os períodos são feitas em relação ao período-base, ou seja, o valor do primeiro período da série. A segunda é chamada variação periódica ou móvel, na qual as comparações de cada período são feitas com o imediatamente anterior. Ambas apresentam variações periódicas das contas, mas com referências distintas. A depender da forma desejada de visualização, adota-se uma das maneiras (ou ambas, caso ache relevante).

Sendo assim, a fórmula genérica mostrada anteriormente deve ser ajustada, de acordo com a análise que se quer. Para a análise horizontal acumulada, tem-se:

$$\Delta\%_{Acum} = \frac{V_n - V_1}{V_1}$$

Para a análise horizontal periódica, tem-se:

$$\Delta\%_{Per} = \frac{V_n - V_{n-1}}{V_{n-1}}$$

Veja o seguinte fluxo de caixa operacional, sobre o qual serão feitas as análises horizontais. Como o propósito é apresentar as análises horizontais, ele exibe somente as contas sintéticas.

QUADRO 27 – Fluxo de caixa operacional

CONTAS	1	2	3	4	5	6
Receitas operacionais	R$150.000	R$155.000	R$145.000	R$175.000	R$160.000	R$200.000
Custos totais	(R$47.500)	(R$48.750)	(R$46.250)	(R$53.750)	(R$50.000)	(R$60.000)
Custos variáveis	(R$37.500)	(R$38.750)	(R$36.250)	(R$43.750)	(R$40.000)	(R$50.000)
Custos fixos	(R$10.000)	(R$10.000)	(R$10.000)	(R$10.000)	(R$10.000)	(R$10.000)

(continua)

ELABORAÇÃO E AVALIAÇÃO DE PLANOS DE NEGÓCIOS

CONTAS	1	2	3	4	5	6
Despesas totais	(R$97.500)	(R$99.750)	(R$95.250)	(R$108.750)	(R$102.000)	(R$120.000)
Despesas variáveis	(R$67.500)	(R$69.750)	(R$65.250)	(R$78.750)	(R$72.000)	(R$90.000)
Despesas fixas	(R$30.000)	(R$30.000)	(R$30.000)	(R$30.000)	(R$30.000)	(R$30.000)
Resultado operacional	R$5.000	R$6.500	R$3.500	R$12.500	R$8.000	R$20.000

Considerando esse fluxo de caixa, podem ser geradas as análises horizontais acumulada e periódica, conforme os quadros a seguir.

QUADRO 28 – Análise horizontal acumulada

CONTAS	1	2	3	4	5	6
Receitas operacionais	-	3,33%	-3,33%	16,67%	6,67%	33,33%
Custos totais	-	2,63%	-2,63%	13,16%	5,26%	26,32%
Custos variáveis	-	3,33%	-3,33%	16,67%	6,67%	33,33%
Custos fixos	-	0%	0%	0%	0%	0%
Despesas totais	-	2,31%	-2,31%	11,54%	4,62%	23,08%
Despesas variáveis	-	3,33%	-3,33%	16,67%	6,67%	33,33%
Despesas fixas	-	0%	0%	0%	0%	0%
Resultado operacional	-	30%	-30%	150%	60%	300%

QUADRO 29 – Análise horizontal periódica

CONTAS	1	2	3	4	5	6
Receitas operacionais	-	3,33%	-6,45%	20,69%	-8,57%	25%
Custos totais	-	2,63%	-5,13%	16,22%	-6,98%	20%
Custos variáveis	-	3,33%	-6,45%	20,69%	-8,57%	25%
Custos fixos	-	0%	0%	0%	0%	0%

(continua)

CONTAS	1	2	3	4	5	6
Despesas totais	-	2,31%	-4,51%	14,17%	-6,21%	17,65%
Despesas variáveis	-	3,33%	-6,45%	20,69%	-8,57%	25%
Despesas fixas	-	0%	0%	0%	0%	0%
Resultado operacional	-	30%	-46,15%	257,14%	-36,00%	150%

Na variação acumulada, pode-se perceber, por exemplo, que ao longo dos seis períodos a receita operacional aumentou de maneira mais do que proporcional ao aumento agregado dos custos e das despesas. Isso resultou, nesse período, um aumento de 300% no resultado operacional. Portanto, entre outras coisas, pode-se concluir que, durante tal período, a atividade operacional do empreendimento tornou-se mais eficiente, o que é refletido em seu fluxo de caixa operacional.

Observando a análise horizontal periódica, percebe-se que há uma variação muito intensa nos resultados de cada período. Isso reflete as variações nas receitas operacionais em cada período analisado.

As duas análises trabalham em conjunto, a fim de fornecer informações sobre as situações atual e futura das contas do fluxo de caixa operacional. Junto à análise vertical, a horizontal auxilia a avaliação dos resultados financeiros, fornecendo dados valiosos de composição dos itens do fluxo de caixa e de seu comportamento ao longo do tempo.

6.5.4. Cálculo do ponto de equilíbrio

O ponto de equilíbrio operacional (*break even point*) de um empreendimento é uma informação bastante relevante, tanto por ocasião da elaboração do plano de negócio quanto ao longo do funcionamento normal. Por meio dele, é possível conhecer o nível mínimo de atividade que deve ser alcançado a fim de que não se incorra em prejuízo operacional. Em termos objetivos, é o nível de atividade do empreendimento que conduz ao resultado operacional igual a zero, nem gerando lucro, nem prejuízo. O ponto de equilíbrio operacional é um patamar de corte importante, pois qualquer nível de atividade inferior a ele acarreta prejuízo operacional; e, qualquer nível acima dele, lucro operacional.

Para entender seu cálculo, deve-se compreender dois aspectos iniciais. O primeiro é que o resultado operacional de um empreendimento é dado pela receita operacional menos todos os desembolsos operacionais (custos e despesas). Portanto, o resultado operacional é dado, genericamente, por $RES_O = R_T - CUS_T - DES_T$. Dessa forma, o ponto de equilíbrio operacional é o nível de atividade que leva o resultado operacional a ser igual a zero. Portanto, $R_T - CUS_T - DES_T = 0 \rightarrow R_T = CUS_T + DES_T$.

ELABORAÇÃO E AVALIAÇÃO DE PLANOS DE NEGÓCIOS

O segundo aspecto é que o comportamento das receitas e dos desembolsos operacionais varia em função do nível de atividade do empreendimento, o qual pode se modificar consideravelmente ao longo do tempo e como consequência de períodos específicos de sazonalidade. Alguns itens de desembolso variam de forma proporcional à variação do nível de atividade, enquanto outros, não. Os itens de desembolso categorizados como variáveis (despesas variáveis e custos variáveis) têm comportamento proporcional ao nível de atividade do empreendimento, ao passo que os fixos (despesas fixas e custos fixos) não têm esse comportamento diretamente proporcional (mantêm-se relativamente uniformes para certas faixas de nível de atividade, havendo mudanças pontuais a partir de certos níveis). Com isso, no ponto de equilíbrio, as receitas operacionais totais correspondem à soma de todos os custos e despesas fixos e variáveis ($R_T = CUS_F + CUS_V + DES_F + DES_V$).

De forma a facilitar a argumentação e a demonstração de como se calcula o ponto de equilíbrio operacional, admita duas circunstâncias. A primeira é que os desembolsos aqui tratados agregam tanto despesas operacionais quanto custos produtivos. Portanto, custos e despesas, para fins de demonstração da fórmula, estão agregados no termo D. Com isso, a soma de custos fixos (CUS_F) e de despesas fixas (DES_F) será tratada como desembolsos fixos (D_F). A soma de custos variáveis (CUS_V) com despesas variáveis (DES_V) será tratada como desembolsos variáveis (D_V).

Para a segunda circunstância, aborda-se inicialmente o problema em um empreendimento que trabalha com um único produto. Em seguida, são abordados empreendimentos com vários produtos.

Posto isso, em um empreendimento com um único produto, o comportamento das receitas operacionais é esquematizado em um plano cartesiano de modo que o eixo horizontal contenha o nível de atividade dado em quantidade vendida desse único produto, e o eixo vertical, as unidades monetárias. Nesse plano, as receitas operacionais crescem linearmente de acordo com o seu nível de atividade, partindo do ponto zero. Nenhuma quantidade vendida gera zero unidades monetárias de receita operacional. À medida que as quantidades vendidas aumentam, as receitas operacionais totais aumentam proporcionalmente em função da multiplicação da quantidade vendida pelo preço de venda unitário do produto.

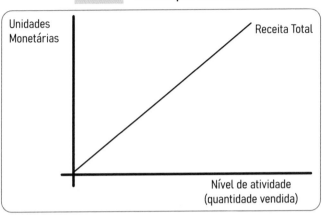

FIGURA 18 - Receita operacional total

A análise passa agora para os desembolsos de natureza variável, os quais são alterados proporcionalmente à variação do nível de atividade do empreendimento. O que se espera, nessa circunstância, é que o coeficiente angular das receitas operacionais seja maior do que o coeficiente angular dos desembolsos variáveis. Assim, o gráfico de comportamento dos desembolsos variáveis para vários níveis de atividade é dado a seguir:

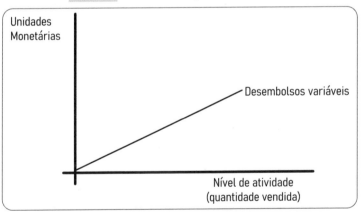

FIGURA 19 - Desembolsos operacionais variáveis

Aqui, há uma simplificação da realidade que merece explicação. Conceitualmente, custos e despesas referem-se a gastos operacionais, mas em contextos distintos. Custos estão associados ao esforço de gerar o produto ou serviço, ao passo que despesas estão associadas aos esforços administrativos, comerciais e logísticos. Portanto, quando se trata de custos variáveis, sua referência é o nível de produção, ao passo que a referência para as despesas variáveis é o nível de venda. O nível de atividade está simplificado, pois admitiu-se que os níveis de produção e venda seguem o mesmo comportamento.

Por fim, os desembolsos fixos mantêm comportamento relativamente constante e alheio ao nível de atividade alcançado, apesar de poderem passar a outro patamar. O gráfico a seguir ilustra o comportamento desses desembolsos em relação ao nível de atividade:

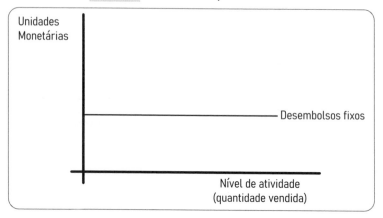

FIGURA 20 – Desembolsos operacionais fixos

Observando o comportamento gráfico dos desembolsos fixos e variáveis em função do nível de atividade do empreendimento, pode-se montar o comportamento dos desembolsos totais, conforme gráfico a seguir:

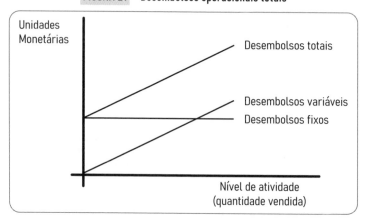

FIGURA 21 – Desembolsos operacionais totais

A reta que representa os desembolsos totais é uma soma, para cada ponto do eixo horizontal, do valor do desembolso fixo e do desembolso variável nesse ponto. Sobrepondo as retas de receita total e de desembolso total, tem-se a seguinte configuração gráfica:

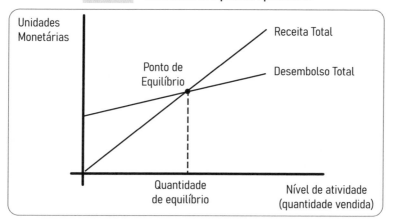

FIGURA 22 – Quantidade de equilíbrio operacional

Nota-se que a receita operacional total parte do ponto zero do gráfico. Já o desembolso operacional total intercepta o eixo vertical no ponto de desembolso operacional fixo, tendo, por outro lado, uma declividade menor do que a declividade da receita operacional total. Essa estrutura apresenta um ponto de interseção entre as retas, indicando que a receita operacional total se iguala ao desembolso operacional total. Esse é o denominado ponto de equilíbrio operacional.

Observe no gráfico que, à esquerda do ponto de equilíbrio operacional, a reta do desembolso operacional total está acima da reta da receita operacional total. Ao longo dessa área, em que o desembolso operacional total está acima da receita operacional total, tem-se uma situação de prejuízo operacional. À direita do ponto de equilíbrio operacional, percebe-se que a reta da receita operacional total se situa acima da reta de desembolso operacional total, mostrando uma situação de lucro operacional.

Observou-se na demonstração gráfica anterior que o ponto de equilíbrio operacional ocorre quando a receita operacional total se iguala ao desembolso operacional total ($R_T = D_T$). Nesse ponto, o resultado operacional é igual a zero ($R_O = 0 = R_T - D_T$).

Considerando que o empreendimento atue apenas com um produto/serviço, para simplificar a demonstração, a receita operacional total é dada pelo produto obtido a partir da quantidade produzida/prestada e do preço de venda. O desembolso operacional total, por sua vez, é a soma dos desembolsos fixos e dos variáveis. Esse último é função da quantidade vendida e do desembolso operacional variável unitário de cada produto/serviço. Assim, tem-se:

$R_T = D_T$

$Qtd \times PV_U = D_F + D_V$

$Qtd \times PV_U = D_F + (Qtd \times DV_U)$

Onde:

R_T = Receita operacional total

D_T = Desembolso operacional total

Qtd = Quantidade produzida/vendida do produto/serviço

PV_U = Preço de venda unitário

D_F = Desembolso operacional fixo total

D_V = Desembolso operacional variável total

DV_U = Desembolso operacional variável unitário

Procedendo algumas operações na fórmula anterior, tem-se o seguinte rearranjo:

$$(Qtd \times PV_U) - (Qtd \times DV_U) = D_F$$

$$Qtd = D_F / (PV_U - DV_U) \text{ (equação I)}$$

A fórmula resultante mostra a quantidade vendida do produto, de forma a alcançar uma igualdade entre a receita operacional total e o desembolso operacional total, representando, portanto, a quantidade de equilíbrio operacional. Assim, é a quantidade de produtos vendida ou serviços prestados para atingir o ponto de equilíbrio operacional. Se as unidades vendidas ficarem abaixo dessa quantidade calculada, o empreendimento terá prejuízo operacional, pois não conseguirá pagar totalmente os desembolsos operacionais fixos e variáveis. Caso a quantidade vendida seja superior a essa quantidade de equilíbrio, o empreendimento terá uma receita operacional superior ao seu desembolso operacional total, alcançando resultado operacional positivo (lucro operacional).

A expressão $PV_U - DV_U$ é chamada Margem de Contribuição Unitária (MC_U). A MC_U é dada pelo preço de venda do produto menos o seu desembolso variável unitário. O resultado dessa subtração é a parcela do produto que contribui para o pagamento dos desembolsos fixos da empresa e para a formação do lucro operacional, quando agregadas todas as margens de contribuição unitárias de todos os produtos/serviços. O conceito de margem de contribuição é relacionado ao método de custeio variável ou direto — vide apêndice que trata dos métodos de custeio.

Quando se trata de um empreendimento com um único produto, o cálculo do ponto de equilíbrio operacional em termos de quantidade é adequado. No entanto, quando se trata de um empreendimento com vários produtos, não é viável pensar em calcular uma quantidade de equilíbrio para cada produto. Nesse caso, em vez de quantidade de equilíbrio, deve-se pensar em receita de equilíbrio operacional.

Calculada a quantidade de equilíbrio operacional, pode-se chegar à receita de equilíbrio operacional. Veja a seguinte figura:

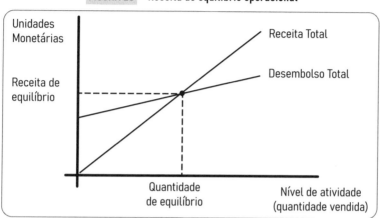

FIGURA 23 – Receita de equilíbrio operacional

Se, no lado esquerdo da equação I, tem-se a quantidade de equilíbrio, para obter a receita de equilíbrio, basta multiplicar os dois lados da equação pelo preço de venda unitário (PV_U). A equação fica como se segue:

$PV_U \times Qtd = PV_U \times D_F / MC_U$

$R_T = D_F / (MC_U/PV_U)$

$R_T = D_F / PercMC_U$ (equação II)

Na dedução da equação II, vê-se que a variável PV_U incorporada ao lado direito da equação I foi transformada em denominador da variável MC_U. Com esse rearranjo, a expressão MC_U/PV_U representa a margem de contribuição em termos percentuais ($PercMC_U$), ou seja, o quanto a margem de contribuição unitária representa em relação ao preço de venda unitário.

Ressalta-se que a receita operacional de equilíbrio é a total, abrangendo todos os produtos e serviços. Não se busca a receita de equilíbrio por produto/serviço, da mesma forma que não se busca a quantidade de equilíbrio por produto/serviço. Tal busca seria inviável, pois seria requerida a distribuição dos elementos de desembolsos operacionais fixos para cada produto/serviço (imagine uma empresa com centenas ou milhares de itens de produtos).

Ao usar a receita operacional total, toda a carteira de produtos/serviços está refletida financeiramente na exata proporção de suas respectivas participações. Em decorrência, os desembolsos operacionais também representam essa proporção em seus valores, o que permite o cálculo da receita de equilíbrio mediante consideração do desempenho completo do empreendimento.

152 ELABORAÇÃO E AVALIAÇÃO DE PLANOS DE NEGÓCIOS

Como deve ter ficado claro, o cálculo do ponto de equilíbrio operacional, seja em termos de quantidade ou de receita, requer a segmentação dos desembolsos operacionais (despesas e custos) em fixos e variáveis. Caso o plano de contas não tenha sido estruturado observando essa necessidade, haverá uma dificuldade adicional para o adequado cálculo do ponto de equilíbrio operacional. Nesse caso, antes deste, o plano de contas deve ser rearranjado para separar os itens em função da natureza do seu comportamento.

Além disso, como o cálculo do ponto de equilíbrio requer o conceito de margem de contribuição, esse é um forte argumento em favor do uso do custeio variável. Caso, no entanto, não tenha sido usado o custeio variável anteriormente, ainda assim é possível calcular o ponto de equilíbrio, desde que os elementos fixos sejam separados dos elementos variáveis, o que, naturalmente, implica esforço adicional.

O cálculo do ponto de equilíbrio pode ser ilustrado conforme o seguinte exemplo de fluxo de caixa:

QUADRO 30 – Exemplo de cálculo de receita de equilíbrio

CONTAS	VALORES
Receita operacional	R$225.000,00
Mercadorias linha A	R$115.000,00
Mercadorias linha B	R$110.000,00
Custos variáveis	R$101.250,00
Mercadorias para revenda	R$90.250,00
Fretes sobre aquisições	R$11.000,00
Despesas operacionais	R$103.850,00
Despesas fixas	R$36.350,00
Água	R$500,00
Energia elétrica	R$2.500,00
Material de higiene	R$450,00
Material de limpeza	R$650,00
Serviços de segurança	R$1.000,00
Serviços de limpeza	R$1.250,00
Telefonia	R$1.500,00

(continua)

CONTAS	VALORES
Terceirizados	R$3.500,00
Salários fixos	R$25.000,00
Despesas variáveis	R$67.500,00
Tributos sobre a venda	R$56.250,00
Comissões	R$11.250,00
RESULTADO OPERACIONAL	R$19.900,00

Para calcular a receita de equilíbrio operacional, basta aplicar a fórmula desenvolvida diretamente sobre os valores do fluxo de caixa operacional. O numerador da fórmula é dado pelos desembolsos operacionais fixos. No caso, é a soma dos custos fixos com as despesas fixas. No exemplo dado, não há custos fixos (provavelmente, trata-se de uma empresa comercial), mas despesas fixas no valor de R$36.350,00.

Para calcular a margem de contribuição total, usa-se a análise vertical, a partir da qual se descobre facilmente o percentual de custos variáveis e despesas variáveis. O percentual de custos variáveis é 45% (R$101.250/R$225.000), e o percentual de despesas variáveis é 30% (R$67.500/R$225.000). Como a margem de contribuição é a diferença entre as entradas operacionais e os desembolsos operacionais variáveis, admitindo que as receitas operacionais representam o todo (100%), a margem de contribuição é a diferença entre o todo e a parcela de desembolsos variáveis. Portanto, 25% (100% - 45% - 30%).

Alternativamente, a margem de contribuição percentual pode ser calculada partindo da margem de contribuição total, dada pela receita operacional total menos todos os desembolsos variáveis. Portanto, a margem de contribuição total do exemplo é R$56.250 (R$225.000 - R$101.250 - R$67.500). A margem de contribuição total dividida pela receita operacional total resulta na margem de contribuição percentual. Sendo assim, no exemplo, 25% (R$56.250/R$225.000).

Calculados esses elementos, pode-se determinar facilmente a receita de equilíbrio operacional. Basta dividir os desembolsos fixos operacionais totais (R$36.350) pela margem de contribuição percentual (25%), resultando em R$145.400.

Caso deseje averiguar se o cálculo está correto, basta fazer a simulação do resultado operacional com essa receita operacional. A receita operacional de R$145.400 e os desembolsos fixos de R$36.350 estão dados. Como os custos variáveis e as despesas variáveis são proporcionais ao nível de receita e essa proporcionalidade é dada respectivamente pelos percentuais 45% e 30%, seus valores serão R$65.430 e R$43.620.

ELABORAÇÃO E AVALIAÇÃO DE PLANOS DE NEGÓCIOS

Portanto, o resultado operacional a partir da receita operacional de R$145.400 é:

Receita operacional	R$145.400
Custos variáveis	- R$65.430
Despesas fixas	- R$36.350
Despesas variáveis	- R$43.620
Resultado operacional	= R$0,00

Percebe-se que, se o plano de contas tiver sido montado adequadamente, seguindo as orientações dadas anteriormente neste capítulo, e as formações dos valores das contas tiverem sido bem-feitas e fundamentadas, o cálculo do ponto de equilíbrio em termos de receita é realizado com relativa facilidade. Basta ter os valores dos fluxos de caixa operacionais lançados ou projetados em uma estrutura que separe os elementos de desembolso fixo dos de desembolso variável.

6.5.5. Análise custo-volume-lucro

Até então, foram definidas as estimativas de preço de venda e de quantidade vendida na seção mercadológica, e, nessa seção, determinaram-se os custos produtivos, respeitando o processo produtivo dado na seção estrutural.

Com essas informações, uma análise que pode ser realizada nesse ponto é a chamada custo-volume-lucro. Seu objetivo é estabelecer um quadro indicativo da importância relativa dos produtos/serviços ofertados pelo empreendimento. A partir dessa importância relativa, a análise identifica os produtos/serviços mais importantes por meio de um ranking. Seu desenvolvimento baseia-se no conceito de margem de contribuição total, típica do custeio variável.

Para explicar os passos dessa análise, veja o seguinte exemplo.

Uma empresa produzirá seis produtos descritos no quadro a seguir. A primeira coluna apresenta os produtos, e a segunda, a quantidade mensalmente vendida, que foi estimada na seção mercadológica. A terceira coluna mostra a estimativa do preço de venda, também fruto da seção mercadológica. Na última coluna, têm-se os custos variáveis ou diretos de cada um, estimados nessa seção.

Capítulo 6: Seção Financeira de Atividades Operacionais **155**

QUADRO 31 – Produtos vendidos pelo empreendimento

PRODUTO	QUANTIDADE VENDIDA	PREÇO DE VENDA	CUSTO VARIÁVEL UNITÁRIO
A	150	R$35,00	R$19,25
B	420	R$55,00	R$35,00
C	450	R$75,00	R$65,00
D	440	R$40,00	R$20,00
E	120	R$15,00	R$10,50
F	770	R$1,80	R$0,95

Uma primeira análise seria verificar a importância relativa dos produtos mediante a receita operacional total obtida em função de suas vendas. A receita operacional é dada pela multiplicação entre a quantidade vendida mensalmente e o preço de venda. O quadro a seguir representa o ranking obtido pela receita operacional total (segunda coluna), ordenado de maneira decrescente e cuja classificação é A, B ou C.

QUADRO 32 – Classificação ABC dos produtos pela receita total

PRODUTO	RECEITA TOTAL	AV%	AV% ACUMULADA	CLASSIFICAÇÃO
C	R$33.750,00	40,72%	40,72%	A
B	R$23.100,00	27,87%	68,59%	A
D	R$17.600,00	21,23%	89,82%	B
A	R$5.250,00	6,33%	96,16%	C
E	R$1.800,00	2,17%	98,33%	C
F	R$1.386,00	1,67%	100%	C
Total	R$82.886,00	100%		

Veja que o produto mais importante é o C, que apresenta receita de R$33.750,00, equivalente a 40,72% da receita operacional total. Esse percentual, dado na terceira coluna sob o nome de AV% (Análise Vertical), foi calculado pela divisão da receita total do produto pela receita operacional completa do empreendimento (receitas operacionais agregadas de todos os produtos), que foi de R$82.886,00. As demais linhas dessa coluna foram calculadas de maneira semelhante. A linha de total da coluna AV% deve ter o valor 100%, representando a totalidade das análises verticais dos produtos.

156 ELABORAÇÃO E AVALIAÇÃO DE PLANOS DE NEGÓCIOS

As colunas 4 e 5 são necessárias quando se deseja fazer uma categorização ABC dos elementos. A quarta coluna (AV% acumulada) representa o quanto da análise vertical está acumulado até o presente elemento. O produto C acumula 40,72% da receita operacional total. Conjuntamente, os produtos C e B acumulam 68,59% (40,72% do produto C mais 27,87% do produto B). Os produtos C, B e D, em conjunto, acumulam 89,82% da receita operacional total (40,72% de C, mais 27,87% de B e mais 21,23% de D). E assim sucessivamente até o último elemento que totaliza 100% (ou aproximadamente 100%, dependendo dos arredondamentos).

A quinta coluna é a classificação ABC propriamente dita. No exemplo, adotou-se uma categorização na qual os produtos A representam até 80% da receita operacional, os produtos B, entre 80% e 90%, e os C, os 10% remanescentes. Assim, a classificação ABC permite identificar a importância relativa dos elementos analisados, a partir da variável usada (receita operacional, no caso).

Pelo quadro, verifica-se que os produtos C e B são classificados como A, pois suas receitas operacionais acumulam 68,59% da receita total, dentro dos 80% da categoria A. O produto D é classificado como B, porque o percentual acumulado da receita operacional está entre 80% e 90% da receita total do empreendimento, dada pela AV% acumulada de 89,82%. Os demais produtos (A, E e F) são classificados como C, porque suas receitas operacionais acumulam os 10% restantes da receita operacional total, sendo, portanto, os que menos participam percentualmente da receita operacional total.

A análise conduzida apresenta um ranking dos produtos, classificando-os, em relação à receita operacional, de maneira decrescente. Com ele, tem-se, objetiva e facilmente, a indicação dos produtos mais "importantes" para a empresa, permitindo inclusive a categorização desse nível de relevância.

No entanto, a análise apresentada como tal não está completa. Perceba que ela não considerou o esforço necessário para disponibilizar os produtos ao mercado, mas somente o resultado desse esforço. Em termos financeiros, tal esforço é materializado por meio dos custos incorridos na geração dos produtos (ou serviços, quando for o caso), e esse elemento deveria ser incluído na análise, de maneira que se tenha uma verificação completa.

A necessidade de inclusão dos custos na análise decorre de algumas expectativas. Primeiro, os produtos podem ter margens de contribuição unitárias diferentes (e normalmente têm). Isso é função das diferentes taxas de marcação dos preços de venda, as quais dependem de aspectos mercadológicos que podem afetar diferentemente cada produto. Por exemplo, um produto que tenha poucos ou nenhum concorrente tende a ter uma precificação mais vantajosa para a empresa (preço relativo mais alto) do que aqueles que sofrem pressão concorrencial mais intensa (os preços adotados são relativamente menores). Além disso, é possível que determinados patamares de venda sejam atingidos mediante a aplicação de descontos mais fortes em determinados produtos do que em outros (isso faz sentido se a demanda do produto for elástica em relação ao preço).

Sendo assim, a maneira mais adequada de analisar a carteira de produtos do empreendimento não é se basear somente na receita operacional gerada, mas nessa receita comparada com o esforço de gerá-la. O quadro concebido com essa perspectiva é mais completo, considerando tanto o resultado (receita operacional) quanto o esforço (custos variáveis). O indicador que atende a esse requisito é a margem de contribuição.

Portanto, fazendo a classificação ABC por meio da margem de contribuição unitária dos produtos, que é dada pela diferença entre o preço de venda e o custo variável, tem-se o quadro a seguir:

QUADRO 33 – Classificação ABC dos produtos pela margem de contribuição unitária

PRODUTO	CONTRIBUIÇÃO UNITÁRIA	AV%	AV% ACUMULADA	CLASSIFICAÇÃO
B	R$20,00	28,13%	28,13%	A
D	R$20,00	28,13%	56,26%	A
A	R$15,75	22,15%	78,41%	A
C	R$10,00	14,06%	92,48%	C
E	R$4,50	6,33%	98,8%	C
F	R$0,85	1,2%	100%	C

Por essa análise, os produtos B e D passam a ser os mais importantes, pois suas contribuições unitárias são iguais a R$20,00 (R$55,00 - R$35,00 para o B e R$40,00 - R$20,00 para o D). O pior produto é o F, pois sua contribuição unitária é apenas R$0,85 (R$1,80 - R$0,95). A formação do quadro é similar ao de classificação ABC feito para a receita operacional, porém ordenando os produtos decrescentemente de acordo com o critério de contribuição unitária.

Apesar de incluir um elemento relevante, essa análise também não está completa. Perceba que ela não considerou a quantidade vendida de cada produto. Portanto, não levou em conta a escala (ou volume) de cada um deles na formação da contribuição total do empreendimento.

Pode-se estender essa análise para uma classificação ABC pela margem de contribuição total. Nela, a contribuição unitária foi multiplicada pela quantidade vendida, gerando a margem de contribuição total, a qual inclui a receita operacional total gerada pelo produto, seu custo de disponibilização e a escala de venda frente às contribuições totais dos demais produtos. O resultado é dado no quadro a seguir.

158 ELABORAÇÃO E AVALIAÇÃO DE PLANOS DE NEGÓCIOS

QUADRO 34 – Classificação ABC dos produtos pela margem de contribuição total (análise custo-volume-lucro)

PRODUTO	CONTRIBUIÇÃO TOTAL	AV%	AV% ACUMULADA	CLASSIFICAÇÃO
D	R$8.800,00	34,84%	34,84%	A
B	R$8.400,00	33,26%	68,1%	A
C	R$4.500,00	17,82%	85,92%	B
A	R$2.362,50	9,35%	95,27%	C
F	R$654,50	2,59%	97,86%	C
E	R$540,00	2,14%	100%	C
Total	R$25.257,00	100%		

Perceba que a contribuição total do empreendimento é R$25.257,00, dada pela soma das contribuições totais de cada produto. Essa contribuição total do empreendimento leva a uma margem de contribuição total de 30,47%, calculada pela divisão da contribuição total pela receita operacional total (R$25.257,00/R$82.886,00).

Esse quadro sintetiza a análise custo-volume-lucro. Ela nada mais é do que uma classificação ABC dos produtos feita por meio da margem de contribuição total que eles proporcionam ao empreendimento como variável relevante. Essa análise, como o nome sugere, considera o custo direto dos produtos e seu volume de venda na formação do resultado do empreendimento.

A análise custo-volume-lucro é uma importante ferramenta gerencial, pois permite a identificação mais adequada da importância relativa dos produtos. No ranking elaborado pela receita operacional total, por exemplo, não são contemplados o custo direto dos produtos, o que o torna incompleto para qualquer análise.

Outro quadro pode ser montado, resumindo as informações da análise custo-volume-lucro. Ele relaciona a quantidade dos produtos do empreendimento com suas contribuições totais, por categoria.

Capítulo 6: Seção Financeira de Atividades Operacionais

QUADRO 35 – Síntese da análise custo-volume-lucro

CLASSIFICAÇÃO	QUANTIDADE	QUANTIDADE %	CONTRIBUIÇÃO	CONTRIBUIÇÃO %
A	2	33,33%	R$17.200,00	68,1%
B	1	16,67%	R$4.500,00	17,82%
C	3	50%	R$3.557,00	14,08%
Total	6	100%	R$25.257,00	100%

A primeira coluna mostra as classificações adotadas. A segunda dá a quantidade de elementos por classificação. Há dois produtos classificados como A (D e B), um produto do tipo B (C) e três produtos classificados como C (A, F e E). A coluna seguinte calcula a quantidade de elementos por classificação em termos percentuais. Os produtos A representam 33,33% (2/6) do total de produtos. Os produtos B são 16,67% (1/6) da quantidade total e os produtos C são 50,00% (3/6).

A coluna seguinte soma as contribuições totais de cada produto componente de cada classificação. A categoria A totaliza contribuição de R$17.200,00 (R$8.800,00 + R$8.400,00), a categoria B, R$4.500,00 (R$4.500,00 do produto C) e, por fim, a categoria C, R$3.557,00 (R$2.362,50 + R$654,50 + R$540,00).

A última coluna mostra as participações percentuais das contribuições categorizadas no total. A maior contribuição é dos produtos classificados como A (68,1% = R$17.200,00/R$25.257,00). As contribuições percentuais seguintes são 17,82% (R$4.500/R$25.257,00) e 14,08% (R$3.557,00/R$25.257,00). Pode-se verificar, então, que 33,33% dos produtos são responsáveis por 68,1% da contribuição total. Esses produtos são categorizados como A. Também pode-se verificar que metade dos produtos representam apenas 14,08% da contribuição total (produtos da categoria C).

Uma última observação diz respeito à determinação das categorias. Elas podem ser estabelecidas de acordo com o interesse da análise gerencial. Não é necessário, inclusive, que sejam apenas três categorias, como o termo ABC sugere. Podem ser usadas mais de três categorias, como, por exemplo, ABCDE, com os percentuais 60%, 10%, 10%, 10% e 10%. O que deve ser observada é a necessidade prática de se adotar uma maior quantidade de categorias. Além disso, deve-se perceber que todos os itens do conjunto devem pertencer a uma única categoria e que nenhum deve ficar alijado, indicando que a soma dos percentuais de cada faixa deve ser 100%.

Capítulo 7
SEÇÃO FINANCEIRA DE ATIVIDADES DE INVESTIMENTO

Conforme percebido anteriormente, para que as atividades operacionais sejam realizadas, é necessário constituir fisicamente o empreendimento por meio da disponibilização de uma estrutura minimamente adequada, incluindo imóveis, equipamentos, bens de capital, veículos etc. Tais necessidades foram identificadas claramente na seção estrutural. Entretanto, para dispor de tais elementos, deve-se adquiri-los mediante a realização de desembolsos financeiros classificados como investimentos.

Ademais, não basta dispor de estrutura física para que a empresa funcione. É igualmente importante dar condições financeiras para que as atividades operacionais, incluindo as produtivas, sejam realizadas. Prover tais condições também se relaciona diretamente com investimentos necessários a qualquer negócio.

Este capítulo aborda a seção do plano que é direcionada aos reflexos financeiros projetados em decorrência das atividades de investimento, reinvestimento e desinvestimento que uma empresa deve fazer ao longo de sua trajetória. Esta seção é essencial ao plano de negócio, pois, ao final dela, tem-se a projeção dos fluxos de caixa que refletem as atividades de investimento, por meio das quais ele será estruturado e terá condições de funcionar.

Inicialmente, o capítulo apresenta os objetivos desta seção. Em seguida, são explicados os tipos de investimentos conforme os usos: ativos tangíveis, ativos intangíveis e capital de giro. Em seguida, são abordados os reinvestimentos necessários à manutenção das capacidades produtiva e operacional do empreendimento, bem como, se for o caso, ao aumento dessas capacidades. O capítulo encerra com a apresentação dos produtos finais típicos desta seção.

7.1. OBJETIVOS

Para que qualquer empreendimento funcione plenamente, realizando de maneira integral todas as atividades operacionais, tanto as produtivas quanto as administrativas, ele deve contar com uma estrutura física minimamente adequada, conforme discutido na seção estrutural. Outrossim, é igualmente importante que a estrutura física seja renovada e se mantenha atualizada, de forma que o nível de atividade do empreendimento não se deteriore com o passar do tempo.

Além disso, a empresa deve dispor de recursos financeiros suficientes e imprescindíveis à viabilização de todo o funcionamento operacional, assegurando a capacidade apropriada à execução das atividades. Caso não haja recursos financeiros suficientes, na melhor das hipóteses, o nível de atividade da empresa será aquém do que poderia alcançar; na pior, torna-se inviável.

Logicamente, dispor da estrutura física e dos recursos financeiros cruciais ao funcionamento da empresa implica movimentações financeiras vultosas, tanto na fase de estruturação da empresa quanto na de operação. Na primeira, são necessários investimentos para providenciar todos os ativos tangíveis que consubstanciarão o empreendimento e, também, investimentos em capital de giro, para permitir que as atividades operacionais funcionem plenamente.

Usando uma analogia simplista, pense na necessidade de prover um meio de transporte para sua família. Uma alternativa seria comprar um veículo. O desembolso necessário para comprá-lo poderia ser classificado como investimento em ativo fixo. Contudo, o efetivo usufruto desse ativo somente será alcançado se a família tiver recursos para comprar o combustível necessário ao seu transporte. Sem esse combustível, o veículo não funcionará, e a família não conseguirá se deslocar.

Em uma empresa, há de se perceber algo parecido. Não adianta investir somente nos ativos tangíveis, disponibilizando imóveis, equipamentos, veículos, entre tantos outros. Além do investimento nesses itens, devem ser feitos investimentos no "combustível" essencial ao funcionamento de todos esses elementos. Somente assim, a empresa efetivamente entrará em operação. Sem o chamado capital de giro, as engrenagens do empreendimento não se moverão.

Naturalmente, por mais que os ativos fixos da empresa (e o veículo da família) se beneficiem de esforços periódicos em manutenções preventivas e corretivas, em algum momento, eles terão que ser trocados. Caso não o sejam, a capacidade de operação do empreendimento (e a capacidade de deslocamento do veículo da família) é prejudicada. Essas trocas têm contrapartidas financeiras na forma de reinvestimentos, os quais são objeto de análise nesse contexto.

Tais trocas dos ativos da empresa (e do veículo da família) podem provocar outro tipo de movimentação financeira. Os ativos substituídos (e o veículo antigo da família) podem ser vendidos para interessados neles. Caso isso ocorra, haverá uma receita não operacional decorrente de um desinvestimento.

A presente seção objetiva projetar o fluxo de caixa decorrente das atividades de investimento, por meio da expectativa dos investimentos e reinvestimentos necessários, respectivamente, ao funcionamento inicial do empreendimento e à sua continuidade. Sem tais investimentos, não há como estruturar a empresa nem prover os meios indispensáveis ao seu funcionamento operacional.

Capítulo 7: Seção Financeira de Atividades de Investimento

Outro objetivo desse estudo é identificar em que momentos serão feitos os reinvestimentos para permitir que o empreendimento continue funcional e não perca oportunidades de mercado. Nesse contexto, devem ser previstos os valores dos desembolsos com esses reinvestimentos e os valores residuais de mercado que eventualmente a empresa terá pela venda dos ativos a serem substituídos.

Para tanto, é fundamental classificar os tipos de investimento existentes e apresentar suas características em termos de fluxo de caixa. Com isso, podem ser identificadas as maneiras de projetar os fluxos de caixa relacionados a cada um deles.

7.2. TIPOS DE INVESTIMENTOS

Tipicamente, há três tipos de investimento necessários a uma empresa: ativos tangíveis (ou fixos), ativos intangíveis e capital de giro. O plano de negócio deve contemplá-los, mas de maneira segmentada. Primeiro, porque seus propósitos e formas de quantificar diferem. Segundo, porque algumas fontes de recurso (apresentadas na seção seguinte) são específicas para determinado tipo de investimento, o que induz à projeção separada. Finalmente, porque o tratamento dado ao valor residual é diferente para ativos fixos e para capital de giro.

As seções seguintes apresentam esses tipos de investimento.

7.2.1. Ativos tangíveis

Ativos tangíveis ou fixos são aqueles que têm forma física, que podem ser tocados. Como exemplo, podem ser citados imóveis, veículos, equipamentos, bens de capital, móveis, computadores, entre outros.

A necessidade desses ativos é mostrada na seção estrutural, na qual foram determinados alguns cronogramas associados a eles direta ou indiretamente. Dentre eles, o cronograma físico de incorporação dos ativos apresenta o momento em que cada ativo fixo será necessário por ocasião da estruturação inicial do empreendimento. Na presente seção, especificamente sobre os ativos fixos tangíveis, deve-se projetar o espelho financeiro desse cronograma físico. Tal representação, chamada de cronograma financeiro, mostra em quais momentos ocorrerão os fluxos de caixa necessários à aquisição dos ativos fixos.

O reflexo financeiro, no entanto, não se restringe ao momento de estruturação física inicial. Como visto na seção estrutural, há de se prever as necessidades de substituição dos ativos fixos em decorrência de suas vidas úteis. Assim, diante de tais substituições estimadas no cronograma físico de substituição dos ativos, seus reflexos financeiros também devem ser projetados. Analogamente, se houver necessidade de ampliar a capacidade operacional do empreendimento, que deve estar expressa no cronograma de novas incorporações e novas substituições, seus reflexos financeiros também devem ser projetados.

O esquema gráfico a seguir sugere que, para sair dos cronogramas físicos contidos na seção estrutural e chegar ao cronograma financeiro, devem ser agregadas algumas informações, como o preço de compra do ativo, o prazo de entrega, a forma de pagamento, os critérios de reajuste (nos casos de substituição e de novas incorporações) e os eventuais valores residuais dos ativos substituídos. Portanto, para cada elemento identificado a ser incorporado como ativo fixo, devem ser coletadas essas informações.

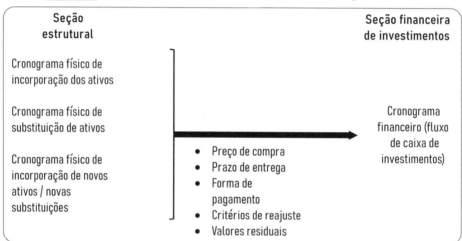

FIGURA 24 – Geração do cronograma financeiro a partir dos cronogramas físicos

Utilizando o exemplo apresentado no capítulo sobre a seção estrutural, no qual é projetado um cronograma físico de incorporação de ativos, pode-se montar um cronograma financeiro para ilustrar esse ponto. A partir daquele cronograma físico, devem ser coletadas informações sobre os preços de aquisição de cada ativo e as formas de pagamento. O quadro a seguir mostra essas informações.

QUADRO 36 – Informações sobre as condições de aquisição dos ativos

ATIVO	FORMA DE PAGAMENTO	MÊS DE COMPRA	QTD.	PREÇO UNITÁRIO	PREÇO TOTAL
Cadeira – administrador(a)	0, 30 e 60 dias	8	1	R$250,00	R$250,00
Cadeira – interlocutor	0, 30 e 60 dias	8	2	R$175,00	R$350,00
Computador – administrador(a)	30 dias	7	1	R$2.750,00	R$2.750,00
Mesa – administrador(a)	0, 30 e 60 dias	8	1	R$300,00	R$300,00
Ar-condicionado 12 mil BTUs	à vista	7	1	R$1.500,00	R$1.500,00

(continua)

Capítulo 7: Seção Financeira de Atividades de Investimento — 165

ATIVO	FORMA DE PAGAMENTO	MÊS DE COMPRA	QTD.	PREÇO UNITÁRIO	PREÇO TOTAL
Armário de arquivo	0, 30 e 60 dias	8	1	R$850,00	R$850,00
Bebedouro	30, 60 e 90 dias	8	1	R$500,00	R$500,00
Cadeira - interlocutor	0, 30 e 60 dias	8	2	R$175,00	R$350,00
Cadeira - secretário(a)	0, 30 e 60 dias	8	1	R$200,00	R$200,00
Computador - secretário(a)	30 dias	8	1	R$2.750,00	R$2.750,00
Impressora	30 dias	8	1	R$450,00	R$450,00
Máquina de café	30, 60 e 90 dias	8	1	R$75,00	R$75,00
Mesa - secretário(a)	0, 30 e 60 dias	8	1	R$300,00	R$300,00
Sofá de 3 lugares	0, 30 e 60 dias	8	1	R$750,00	R$750,00
Telefone	30, 60 e 90 dias	8	1	R$60,00	R$60,00
Ar-condicionado 24 mil BTUs	à vista	7	1	R$2.750,00	R$2.750,00
Cadeira - professor(a)	0, 30 e 60 dias	8	1	R$250,00	R$250,00
Carteiras - alunos	0, 30 e 60 dias	8	50	R$235,00	R$11.750,00
Computador - professor(a)	30 dias	7	1	R$2.750,00	R$2.750,00
Mesa - professor(a)	0, 30 e 60 dias	8	1	R$300,00	R$300,00
Projetor	30 dias	7	1	R$2.500,00	R$2.500,00
Quadro branco	30 e 60 dias	7	1	R$450,00	R$450,00
Tela de projeção	30 e 60 dias	7	1	R$500,00	R$500,00

A primeira coluna lista os ativos; a segunda, as formas de pagamento; a terceira, o mês da compra, considerando quando o cronograma físico aponta a necessidade de dispor cada ativo; e as demais colunas indicam as quantidades de cada ativo, seus preços unitários e os preços totais.

Com tais informações, é possível montar o cronograma financeiro decorrente dessa necessidade de ativos fixos. Para cada um, é projetado o fluxo de caixa a partir de sua aquisição, de acordo com o preço definido, considerando a forma de pagamento apropriada. O cronograma financeiro apresentado no quadro a seguir foi montado em bases mensais, uma vez que os fluxos de caixa serão projetados nessa referência temporal.

ELABORAÇÃO E AVALIAÇÃO DE PLANOS DE NEGÓCIOS

QUADRO 37 – Cronograma financeiro de aquisição de ativos em bases mensais

ATIVO	7	8	9	10	11
Cadeira - administrador(a)		R$83,33	R$83,33	R$83,33	
Cadeira - interlocutor		R$116,67	R$116,67	R$116,67	
Computador - administrador(a)		R$2.750,00			
Mesa - administrador(a)		R$100,00	R$100,00	R$100,00	
Ar-condicionado 12 mil BTUs	R$1.500,00				
Armário de arquivo		R$283,33	R$283,33	R$283,33	
Bebedouro			R$166,67	R$166,67	R$166,67
Cadeira - interlocutor		R$116,67	R$116,67	R$116,67	
Cadeira - secretário(a)		R$66,67	R$66,67	R$ 66,67	
Computador - secretário(a)			R$2.750,00		
Impressora			R$450,00		
Máquina de café			R$25,00	R$25,00	R$25,00
Mesa - secretário(a)		R$100,00	R$100,00	R$100,00	
Sofá de 3 lugares		R$250,00	R$250,00	R$250,00	
Telefone			R$20,00	R$20,00	R$20,00
Ar-condicionado 24 mil BTUs	R$2.750,00				
Cadeira - professor(a)		R$83,33	R$83,33	R$83,33	
Carteiras - alunos		R$3.916,67	R$3.916,67	R$3.916,67	
Computador - professor(a)		R$2.750,00			
Mesa - professor(a)		R$100,00	R$100,00	R$100,00	
Projetor		R$2.500,00			
Quadro branco		R$225,00	R$225,00		
Tela de projeção		R$250,00	R$250,00		
Total	R$4.250,00	R$13.691,67	R$9.103,33	R$5.428,33	R$211,67

Esse quadro reflete o fluxo de caixa projetado decorrente da aquisição de ativos fixos para a estruturação inicial do empreendimento. Caso todas as aquisições fossem feitas à vista, os cronogramas físico e financeiro seriam iguais. No entanto, essa hipótese parece pouco provável na prática.

A lógica utilizada para transformar o cronograma físico de incorporação inicial de ativos no cronograma financeiro (fluxo de caixa) também deve ser utilizada de maneira semelhante para os demais cronogramas físicos (substituição de ativos e incorporação de novos ativos). Porém, em relação às substituições e às novas incorporações, os reajustes sobre os preços de aquisição e os valores residuais dos ativos substituídos devem ser levados em conta.

As substituições dos ativos nas épocas indicadas na seção estrutural refletem financeiramente saídas de caixa, as quais devem considerar eventuais variações no preço de compra do ativo. Para tanto, devem ser estipulados critérios de reajuste para os preços de compra futuros. Caso isso não seja considerado, a projeção dos fluxos de reinvestimento será subdimensionada, conduzindo a um erro de avaliação.

Com relação aos valores residuais, alguns ativos poderão ter valor de mercado relevante no futuro. Caso o tenham, tais valores devem ser projetados como entradas de caixa não operacionais na época da substituição. Esses valores positivos gerados pela venda dos ativos substituídos servirão para "ajudar" o pagamento dos ativos novos.

Por fim, de modo geral, esse fluxo de caixa deve ser expresso em termos mensais. Isso porque deve haver compatibilidade com os demais fluxos de caixa projetados nessa e nas outras seções, permitindo a consolidação necessária à avaliação de viabilidade do empreendimento. Deve-se atentar, contudo, para a sugestão feita na seção estrutural em relação ao horizonte temporal adotado para os cronogramas de substituição e de novas incorporações. Na ocasião, foi sugerido o uso de referências anuais, com o objetivo de facilitar sua elaboração. Aqui, no entanto, a referência temporal deve ser mensal, requerendo uma estimativa mais detalhada.

7.2.2. Ativos intangíveis

Os ativos intangíveis têm como característica principal sua imaterialidade, pois eles não se apresentam na forma de um bem físico. Ainda assim, podem conferir retornos extraordinários ao empreendimento, tendo, portanto, um valor intrínseco relevante e devendo ser objeto de análise no plano de negócio.

Ativos intangíveis são essenciais em muitos empreendimentos, sobretudo os fortemente dependentes de tecnologia. Estas, cuja atividade utiliza fundamentalmente inovações, costumam ter nos ativos intangíveis suas maiores fontes geradoras de valor, ao contrário de empreendimentos que não agregam tecnologia de ponta em seus produtos/serviços. Por isso, empresas de tecnologia de informação, prestação de serviços especializados, biotecnologia, energias alternativas, entre outras são exemplos de empresas que dependem fortemente de ativos intangíveis para gerar valor.

Como exemplos de ativos intangíveis podem ser citados processos produtivos inovadores, patentes, capital intelectual, marca, softwares inovadores etc. Para que o empreendimento disponha de tais ativos, certamente foram necessários desembolsos com capacitação de pessoal, contratação de mão de obra qualificada, pesquisa e desenvolvimento de produtos/serviços/tecnologias, ações mercadológicas, entre tantos outros que, não raro, representam saídas de caixa vultosas, com alta representatividade no fluxo de caixa.

Tipicamente, não há uma fonte única de geração de ativos intangíveis. Em verdade, ela decorre de vários esforços coordenados que envolvem simultaneamente custos, despesas e investimentos, cujos resultados conferem valores que são adicionados ao empreendimento. A criação de uma marca forte, por exemplo, decorre de esforços diversos, tais como ações mercadológicas de divulgação da marca, criação de uma cultura organizacional forte, participação do empreendimento em iniciativas sociais de destaque, participações em eventos científicos e comerciais, associação da marca a conceitos valorizados pelos clientes e fornecedores etc. A criação de tecnologias inovadoras, por sua vez, depende do investimento que se faz em pesquisa e desenvolvimento, pesquisas de mercado, capacitação de pessoal, criação de uma cultura interna de inovação etc.

Dessa forma, percebe-se claramente que a maneira de projetar os ativos intangíveis deve ser distinta da empregada para projetar os tangíveis. Diferentemente dos ativos tangíveis, os quais, para serem adquiridos, "basta" identificar um fornecedor e realizar a compra, os intangíveis não podem ser "comprados" imediatamente de um fornecedor (salvo situações como, por exemplo, a compra de patentes e de direitos de uso de marcas já consolidadas). Além disso, os ativos intangíveis são oriundos de diversos esforços, que podem ocorrer durante um longo período, justificando o uso de diferentes abordagens para a sua projeção.

Para evidenciar a geração de ativos intangíveis no plano de negócio, os esforços financeiros devem ser projetados. Sendo assim, na seção financeira das atividades operacionais e nesta seção de investimentos, elementos de desembolso que estejam associados à busca e à criação de ativos intangíveis devem ser explicitados e explicados, uma vez que os reflexos financeiros permeiam tanto o fluxo de caixa operacional quanto o fluxo de caixa de investimentos. Como não há uma linha única que evidencie a aquisição do ativo intangível, o conjunto de contas e movimentações financeiras necessárias à criação do ativo intangível deve ser claramente identificado.

7.2.3. Capital de giro

Estruturado o empreendimento, quando da incorporação de todos os ativos fixos essenciais às atividades produtivas e administrativas, será necessário disponibilizar recursos financeiros para permitir o funcionamento da empresa, ou seja, a execução das atividades operacionais. Esses recursos financeiros são chamados de capital de giro ou de trabalho.

Tipicamente, tais atividades acontecem em ciclos que se repetem de maneira contínua. Portanto, esse capital deve ficar alocado nas atividades recorrentes do empreendimento, a fim de mantê-las em operação. A noção que se tem é a de que o capital "circula" ao longo da execução das atividades operacionais, uma vez que, a partir do formato de caixa disponível, ele assume diferentes formatos em diferentes momentos (estoque de mercadorias para revenda, estoque de matérias-primas, estoque de produtos acabados ou duplicatas a receber), retornando ao formato original de caixa disponível. A figura a seguir ilustra esse comportamento cíclico em uma empresa industrial:

FIGURA 25 – Comportamento cíclico de uma empresa industrial

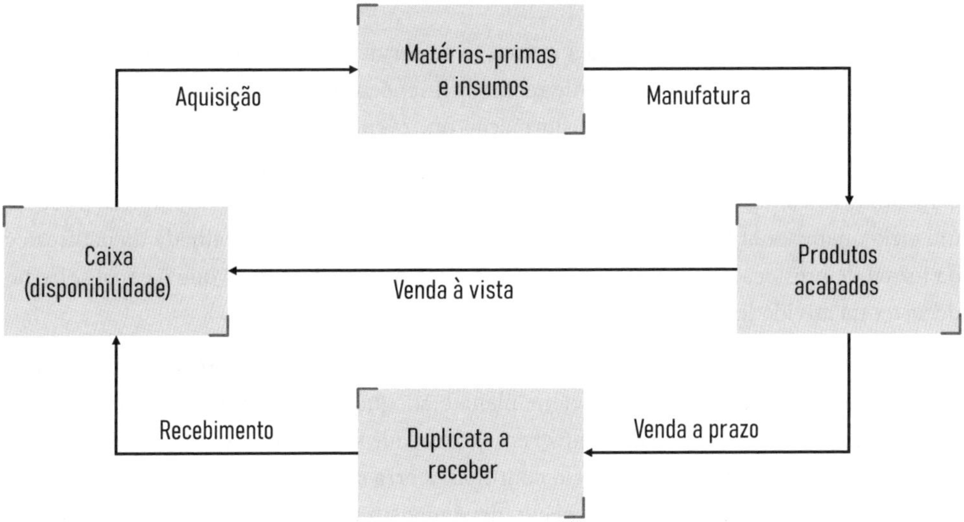

A princípio, a partir da disponibilidade de caixa, o empreendimento adquire as matérias-primas e insumos necessários para manufaturar os produtos acabados. Portanto, parte do caixa transformou-se em matérias-primas e insumos (o saldo de caixa diminuiu, e o saldo do estoque de matérias-primas e insumos aumentou). Após a execução do processo produtivo, no qual houve uma manufatura, o saldo de matérias-primas e insumos diminuiu, e o de produtos acabados aumentou. Parte do capital de giro que estava na forma de estoque de matérias-primas e insumos transformou-se em estoque de produtos acabados.

ELABORAÇÃO E AVALIAÇÃO DE PLANOS DE NEGÓCIOS

Em algum momento, os produtos acabados são vendidos aos clientes, o que pode ser feito à vista ou a prazo. No primeiro caso, os produtos acabados transformam-se imediatamente em caixa (saldo de produtos acabados diminui, e saldo de caixa aumenta). No segundo, os produtos acabados transformam-se em duplicatas a receber pelo período acertado no momento da venda (saldo de produtos acabados diminui, e o de duplicatas a receber aumenta). Após esse período, quando o cliente liquidar o título, este se transformará em caixa disponível (saldo de duplicatas a receber diminui, e o de caixa aumenta).

Após o recebimento do cliente, seja à vista ou a prazo, o caixa gerado retorna ao estado inicial, e parte dele é utilizada para reiniciar o ciclo operacional do empreendimento. Esse ciclo operacional acontece continuamente no empreendimento industrial, enquanto ele estiver em funcionamento. O capital usado para fazer esse ciclo funcionar é chamado capital de giro.

Em um empreendimento comercial, esse ciclo também ocorre. Entretanto, não existe o processo de manufatura. Com caixa disponível, são adquiridas mercadorias que serão revendidas em algum momento. Há, nesse caso, a transformação de caixa em mercadoria para revenda, depois em uma conta a receber (se a venda for a prazo) e, por fim, em caixa novamente.

Em empresas cuja atividade seja a prestação de serviços, também é observado um ciclo operacional que indica a circulação de recursos financeiros. Ainda que não haja a compra e a estocagem de produtos para transformação ou revenda, o empreendimento pode usar determinados insumos, os quais devem ser adquiridos, eventualmente estocados e usados/consumidos ao longo da prestação do serviço. De toda forma, esse tipo de empresa pode ter um ciclo operacional bem definido, sendo possível, após a análise detalhada da natureza e da forma de prestação do serviço, identificar o ciclo de transformação que o caixa sofre no decorrer da atividade.

Independentemente do tipo de empreendimento (industrial, comercial ou de serviço), para que esse ciclo operacional funcione plena e adequadamente, sem que haja qualquer interrupção, deve haver caixa disponível em quantidade suficiente. Assim, o capital de giro incorporado deve ser tal que esse ciclo contínuo ocorra sem falhas. A seção financeira das atividades de investimento, nesse aspecto, deve mensurar a quantidade de capital de giro necessária para permitir a execução plena do ciclo operacional. Um dos objetivos dessa seção é mensurar o nível de investimento em capital de giro.

Deve-se ressaltar que o capital de giro não desaparece se a operação for lucrativa. Ele apenas muda de formato ao longo da atividade operacional. Inicialmente, ele está disponível no formato mais líquido (caixa). Em seguida, é utilizado para comprar mercadorias destinadas à revenda (empreendimento comercial), matérias-primas (empreendimento industrial) ou insumos (empreendimento prestador de serviço), transformando-se nesses itens. Em seguida, quando a mercadoria (empreendimento comercial), o produto acabado (empreendimento industrial) ou o serviço (empreendimento prestador de serviço) é vendido, ele se transforma em uma conta a receber (caso a venda tenha sido feita a prazo). Por fim, após o recebimento do cliente, o capital de giro volta ao seu formato original (caixa), permitindo que ele retorne à operação para viabilizar outro ciclo. Caso ela tenha sido lucrativa, essa etapa final gera um nível de caixa maior do que o inicial. O nível de capital de giro necessário para viabilizar a atividade operacional deve continuar no ciclo seguinte, enquanto o excedente de caixa pode ser usado para outros fins.

Uma forma de perceber a necessidade de investimento em capital de giro é analisar os prazos médios das atividades operacionais realizadas pelo empreendimento. Observe a figura a seguir, que ilustra atividades operacionais típicas em um empreendimento comercial:

FIGURA 26 – Atividades operacionais de um empreendimento comercial

A linha horizontal representa o tempo, e os tópicos assinalados acima dela indicam eventos ligados à atividade operacional de um empreendimento comercial. No primeiro momento, é feito ao fornecedor o pedido de uma mercadoria para revenda, que é recebida após determinado período. Admitindo que o fornecedor conceda certo prazo para que a empresa pague pela mercadoria, a duplicata será paga a ele em data futura. Em certa data, antes ou depois do pagamento ao fornecedor, a mercadoria é vendida para um cliente que, no exemplo, é beneficiado com prazo para pagar por essa aquisição. Decorrido esse prazo, a empresa recebe o recurso decorrente da venda.

Alguns prazos são claramente identificados nessa sequência de ações. O primeiro é chamado prazo de pagamento, que contempla desde o recebimento da mercadoria até a data de pagamento ao fornecedor. O outro prazo relevante é o período em que a mercadoria fica estocada antes de ser vendida, mostrando o quão eficiente a empresa é no gerenciamento dos seus estoques. O último prazo identificado é o que contempla desde a venda da mercadoria até o recebimento por parte do cliente, indicando quantos dias o empreendimento concede aos seus consumidores para que estes paguem os títulos. A figura a seguir ilustra esses prazos:

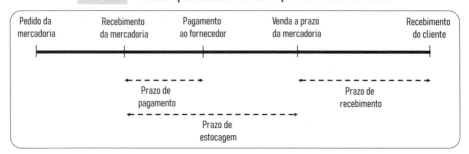

FIGURA 27 - Prazos operacionais em um empreendimento comercial

Ressalta-se que, como há várias mercadorias, esses prazos são assumidos como médios. Eles são calculados mais eficientemente por meio de sistemas de informação, os quais podem estimá-los de maneira mais adequada, sobretudo quando se tem uma extensa carteira de mercadorias. De toda forma, um problema dessa abordagem é a eventual representatividade dos valores médios. Talvez, os valores médios não representem adequadamente todas as mercadorias, admitindo que algumas podem ter comportamentos bem díspares em termos de prazo. Algumas podem girar muito mais rapidamente do que outras, que ficam muito tempo em estoque antes de serem vendidas.

Dois conceitos relacionados a esses prazos podem ser apresentados. O primeiro é o conceito de ciclo operacional, que é o período decorrido desde a chegada da mercadoria até o efetivo recebimento pela sua venda. Esse ciclo indica o fechamento completo da atividade operacional do empreendimento, no qual o caixa operacional é transformado nas várias formas do capital circulante e retorna ao formato de caixa (elemento mais líquido do ativo circulante). Ele é calculado pela soma dos prazos médios de estocagem e de recebimento (CO = PME + PMR).

O outro ciclo relevante que pode ser observado no esquema gráfico é o ciclo financeiro ou de caixa. Ele evidencia o prazo decorrido entre os fluxos de caixa da atividade operacional. Portanto, abrange desde o pagamento ao fornecedor (saída efetiva de caixa) até o recebimento proveniente do consumidor (entrada efetiva de caixa). Ele é calculado por meio da soma dos prazos médios de estocagem e de recebimento menos o prazo médio de pagamento (CF = PME + PMR - PMP). A figura a seguir apresenta esses dois ciclos:

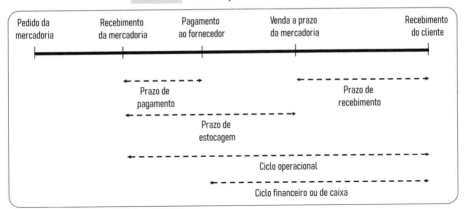

FIGURA 28 – Ciclos operacional e financeiro

Ainda analisando a figura das atividades operacionais, percebe-se que, pelos prazos apresentados, o empreendimento deve pagar o fornecedor antes de receber do cliente. A figura a seguir ilustra isso:

FIGURA 29 – Movimentação financeira decorrente dos prazos operacionais

Sendo esse o caso, perceba que, antes de haver a entrada de caixa decorrente da venda da mercadoria, o empreendimento deve fazer o pagamento ao fornecedor. Assim, a empresa deve dispor de capital suficiente para permitir a realização das suas atividades operacionais durante o período do ciclo financeiro no montante indicado pela seta apontada para baixo. Caso não disponha desse capital, a operação não funcionará plenamente. Decorre disso, portanto, a necessidade de investimento em capital de giro.

Compreendida essa explicação, um esforço que os gestores devem fazer para minimizar o tempo do ciclo financeiro, o que é possível por meio da otimização dos prazos médios (redução dos prazos de estocagem e de recebimento e aumento do prazo de pagamento). Caso o esforço seja bem-sucedido, a necessidade de capital de giro diminuirá, uma vez que o tempo decorrido entre o pagamento e o recebimento diminui.

Indo além, se o recebimento dos clientes ocorrer antes ou ao mesmo tempo em que o pagamento aos fornecedores, essa necessidade de capital de giro desaparece. Tal situação seria a mais interessante no que concerne ao capital de giro, pois, em tese, não haverá necessidade de se investir nesse elemento.

Além de evidenciar se há ou não necessidade de capital de giro para viabilizar a atividade operacional do empreendimento, os prazos médios podem auxiliar na mensuração dessa necessidade, conforme explicado a seguir.

Como visto, os prazos médios permitem o cálculo do ciclo financeiro, que é dado pelo tempo em que a mercadoria fica estocada antes de ser vendida (prazo médio de estocagem) mais o tempo necessário para que a conta a receber seja liquidada (prazo médio de recebimento) menos o tempo concedido pelo fornecedor para que o empreendimento pague pela mercadoria ou matéria-prima (prazo médio de pagamento). Calculado o ciclo financeiro, sabe-se que, a cada ciclo, o capital de giro retorna ao seu formato original (caixa disponível) e é reconduzido à operação para viabilizar o ciclo seguinte, o que permite que empreendimento funcione continuamente.

Sendo assim, em um período de um ano, por exemplo, é possível calcular quantos ciclos financeiros serão realizados. Basta dividir a quantidade de dias de um ano pelos dias do ciclo financeiro. A quantidade de ciclos financeiros em um período é chamada giro de caixa, indicando quantas vezes o capital de giro é renovado em determinado período (normalmente, um ano).

Calculado o giro de caixa, pode-se estimar o capital de giro por meio de um raciocínio simples. A cada início de ciclo financeiro, o empreendimento deve ter caixa suficiente para viabilizá-lo. Portanto, se tivermos a indicação de quanto será o total de desembolsos operacionais (despesas e custos) ao longo de um ano, basta coletar esse valor e dividi-lo pela quantidade de vezes que o capital de giro é renovado no ano (giro de caixa). O resultado dessa divisão indica o quanto será necessário no início de cada ciclo financeiro, uma vez que, ao longo desse período, espera-se destinar esse valor a despesas e custos.

Para exemplificar, admita que um empreendimento tenha prazo médio de pagamento aos fornecedores (PMP) de 30 dias, prazo médio de recebimento dos clientes (PMR) de 45 dias e prazo médio de estocagem dos produtos (PME) de 40 dias. Seu ciclo financeiro é de 55 dias (PME + PMR - PMP = 40 + 45 - 30). Nesse caso, o empreendimento financia sua operação durante 55 dias, requerendo capital de giro compatível com esse prazo.

Com esses dados, pode-se estimar a necessidade de capital de giro para financiar a operação durante certo período. Admita, ainda nesse exemplo, que a totalidade dos desembolsos operacionais (custos e despesas) desse empreendimento para o período de um ano seja R$1 milhão (essa informação advém da seção financeira das atividades operacionais).

Em seguida, deve-se calcular o giro de caixa durante o período de um ano, no qual o desembolso operacional estimado é de R$1 milhão. O giro de caixa expressa o número de vezes que o caixa operacional do empreendimento é renovado, dado seu ciclo de caixa. O giro de caixa é calculado por meio da divisão do número de dias no período de um ano pelo ciclo de caixa calculado a partir dos prazos médios. No exemplo, o giro de caixa do

Capítulo 7: Seção Financeira de Atividades de Investimento · 175

empreendimento é de 6,55 vezes (360/55), o que significa que o caixa operacional se renova 6,55 vezes ao longo de um ano. Em outras palavras, durante o ano, ocorrem 6,55 ciclos financeiros e, dessa forma, o caixa inicia e volta a ser caixa 6,55 vezes no período de um ano.

Se o caixa se renova nessa frequência, o capital de giro necessário para financiar os desembolsos operacionais deve ser compatível com esse comportamento. Calcula-se a necessidade de investimento em capital de giro a partir da divisão do desembolso operacional total do período em análise pelo giro de caixa. Com esse recurso disponibilizado no início do período, espera-se que o empreendimento funcione adequadamente. No exemplo, a necessidade estimada do capital de giro é de R$152.777,78 (R$1.000.000,00/6,55).

Perceba que R$152.777,78 é o capital necessário para suportar a operação ao longo de um ciclo financeiro. Ao final desse ciclo, se a operação for lucrativa, o saldo de caixa será maior do que R$152.777,78. Para que o empreendimento funcione plenamente no ciclo seguinte, os R$152.777,78 devem ser mantidos em caixa, viabilizando a realização do ciclo seguinte.

Uma forma de reduzir essa necessidade de capital de giro é diminuindo o nível de desembolso operacional do período ou modificando os prazos médios componentes do ciclo financeiro. Admitindo que o desembolso operacional total não possa ser alterado, o que implica reduzir o nível de atividade do empreendimento, resta analisar os prazos médios determinantes do ciclo de caixa.

Com relação ao PMP, quanto mais tempo o fornecedor do produto conceder para o pagamento das duplicatas, melhor será para o empreendimento, pois o ciclo de caixa será reduzido. Consequentemente, o giro de caixa aumenta, e a necessidade de capital de giro é reduzida. Do ponto de vista do PMR, se o empreendimento conseguir reduzir os prazos concedidos para recebimento dos clientes, essa situação também reduzirá o ciclo de caixa, com as mesmas consequências descritas anteriormente. Por último, seguindo o mesmo raciocínio, o PME deve ser minimizado o quanto for possível, a fim de diminuir a necessidade de investimento em capital de giro.

No exemplo dado, admita que a empresa, após uma reorganização dos sistemas de controle, consiga reduzir o prazo médio de estocagem para 35 dias. Nesse caso, o ciclo de caixa passa para 50 dias (45 + 35 - 30), e o giro de caixa, para 7,20 vezes (360/50). O capital de giro necessário no início do período será de R$138.888,89 (R$1.000.000,00/7,20). Houve redução de R$13.888,89 (R$152.777,78 - R$138.888,89) na necessidade de capital de giro, dada a diminuição de 5 dias no prazo médio de estocagem.

Portanto, pode-se concluir que, quanto maior for o ciclo financeiro de uma empresa, maior será a necessidade de investimento em capital de giro para suportar a operação. Se o empreendimento for planejado de forma a minimizar esse ciclo financeiro, menor será essa necessidade de investimento, gerando benefícios financeiros.

Uma maneira de verificar o impacto da alta necessidade de capital de giro é por meio do seu custo de financiamento. Admita, hipoteticamente, que, para financiar o capital de giro, o empreendimento terá que levantar esses recursos junto a um banco que cobra 10% ao ano. Na primeira situação, em que a necessidade de capital de giro é R$152.777,78, o custo do financiamento ao final de um ano será de R$15.277,78. Na segunda, em que houve redução da necessidade do capital de giro para R$138.888,89, esse custo financeiro anual cai para R$13.888,89, representando diminuição de 9,09% no custo desse financiamento.

Portanto, reduzir a necessidade de capital de giro sem comprometer o funcionamento da empresa é uma meta bastante interessante para os gestores. Esse esforço traz relevantes benefícios financeiros, na medida em que diminui necessidades de investimentos e, por consequência, de financiamento.

Contudo, deve-se ter em mente que, em termos pragmáticos, há uma série de limitadores para a alteração desses prazos médios. Normalmente, os prazos médios de pagamento e de recebimento seguem práticas de mercado possivelmente bem estabelecidas. Se o mercado tiver bom nível de competição, certamente, o empreendimento não terá como determinar novos prazos médios para essas operações, pois dificilmente fornecedores e clientes aceitarão modificações nos prazos que impactem negativamente seus próprios ciclos financeiros. Caso aceitem, espera-se que cobrem compensações financeiras por isso. Os fornecedores incluirão custos financeiros nos preços das mercadorias vendidas, e os clientes exigirão descontos adicionais.

Sendo assim, o prazo médio que possivelmente terá maior ingerência por parte do empreendimento é o de estocagem. Quanto menos tempo as mercadorias ficarem estocadas antes de serem vendidas, mais rápido elas girarão, e menor será a necessidade de capital de giro para financiar as operações. Isso, no entanto, não deve impedir a tentativa de otimizar os demais prazos médios, mediante negociações com fornecedores e clientes.

A desvantagem dessa forma de mensurar o capital de giro decorre das expectativas homogêneas sobre as atividades do empreendimento e sobre os desembolsos de caixa delas decorrentes. Esse método pressupõe que o nível de atividade do empreendimento será constante ao longo de todo o período, ao considerar que os prazos médios não serão alterados e que não existirão alterações nos níveis de desembolso operacional.

Essas suposições, no entanto, parecem improváveis, dada a dinâmica dos ciclos operacionais e a existência de sazonalidades nos empreendimentos. Não é factível imaginar que a necessidade de capital de giro será exatamente a mesma no início de cada ciclo financeiro. É perfeitamente possível que, em um dos ciclos, o capital de giro calculado dessa forma seja suficiente (período de desembolsos operacionais normais), ao passo que, em outro ciclo, não o seja (período de desembolsos operacionais mais altos em função de sazonalidade).

Capítulo 7: Seção Financeira de Atividades de Investimento **177**

Além disso, em termos práticos, não é fácil estimar alguns prazos médios, principalmente para uma carteira muito grande de mercadorias, clientes ou fornecedores. Pode haver dispersão muito expressiva dos prazos de diferentes linhas de mercadoria, o que torna o valor médio pouco representativo, prejudicando, portanto, a efetividade desse método.

Mesmo com essas limitações de ordem prática, compreender o impacto que os prazos operacionais têm sobre o nível necessário de capital de giro é central para o gerenciamento de qualquer empresa. Ainda que não seja uma maneira adequada à mensuração do capital de giro, é crucial que os gestores entendam tais relações conceituais.

Diante dessas limitações práticas, pode-se propor uma forma alternativa de calcular a necessidade de investimento em capital de giro. Essa forma é mais adequada à maioria dos empreendimentos, além de, possivelmente, ao resolver as desvantagens do método anterior, apontar melhores resultados. Ela é realizada por meio da aplicação do orçamento de caixa previsto a partir do fluxo de caixa operacional projetado na seção financeira das atividades operacionais. Sua aplicação é explanada a seguir.

Orçamento de caixa é a previsão dos saldos de caixa a partir de um fluxo de caixa projetado. Tomando o saldo inicial de caixa do primeiro período e somando-o ao resultado deste, tem-se o seu saldo final. O saldo final do primeiro período será o saldo inicial do segundo período, a partir do qual é calculado o seu próprio saldo final. Esse processo é repetido até o último período projetado do fluxo de caixa.

Para o uso específico, o saldo inicial do primeiro período de projeção deve ser zero, emulando o funcionamento operacional do empreendimento sem disponibilização de capital de giro. Com isso, os saldos finais calculados doravante serão estimados em circunstância de falta de capital de giro de início, o que permitirá o dimensionamento da sua necessidade.

Além disso, outro ponto relevante para o uso em questão é perceber que, como o capital de giro engloba os recursos financeiros necessários ao pleno funcionamento operacional do empreendimento, o fluxo de caixa a partir do qual o orçamento de caixa será projetado é o que abrange os reflexos financeiros das atividades operacionais do empreendimento. Dessa forma, no caso do fluxo de caixa operacional, em cada período, o saldo final será calculado por meio do saldo inicial do respectivo período mais as receitas operacionais, menos os custos produtivos e menos as despesas operacionais.

Caso o empreendimento tenha necessidade de capital de giro, alguns saldos finais mostrarão valores negativos. Normalmente, esses valores negativos decorrem de períodos nos quais os desembolsos operacionais (custos e despesas) superam as receitas operacionais. Em outras palavras, são períodos nos quais o ponto de equilíbrio operacional não é atingido, o que normalmente é mais intenso nos seus períodos iniciais (decorrência das fases iniciais de operação do empreendimento). Os saldos projetados também podem ser negativos em função do descasamento dos fluxos de caixa, de modo que os desembolsos ocorram antes dos recebimentos.

ELABORAÇÃO E AVALIAÇÃO DE PLANOS DE NEGÓCIOS

Perceba que é perfeitamente possível que, em alguns períodos, o resultado operacional (receitas operacionais menos custos produtivos e menos despesas operacionais) seja negativo. Isso faz parte da dinâmica de qualquer empreendimento que esteja sujeito a períodos sazonais de atividade operacional. Contudo, ter saldo final negativo não é possível, devendo ser coberto de alguma forma. Caso não o seja, a atividade operacional será reduzida ou paralisada diante da falta de recursos financeiros.

O capital de giro é requerido justamente para permitir que as atividades operacionais não sejam interrompidas e para assegurar o nível de atividade esperado. Se for projetado saldo negativo em algum momento, isso sugere incapacidade de o empreendimento funcionar plenamente naquele período. Para que isso não ocorra, devem ser investidos recursos financeiros tais de modo que os saldos finais não sejam negativos.

Com essa perspectiva, o valor indicado para investimento em capital de giro é o montante igual ao saldo final projetado mais negativo a partir dos fluxos de caixa operacionais projetados com saldo inicial igual a zero. Portanto, ao projetar o orçamento de caixa sobre o fluxo de caixa operacional, baseado em um saldo inicial igual a zero, tem-se a oportunidade de dimensionar o capital de giro necessário ao pleno funcionamento da empresa no nível de atividade estimado. Caso esse valor seja disponibilizado como capital de giro, não haverá saldo negativo em qualquer período, evidenciando capital suficiente para permitir a operação do empreendimento.

Admita o seguinte exemplo ilustrativo: um fluxo de caixa operacional para seis períodos é apresentado a partir da seção financeira das atividades operacionais. Os resultados operacionais são mostrados na última linha do fluxo de caixa, sendo calculados pela subtração dos custos e despesas totais da receita operacional.

QUADRO 38 – Fluxo de caixa operacional projetado

CONTAS	1	2	3	4	5	6
Receitas operacionais	R$150.000	R$155.000	R$175.000	R$175.000	R$190.000	R$200.000
Custos totais	(R$52.500)	(R$53.750)	(R$58.750)	(R$58.750)	(R$62.500)	(R$65.000)
Custos diretos	(R$37.500)	(R$38.750)	(R$43.750)	(R$43.750)	(R$47.500)	(R$50.000)
Custos indiretos	(R$15.000)	(R$15.000)	(R$15.000)	(R$15.000)	(R$15.000)	(R$15.000)
Despesas totais	(R$102.500)	(R$104.750)	(R$113.750)	(R$113.750)	(R$120.500)	(R$125.000)
Despesas fixas	(R$35.000)	(R$35.000)	(R$35.000)	(R$35.000)	(R$35.000)	(R$35.000)
Despesas variáveis	(R$67.500)	(R$69.750)	(R$78.750)	(R$78.750)	(R$85.500)	(R$90.000)
Resultado operacional	(R$5.000)	(R$3.500)	R$2.500	R$2.500	R$7.000	R$10.000

Observa-se que os resultados operacionais previstos para os dois primeiros períodos são negativos. Isso pode ser reflexo do início das operações, quando o ciclo de vida dos produtos ainda está na fase de introdução, acarretando baixos níveis de receita operacional.

A necessidade de investimento em capital de giro pode ser estimada por meio do orçamento de caixa, a partir de saldo inicial igual a zero no primeiro período. Os saldos finais em cada período são calculados em sequência, conforme quadro a seguir.

QUADRO 39 – Saldos finais projetados sem capital de giro

CONTAS	1	2	3	4	5	6
Saldo inicial	R$0	(R$5.000)	(R$8.500)	(R$6.000)	(R$3.500)	R$3.500
Resultado operacional	(R$5.000)	(R$3.500)	R$2.500	R$2.500	R$7.000	R$10.000
Saldo final	(R$5.000)	(R$8.500)	(R$6.000)	(R$3.500)	R$3.500	R$13.500

Observam-se quatro períodos cujos saldos finais são negativos. Os resultados operacionais negativos iniciais conduzem à necessidade de investir capital de giro suficiente para viabilizar a operação. Essa viabilização deve ser entendida como o capital necessário para que as atividades operacionais funcionem plenamente, sem interrupção e sem a existência de saldos negativos.

No exemplo, o empreendimento necessita de R$8.500,00 em recursos financeiros para funcionar. Esse valor foi determinado pela observação do saldo final de caixa mais negativo (menor valor) no fim do segundo período. Se esse montante for disponibilizado no início do período, os saldos finais de caixa passam a ser os seguintes:

QUADRO 40 – Saldos finais projetados com capital de giro

CONTAS	1	2	3	4	5	6
Saldo inicial	R$0	R$3.500	R$0	R$2.500	R$5.000	R$12.000
Resultado operacional	(R$5.000)	(R$3.500)	R$2.500	R$2.500	R$7.000	R$10.000
Saldo final	(R$5.000)	R$0	R$2.500	R$ 5.000	R$12.000	R$22.000
Investimento em CG	R$8.500					
Saldo final	R$3.500	R$0	R$2.500	R$5.000	R$12.000	R$22.000

ELABORAÇÃO E AVALIAÇÃO DE PLANOS DE NEGÓCIOS

Perceba que, com a disponibilização de R$8.500,00, não há ocorrências previstas de saldos finais negativos, denotando plena capacidade operacional dentro desse nível de atividade.

Aprofundando mais essa análise, percebe-se que o investimento de R$8.500,00 no primeiro período não foi totalmente necessário. Observa-se que, no primeiro período, a necessidade de capital de giro era de R$5.000,00, e os R$ 3.500,00 restantes são necessários somente no segundo período. Essa decisão acarretou ociosidade de capital de giro no valor de R$3.500,00 durante um mês.

Portanto, a indicação do investimento em giro por meio dessa forma deve ser complementada pela verificação dos momentos adequados para que esse investimento seja feito. No caso, o investimento total pode ser dividido em dois momentos em vez de um único, conforme quadro seguinte:

QUADRO 41 – Saldos finais projetados com capital de giro

CONTAS	1	2	3	4	5	6
Saldo inicial	R$0	R$0	R$0	R$2.500	R$5.000	R$12.000
Resultado operacional	(R$5.000)	(R$3.500)	R$2.500	R$2.500	R$7.000	R$10.000
Investimento em CG	R$5.000	R$3.500	R$0	R$0	R$0	R$0
Saldo final	R$0	R$0	R$2.500	R$5.000	R$12.000	R$22.000

Apesar de nominalmente o investimento total ser o mesmo (R$8.500,00 = R$5.000,00 + R$3.500,00), ao se considerar o valor do dinheiro no tempo, é mais interessante que o empreendimento desdobre a necessidade total nas duas datas. Essa decisão otimiza o uso do recurso e reduz o custo de capital necessário para financiar esse investimento.

Em relação ao método do orçamento de caixa, é necessário destacar três aspectos. Em primeiro lugar, pode parecer que ele desconsidera toda a discussão prévia a respeito dos prazos médios. No entanto, o orçamento de caixa considera os prazos médios desde que os fluxos de caixa utilizados sejam projetados por regime de caixa. Pelo regime de caixa, os efeitos dos prazos de pagamento e de recebimento são incorporados diretamente aos fluxos de caixa, respetivamente sobre os desembolsos operacionais (custos e despesas) e sobre as receitas operacionais. Com isso, preservam-se os impactos desses prazos sobre os ciclos financeiros.

Esse é um forte motivo pelo qual todas as projeções financeiras devem ser feitas por regime de caixa, e não por regime de competência. Esse último regime conduziria a um cálculo equivocado da necessidade de investimento em giro, por não captar o efeito dos prazos sobre a atividade operacional do empreendimento.

Capítulo 7: Seção Financeira de Atividades de Investimento **181**

Evidentemente, para complementar tal informação, a fim de manter coerência na concepção do fluxo de caixa, não devem ser misturadas projeções de conta feitas em regimes de apuração diferentes. Todas as contas devem ser projetadas com base no mesmo regime de apuração, que, no caso, deve ser o regime de caixa, sob pena de a projeção não ser compatível com a execução futura.

O segundo aspecto a ser considerado nessa forma de estimar a necessidade de investimento em capital de giro é a incerteza nos fluxos de caixa projetados. Se as variáveis que determinam o comportamento do fluxo de caixa projetado forem de difícil estimativa, os valores realizados poderão ficar acima ou abaixo dos projetados, conduzindo a diferentes saldos finais e diferentes necessidades de investimento em giro.

Caso sua projeção tenha sido realizada em um contexto de incerteza relevante (o que é bem provável na prática), e a fim de evitar insuficiência de caixa para permitir a plena execução do ciclo financeiro, o montante investido em capital de giro pode incorporar uma margem de segurança. Quanto maior for a incerteza dos fluxos de caixa projetados, maior será o dimensionamento dessa margem. Se os fluxos de caixa forem projetados com bom nível de segurança, essa margem será baixa ou não será necessária.

Em todo caso, a adoção de uma margem de segurança sobre o valor calculado, tomando por base o orçamento de caixa, deve ser justificada apropriadamente. Por mais que essa projeção esteja sujeita a incertezas e que o dimensionamento do capital de giro, por consequência, também esteja, a margem de segurança, via de regra, não pode ser muito alta. Isso poderia suscitar dúvidas sobre a qualidade da projeção por parte de quem recebe o plano de negócio. Em termos práticos, podem ser adotadas margens em torno de 10% a 15%, mediante justificativa.

No exemplo dado, o capital de giro foi calculado em R$8.500,00 por meio do orçamento de caixa. Com o acréscimo de margem de segurança de 15%, seu valor iria para R$9.775,00 (8.500 × 1,15). Naturalmente, tal percentual deve ser justificado no texto, conduzindo o leitor ao entendimento desse acréscimo.

A última consideração sobre a maneira de estimar o investimento em capital de giro diz respeito à referência temporal da projeção. Para calcular adequadamente a necessidade de capital de giro, sugere-se que os fluxos de caixa operacionais sejam projetados em bases mensais. Para justificar tal alegação, admita o exemplo hipotético a seguir.

Após a realização da seção financeira das atividades operacionais, a projeção para determinado ano foi a seguinte: as receitas operacionais totais do ano serão R$10.000.000,00, e os desembolsos operacionais totais (custos e despesas), R$7.500.000,00. Se as informações com esse nível de detalhamento forem consideradas, a conclusão é de que não há necessidade de capital de giro, uma vez que o recebimento será maior do que os desembolsos operacionais, conforme figura a seguir:

FIGURA 30 – Fluxo de caixa com perspectiva anual

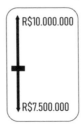

Porém, tal conclusão não é a mais adequada, pois, ao longo de um ano inteiro, existem inúmeras possibilidades de ocorrência dos fluxos de caixa operacionais. Pegue apenas dois exemplos extremos. A primeira situação extrema seria a existência de apenas um único recebimento operacional no valor de R$10.000.000,00 no primeiro dia útil do ano em análise e apenas um único desembolso operacional no valor de R$7.500.000,00 no último dia útil do mesmo ano. A figura a seguir ilustra tal situação hipotética:

FIGURA 31 – Fluxo de caixa com perspectiva mensal

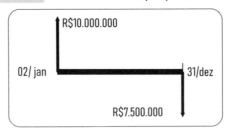

Nesse caso, é fácil deduzir que a necessidade de capital de giro seria zero. Durante esse ano, todo o recebimento ocorreu antes de todo o desembolso operacional. Assim, não haverá necessidade de capital para viabilizar a operação.

A segunda situação extrema é o oposto da primeira. Agora, no primeiro dia útil do ano, ocorrerá um único desembolso operacional de R$7.500.000,00, e, no último dia útil do ano, a única receita operacional de R$10.000.000,00, conforme esta figura:

FIGURA 32 – Fluxo de caixa com perspectiva mensal

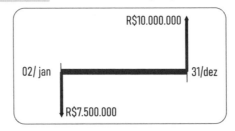

Nesse outro caso, a necessidade de capital de giro será de R$7.500.000,00 ao longo do ano completo. O desembolso ocorrerá completamente no início do ano, e o recebimento, no fim do ano. Deve ser disponibilizado capital de giro para suportar esse saldo negativo durante todo o ano.

Naturalmente, essas situações extremas não acontecem na prática. Porém, servem para ilustrar a relevância de se considerar os fluxos de caixa em termos mensais, em vez de anuais. Caso sejam utilizados fluxos de caixa anuais, não será possível verificar sua disposição ao longo do ano e, consequentemente, quando efetivamente haverá quebras de caixa. Sem isso, não se pode identificar adequadamente as necessidades dentro do período.

Quanto mais detalhados forem os fluxos de caixa em termos temporais, mais confiável será a estimativa do capital de giro. No caso de planos de negócios, de modo geral, ter esses fluxos de caixa em formato mensal é suficiente aos seus propósitos. Ainda que eles sejam, em alguns pontos do documento, apresentados em referência anual, sua projeção deve ser feita com fluxos de caixa dispostos mensalmente. Quando necessário, os fluxos de caixa mensais podem ser consolidados em formato anual.

7.3. REINVESTIMENTOS

Os ativos incorporados no empreendimento têm vidas úteis estimadas, não sendo factível esperar que funcionem plenamente para sempre. Tanto os ativos fixos quanto o capital de giro podem se tornar insuficientes em algum momento. Assim, é fundamental considerar que tais ativos devam ser substituídos ou ampliados em algum momento, o que demandará recursos financeiros na forma de reinvestimentos.

A explicação será dividida entre os ativos tangíveis, ativos intangíveis e o capital de giro. Apesar de a motivação ser semelhante, a operacionalização é distinta.

7.3.1. Ativos tangíveis

Conforme verificado na seção estrutural, os ativos fixos (ou tangíveis), em função de seu uso e da própria obsolescência decorrente dos constantes avanços tecnológicos, sofrem desgastes ao longo do funcionamento do empreendimento. Dependendo do tipo de ativo, esse desgaste pode ser mais rápido ou mais lento, indicando sua substituição mais cedo ou mais tarde, respectivamente. Portanto, esta deve ter sido contemplada na seção estrutural, e as consequências financeiras devem ser refletidas na seção financeira das atividades de investimento.

Admita, para fins de ilustração, um equipamento cuja vida útil esteja estimada em cinco anos e cujo valor de aquisição seja I_0. Ao fim do quinto ano, esse equipamento não está mais operacional dentro do nível desejado ou pode estar completamente não operacional. Assim, para que a atividade operacional que utiliza esse equipamento continue, será necessário adquirir outro com as mesmas características técnicas do primeiro, o que permitirá o funcionamento por mais cinco anos. Portanto, ao fim do quinto ano, esse novo equipamento será adquirido pelo preço I_5. O fluxo de caixa a seguir ilustra tal situação.

FIGURA 33 – Investimento inicial e substituição

Naturalmente, depois de cinco anos, um equipamento com as mesmas características técnicas não será adquirido pelo mesmo preço que foi adquirido cinco anos antes. Ao longo desse período, certamente, o preço de mercado do equipamento sofreu reajustes, o que deve ser contemplado na projeção financeira.

Sendo assim, deve-se determinar um critério de reajuste para o preço desse equipamento. Uma possibilidade é adotar um indicador de inflação e estabelecer uma premissa para o comportamento desse indicador em relação ao período. Perceba que tal esforço preditivo é semelhante ao de projeção de vários elementos do fluxo de caixa operacional. Portanto, a estimativa para I_5 utilizaria o conceito de capitalização composta, sendo operacionalizada pela fórmula $I_0 \times (1 + INF)^5$. A variável INF seria o critério de reajuste adotado para esse ativo, podendo ser algum índice de inflação, por exemplo.

Perceba que os reajustes dos valores projetados para substituições e novas incorporações devem ser considerados de acordo com o ativo. Não há necessariamente um critério único de reajuste dos valores projetados de novos investimentos para todos os ativos. Alguns itens podem ter intensidades maiores no reajuste de seus preços do que outros. Os critérios adotados devem ser específicos para cada ativo ou para grupos de ativos similares.

Ressalta-se que a desconsideração desse reajuste conduzirá a uma inadequação. Sem isso, os fluxos de caixa projetados seriam subestimados, o que não refletiria de forma adequada o comportamento real no futuro.

No exemplo, ao fim de cinco anos de utilização, o primeiro equipamento não terá utilidade para o empreendimento, porém outra empresa talvez tenha interesse em adquiri-lo por certo valor. O valor residual ou valor de mercado de um ativo é o quanto ele pode ser vendido no mercado. Nesses casos, ao realizar a substituição de um equipamento, deve-se levar em conta seu valor residual, projetando uma entrada de caixa não operacional.

Ainda no exemplo, admita que o ativo, no quinto ano, tenha um valor residual (VR_5). Nesse caso, ao mesmo tempo em que o empreendimento desembolsa I_5 para adquirir um equipamento substituto, ele obtém uma receita não operacional pela venda do equipamento antigo. Veja o fluxo de caixa que contempla tal situação:

FIGURA 34 – Investimento inicial, substituição e valor residual

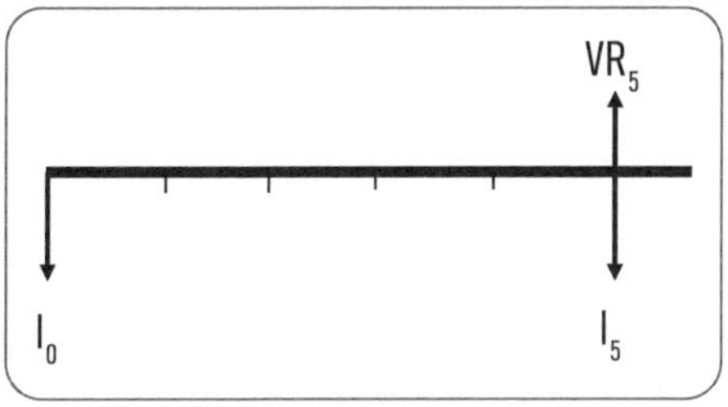

Ao projetar o valor residual de um ativo, devem ser considerados alguns aspectos. O primeiro é ressaltar que o valor estimado de mercado deve ter sua referência temporal na época da venda. Uma forma de fazer isso é pesquisar o valor atual de um ativo semelhante e com a mesma idade que ele terá quando for substituído (no exemplo, cinco anos). Esse valor seria uma referência caso a empresa fizesse o desinvestimento desse equipamento usado na data atual. No entanto, esse desinvestimento está projetado para daqui a um período definido, o que requer a aplicação de reajuste sobre o valor atual.

De forma geral, esse critério de reajuste pode ser o mesmo adotado para a estimativa do novo investimento (variável INF na fórmula anteriormente apresentada). Se o equipamento novo tem determinado reajuste esperado, o reajuste de um equipamento semelhante, mas usado, pode ser o mesmo.

O segundo aspecto é a estimativa do seu valor líquido. Eventuais desembolsos associados à venda devem ser levados em conta ao estimar seu valor residual. Dentre eles, podem ser citados comissões, anúncios, transportes etc.

O último aspecto é o eventual recolhimento do imposto de renda sobre o ganho de capital, no caso de a empresa ser tributada pelo lucro real. Ganho de capital é a diferença entre o valor de venda do ativo e o seu valor contábil na data da venda. Caso o ativo seja vendido por valor acima do seu valor contábil apurado na data da venda, isso indica ganho de capital, o que é tributável de imposto de renda. Caso o ativo usado seja vendido por valor menor ou igual ao seu valor contábil apurado na data da venda, não há incidência de imposto de renda, pois não há ganho de capital.

Para fins de exemplo, admita um equipamento comprado por R$1.000.000,00. A empresa espera que ele funcione bem durante 5 anos, após os quais poderá ser vendido por um preço estimado de R$600.000,00. A depreciação contábil desse equipamento é linear e total em 10 anos. Portanto, a taxa anual de depreciação é de 10% (100% / 10). Sabendo que a alíquota de imposto de renda é 30%, deve-se calcular o valor residual líquido desse equipamento.

ELABORAÇÃO E AVALIAÇÃO DE PLANOS DE NEGÓCIOS

O primeiro passo é calcular o seu valor contábil no momento da venda. De forma simplificada, desconsiderando outras eventuais alterações em seu valor contábil, ele é dado pelo valor de aquisição menos a depreciação contábil acumulada até o momento da venda. Se a taxa anual de depreciação é 10%, seus valores contábeis ao longo dos anos serão os dados no quadro a seguir:

QUADRO 42 – Depreciação anual e valor contábil

ANOS	0	1	2	3	4	5
Depreciação anual		R$100.000	R$100.000	R$100.000	R$100.000	R$100.000
Valor contábil	R$1.000.000	R$900.000	R$800.000	R$700.000	R$600.000	R$500.000

A primeira linha contém as referências temporais em termos anuais; a segunda, o valor da depreciação contábil à qual o equipamento em questão está sujeito. Ressalta-se que essa taxa de depreciação é definida em instrução normativa específica da Receita Federal do Brasil. Os seus valores são constantes ao longo dos anos, uma vez que a depreciação é do tipo linear, e o cálculo se dá pela multiplicação da taxa de depreciação anual (10%) pelo valor de aquisição inicial do equipamento (R$1.000.000,00). A última linha contém o valor contábil ao fim de cada ano, que é calculado pela diferença entre o valor contábil do fim do ano anterior e a depreciação do ano corrente.

Calculado o valor contábil no momento da venda, R$500.000,00, pode-se mensurar seu ganho de capital. Dado pela diferença entre o valor da venda e o valor contábil, o ganho de capital no exemplo será R$100.000,00 (R$600.000,00 - R$500.000,00). Esse valor será a base de cálculo do imposto de renda incidente sobre a operação de venda do ativo. Como a alíquota é 30%, o imposto de renda calculado será R$30.000,00 (R$100.000,00 × 30%).

Portanto, o valor residual líquido da venda desse ativo será de R$570.000,00 (R$600.000,00 - R$30.000,00), conforme demonstração a seguir:

QUADRO 43 – Cálculo do valor residual líquido

Valor residual bruto ou valor de mercado	R$600.000,00	
Valor contábil	R$500.000,00	
Ganho de capital	R$100.000,00	(valor residual bruto – valor contábil)
Imposto de renda sobre ganho de capital	(R$30.000,00)	(alíquota de IR × ganho de capital positivo)
Valor residual líquido	R$570.000,00	(valor residual bruto – imposto de renda)

Admita agora, para fins de simulação, que a depreciação contábil do equipamento seja mais rápida. Se esta for linear e total em cinco anos, seus valores contábeis ao longo dos períodos serão os registrados a seguir:

QUADRO 44 – Depreciação anual e valor contábil

ANOS	0	1	2	3	4	5
Depreciação anual	R$0	R$200.000	R$200.000	R$200.000	R$200.000	R$200.000
Valor contábil	R$1.000.000	R$800.000	R$600.000	R$400.000	R$200.000	R$0

Nessa situação, o valor contábil no momento da venda será R$0,00, e, dessa forma, o ganho de capital será R$600.000,00 (R$600.000,00 - R$0,00). O imposto de renda será R$180.000,00 (R$600.000,00 × 30%), e o valor residual líquido, R$420.000,00 (R$600.000,00 - R$180.000,00), conforme demonstrativo a seguir:

QUADRO 45 – Cálculo do valor residual líquido

Valor residual bruto ou valor de mercado	R$600.000,00
Valor contábil	R$0,00
Ganho de capital	R$600.000,00
Imposto de renda sobre ganho de capital	(R$180.000,00)
Valor residual líquido	R$420.000,00

Caso a depreciação contábil seja mais lenta, em 20 anos, por exemplo, a situação é bastante diferente. Nesse caso, não haverá ganho de capital, pois o valor contábil no quinto ano será R$750.000,00, e o valor da venda, R$600.000,00, indicando um prejuízo contábil. Como não há ganho de capital, não há incidência de imposto de renda sobre essa operação. Assim, o valor residual líquido será R$600.000,00 (R$600.000,00 - R$0,00).

Deve-se compreender que nem todos os ativos fixos têm valor residual relevante. Há itens cujos valores residuais são muito baixos, chegando a ser inexpressivos. Outros itens sequer têm valores residuais porque costumam ser trocados apenas quando quebram completamente (pode ser o caso de aparelhos telefônicos simples, monitores de computador, alguns móveis etc.). Portanto, a projeção dos valores residuais será feita para aqueles equipamentos cujos valores sejam relevantes para a empresa, permitindo desconsiderar alguns ativos nessa projeção.

Dois conceitos merecem esclarecimento nesse ponto. O primeiro é a denominação de receita não operacional para os valores residuais auferidos pela venda de ativos substituídos. Tais entradas de caixa são chamadas não operacionais, pois não constituem receitas geradas pela atividade principal da empresa. Elas são receitas ocasionais e derivadas de desinvestimentos, motivos pelos quais não podem ser agrupadas juntamente às entradas de caixa geradas pela atividade principal, as quais são denominadas receitas operacionais. Caso houvesse tal agregação, as análises gerenciais certamente seriam deturpadas, pois as receitas operacionais seriam infladas de maneira equivocada. Sendo assim, na estruturação do fluxo de caixa que reflete as atividades de investimento, haverá linha(s) para registrar tais entradas.

O segundo conceito é a ideia de depreciação gerencial, e não contábil. Do ponto de vista contábil, a depreciação não implica efetiva movimentação de recursos financeiros. Ela limita-se a um reconhecimento contábil da perda de valor de determinado ativo, com o propósito de ajustar o valor contábil. Do ponto de vista gerencial, esse conceito indica que podem ser feitas reservas financeiras periódicas, a fim de formar um fundo de reserva a ser utilizado para comprar outro ativo, substituindo o anterior. Essas movimentações financeiras periódicas representam efetivamente saídas de caixa destinadas à substituição do ativo quando necessário.

Nesse caso, tais recursos periodicamente movimentados podem ser aplicados em ativos financeiros, para não haver perda do poder de compra ao longo do tempo. A proposta é, periodicamente, aplicar os recursos em algum ativo financeiro até a data em que esse recurso seja utilizado, quando o ativo financeiro será resgatado, e o montante, utilizado na aquisição do equipamento substituto.

7.3.2. Ativos intangíveis

Os ativos intangíveis também sofrem desgastes, requerendo a realização de reinvestimentos, para que os valores gerados por eles se mantenham significativos. Por exemplo, patentes conseguidas são válidas por determinado período e, ao fim deste, não constituem mais um diferencial. Conhecimentos adquiridos no passado, por seu turno, têm prazo de validade, após o qual novos esforços devem ser feitos para gerar novos conhecimentos aplicáveis. Uma marca, se não for continuamente renovada ou se não reforçar seu posicionamento, tende a perder destaque frente às marcas concorrentes. Portanto, há de se projetar reinvestimentos para manter ou ampliar a capacidade de gerar retorno dos ativos intangíveis.

O ponto a ser observado para esses ativos é a amplitude e a diversidade de esforços necessários para mantê-los. Como visto anteriormente, em geral, ativos intangíveis não são frutos de um esforço único e concentrado, mas de esforços variados e coordenados que, diante da sinergia alcançada, conseguem agregar singularidades percebidas como diferenciais por parte dos agentes com os quais o empreendimento mantém relação. Dessa forma, não se tem como estabelecer uma maneira geral para projetar tais reinvestimentos. A equipe responsável pelo plano de negócio deve avaliar detidamente os esforços que conduzirão à manutenção desses ativos intangíveis e, por consequência, os seus desdobramentos financeiros projetados.

7.3.3. Capital de giro

Para compreender a necessidade de reinvestimento em capital de giro, deve-se ter em mente dois conceitos. O primeiro é que o capital de giro previamente disponibilizado ao empreendimento não sofre, por si só, depreciação. Não que o princípio do valor do dinheiro no tempo não tenha validade sobre o capital de giro (até porque os preços dos insumos, matérias-primas, mercadorias, salários etc. sofrem aumentos periódicos). Porém, o capital previamente disponibilizado assim permanecerá para permitir a operação do empreendimento enquanto não for retirado e/ou não for consumido irreversivelmente por uma operação deficitária.

O segundo é que o capital de giro, por definição, deve ser proporcional ao nível de atividade do empreendimento. Caso haja a expectativa de manutenção do nível de atividade do empreendimento, em princípio, o capital de giro disponibilizado mantém-se suficiente, não requerendo reinvestimentos. Por outro lado, caso haja a projeção de aumento no nível de atividade do empreendimento, isso indicará a necessidade de reinvestimentos em capital de giro, de forma a permitir o alcance desse patamar superior de atividade.

É relativamente fácil perceber isso. Imagine que a natureza do empreendimento seja comercial. Para alcançar determinado nível de atividade, deve haver determinado nível de estoque de mercadorias para revenda. Caso seja almejada a ampliação desse nível de atividade, isso somente será conseguido se o nível de estoque de mercadorias para revenda for ampliado. O empreendimento somente poderá contar com mais estoque de mercadorias para revenda se dispor de mais recursos financeiros para prover esse maior nível de estoque. Em outras palavras, necessitará de mais capital de giro.

Por outro lado, diante de uma expectativa de redução do nível de atividade, parte do capital de giro previamente disponibilizado ficará ocioso. Em função disso, esse excedente pode ser dispensado, tendo algum uso alternativo ou sendo distribuído aos proprietários do empreendimento (ver seção financeira de atividades de financiamento).

A mensuração dessa necessidade deve ser feita por meio do mesmo critério adotado para o dimensionamento inicial do investimento em capital de giro. Deve-se fazer a projeção do orçamento de caixa para períodos futuros, observando o saldo final projetado mais negativo. Nesse caso, em vez de utilizar o saldo inicial do período igual a zero, usa-se o saldo final do período projetado imediatamente anterior, considerando as movimentações financeiras do período prévio. Dessa forma, a estimativa do saldo mais negativo indicará apenas aquilo que se deve acrescentar ao investimento para manter ou ampliar a capacidade de operação da empresa.

Em síntese, diante de um aumento no nível de atividade, haverá necessidade e indicação de incremento do caixa operacional, requerendo investimento adicional. Para uma diminuição do nível de atividade, parte do caixa operacional incluído no circulante da empresa poderá ser colocado à disposição de usos alternativos.

7.4. PRODUTOS FINAIS

Após todas as considerações feitas anteriormente, resta tratar dos produtos finais dessa seção, a serem colocados no plano de negócio. O primeiro elemento é estabelecer o plano de contas das atividades de investimento. Em seguida, o fluxo de caixa decorrente dessas atividades deve ser projetado. Ambos serão apresentados em seguida.

7.4.1. Plano de contas das atividades de investimento

De acordo com os tópicos explicados anteriormente em relação aos tipos de investimento e fluxos de caixa gerados, deve-se montar um plano de contas que contemple todas as movimentações financeiras previstas no âmbito do fluxo de caixa de investimento.

O fluxo de caixa das atividades de investimento contempla tanto saídas quanto entradas de caixa. O que se espera, de modo geral, é que as saídas sejam mais recorrentes e vultosas do que as entradas, já que estas últimas acontecem quando algum ativo fixo é vendido.

O plano de contas a seguir expressa uma possibilidade, dentre outras, de elaborar esse fluxo de caixa:

QUADRO 46 – Plano de contas do fluxo de caixa de investimentos

(+) Entradas de investimento
Resgate de aplicações financeiras
Venda de ativos financeiros
Venda de ativos fixos
...
(–) Saídas de investimento
Investimentos em ativos fixos
Investimentos em ativos financeiros
...
(=) Resultado das atividades de investimento

A primeira parte do demonstrativo engloba as entradas de recursos decorrentes das atividades de investimento. São os desinvestimentos feitos em determinado momento, que podem ser vendas de ativos ou resgates de aplicações financeiras. A parte seguinte abrange os desembolsos relacionados a essas atividades, normalmente associados a aquisições de ativos fixos ou financeiros.

A linha final representa a diferença entre as entradas e saídas de recursos, sendo denominada resultado das atividades de investimento ou fluxo de caixa de investimento. Ela é o fluxo de caixa líquido, em cada período, das atividades de investimento.

7.4.2. Fluxo de caixa de investimento projetado

O fluxo de caixa projetado das atividades de investimento é o produto final mais importante da seção financeira de atividades de investimento. Com base nas informações geradas nas seções estrutural e financeira de atividades operacionais, os investimentos em ativos fixos e capital de giro, respectivamente, devem ser projetados em formato de fluxo de caixa.

Tal qual o fluxo de caixa operacional projetado na seção financeira de atividades operacionais, o plano de negócio requer explicações sobre a metodologia utilizada e sobre as relações com as seções anteriores. Não é suficiente somente dispor o fluxo de caixa de investimentos projetado sem quaisquer explicações que indiquem ao avaliador como esses dados foram estimados. É normal que tais explicações e memórias de cálculo sejam parte integrante dessa seção do plano de negócio.

Sobre o fluxo de caixa de investimento projetado, é possível implementar as análises vertical e horizontal, nos moldes do que foi explicado no capítulo anterior. Porém, é importante destacar que, comparativamente ao fluxo de caixa operacional, a quantidade de contas desse fluxo de caixa é tipicamente bem menor. Isso talvez reduza a pertinência de se fazer a análise vertical.

Em relação à análise horizontal, também tomando como referência o fluxo de caixa operacional, a recorrência das movimentações financeiras do fluxo de caixa de investimentos tende a ser menor. Não é comum, pelo menos para várias empresas, que reinvestimentos e desinvestimentos sejam muito recorrentes. Salvo naquelas que têm muitas unidades de negócio e filiais, as movimentações financeiras desse fluxo de caixa ocorrem de maneira bem espaçada e sem uniformidade, tornando menos relevante a análise horizontal.

Capítulo 8
SEÇÃO FINANCEIRA DE ATIVIDADES DE FINANCIAMENTO

A seção anterior mostrou os investimentos necessários à estruturação inicial do empreendimento e à manutenção de suas atividades ao longo de sua vida útil. Sem esses investimentos, a empresa não teria como entrar em operação, pois não estaria devidamente estruturada e capitalizada, tampouco conseguiria se manter operacional ao longo dos anos.

Porém, um empreendimento, por si só, não dispõe dos recursos financeiros cruciais para realizar tais investimentos, sobretudo se estivermos nos referindo a um que ainda será implantado. Há de se analisar e definir as fontes de recurso financeiro que viabilizarão esses investimentos.

Este capítulo apresenta a seção financeira das atividades de financiamento. Ela é responsável por determinar a composição das fontes de financiamento de maneira a viabilizar todos os investimentos requeridos, considerando a necessidade de otimizar o custo de capital do empreendimento.

Inicialmente, são mostrados os objetivos dessa seção para o plano de negócio; em seguida, os tipos de fontes de recurso tipicamente adotados pelos empreendimentos, contemplando suas principais características, vantagens e desvantagens. O capítulo segue com a discussão sobre o custo de capital do empreendimento. Por fim, os produtos finais característicos dessa seção são apresentados.

8.1. OBJETIVOS

A seção financeira de atividades de investimento identificou e quantificou as necessidades de investimento inicial em ativos fixos e em capital de giro para permitir a estruturação inicial do empreendimento, bem como os reinvestimentos para mantê-lo operacional ou, se for o caso, ampliar sua capacidade.

A seção financeira de atividades de financiamento, elaborada em seguida, visa determinar como esses investimentos e reinvestimentos serão financiados. Portanto, busca identificar quais serão as fontes de recurso utilizadas para permiti-los.

Normalmente, há várias alternativas para financiar um empreendimento, inclusive com inúmeras possibilidades de composição de diferentes fontes de capital, fazendo desta uma decisão complexa. Com isso, a decisão de financiamento, foco dessa seção, deve identificar a melhor composição das fontes de capital disponíveis para financiar a estruturação e o funcionamento da empresa. Tal decisão requer verificar as fontes de recurso financeiro disponíveis, suas vantagens e desvantagens, a existência de restrições em termos de exigências e os custos incorridos para utilizá-las.

Sobre esse último aspecto, as várias fontes de recurso têm custos diferentes de captação. Assim, a composição delas, como será apresentado, determinará o custo de capital do empreendimento, que representa uma informação extremamente importante no contexto de verificação da viabilidade financeira do negócio. A definição adequada da composição das fontes de recursos deve conduzir ao menor custo de capital possível. Atingindo tal objetivo, os desembolsos para remunerar as fontes de financiamento serão minimizados, o que maximiza, por consequência, o valor do empreendimento. Posto isso, outro objetivo dessa seção é mensurar o custo de capital do negócio, que é função dos custos financeiros de cada fonte de financiamento adotada.

Consoante a esse objetivo, deve-se evitar, sempre que possível, a ociosidade de capital disponível. Considerando que toda fonte de recursos tem um custo associado, ao requerê-los, mesmo que não tenham uso imediato, haverá incidência desse custo, o qual deverá ser remunerado pelo empreendimento. Portanto, um princípio a ser observado é que os recursos financeiros utilizados para financiar o empreendimento devem estar disponíveis estritamente quando necessários. Além de apresentar a melhor combinação de fontes de recurso, o cronograma de financiamento deve ser coerente com o de investimentos, sob pena de gerar custos financeiros desnecessários.

Se, por um lado, captar recursos financeiros antes do tempo adequado de uso traz consequências financeiras indesejadas, captá-los de forma atrasada também apresenta desdobramentos ruins. Caso os recursos financeiros não estejam disponíveis quando necessários, os investimentos não poderão ser feitos no momento adequado, comprometendo os cronogramas estipulados na seção estrutural.

Dito isso, percebe-se a importância de projetar um fluxo de caixa que reflita as atividades de financiamento. Esse fluxo de caixa incorpora tanto as entradas de caixa representadas pelas captações dos recursos financeiros junto às suas respectivas fontes, bem como as saídas de caixa que exprimem as remunerações daquelas fontes. Essa projeção é o objetivo principal dessa seção, pois reflete financeiramente as decisões de financiamento.

Um aspecto fundamental dentro desses objetivos é definir como os recursos oriundos dos proprietários do empreendimento serão remunerados. Isso requer a concepção da política de dividendos, a qual deve ser feita nesta seção de maneira a viabilizar a projeção do fluxo de caixa de financiamento.

8.2. FONTES DE CAPITAL

Um empreendimento pode ser financiado de várias formas, já que muitas fontes de capital podem estar disponíveis para essa necessidade. Avaliar todas as alternativas e consequências de seus usos é fundamental para a melhor escolha em termos de estrutura e de custo de capital.

De modo geral, a fim de categorizá-las, as fontes de recurso podem ser próprias ou de terceiros. As fontes de recurso próprias são formadas pelo capital próprio, o qual é disponibilizado pelos proprietários do empreendimento. As fontes de terceiros, por sua vez, são os recursos fornecidos por credores. Ambas serão explicadas a seguir, junto ao cálculo dos seus custos e às indicações de suas vantagens e desvantagens.

8.2.1. Capital próprio

O capital próprio é composto pelos recursos disponibilizados ao empreendimento por parte dos seus proprietários (cotistas ou acionistas, dependendo da natureza jurídica do empreendimento). Esse capital confere ao seu fornecedor parcela de propriedade do empreendimento, geralmente, na proporção do montante fornecido.

O capital próprio é operacionalizado na forma de aportes de capital ou de lançamento de ações no mercado fechado ou aberto. Em ambos os casos, esse capital está contabilmente registrado no patrimônio líquido constante no balanço patrimonial.

Evidentemente, os proprietários somente terão incentivo para aportar seus recursos financeiros em um empreendimento se ele se mostrar atrativo. Essa atratividade existe se o retorno sobre o capital investido for interessante, uma vez que, do ponto de vista do empreendedor, esse comprometimento de recursos significa um investimento que deve ser remunerado de forma compatível ao risco que ele está assumindo.

Em termos financeiros, os proprietários aportam os recursos financeiros para obter retornos de dois tipos. O primeiro tipo é a distribuição de dividendos. Eles representam parte do resultado financeiro alcançado pela empesa em determinado período e serão destinados à remuneração do capital disponibilizado pelos proprietários. As regras de formação dos dividendos devem constar em uma política de dividendos, que contém critérios e definições que permitem definir claramente como eles serão calculados, de forma a torná-los atrativos aos proprietários e não comprometer o equilíbrio financeiro da empresa. Portanto, a projeção da remuneração dos proprietários, que fará parte dos produtos finais dessa seção, deve ser feita com base no estabelecimento dessa política, o que impõe a necessidade de definir suas regras no plano de negócio.

ELABORAÇÃO E AVALIAÇÃO DE PLANOS DE NEGÓCIOS

Entretanto, antes de avançarmos na explicação dos componentes da política de dividendos, é essencial pontuarmos duas características a respeito da remuneração sobre o capital disponibilizado pelos proprietários. A observação dessas características é primordial para que a política seja concebida adequadamente.

A primeira característica é que a distribuição de dividendos não é exigível. Isso indica que o empreendimento não tem obrigatoriedade de distribuir dividendos aos proprietários caso não alcance resultados financeiros positivos. Se os resultados financeiros forem negativos, os proprietários não podem exigir remuneração, uma vez que a sua natureza é de acompanhar o desempenho do empreendimento. Assim, caso o desempenho seja negativo, não há obrigatoriedade de pagar dividendos. Em compensação, caso o desempenho do empreendimento seja extraordinário e, por consequência, os resultados financeiros também, os proprietários poderão receber dividendos igualmente extraordinários.

A segunda característica dessa remuneração é o seu caráter residual. Dividendos são distribuídos aos proprietários somente se todas as demais obrigações financeiras da empresa forem honradas previamente, tais como desembolsos operacionais (despesas e custos), realização de investimentos/reinvestimentos e pagamento de dívidas (tratadas mais adiante). Portanto, em períodos durante os quais a geração de caixa não tenha sido suficiente para cobrir por completo os desembolsos operacionais, investimentos e dívidas, provavelmente não serão distribuídos dividendos aos proprietários. Por outro lado, em períodos durante os quais a geração de caixa seja maior do que os desembolsos listados, o empreendimento terá capacidade de remunerar o capital aportado pelos seus proprietários, uma vez que houve resultado positivo passível de compartilhamento com os fornecedores de capital próprio.

Vistas essas características, podem ser estabelecidos os elementos mínimos constituintes de uma política de dividendos. Em primeiro lugar, a política de dividendos deve definir a base de cálculo sobre a qual eles serão calculados. Essa base de cálculo representa o resultado da empresa em determinado momento e está disponível unicamente aos seus proprietários. Por isso, esse resultado deve ser residual, no sentido de não haver quaisquer outras partes que reivindiquem parcela dele. Uma sugestão para essa base de cálculo será apresentada mais adiante neste livro, no ponto em que a consolidação dos fluxos de caixa será tratada.

Apesar desse resultado residual estar disponível integralmente aos proprietários, uma vez que todas as demais obrigações financeiras foram anteriormente honradas, isso não quer dizer necessariamente que ele deva ser distribuído completamente aos proprietários. Pode ser que alguma circunstância sugira que parte desse resultado seja mantido no empreendimento. A parcela mantida provavelmente será destinada a alguma oportunidade futura que exigirá recursos financeiros para ser aproveitada ou à eventual necessidade de financiamento da própria atividade operacional da empresa.

Capítulo 8: Seção Financeira de Atividades de Financiamento

Sendo assim, outro elemento que normalmente consta na política de dividendos é o chamado índice de payout. Ele é representado por um percentual que, multiplicado pela base de cálculo representativa do resultado residual, resulta no montante que será distribuído aos proprietários.

Tal índice é definido a fim de que se permita manter parte do resultado auferido no próprio empreendimento, caso esse recurso tenha uso interno para financiar novos projetos, viabilizar expansões, fazer novos investimentos etc. Portanto, é um percentual aplicado sobre o resultado que indica quanto será distribuído aos seus proprietários e, por consequência, o quanto será mantido no empreendimento.

Se o índice de payout for, por exemplo, 70%, isso significa que 70% do resultado residual disponível aos proprietários será distribuído a eles na proporção de suas participações. O complemento, 30%, será mantido na empresa.

Sendo assim, a decisão de reter parcela do resultado obtido é uma decisão de financiamento, pois o proprietário concorda em mantê-la na empresa a fim de obter retornos superiores no futuro, os quais, provavelmente, não seriam possíveis se o proprietário fizesse uso pessoal dela.

Posto isso, é perfeitamente possível que, durante algum tempo, a distribuição de lucros seja zerada. Sobretudo nos meses ou anos iniciais de funcionamento da empresa, pode-se adotar um índice de payout igual a zero, o que permite que esses recursos gerados pelo empreendimento financiem as suas necessidades de capital. Tipicamente, é uma política adotada por prazo definido, que pode ser revista oportunamente conforme o desempenho do empreendimento. Assim, com o passar do tempo e a estabilização dos resultados financeiros, o índice de payout pode ser aumentado, proporcionando maior retorno imediato aos proprietários.

Portanto, o índice de payout pode ser alterado ao longo do tempo. Isso expressa diferentes ciclos de vida do empreendimento, nos quais podem ser necessários maiores níveis de manutenção de recursos internos para viabilizar o nível de atividade operacional e/ou ampliá-lo.

O último elemento mínimo da política de dividendos é a periodicidade de distribuição dos dividendos. Em termos práticos, ela pode ser trimestral, quadrimestral, semestral ou anual. É uma definição interna que se relaciona com a capacidade de geração de caixa do empreendimento e com as preferências dos acionistas quanto à remuneração pelo capital por eles disponibilizado. Além disso, essa periodicidade depende também do grau de volatilidade dos resultados alcançados. Caso estes sejam razoavelmente uniformes ou pouco sujeitos a sazonalidades, a distribuição pode ser mais recorrente. Por outro lado, se forem muito voláteis, é recomendado que a periodicidade ocorra em intervalos mais longos, a fim de se prever melhor o quanto desses resultados deverão ser mantidos no próprio empreendimento.

A segunda forma de remuneração do capital próprio é a valorização do empreendimento, refletida no aumento do valor das cotas ou das ações. À medida que o funcionamento da empresa esteja de acordo com o esperado ou, até mesmo, seja superior às expectativas levantadas no plano de negócio, ele agrega valor à empresa, já que os resultados obtidos superam os desembolsos operacionais, de investimento e de financiamento.

A valorização das cotas ou ações pode ser realizada pelos seus detentores após a venda desses títulos ou após a recompra pelo próprio empreendimento. No primeiro caso, há uma transferência de propriedade de parte da empresa. No segundo, esta pode adquirir cotas ou ações e mantê-las em tesouraria. Nos dois casos, o proprietário perderá as remunerações posteriores referentes às cotas ou às ações vendidas, mas ganhará com a valorização dos títulos de propriedade vendidos.

Assim, ao adquirir cotas ou ações de um empreendimento, as compensações esperadas são os dividendos periódicos e o ganho de capital, quando da venda desse empreendimento (parcial ou totalmente). A ilustração a seguir mostra os fluxos de caixa derivados dessa aquisição, na perspectiva do proprietário:

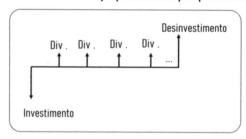

FIGURA 35 – Fluxos de caixa dos proprietários na perspectiva do proprietário

Na perspectiva do empreendimento, tem-se uma visão espelhada da perspectiva do proprietário. Trata-se de um financiamento, que deve ser remunerado posteriormente. A figura a seguir ilustra o capital próprio na perspectiva do empreendimento:

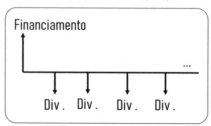

FIGURA 36 – Fluxo de caixa dos proprietários na perspectiva do empreendimento

Capítulo 8: Seção Financeira de Atividades de Financiamento

Perceba que não há data estabelecida para finalizar essa remuneração. O empreendimento deve remunerar o capital próprio de maneira indefinida, uma vez que não há, para essa fonte de recursos, o conceito de amortização (tal qual existe para a dívida, como será visto posteriormente).

Portanto, a remuneração do capital próprio indica o quanto os proprietários do empreendimento obtêm de retorno a partir do uso de seu capital. Consequentemente, essa remuneração representa, para o empreendimento, o custo do capital próprio.

Uma referência que se deve ter é o percentual desejado de retorno sobre o capital disponibilizado por parte dos proprietários. A determinação desse custo percentual é fundamental para a avaliação de viabilidade do empreendimento. Essa é uma variável cujo valor pode identificar se o negócio é atrativo ou não para o empreendedor, sem a qual ele não teria um parâmetro de comparação objetivo.

Há na literatura várias maneiras de mensurar o custo do capital próprio. Uma delas se dá por meio da atribuição de um prêmio pelo risco para assumir o empreendimento. Esse prêmio deve ser somado a uma determinada taxa de juros, normalmente dada por um título livre de risco. Dessa forma, o retorno do capital pode ser mensurado pela expressão $RC = RF + PR$, em que RC é o retorno do capital, RF é a taxa de retorno livre de risco, e PR, o prêmio pelo risco assumido. A taxa de retorno livre de risco normalmente é associada à remuneração dos títulos de dívida do governo, pois considera-se que eles tenham retorno garantido (risco de default zero).

O prêmio pelo risco é utilizado para ajustar a taxa de retorno ao risco do empreendimento. Como o empreendimento não gera retorno certo, estando sujeito ao seu próprio desempenho, ele não deve ser analisado sob a perspectiva da taxa livre de risco, o que conduziria a uma avaliação inadequada. De forma geral, quanto maior seu risco, maior deve ser a remuneração exigida pelos proprietários, refletida no maior prêmio pelo risco acima da taxa livre de risco.

A crítica a esse método fica por conta da subjetividade ao estimar o prêmio pelo risco, não havendo uma forma objetiva de determiná-lo. Essa estimativa dependerá em parte do custo de oportunidade que os empreendedores têm. O custo de oportunidade reflete as alternativas de investimento acessíveis a cada um, que deixam de ser aproveitadas por causa da aceitação de outro empreendimento. Portanto, diferentes empreendedores têm diferentes custos de oportunidade, podendo levar a diferentes custos de capital próprio.

Uma variação dessa maneira de calcular o custo do capital próprio é não usar como referência a taxa livre de risco, mas outra taxa que reflita a remuneração de outro ativo. Mesmo assim, deve-se aplicar um prêmio pelo risco, a fim de ajustá-lo à taxa de juros adotada para a verificação da viabilidade do empreendimento.

Os modelos de precificação de ativos, tais como o CAPM (Capital Asset Pricing Model) e o APT (Arbitrage Pricing Theory), são métodos de cálculo do retorno exigido de um ativo. Esses modelos calculam o retorno exigido pelos ativos em função de sua exposição a fatores de risco sistemáticos, tais como desempenho da carteira de mercado, inflação, Produto Interno Bruto, dentre outros. Eles podem ser usados para calcular o custo de capital próprio, desde que haja disponibilidade dos demais dados.

Do ponto de vista do empreendimento, algumas vantagens e desvantagens podem ser percebidas no uso do capital próprio. Sua principal vantagem é a não exigibilidade da remuneração. Conforme exposto, os proprietários do empreendimento somente terão retorno sobre o capital investido após todas as demais obrigações operacionais, de investimento e de financiamento terem sido pagas. Portanto, as características residual e de não exigibilidade do pagamento dos dividendos conferem menor risco à empresa.

Ao ter direitos residuais sobre os resultados, o proprietário assume maior risco. Se, por um lado, ele participa de lucros extraordinários, recebendo dividendos maiores, por outro lado, nos períodos em que há prejuízo, ele não obtém qualquer fluxo de caixa. O empreendimento não tem a obrigatoriedade de remunerar o capital próprio caso não haja geração de caixa suficiente para tal, imputando risco adicional ao fornecedor de recursos próprios, o qual, nessa circunstância, requer maior retorno.

Do ponto de vista do proprietário, o capital próprio confere direitos de propriedade e, em alguns casos, de decisão proporcionais ao capital investido. Além disso, como comentado anteriormente, o proprietário recebe remuneração maior em períodos em que o empreendimento alcance resultados maiores (a regra é a mesma, mas a base de cálculo é maior).

As desvantagens para o proprietário referem-se à não exigibilidade do pagamento de dividendos e ao risco residual que ele incorre. Esses motivos conduzem a uma exigência maior pela remuneração do seu capital.

O quadro a seguir resume tais vantagens e desvantagens nas óticas do empreendimento e dos proprietários:

QUADRO 47 – Vantagens e desvantagens do capital próprio sob diferentes pontos de vista

	EMPREENDIMENTO	PROPRIETÁRIO
Vantagens	• Pagamento não é exigível • Pagamento é proporcional ao desempenho financeiro do empreendimento	• Recebe remuneração maior se o desempenho empresarial for extraordinário • Tem parcela de propriedade do empreendimento • Em alguns casos, tem direito a voto nas decisões

(continua)

	EMPREENDIMENTO	PROPRIETÁRIO
Desvantagens	• Custo do capital próprio é maior	• Não exigibilidade do pagamento de dividendos • Participa de parte do risco do empreendimento • Remuneração residual

8.2.2. Capital de terceiros

O capital de terceiros é todo recurso aportado no empreendimento por parte de algum credor, originando uma dívida. Esse capital tem sua origem em bancos comerciais, bancos de desenvolvimento e instituições de fomento, por exemplo. Eles disponibilizam recursos à empresa, que, por sua vez, compromete-se a remunerá-los posteriormente mediante pagamento de juros, além da devolução do valor emprestado. Os juros representam a remuneração exigida pelos fornecedores externos de capital para que eles emprestem recursos ao empreendimento e são calculados por meio de uma taxa determinada pelos credores, representando o custo do capital de terceiros.

A taxa de juros de um financiamento depende de alguns fatores. O primeiro é o risco da operação. Quanto maior o risco, maior será a taxa de juros estabelecida pelo credor. Isso decorre da expectativa de manter coerente a relação entre o risco e o retorno da operação do ponto de vista do credor. Esse só será incentivado a emprestar para aquele se o retorno da operação compensar o risco assumido.

Outro fator é a taxa de inflação esperada para o período. Quanto maior essa taxa, maior deve ser a taxa de juros do financiamento. De forma semelhante, há uma relação de comportamento na mesma direção quando se verifica a taxa de juros básica da economia. Quanto maior a taxa básica de juros da economia, maiores serão as taxas dos empréstimos.

Um último fator que faz parte da formação da taxa de juros do financiamento são as condições de concessão do empréstimo. Quanto mais favoráveis forem essas condições para o credor, tornando-se menos favoráveis ao devedor, menor será a taxa de juros. Sua medida se dá pelo cálculo da Taxa Interna de Retorno (TIR) da operação (método apresentado em apêndice), determinando o seu custo efetivo.

Naturalmente, a remuneração não é feita considerando somente os juros, mas o valor principal emprestado. Portanto, quando se trata da remuneração de um empréstimo, ela é composta da amortização do valor emprestado, acrescido da remuneração financeira na forma de juros, que representa a remuneração do credor. Assim, do ponto de vista do credor, tem-se uma visão semelhante à exibida na próxima figura.

FIGURA 37 – Remuneração do capital de terceiros na perspectiva do credor

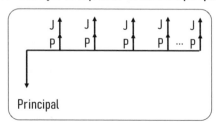

O credor disponibiliza o capital principal para o empreendimento. Posteriormente, o empreendimento terá que fazer pagamentos periódicos ao credor, os quais são compostos por parcelas do capital emprestado (P) e pela remuneração na forma de juros (J).

Do ponto de vista da empresa, tem-se uma visão invertida. Há o recebimento de um recurso financeiro, o que implica posteriores pagamentos. Esses pagamentos são formados pela amortização do principal (P) acrescido da remuneração na forma de juros (J).

FIGURA 38 – Remuneração do capital de terceiros na perspectiva do empreendimento

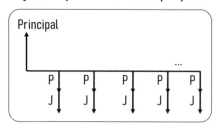

Diferentemente da remuneração do capital próprio, a remuneração de uma dívida, geralmente, apresenta uma data de encerramento. O credor requer a devolução completa do valor emprestado, o que implica a sua amortização ao longo dos pagamentos.

Para projetar o fluxo de caixa decorrente da contração de uma dívida, deve-se considerar as características e variáveis do contrato de empréstimo. Tipicamente, um contrato de financiamento com um credor tem os seguintes componentes: valor emprestado (principal), taxa de juros, tipo de amortização, prazo de amortização, prazo de carência e garantias. O principal é o valor objeto do empréstimo, que será disponibilizado ao empreendimento para financiar suas necessidades. A taxa de juros é o percentual que, aplicado sobre o principal, permite calcular os juros pagos em cada parcela. O tipo de amortização indica como o principal será amortizado ao longo do tempo, o que reflete na distribuição dos fluxos de caixa projetados. O prazo de amortização representa a quantidade de parcelas necessárias ao pagamento do empréstimo. Eventualmente, o credor pode conceder um prazo de carência, durante o qual não há qualquer pagamento ou há somente o pagamento dos juros, sem haver amortização do principal. Por fim, as regras do empréstimo podem exigir que o devedor apresente garantias como forma de reduzir o risco financeiro que o credor assumiu. Conhecendo essas variáveis, o fluxo de caixa dos credores poderá ser projetado. O livro tem um apêndice que apresenta uma breve revisão sobre métodos de amortização. Esse apêndice contempla os dois métodos mais usados nesses tipos de operação (PRICE e SAC).

As operações de empréstimo têm algumas características comuns. Em primeiro lugar, sua remuneração é exigível. Diferentemente da remuneração do capital próprio, os pagamentos das parcelas podem ser exigidos pelos credores, sendo, inclusive, facultado a estes solicitar judicialmente seu pagamento, caso ocorra inadimplência. Consequentemente, outra característica comum é que os pagamentos aos credores independem do resultado alcançado pelo empreendimento no período, seja ele positivo ou negativo, de modo que os pagamentos devem ocorrer conforme estabelecido em contrato.

Outra característica dos empréstimos é que, em empresas tributadas pelo Lucro Real, há um benefício tributário associado à contração de dívidas. Os juros pagos são dedutíveis de imposto de renda, fazendo com que esse benefício, além de reduzir a base de cálculo do imposto de renda, reduza o custo de capital efetivo do empréstimo.

Se, por exemplo, um empreendimento capta recursos de R$1.000.000,00 a um custo de 12% ao ano e está enquadrado em uma alíquota de 30% de imposto de renda, seu custo efetivo da dívida será de 12% × (100% - 30%) = 8,4% ao ano.

Admita que o Lucro Antes dos Juros e Imposto de Renda (LAJIR) seja de R$200.000,00. Sem o benefício tributário, os juros anuais seriam R$120.000,00 (12% × R$1.000.000,00), e o imposto de renda a ser recolhido, R$60.000,00 (R$200.000,00 × 30%). Com o benefício, o imposto de renda seria R$24.000,00, pois a base de cálculo seria R$80.000,00 (R$200.000,00 - R$120.000,00). A diferença entre R$60.000,00 (imposto de renda sem o benefício tributário) e R$24.000,00 (imposto de renda com o benefício tributário) indica que o empreendimento economiza R$36.000,00 anuais por ter contraído a dívida. Essa economia deduzida dos juros de R$120.000,00 resulta R$84.000,00 (R$120.000,00 - R$36.000,00), cujo valor em relação à dívida de R$1.000.000,00 equivale a 8,4% (custo efetivo da dívida). O demonstrativo simplificado a seguir resume essas conclusões:

Juros da dívida: 12% × R$1.000.000,00 = R$120.000,00

Economia de IR: 30% × (R$200.000,00 − R$80.000,00) = R$36.000,00

Fluxo de caixa: R$120.000,00 - R$36.000,00 = R$84.000,00

Custo do capital: R$84.000,00/R$1.000.000,00 = 8,4% ao ano

Perceba que o credor receberá os mesmos R$120.000,00. Porém, o imposto de renda recolhido sofrerá redução de R$36.000,00, o que configura a vantagem tributária. Em empreendimentos tributados pelo Lucro Presumido ou pelo Simples Nacional, não há esse benefício tributário.

Essas características atribuem algumas vantagens à contração de dívidas. A primeira é a expectativa de menor custo do capital de terceiros em relação ao capital próprio, tendo em vista o menor risco assumido pelo credor em relação ao risco assumido pelo proprietário (conforme será discutido no próximo tópico). Essa vantagem é complementada pelo benefício tributário gerado pela dívida em empreendimentos tributados pelo Lucro Real.

A principal desvantagem da dívida é o risco financeiro assumido. Risco financeiro é o risco que o empreendimento corre de não gerar caixa suficiente para amortizar a dívida e pagar os juros. Quanto maior for o endividamento da empresa, maior seu risco financeiro.

Isso se torna um limitador em termos práticos para aumentar o endividamento. Pode-se pensar que, dado um menor custo de capital esperado para as dívidas, a empresa poderia priorizar seu financiamento mediante capital de terceiros, minimizando o capital próprio. No entanto, essa estratégia pode imputar um risco excessivo de financiamento, dada a exigibilidade da dívida. Um endividamento muito forte pode comprometer a capacidade de pagar a dívida, o que aumenta o risco associado. Com isso, o custo das dívidas adicionais poderá sofrer um aumento como forma de compensar o maior risco.

De forma semelhante, um empreendimento bastante alavancado (endividado) pode fazer com que o custo do capital próprio aumente, uma vez que a geração de caixa deverá ser maior para honrar os compromissos financeiros e os proprietários, que, percebendo esse risco, querem que seu capital provenha mais retorno.

Do ponto de vista do credor, pode ser citado como vantagem o menor risco assumido, uma vez que a dívida é exigível. Se o empreendimento não honrar os pagamentos de amortização e juros, os credores podem acioná-lo judicialmente, a fim de obter seus direitos. Outra vantagem é a remuneração fixada independentemente dos resultados obtidos. Mesmo que o empreendimento não tenha gerado caixa suficiente para honrar todos os seus compromissos, a amortização e os juros são exigíveis nas condições pactuadas.

Uma desvantagem para o credor é a falta de direito de decisão, salvo existência de cláusulas contratuais que indiquem o contrário. Outra é a remuneração pré-determinada independentemente dos resultados alcançados pelo empreendimento. Isso indica que, mesmo em situações extremamente favoráveis de geração de caixa, os credores somente terão direito aos juros contratuais, não participando dos resultados extraordinários.

O quadro a seguir resume tais vantagens e desvantagens nas óticas do empreendimento e dos proprietários.

Capítulo 8: Seção Financeira de Atividades de Financiamento — 205

QUADRO 48 – Vantagens e desvantagens do capital de terceiros sob diferentes pontos de vista

	EMPREENDIMENTO	CREDOR
Vantagens	• Custo de capital menor • Benefício tributário	• Não depende diretamente do desempenho do empreendimento • Pode exigir o pagamento da dívida • Há mecanismos de garantia
Desvantagens	• Pagamento exigível • Pode ter garantias executadas	• Não participa de eventuais resultados extraordinários do empreendimento • Não tem poder de voto • Não tem parcela de propriedade do empreendimento

8.2.3. Relação entre os custos de capital próprio e de terceiros

Conforme apresentado, as fontes de capital próprio e de terceiros têm características que as distinguem entre si. Algumas dessas características têm impacto direto sobre o risco assumido por cada fornecedor de capital próprio ou de terceiros.

Veja, por exemplo, a característica de exigibilidade. O capital de terceiros é exigível. Isso significa que o credor pode exigir o retorno contratualmente estabelecido pelo capital por ele disponibilizado à empresa, recorrendo à justiça caso o contrato não seja honrado por esta. Além disso, no contrato, há cláusulas que reduzem o risco assumido pelo credor, inclusive prevendo o uso de garantias que lastreiam o financiamento. Outro ponto relevante é que, via de regra, independentemente dos resultados alcançados pela empresa, ela é obrigada contratualmente a honrar os compromissos financeiros assumidos perante os credores.

Já o capital próprio tem circunstâncias distintas para essas variáveis. Em primeiro lugar, a remuneração pelo capital próprio não é exigível. O proprietário não pode exigir da empresa a remuneração pelo seu capital caso ela não tenha atingido resultados satisfatórios e suficientes para pagar dividendos. Também não há cláusulas redutoras de risco, tampouco o conceito de garantias contratuais para o capital próprio. Além disso, a remuneração sobre o capital próprio depende diretamente do desempenho da empresa, que, caso seja extraordinário, os dividendos pagos aos proprietários também poderão ser extraordinários. No entanto, caso os resultados tenham sido pífios, há a possibilidade de sequer haver distribuição de dividendos.

Além dessas características relacionadas ao risco assumido pelos fornecedores de recurso financeiro, há um aspecto tributário relevante que favorece o menor custo do capital de terceiros em relação ao custo do capital próprio. Para empresas tributadas pelo lucro real, há o benefício fiscal relacionado aos juros pagos nas dívidas. O quadro a seguir resume algumas dessas características:

QUADRO 49 – Características das fontes de capital próprio e de terceiros

CARACTERÍSTICAS	CAPITAL PRÓPRIO	CAPITAL DE TERCEIROS
Parcela de propriedade	Sim	Não
Dependência dos resultados da empresa	Sim	Não diretamente
Direito sobre os fluxos de caixa e ativos	Residual com relação ao capital de terceiros	Prioritário com relação ao capital próprio
Poder de voto	Sim ou não	Não
Exigibilidade	Não	Sim
Garantias	Não	Sim ou não
Benefício fiscal	Não	Sim, para empresas tributadas pelo Lucro Real

Sendo assim, observados esses pontos, percebe-se que os proprietários, que são fornecedores de capital próprio, assumem riscos maiores frente aos assumidos pelos credores, que são fornecedores de capital de terceiros. De forma a manter coerente a relação entre risco e retorno, espera-se, de modo geral, que o retorno exigido pelo capital próprio seja maior do que o retorno exigido pelo capital de terceiros. Caso essa comparação não seja observada, certamente haverá incoerência, pois riscos maiores não serão remunerados adequadamente. Não faz sentido econômico assumir riscos maiores e ter retornos iguais ou menores do que os exigidos por quem assume riscos menores.

8.3. CUSTO DE CAPITAL DO EMPREENDIMENTO

O custo de capital é uma variável bastante importante para verificar a viabilidade financeira do empreendimento, conforme será exposto posteriormente. Portanto, o custo de capital é fator fundamental para a elaboração e avaliação do plano de negócio. Ele depende da combinação entre dívida (capital de terceiros), patrimônio líquido (capital próprio) e seus respectivos custos de capital.

Capítulo 8: Seção Financeira de Atividades de Financiamento **207**

O capital de terceiros pode ser obtido por meio de instituições como bancos comerciais, bancos de desenvolvimento, agências de fomento, entre outras. O custo de capital de terceiros, ou custo da dívida de longo prazo, diz respeito à taxa de retorno que os detentores de títulos exigem. O custo do capital próprio, por sua vez, é o que os proprietários da empresa desejam obter pela remuneração do capital por eles aportado.

O custo de capital do empreendimento como um todo deve considerar os custos de todas as fontes de capital usadas para financiá-lo. O Custo Médio Ponderado de Capital (CMPC), ou, em inglês, Weighted Average Cost of Capital (WACC), representa o custo de capital do empreendimento. Ele incorpora os custos de todas as fontes de capital utilizadas para financiar a empresa, na proporção em que são utilizadas. Seu cálculo se dá pela média dos custos de cada fonte de capital, ponderados pela participação relativa de cada uma, conforme fórmula a seguir:

$$CMPC = \sum_{t=1}^{n} K_t \times Part_t$$

Em que:

K_t = custo efetivo da fonte de capital t

$Part_t$ = participação percentual da fonte de capital t em relação ao financiamento total.

Para mostrar a aplicação dessa fórmula, veja a composição de financiamento usada por uma empresa no quadro a seguir:

QUADRO 50 – Estrutura de capital

ITENS	VALORES	CUSTO DE CAPITAL
Capital próprio	R$275.000,00	18%
Linha de crédito A	R$150.000,00	13,5%
Linha de crédito B	R$50.000,00	14%
Total	R$475.000,00	

A empresa necessitou levantar R$475.000,00 de recursos financeiros. Desses, ela está usando R$275.000,00 de capital próprio, R$150.000,00 de uma linha de crédito A e R$50.000,00 de uma linha de crédito B. Sabe-se que o capital próprio tem custo de 18% ao ano, determinado pelos empreendedores como remuneração mínima desejada pelo uso do capital. A linha de crédito A tem custo anual de 13,5%, e a linha de crédito B, 14%. Verifica-se que o custo da linha de crédito B é maior que o da linha de crédito A, o que pode ser explicado por vários fatores, tais como solicitação ou não de garantias, diferentes processos internos de análise e concessão de crédito ou ratings de risco diferentes.

Considerando esses dados, em seguida, deve-se calcular a participação relativa de cada fonte de financiamento usada pela empresa. Isso é feito por meio de uma análise vertical, conforme apresentado no quadro mais completo a seguir:

QUADRO 51 – Estrutura de capital

ITENS	VALORES	PARTICIPAÇÃO	CUSTO DE CAPITAL
Capital próprio	R$275.000,00	57,89%	18%
Linha de crédito A	R$150.000,00	31,58%	13,5%
Linha de crédito B	R$50.000,00	10,53%	14%
	R$475.000,00	100%	

O custo médio ponderado de capital do empreendimento nessas condições é 16,16%, calculado pela seguinte expressão:

$$\text{CMPC} = K_{CP} \times \text{Part}_{CP} + K_{LCA} \times \text{Part}_{LCA} + K_{LCB} \times \text{Part}_{LCB}$$

De acordo com o Quadro 5, portanto:

$$16,16\% = 57,89\% \times 18\% + 31,58\% \times 13,5\% + 10,53\% \times 14\%$$

O percentual encontrado é a representação do custo de capital do empreendimento como um todo, considerando seus custos individuais e suas participações no financiamento total. Isso também pode ser mensurado mediante o cálculo da expectativa de pagamentos anuais de dividendos e juros, conforme quadro a seguir:

QUADRO 52 – Cálculo de remuneração anual

ITENS	VALORES	PARTICIPAÇÃO	CUSTO DE CAPITAL	PAGAMENTO ANUAL
Capital próprio	R$275.000,00	57,89%	18%	R$49.500,00
Linha de crédito A	R$150.000,00	31,58%	13,5%	R$20.250,00
Linha de crédito B	R$50.000,00	10,53%	14%	R$7.000,00
	R$475.000,00	100%		R$76.750,00

A última coluna calcula o quanto será pago de dividendos/juros anualmente para cada fonte de recursos. O capital próprio, por exemplo, terá, ao final do ano, uma remuneração de R$49.500,00, dada pela multiplicação do valor disponibilizado pelos proprietários (R$275.000,00) multiplicada pelo respectivo custo de capital anual (18%). Essa mesma lógica é aplicada para as demais fontes de capital. A soma desses desembolsos anuais (R$76.750,00) representa 16,16% do total financiado (R$76.750,00/R$475.000,00), confirmando o resultado obtido pela aplicação da fórmula.

Entretanto, a análise anterior não considerou o benefício tributário da dívida se a empresa for taxada pelo Lucro Real. Nesse caso, os custos de capital das dívidas devem ser ajustados. O quadro a seguir mostra os dados ajustados, admitindo alíquota de imposto de renda de 30%:

QUADRO 53 – Cálculo de remuneração anual

ITENS	VALORES	PARTICIPAÇÃO	CUSTO DE CAPITAL EFETIVO	PAGAMENTO ANUAL
Capital próprio	R$275.000,00	57,89%	18%	R$49.500,00
Linha de crédito A	R$150.000,00	31,58%	9,45%	R$14.175,00
Linha de crédito B	R$50.000,00	10,53%	9,8%	R$4.900,00
	R$475.000,00	100,00%		R$68.575,00

Os custos de capital foram ajustados pela alíquota de imposto de renda. A linha de crédito A tem custo efetivo de 9,45% (13,5% × [100% - 30%]), e a linha de crédito B, 9,8% (14% × [100% - 30%]). Assim, os pagamentos anuais para remunerar tanto capital próprio quanto dívidas, na proporção em que são usados, são mostrados na última coluna, totalizando R$68.575,00. O custo de capital dessas fontes, na proporção adotada, é de 14,44% (R$68.575,00/R$475.000,00). Esse custo também pode ser mensurado pela fórmula do CMPC:

$$CMPC = K_{CP} \times Part_{CP} + K_{LCA} \times Part_{LCA} \times (1 - IR) + K_{LCB} \times Part \times (1 - IR)$$

$$CMPC = 57,89\% \times 18\% + 31,58\% \times 13,5\% \times (100\% - 30\%) + 10,53\% \times 14,00\% \times (100\% - 30\%)$$

$$14,44\% = 57,89\% \times 18\% + 31,58\% \times 9,45\% + 10,53\% \times 9,8\%$$

É importante notar que quaisquer alterações na composição do financiamento têm impactos diretos no CMPC. A equipe deve determinar uma composição de fontes de capital que equilibre o endividamento, de forma a não comprometer excessivamente o risco financeiro, não acarretando aumento dos custos.

Como visto, o CMPC é definido a partir de dois componentes: os custos das fontes de capital e a participação relativa de cada uma. À medida que o tempo avança, o segundo pode variar devido à inserção de novas fontes ou à liquidação (amortização) de fontes existentes.

Outro fator que, ao longo do tempo, motiva a variação do CMPC é a mudança do custo de cada fonte. O capital próprio pode ter alteração no nível de risco associado ao negócio, provocando mudança no respectivo custo. Pressões externas também podem provocar mudanças nesse custo. O mesmo pode acontecer com o custo de capital de terceiros, cujas taxas podem ter comportamento pós-fixado, por exemplo.

ELABORAÇÃO E AVALIAÇÃO DE PLANOS DE NEGÓCIOS

Logo, a realidade pode se apresentar diferentemente daquela expressa pelos modelos e instrumentos utilizados convencionalmente. Considerar o CMPC constante pode trazer diversos problemas de mensuração, o que sugere a utilização de CMPCs variáveis para melhor adequação à realidade dos negócios.

Para exemplificar, admita a seguinte situação: uma empresa tem a estrutura de capital dada por R$500.000 de capital próprio, R$100.000 de uma linha de financiamento denominada Dívida 1 e R$200.000 de uma linha de financiamento denominada Dívida 2. A taxa de remuneração desejada sobre o capital próprio é de 17% ao ano. As características das dívidas são as fornecidas no quadro a seguir:

QUADRO 54 – Exemplos de linha de financiamento

LINHA DE FINANCIAMENTO	DÍVIDA 1	DÍVIDA 2
Principal	R$100.000,00	R$200.000,00
Taxa anual	12%	13%
Tipo de amortização	SAC	PRICE
Prazo de amortização	5	7

Com essas informações, podem ser montadas as tabelas de amortização dessas duas linhas de financiamento:

QUADRO 55 – Amortização da Dívida 1

ANO	SALDO INICIAL	AMORTIZAÇÃO	JUROS	PARCELA	SALDO FINAL
1	R$100.000,00	R$20.000,00	R$12.000,00	R$32.000,00	R$80.000,00
2	R$80.000,00	R$20.000,00	R$9.600,00	R$29.600,00	R$60.000,00
3	R$60.000,00	R$20.000,00	R$7.200,00	R$27.200,00	R$40.000,00
4	R$40.000,00	R$20.000,00	R$4.800,00	R$24.800,00	R$20.000,00
5	R$20.000,00	R$20.000,00	R$2.400,00	R$22.400,00	R$0,00

Capítulo 8: Seção Financeira de Atividades de Financiamento

QUADRO 56 – Amortização da Dívida 2

ANO	SALDO INICIAL	AMORTIZAÇÃO	JUROS	PARCELA	SALDO FINAL
1	R$200.000,00	R$19.222,16	R$26.000,00	R$45.222,16	R$180.777,84
2	R$180.777,84	R$21.721,04	R$23.501,12	R$45.222,16	R$159.056,80
3	R$159.056,80	R$24.544,78	R$20.677,38	R$45.222,16	R$134.512,02
4	R$134.512,02	R$27.735,60	R$17.486,56	R$45.222,16	R$106.776,42
5	R$106.776,42	R$31.341,23	R$13.880,93	R$45.222,16	R$75.435,20
6	R$75.435,20	R$35.415,59	R$9.806,58	R$45.222,16	R$40.019,61
7	R$40.019,61	R$40.019,61	R$5.202,55	R$45.222,16	R$0,00

Dadas essas informações, pode-se estimar, ao fim de cada ano, a estrutura de capital da empresa, considerando que, com o passar do tempo, as participações relativas de cada fonte de capital são alteradas em função das amortizações das dívidas. A tabela a seguir registra as estruturas de capital em cada ano:

QUADRO 57 – Estruturas de capital em cada ano

ANO	CAPITAL PRÓPRIO	DÍVIDA 1	DÍVIDA 2	% CAPITAL PRÓPRIO	% DÍVIDA 1	% DÍVIDA 2
1	R$500.000,00	R$80.000,00	R$180.777,84	65,72%	10,52%	23,76%
2	R$500.000,00	R$60.000,00	R$159.056,80	69,54%	8,34%	22,12%
3	R$500.000,00	R$40.000,00	R$134.512,02	74,13%	5,93%	19,94%
4	R$500.000,00	R$20.000,00	R$106.776,42	79,77%	3,19%	17,04%
5	R$500.000,00	R$0,00	R$75.435,20	86,89%	0%	13,11%
6	R$500.000,00	R$0,00	R$40.019,61	92,59%	0%	7,41%
7	R$500.000,00	R$0,00	R$0,00	100%	0%	0%
8	R$500.000,00	R$0,00	R$0,00	100%	0%	0%
9	R$500.000,00	R$0,00	R$0,00	100%	0%	0%
10	R$500.000,00	R$0,00	R$0,00	101%	0%	0%

ELABORAÇÃO E AVALIAÇÃO DE PLANOS DE NEGÓCIOS

A primeira coluna apresenta os anos, e as colunas 2 a 4 mostram os valores de cada fonte de financiamento. Observe que as colunas relativas às dívidas acompanham os saldos finais dos respectivos quadros de amortização. À medida que as dívidas são amortizadas, as participações relativas se alteram, conforme pode ser observado nas colunas 5 a 7.

Partindo das informações nas colunas 5 a 7, pode-se calcular o custo médio ponderado de capital em cada ano. Para tanto, basta calcular a média ponderada dos custos de capital de cada fonte pela participação relativa de cada uma delas na composição de financiamento da empresa.

QUADRO 58 – Cálculo do custo médio ponderado de capital em cada ano

ANO	% CAPITAL PRÓPRIO	% DÍVIDA 1	% DÍVIDA 2	CUSTO CAPITAL PRÓPRIO	CUSTO DÍVIDA 1	CUSTO DÍVIDA 2	CMPC
1	65,72%	10,52%	23,76%	17%	12%	13%	15,52%
2	69,54%	8,34%	22,12%	17%	12%	13%	15,7%
3	74,13%	5,93%	19,94%	17%	12%	13%	15,91%
4	79,77%	3,19%	17,04%	17%	12%	13%	16,16%
5	86,89%	0%	13,11%	17%	12%	13%	16,48%
6	92,59%	0%	7,41%	17%	12%	13%	16,7%
7	100%	0%	0%	17%	12%	13%	17%
8	100%	0%	0%	17%	12%	13%	17%
9	100%	0%	0%	17%	12%	13%	17%
10	100%	0%	0%	17%	12%	13%	17%

A primeira coluna apresenta os anos. As colunas 2 a 4 contêm as participações relativas de cada fonte de capital (calculadas anteriormente). As colunas 5 a 7 mostram as taxas de remuneração de cada fonte de capital. A última coluna apresenta a média ponderada das taxas de remuneração pelas suas respectivas participações relativas.

Observe que, a partir do sétimo ano, o financiamento da empresa é feito unicamente pelo capital próprio. Portanto, o custo médio ponderado de capital é igual à taxa de remuneração do capital próprio, uma vez que 100% do financiamento é feito por essa fonte.

8.4. PRODUTOS FINAIS

Esta seção, pelas suas características e propósitos, requer muitos produtos finais. Em certas situações, alguns dos itens mostrados aqui podem não ser necessários e, em outras, mais itens devem ser incorporados. Os produtos finais aqui apresentados são os mais corriqueiros para esta seção.

8.4.1. Quadro de fontes e usos de recursos

O quadro de fontes e usos de recursos mostra, de maneira sintética, todas as fontes de capital e como elas serão utilizadas (que investimentos serão financiados). Essas fontes são determinadas na presente seção, de acordo com a capacidade de financiamento dos proprietários e as características e regras das fontes de capital de terceiros disponíveis. Os usos são as indicações de como esses recursos serão utilizados e alocados no empreendimento.

Admita, para fins de exemplo, o quadro de fontes e usos representado a seguir:

QUADRO 59 – Exemplo de quadro de fontes e usos de recursos

ITENS	VALORES	PERCENTUAL
Usos	R$475.000,00	100%
Capital fixo	R$400.000,00	84,21%
Imóveis	R$250.000,00	52,63%
Equipamentos	R$100.000,00	21,05%
Veículos	R$50.000,00	10,53%
Capital de giro	R$75.000,00	15,79%
Fontes	R$475.000,00	100%
Capital próprio	R$275.000,00	57,89%
Sócio A	R$175.000,00	36,84%
Sócio B	R$100.000,00	21,05%
Capital de terceiros	R$200.000,00	42,11%
Linha de financiamento A	R$150.000,00	31,58%
Linha de financiamento B	R$50.000,00	10,53%

Na primeira parte (usos), esse demonstrativo representa um investimento total de R$475.000,00, entre capital fixo e de giro. Em termos de capital fixo, serão necessários R$250.000,00 para imóveis, R$100.000,00 para equipamentos e R$50.000,00 para veículos, representando respectivamente 52,63%, 21,05% e 10,53% do investimento total estimado. O investimento em capital de giro é de R$75.000,00 (15,79% do investimento total). Esses dados foram concebidos na seção financeira de atividades de investimento.

Na parte seguinte do quadro, são apresentadas as fontes de capital. O empreendimento será financiado com R$275.000,00 de capital próprio (sócios A e B), R$150.000,00 da linha de financiamento A e R$50.000,00 da linha de financiamento B. Em outras palavras, 57,89% do financiamento virá de capital próprio, e o restante, 42,11%, de capital de terceiros.

Perceba que a simplicidade desse demonstrativo permite que se tenha uma visão clara e rápida das necessidades de investimento e das formas de financiamento estruturadas. No entanto, esse quadro não contempla os momentos quando serão desembolsados ou recebidos os recursos financeiros (função do fluxo projetado de caixa das atividades de financiamento).

Observe ainda que o quadro de fontes e usos de recursos permite a verificação de alguns indicadores. Por exemplo, é possível identificar o percentual de cada fonte de financiamento. Além de ser fundamental para o cálculo do CMPC, permite-se identificar se algum limite está sendo excedido para eventuais restrições de nível de dívida impostas por certas linhas de financiamento. De forma semelhante, permite-se verificar se o nível de contrapartida de capital próprio está adequado a alguma imposição também feita pelos potenciais credores.

O quadro também permite identificar alguma eventual inconsistência no financiamento. Admita, hipoteticamente, que a linha de financiamento A seja destinada a financiar exclusivamente as necessidades de capital de giro. Partindo dessa hipótese, a composição de financiamento estaria equivocada, uma vez que a necessidade de investimento em capital de giro é menor do que a linha de financiamento proposta para financiá-la, sugerindo erro na sua composição.

Outro ponto relevante diz respeito aos totais de financiamento (fontes) e de investimento (usos). Os valores totais devem ser iguais entre si. Admita, por exemplo, que o total de usos seja maior do que o total de fontes. Isso significa que as fontes de recursos levantadas não disponibilizarão recursos suficientes para fazer frente aos investimentos propostos. Evidentemente, essa é uma situação indesejada. Por outro lado, se as fontes de recurso forem maiores do que os investimentos, haverá ociosidade de capital, o que aumentará desnecessariamente o custo de capital incorrido pelo empreendimento, o que também é uma situação que deve ser evitada. Portanto, os totais de fontes e de usos devem coincidir.

É importante registrar que o quadro de fontes e usos de recursos contempla somente os dados iniciais de financiamento e investimento. Portanto, não são contemplados os reinvestimentos projetados, mas somente os iniciais. Até mesmo porque os reinvestimentos a serem realizados no futuro deverão ter as suas fontes de financiamento definidas oportunamente.

8.4.2. Definição da política de dividendos

O conceito, o propósito e os componentes mínimos da política de dividendos foram explicados anteriormente neste capítulo. Ela deve fazer parte dos produtos finais desta seção, uma vez que, por meio dela, o fluxo de caixa de remuneração dos proprietários será projetado. A incorporação desse item aos produtos finais permite que o leitor do plano de negócio compreenda claramente os critérios usados para a projeção dessa parte do fluxo de caixa de financiamento.

Além disso, do ponto de vista do potencial investidor, essa informação é de suma importância, uma vez que compreende as regras por meio das quais o seu capital será remunerado.

8.4.3. Definição da remuneração do capital próprio

Além de definir a política de dividendos, os proprietários devem definir o quanto desejam ter de remuneração pelo seu capital em termos percentuais, ou seja, o custo do capital próprio. Essa variável é fundamental, tendo em vista a necessidade de mensuração do CMPC, já que ela compõe o cálculo deste.

Ao mesmo tempo que a definição dessa taxa é importante, esta costuma estar sujeita a muitas argumentações. Isso porque o resultado da viabilidade do empreendimento costuma ser-lhe muito sensível. Diante disso, deve-se ter um critério muito bem definido na sua definição e registrá-lo claramente nesse ponto do plano de negócio.

8.4.4. Regras que regem os empréstimos contratados

As regras que regem os empréstimos eventualmente contratados devem ser expostas. Tais regras permitirão a projeção dos fluxos de caixa destinados à remuneração dos credores, uma vez que elas contêm todas as informações necessárias à projeção.

8.4.5. Custo de capital do empreendimento

De posse de todas as informações sobre as fontes de capital próprio e de terceiros, é possível calcular o CMPC, que expressa o custo de capital do empreendimento por meio de uma única taxa percentual.

O papel do CMPC é central na avaliação do empreendimento. Como esse percentual reflete o custo de capital para financiar o empreendimento, ele será muito importante para indicar a sua viabilidade. Em termos gerais, se o retorno do empreendimento superar o seu custo de capital, o empreendimento mostra-se viável, pois consegue remunerar todas as fontes de capital utilizadas. Por outro lado, se o retorno alcançado for inferior ao custo de capital, o empreendimento não é viável, porque não remunera adequadamente todas as fontes de recursos necessárias para estruturá-lo e fazê-lo funcionar.

Nessa perspectiva, o CMPC também pode ser chamado de Taxa Mínima de Atratividade (TMA). A TMA, como o nome indica, é a taxa de remuneração mínima requerida pelos fornecedores de capital. Assim, ela deve incorporar o custo de capital de todas as partes envolvidas na proporção em que são usadas.

Essa taxa é utilizada nos métodos de orçamento de capital, a fim de se verificar a atratividade dos empreendimentos. Em termos práticos, é usada como taxa de desconto ajustada ao risco da operação. Se os investimentos tiverem retorno superior a esse custo de capital, então cria-se valor. Caso contrário, se o retorno for menor do que esse custo, destrói-se valor. Ademais, sem o emprego dessa taxa, as técnicas de orçamento de capital careceriam do rigor da matemática financeira.

Destaca-se que, não raro, o comportamento do CMPC será variável com o passar do tempo, conforme motivos indicados anteriormente neste capítulo. Caso o seja, essa circunstância deve ficar clara nesta parte do plano de negócio.

8.4.6. Fluxo de caixa de financiamento projetado

O último produto dessa seção é o fluxo de caixa projetado das atividades de financiamento, que deve contemplar os capitais próprio e de terceiros, considerando sua ordem de prioridade no pagamento.

O fluxo de caixa das atividades de financiamento é uma representação das entradas e saídas relacionadas ao financiamento da empresa, abrangendo exclusivamente as movimentações financeiras decorrentes das decisões e das atividades de financiamento. A segmentação desses fluxos de caixa permite que análises sejam feitas isoladamente para as atividades de financiamento, sem que esses interfiram nos fluxos operacionais e de investimentos.

As atividades de financiamento tanto contêm entradas quanto saídas de caixa. As entradas são compostas pelos recebimentos de empréstimos (capital de terceiros) e pelos aportes dos sócios (capital próprio). As saídas de caixa são compostas pelos pagamentos de amortização e juros (remuneração do capital de terceiros) e de dividendos (remuneração do capital próprio). Assim, uma estrutura sugerida de fluxo de caixa de financiamento seria a seguinte:

QUADRO 60 – Plano de contas do fluxo de caixa de financiamento

(+) Entradas de financiamento
Recebimento de empréstimos
Aporte de sócios
Lançamento de ações
...
(-) Saídas de financiamento
Pagamento de empréstimos – amortização
Pagamento de empréstimos – juros
Distribuição de dividendos
...
(=) Resultado das atividades de financiamento

Essa estrutura, no entanto, não é interessante para determinadas análises (como será percebido na discussão sobre a avaliação do empreendimento). Veja que, apesar de todas as contas apresentadas estarem relacionadas diretamente às atividades de financiamento, os fluxos de dívida estão juntos aos fluxos dos proprietários. Como esses fluxos têm diferentes hierarquias para serem executados, principalmente no que se refere à remuneração (saída de recursos), é importante que eles sejam separados. Veja a estruturação proposta a seguir.

QUADRO 61 – Plano de contas do fluxo de caixa de financiamento

(+) Entradas de financiamento – credores

Recebimento de empréstimos

...

(-) Saídas de financiamento – credores

Pagamento de empréstimos – amortização

Pagamento de empréstimos – juros

...

(=) Resultado das atividades de financiamento – credores

(+) Entradas de financiamento – proprietários

Aporte de sócios

Lançamento de ações

...

(-) Saídas de financiamento – proprietários

Distribuição de dividendos

...

(=) Resultado das atividades de financiamento – proprietários

Essa estrutura permite que os fluxos de caixa de financiamento sejam segmentados para as duas formas básicas de financiamento (próprio e de terceiros). Na parte superior, estão as contas geradas pelo financiamento de terceiros (ou de credores), e, na parte inferior, as geradas pelo financiamento de capital próprio (ou dos proprietários). Isso indica que, hierarquicamente, as contas de terceiros devem ser pagas antes das de capital próprio.

Usando uma dessas estruturas propostas, os fluxos de caixa das atividades de financiamento são projetados de acordo com as necessidades levantadas e as condições de remuneração estabelecidas. Esse fluxo de caixa deve manter coerência com o fluxo de caixa de investimento, de maneira a evitar, dentro do possível, a existência de capital ocioso. Em outras palavras, sempre que possível, deve haver casamento entre o fluxo de caixa de financiamento e o de investimento, dada a complementaridade entre eles.

Capítulo 9
SEÇÃO DE AVALIAÇÃO DA VIABILIDADE FINANCEIRA

Após todo o esforço prévio de coleta e análise de dados, bem como a elaboração das seções precedentes, o plano de negócio está praticamente pronto para ser apresentado. Contudo, ainda falta avaliar a viabilidade financeira do empreendimento, o que requer a consolidação das informações dessas seções de forma que haja uma visão integrada dos fluxos de caixa projetados e das demais informações de natureza financeira.

Como foi evidenciado, as seções seguem uma sequência lógica e se relacionam fortemente. As informações geradas por uma seção são usadas por outra, na forma de insumo ou de restrição. A consolidação, portanto, permite à equipe verificar se há incoerências entre os dados estimados, principalmente no que se refere à projeção do fluxo de caixa completo do empreendimento.

Dessa forma, os diferentes fluxos de caixa gerados (operacional, investimento e financiamento) devem ser consolidados nesse ponto. Uma perspectiva financeira completa deve ser montada a fim de permitir a verificação da viabilidade do empreendimento. Para tanto, é importante compreender certos conceitos relacionados aos fluxos de caixa de um plano de negócio.

Este capítulo inicia com a descrição das relações informacionais entre as seções componentes do plano de negócio. Com isso, pode-se sintetizar tudo o que foi explicitado nos capítulos anteriores e identificar como as seções se relacionam para permitir a verificação da viabilidade financeira do empreendimento. Em seguida, são apresentadas as relações entre os fluxos de caixa operacional, de investimento e de financiamento, produtos finais respectivamente das seções financeiras de atividades operacionais, de investimento e de financiamento. Posteriormente, o capítulo apresenta duas perspectivas de avaliação, que podem ser do empreendimento como um todo ou somente dos proprietários. Por fim, mostra-se como o valor residual do empreendimento deve ser determinado, o que depende da expectativa de seu encerramento ou de sua continuidade.

É importante pontuar que essa parte do plano de negócio requer bons conhecimentos sobre conceitos e técnicas de análise de investimentos. Para o leitor que não os tenha, foram disponibilizados três apêndices que tratam dos aspectos necessários a esse entendimento. Há um apêndice que apresenta fundamentos de matemática financeira, os quais são basilares em qualquer análise financeira. Há outro apêndice destinado a apresentar o Valor Presente Líquido (VPL), que é o principal método de análise da viabilidade de um empreendimento,

220 ELABORAÇÃO E AVALIAÇÃO DE PLANOS DE NEGÓCIOS

e a Taxa Interna de Retorno (TIR). Por fim, o último apêndice do livro apresenta métodos complementares ao VPL, os quais conferem maior grau de informação ao incorporar mecanismos de avaliação do risco em relação ao retorno esperado.

9.1. OBJETIVOS

Após coletar e analisar todos os dados pertinentes ao empreendimento, o que culminou com a elaboração das seções prévias do plano de negócio, o objetivo principal desta seção é avaliar a viabilidade da empresa.

A análise de viabilidade é realizada a partir do fluxo de caixa projetado, o qual reflete financeiramente a simulação da estruturação e do funcionamento do negócio. Esse reflexo financeiro será o elemento sobre o qual as técnicas de análise de investimento serão aplicadas, de forma a demonstrar a viabilidade da proposta.

Além desse objetivo, considerando que o plano de negócio será utilizado para buscar recursos, esta seção deve contemplar a exposição da proposta feita ao potencial investidor. Assim, devem ser registradas as necessidades que o potencial investidor pode atender e os potenciais retornos que ele terá.

9.2. RELAÇÕES ENTRE AS SEÇÕES DO PLANO DE NEGÓCIO

Apesar de o conteúdo dos capítulos anteriores já ter esclarecido os relacionamentos de informação entre as seções do plano de negócio, por meio dos produtos finais gerados em cada uma delas, é fundamental que se tenha uma visão consolidada desses fluxos de informação.

Para ter melhor percepção dessas relações, é importante visualizar a estrutura completa do plano de negócio. O quadro a seguir apresenta uma estrutura típica, baseada no que foi apresentado nos capítulos anteriores. Evidentemente, como já assinalado, dependendo das particularidades do empreendimento e do setor no qual ele atuará, essa estrutura pode ser alterada.

QUADRO 62 – Estrutura típica de um plano de negócio

ID.	SEÇÕES
1,00	Seção introdutória
1,01	Apresentação resumida da ideia dos produtos ou serviços a serem ofertados ao mercado
1,02	Apresentação da missão, visão e valores da empresa
1,03	Identificação e perfil acadêmico e profissional dos proponentes do empreendimento

(continua)

ID.	SEÇÕES
2,00	Seção mercadológica
2,01	Detalhamento do(s) produto(s) e/ou serviço(s) a ser(em) oferecido(s) ao mercado
2,02	Descrição dos procedimentos metodológicos realizados para coletar dados primários e secundários
2,03	Descrição do mercado-alvo e de suas necessidades
2,04	Descrição dos concorrentes diretos e indiretos
2,05	Descrição dos benefícios e diferenciais do produto/serviço
2,06	Descrição da cadeia de suprimentos
2,07	Estratégia mercadológica
2,08	Condições de comercialização
2,09	Projeção da quantidade vendida atual e projetada
2,10	Projeção dos preços unitários de venda atuais e projetados
2,11	Projeção do faturamento (regime de competência)
2,12	Projeção do recebimento (regime de caixa)
3,00	Seção estrutural
3,01	Descrição e justificativa das obras civis necessárias à estruturação do empreendimento
3,02	Layout das instalações físicas com disposição de móveis e equipamentos
3,03	Listagem dos ativos fixos necessários à operacionalização do empreendimento
3,04	Cronograma físico das atividades de engenharia
3,05	Cronograma físico de instalação dos ativos fixos
3,06	Cronograma físico de substituição de ativos fixos ao longo da vida útil do empreendimento
3,07	Cronograma físico de novas incorporações e novas substituições de ativos fixos ao longo da vida útil do empreendimento
4,00	Seção de localização
4,01	Descrição da localização dos consumidores
4,02	Descrição da localização dos fornecedores
4,03	Definição e explicação das variáveis locacionais relevantes na decisão
4,04	Listagem de alternativas de localização

(continua)

ID.	SEÇÕES
4,05	Análise comparativa das alternativas de localização com seus impactos financeiros e não financeiros
4,06	Definição da(s) localização(ões) do empreendimento
5,00	**Seção financeira de atividades operacionais**
5,01	Determinação do tipo de tributação incidente sobre a operação da empresa
5,02	Determinação das remunerações de funcionários ao longo da vida útil do empreendimento (quantidade, função, salários, encargos e benefícios) e de sócios (quantidade, função, salários, encargos e benefícios) que terão atividades executivas, ambas classificadas como custos
5,03	Listagem dos custos fixos e variáveis (apenas a indicação e a classificação deles)
5,04	Cálculo dos custos (fixos e variáveis) no ano inicial (informar claramente o tipo de custeio adotado), justificando os valores
5,05	Determinação e justificativa do critério de reajuste dos custos calculados ao longo dos anos
5,06	Determinação das remunerações de funcionários ao longo da vida útil do empreendimento (quantidade, função, salários, encargos e benefícios) e de sócios (quantidade, função, salários, encargos e benefícios) que terão atividades executivas, ambas classificadas como despesas
5,07	Determinação do plano de contas financeiro do fluxo de caixa operacional
5,08	Premissas adotadas para os valores atuais e projetados das despesas de naturezas fixa e variável
5,09	Fluxo de caixa operacional projetado
5,10	Cálculo da receita de equilíbrio operacional
5,11	Análise horizontal
5,12	Análise vertical
5,13	Análise custo-volume-lucro dos produtos e/ou serviços

(continua)

Capítulo 9: Seção de Avaliação da Viabilidade Financeira **223**

ID.	SEÇÕES
6,00	**Seção financeira de atividades de investimento**
6,01	Justificativa e determinação das necessidades de investimento em capital fixo
6,02	Justificativa e determinação das necessidades de investimento em capital de giro
6,03	Justificativa e determinação das necessidades de reinvestimentos em capital fixo
6,04	Justificativa e determinação das necessidades de reinvestimentos em capital de giro
6,05	Justificativa e determinação das entradas de caixa geradas por valores residuais de ativos fixos
6,06	Fluxo de caixa de investimentos projetado
7,00	**Seção financeira de atividades de financiamento**
7,01	Quadro de fontes e de uso de recursos
7,02	Projeção do quadro de amortização dos empréstimos
7,03	Política de dividendos
7,04	Determinação da taxa de remuneração do capital próprio
7,05	Cálculo do Custo Médio Ponderado de Capital (CMPC)
7,06	Fluxo de caixa de financiamento projetado (credores e proprietários)
8,00	**Seção de avaliação**
8,01	Fluxo de caixa livre projetado no período explícito
8,02	Fluxo de caixa dos proprietários projetado no período explícito
8,03	Valor terminal do empreendimento
8,04	Valor terminal dos proprietários
8,05	Verificação da viabilidade na perspectiva do empreendimento
8,06	Verificação da viabilidade na perspectiva dos proprietários
8,07	Considerações finais sobre a viabilidade
8,08	Proposta de negócio
9,00	**Anexos**
9,01	....

ELABORAÇÃO E AVALIAÇÃO DE PLANOS DE NEGÓCIOS

O quadro a seguir registra de maneira resumida o que tipicamente se espera das relações de entrada informacional entre as seções do plano de negócio:

QUADRO 63 – Relações entre as seções do plano de negócio

SEÇÕES	ENTRADAS DE INFORMAÇÃO
Mercadológica	Normalmente, é a primeira seção desenvolvida, requerendo pouca ou nenhuma informação de outras seções. Uma possibilidade de informação requerida são os custos dos produtos/serviços. Sem a informação dos seus custos, o estabelecimento dos preços de venda carece de informações internas relevantes. Os custos somente serão mensurados na seção financeira de atividades operacionais.
Estrutural	Para estruturar adequadamente o processo produtivo, deve-se definir os aspectos técnicos dos produtos/serviços, para melhor restringir e analisar os processos produtivos alternativos. Os aspectos técnicos dos produtos/serviços são estabelecidos na seção mercadológica. Para comparar processos produtivos alternativos, podem ser feitas análises financeiras baseadas nos fluxos de caixa decorrentes dos esforços de estruturar e operar o processo produtivo. Tais reflexos financeiros somente serão estimados em seções posteriores (seções financeiras de atividades operacionais e de atividades de investimento). Além disso, para aplicar os métodos de análise de investimento e comparar as alternativas, também é necessário ter uma taxa compatível para desconto dos fluxos de caixa, o que é estimado somente na seção financeira de atividades de financiamento.
Localização	A descrição e a análise dos potenciais clientes na seção mercadológica permitem identificar potenciais locais para o empreendimento. Os requisitos técnicos levantados na seção estrutural fornecem indicativos da(s) área(s) física(s) necessária(s) às atividades administrativa e produtiva do empreendimento, o que auxilia a determinar seu(s) local(is) de instalação.
Financeira de atividades operacionais	A projeção de recebimento feita na seção mercadológica compõe o fluxo de caixa operacional (receitas operacionais). Requer informações financeiras sobre o(s) local(is) de instalação do empreendimento (em caso de locação do(s) imóvel(is)) geradas na seção de localização.

(continua)

SEÇÕES	ENTRADAS DE INFORMAÇÃO
Financeira de atividades de investimento	A seção estrutural gera os cronogramas de incorporação, substituição e novas incorporações de ativos que são utilizados para fazer as projeções de fluxo de caixa de investimentos em ativos fixos.
	A seção financeira de atividades operacionais gera o fluxo de caixa operacional projetado, que é base para a estimativa da necessidade de investimento em capital de giro.
	Requer informações financeiras sobre o(s) local(is) de instalação do empreendimento (em caso de compra do(s) imóvel(is) geradas na seção de localização.
Financeira de atividades de financiamento	Os investimentos e reinvestimentos projetados na seção financeira de atividades de investimento são base para a definição das fontes e dos recursos a serem utilizados para financiar aqueles.
Seção de avaliação da viabilidade financeira	Requer os fluxos de caixa projetados nas seções financeiras de atividades operacionais, de investimento e de financiamento.
	Requer as taxas de desconto estimadas na seção financeira de atividades de financiamento para realizar as análises financeiras.

Perceba que, em alguns pontos, as informações de entrada em uma seção são geradas por seções que a antecedem, o que é coerente com a estrutura proposta do plano de negócio. Entretanto, há certas informações de entrada que são geradas em seções posteriores, o que implica uma situação incoerente com a estrutura proposta. Por isso, na prática, o plano de negócio não pode ser elaborado em uma sequência que esteja estritamente de acordo com a ordem da estrutura. As seções devem ser feitas de maneira quase paralela, permitindo as trocas de informação indicadas no quadro e, eventualmente, outras não elencadas aqui.

Observe que essa síntese expressa o grau de integração e consistência que deve ser estabelecido entre as seções. A quantidade de informações geradas em um plano de negócio é muito grande, o que favorece, de forma indesejada, inconsistências informacionais entre as seções. Se não houver esmero na integração dessas informações, os fluxos de caixa projetados terão qualidade questionável e serão menos confiáveis.

Por isso, é fundamental que a equipe responsável pelo plano de negócio tenha em mente esse risco e tome todas as precauções possíveis para evitar dados contraditórios, a fim de projetar os fluxos de caixa da maneira mais apurada possível.

Apesar de os fluxos de caixa das atividades operacional, de investimento e de financiamento serem elaborados de maneira separada, seus resultados influenciam diretamente os demais. Há, por natureza, uma lógica subjacente à divisão dos fluxos de caixa e ao relacionamento entre eles, que será explorada na sequência.

9.3. RELAÇÕES ENTRE OS FLUXOS DE CAIXA

Conforme comentado anteriormente, a divisão do fluxo de caixa completo em três tipos decorre das suas diferentes naturezas. Uma entrada no fluxo de investimento, por exemplo, não deve ser confundida com uma entrada operacional relacionada à atividade principal do empreendimento. Caso a venda de um veículo seja alocada como receita operacional, esse último resultado não seria coerente, uma vez que o empreendimento não foi montado para vender veículos (salvo uma concessionária ou fábrica de veículos). De forma semelhante, o recebimento de um empréstimo não é parte da atividade operacional do negócio e, portanto, não deve ser contemplado como receita operacional. Caso o recebimento de um empréstimo entre no fluxo operacional, a análise do desempenho operacional será distorcida.

Para compreender melhor o relacionamento entre as partes do fluxo de caixa, deve-se verificar como ocorre a dinâmica das movimentações financeiras. A narrativa a seguir objetiva mostrar essa dinâmica, propiciando o entendimento das relações entre as partes do fluxo de caixa.

Conforme argumento feito em capítulo anterior, a divisão típica do fluxo de caixa é expressa na figura a seguir:

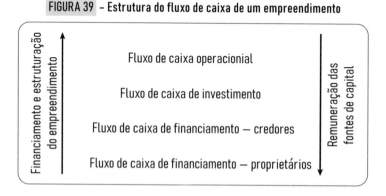

FIGURA 39 – Estrutura do fluxo de caixa de um empreendimento

Capítulo 9: Seção de Avaliação da Viabilidade Financeira — 227

A primeira parte reflete as movimentações financeiras decorrentes das atividades operacionais do empreendimento. A segunda expressa as movimentações financeiras derivadas das decisões de investimento, reinvestimento e desinvestimento. As duas partes finais abrangem as movimentações financeiras decorrentes das atividades de financiamento, as quais são divididas em fluxo de caixa dos credores (movimentações referentes ao capital de terceiros) e fluxo de caixa dos proprietários (movimentações referentes ao capital próprio).

Conceitualmente, podem ser identificados dois grandes grupos de deslocamento de recursos entre esses segmentos do fluxo de caixa. O primeiro é o deslocamento de recursos financeiros ascendentes, no qual os recursos levantados junto aos fornecedores de capital (fluxo de caixa de financiamento) permitem a estruturação (fluxo de caixa de investimento) e o funcionamento da empresa (fluxo de caixa operacional). O segundo é o deslocamento de recursos financeiros gerados pela operação do negócio (fluxo de caixa operacional), com o objetivo de remunerar os fornecedores de capital (fluxo de caixa de financiamento).

Esses deslocamentos formam um ciclo cuja visão completa pressupõe que os recursos disponibilizados pelos fornecedores de capital (proprietários e credores) sejam plenamente remunerados. Isso indica que a estruturação e o funcionamento da empresa devem alcançar um patamar de resultado suficiente para remunerar as fontes de capital, sem as quais o empreendimento não existiria. Caso esse ciclo não seja concretizado, a expectativa de remuneração dos fornecedores de capital é frustrada, e o empreendimento não se mostra viável.

Para complementar essa ideia conceitual, deve-se compreender a dinâmica ao longo do tempo em nível mais detalhado. Para tanto, a seguir, será explicada a dinâmica das movimentações dos recursos desde o início do empreendimento.

Imagine o momento no qual o plano de negócio é finalizado e apresentado aos interessados. Caso eles decidam comprar a ideia, será iniciada a fase de estruturação. Nesse momento inicial, o empreendimento, por si só, não tem qualquer recurso financeiro disponível. Os recursos devem ser disponibilizados pelos proprietários (capital próprio) e/ou pelos credores (capital de terceiros). Assim, a fim de que o empreendimento tenha recursos financeiros para se estruturar e iniciar o seu funcionamento, deve haver entrada de capital próprio e/ou de terceiros, o que será registrado no fluxo de caixa das atividades de financiamento, conforme figura a seguir:

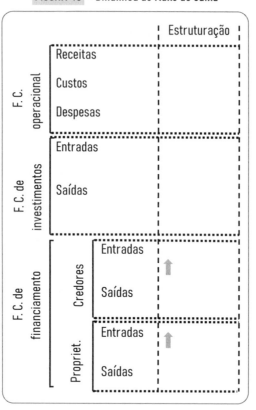

FIGURA 40 – Dinâmica do fluxo de caixa

Na extremidade esquerda da figura, há as três divisões principais do fluxo de caixa (operacional, de investimento e de financiamento). Dentro de cada uma delas, há as subdivisões representadas por grupos de entrada e saída de caixa. Em particular, o fluxo de caixa de financiamento apresenta uma subdivisão adicional, que trata dos fluxos de caixa dos credores e dos proprietários, por motivos previamente explicados.

Nesse primeiro momento, há duas setas representando entradas de caixa oriundas dos proprietários (capital próprio) e dos credores (capital de terceiros). São as entradas de caixa que representam a oferta de recursos financeiros por parte dessas fontes de capital.

Após a disponibilização dos recursos financeiros, o empreendimento terá caixa à disposição. Dessa forma, a fase de estruturação pode ser efetivamente iniciada, e poderão ser feitos os investimentos necessários em ativos fixos (prédios, maquinários, equipamentos, móveis e utensílios, veículos etc.) para que o empreendimento disponha da estrutura física necessária ao seu funcionamento operacional. A figura seguinte ilustra esse momento:

FIGURA 41 – Dinâmica do fluxo de caixa

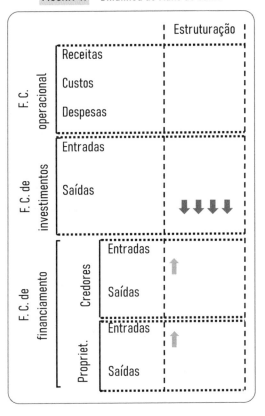

Perceba que as setas que representam saídas de caixa estão registradas nas saídas do fluxo de caixa de investimentos, indicando sua classificação como investimentos. Em particular, são os investimentos iniciais destinados a estruturar a empresa fisicamente, para permitir o começo de suas atividades operacionais.

Antes de prosseguir com a explicação da formação e do relacionamento dos fluxos de caixa, deve-se destacar um aspecto em relação ao capital de giro. Não há uma conta no fluxo de caixa denominada capital de giro destinada ao registro desse investimento. A diferença entre os recursos disponibilizados ao empreendimento (entradas de financiamento) e os investimentos em ativos fixos (saídas de investimentos) representa os recursos que ficarão disponíveis para fins de investimento em capital de giro. Se, por exemplo, o total financiado pelos dois tipos de capital (próprio e de terceiros) for R$1.000.000,00 e o investimento inicial em ativos fixos destinado à estruturação física do empreendimento consumir R$400.000,00, isso significa que o valor destinado ao investimento em capital de giro será R$600.000,00 (R$1.000.000,00 - R$400.000,00).

Retornando à movimentação financeira, e simultaneamente aos investimentos direcionados à estruturação física do empreendimento, é possível que haja necessidade de que este incorra em despesas durante esse período de estruturação. Como essas despesas ocorrerão antes da etapa operacional, elas são chamadas despesas pré-operacionais. Como exemplo, é possível citar a remuneração de funcionários contratados para acompanhar e gerenciar o período de estruturação: energia elétrica, comunicação, segurança, honorários contábeis, taxas necessárias à formalização e legalização do empreendimento etc.

Durante esse período de estruturação, também é possível, apesar de mais raro, a ocorrência de custos pré-operacionais. Diz-se que é mais raro pois a observação de despesas pré-operacionais é, praticamente, comum a todos os empreendimentos em fase de estruturação. Custos pré-operacionais, entretanto, ocorrem em casos nos quais, logo antes do início da operação, deve-se fazer uma produção-piloto, a fim de testar o processo produtivo instalado e homologar o seu funcionamento. Sendo assim, apenas certos tipos de empreendimento terão necessidade de incorrer em custos pré-operacionais. A figura a seguir ilustra isso:

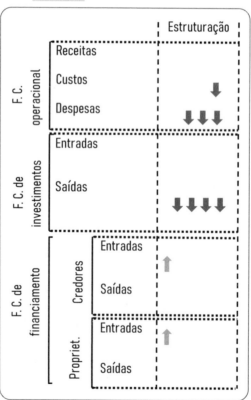

FIGURA 42 – Dinâmica do fluxo de caixa

Frente a essas despesas e custos pré-operacionais, nota-se o primeiro momento de necessidade de capital de giro. Caso não haja capital de giro disponível, essas movimentações financeiras não poderão ser realizadas.

Com a consecução da parte física do empreendimento e a disponibilização do capital de giro, as atividades operacionais podem ser iniciadas. Como consequência desse início, os desembolsos operacionais (despesas e custos) começarão a ser realizados, assim como as receitas operacionais começarão a ser geradas, conforme esta figura:

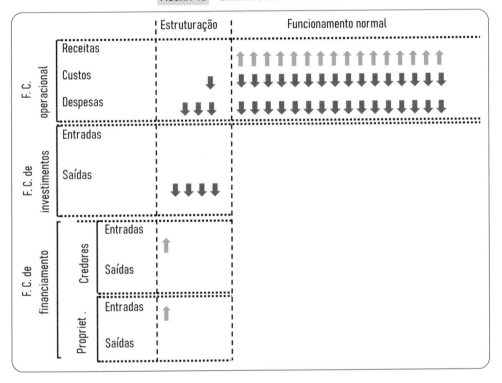

FIGURA 43 – Dinâmica do fluxo de caixa

Provavelmente, nesse período inicial, as receitas operacionais não serão suficientes para cobrir todos os desembolsos operacionais, refletindo o não atingimento do ponto de equilíbrio operacional. Isso reforça a necessidade de se ter capital de giro para permitir a operação do empreendimento durante o período de prejuízo operacional.

Com o desenvolvimento do negócio, espera-se que a receita operacional seja ampliada paulatinamente. Dessa maneira, em algum momento, o ponto de equilíbrio será ultrapassado, e o resultado operacional, antes negativo, ficará positivo, e espera-se que assim se mantenha. Naturalmente, diante de eventuais períodos sazonais de queda da atividade operacional, podem ocorrer resultados operacionais negativos, os quais são revertidos em momentos de recomposição do nível de atividade operacional.

O uso do excedente operacional (receitas operacionais menos despesas operacionais menos custos produtivos) não ficará restrito ao fluxo operacional. Conforme visto na seção estrutural, serão necessários reinvestimentos para manter e/ou ampliar a capacidade operacional do empreendimento. No limite, se a empresa não mantiver a capacidade operacional por meio de reinvestimentos tanto em capital fixo quanto em capital de giro, ela não terá como manter a geração de receitas operacionais no futuro. Igualmente, se o empreendimento não ampliar a sua capacidade operacional por meio de novos investimentos, ele não terá como expandir a geração de receitas operacionais. Uma eventual decisão de reduzir os reinvestimentos pode comprometer a capacidade de gerar valor no futuro.

Juntamente a esses reinvestimentos, é possível que sejam feitos desinvestimentos com reflexos financeiros positivos. Alguns ativos fixos podem ter valores residuais relevantes, os quais são projetados no fluxo de caixa de investimentos na forma de receitas não operacionais. A figura a seguir ilustra esses reinvestimentos e receitas não operacionais derivados dos desinvestimentos:

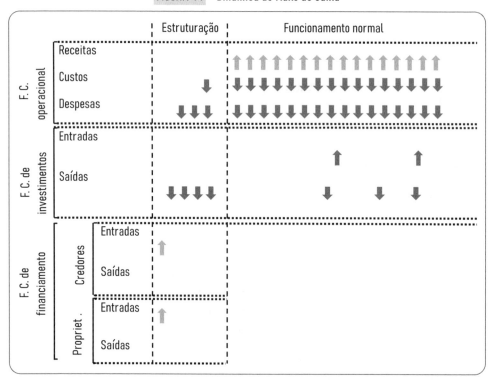

FIGURA 44 – Dinâmica do fluxo de caixa

Uma forma de fazer frente a esses reinvestimentos é usar os recursos gerados pelo fluxo de caixa operacional. Parte dos resultados operacionais acumulados podem ser usados para permitir as movimentações financeiras que, por sua vez, viabilizarão a manutenção e/ou a expansão da capacidade operacional do empreendimento. Idealmente, os resultados operacionais alcançados devem ser suficientemente bons para, além do resultado operacional, permitir os reinvestimentos necessários à manutenção e/ou à ampliação das atividades operacionais.

Em adição a essa necessidade de reinvestimentos (fluxo de investimento), as fontes de capital devem ser remuneradas. Caso não o sejam plenamente, isso indica que o empreendimento é incapaz de recompensar financeiramente aqueles que disponibilizaram os recursos financeiros necessários à sua estruturação e ao seu funcionamento.

Portanto, em uma situação ideal, o resultado remanescente após os desembolsos operacionais e os reinvestimentos deve ser suficiente para amortizar e pagar os juros das dívidas, bem como os dividendos aos proprietários (fluxo de financiamento). O caixa disponível aos fornecedores de capital do empreendimento deve respeitar a preferência que a dívida tem sobre o patrimônio, e, assim, o caixa disponível após os reinvestimentos será usado para amortizar e pagar juros das dívidas antes de remunerar os dividendos, conforme ilustrado na figura a seguir:

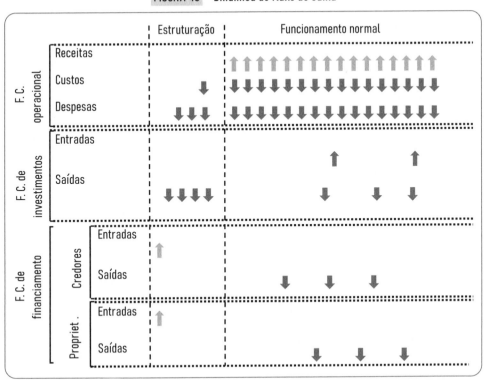

FIGURA 45 – Dinâmica do fluxo de caixa

ELABORAÇÃO E AVALIAÇÃO DE PLANOS DE NEGÓCIOS

Caso o fluxo de caixa operacional gerado não seja suficiente para fazer os reinvestimentos, haverá necessidade de captar recursos externos, sejam eles próprios ou de terceiros (entradas no fluxo de financiamento). Tal captação adicional aumenta a necessidade futura de remuneração do capital, cuja viabilidade deve ser analisada à luz da expectativa de geração de caixa do empreendimento.

Toda essa movimentação financeira continuará ocorrendo enquanto o empreendimento mantiver sua operação. Deve-se atentar à possibilidade de previsão de encerramento das atividades ou de elas ocorrerem sem data definida para serem concluídas. A definição do horizonte temporal é de suma importância para a verificação da viabilidade do empreendimento, pois esse horizonte diz respeito ao prazo de geração dos fluxos de caixa esperados considerado na avaliação.

A princípio, uma empresa é um empreendimento sem data definida para encerrar suas atividades e, consequentemente, os fluxos de caixa gerados. Há exceções a essa expectativa, quando empresas são montadas com prazo definido de funcionamento, tais como uma que tenha sido concebida para explorar uma concessão estatal ou que faça parte de uma Parceria Público-privada (PPP). Nesses casos, o horizonte temporal de análise é definido contratualmente, indicando a data e as condições do encerramento.

Tome, em primeiro lugar, empresas que tenham prazo definido para encerrar suas atividades. Nessa situação, em algum momento no futuro, as atividades operacionais serão finalizadas, a partir de quando o fluxo de caixa operacional deixará de ser realizado. Porém, nem sempre há um encerramento abrupto das movimentações financeiras operacionais. É possível que, a depender das condições de encerramento, haja uma série de movimentações financeiras operacionais que ainda persistirão por determinado período. Por exemplo, podem existir compromissos financeiros cujos vencimentos ocorrerão no futuro, além de créditos a receber decorrentes de vendas feitas para os clientes. É possível que a empresa ainda tenha estoque remanescente de mercadorias para revenda, as quais ainda terão que ser vendidas.

O período ao longo do qual ainda haverá movimentações financeiras operacionais dependerá do grau de liquidez dos ativos circulantes do empreendimento. Caso não haja estoque de matérias-primas e/ou mercadorias, esse período de movimentações operacionais tenderá a ser mais curto.

Diante do encerramento das atividades operacionais, a estrutura montada para o empreendimento não será mais necessária. Assim, os ativos fixos disponíveis não serão mais necessários, bem como todo o capital de giro previamente colocado à disposição. Sendo assim, esses ativos (tangíveis, intangíveis e de giro) podem ser desinvestidos definitivamente. A figura a seguir ilustra conceitualmente essa circunstância:

FIGURA 46 – Fluxo de caixa em condições de encerramento

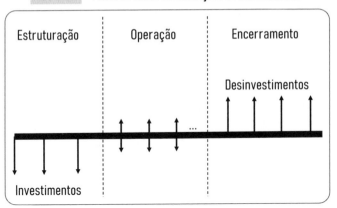

Agora, levando em consideração uma empresa que não tem data específica para encerrar suas atividades, a concepção é projetar e avaliar um fluxo de caixa com duração indefinida, conforme figura a seguir:

FIGURA 47 – Fluxo de caixa em condições de continuidade

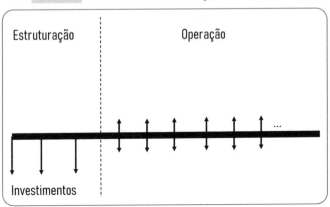

Nessa situação, a maneira mais adequada de proceder é dividir o fluxo de caixa em dois períodos complementares. O primeiro período é denominado explícito, abrangendo os primeiros anos desde o início da análise, durante o qual são projetados, com nível de detalhamento mais aprofundado, os fluxos de caixa objeto do cálculo, considerando de forma mais apurada variáveis tais como nível de crescimento das unidades vendidas, alteração nos preços praticados e custos incorridos, dentre outras que compõem ou ajudam a formar o fluxo de caixa. Isso é necessário tendo em vista que, durante o período explícito, sobretudo em uma empresa que está iniciando suas atividades, o fluxo de caixa costuma ser bastante volátil e/ou ter taxa de crescimento forte por certo período, o que impõe a necessidade de uma projeção mais apurada.

Não há uma regra geral para o estabelecimento desse período explícito. Um bom direcionador é defini-lo de acordo com a expectativa de estabilização do fluxo de caixa. De forma geral, os fluxos de caixa projetados de uma empresa tendem a se estabilizar a partir de determinado momento em função de fatores internos (atingimento do limite da capacidade produtiva ou falta de capital para viabilizar uma taxa de crescimento maior) e/ou de fatores externos (a própria saturação do mercado atualmente atendido, perspectivas sobre o ambiente econômico etc.). Portanto, a partir desse ponto de certa estabilização do nível de atividade da empresa, espera-se um crescimento próximo ao crescimento do setor em que ela atua, ou seja, não observando uma taxa de crescimento superior ao mercado. Isso costuma ser uma indicação para o início do segundo período de análise, que é denominado período de perpetuidade.

A partir desse momento, então, pode-se considerar a projeção do fluxo de caixa como uma perpetuidade, em que os fluxos de caixa gerados têm comportamento relativamente uniforme e não têm um momento definido para serem encerrados. Dessa maneira, como a partir de então os fluxos de caixa tendem a ter certa estabilidade, eles podem ser analisados e avaliados como uma perpetuidade sem qualquer prejuízo. A figura a seguir ilustra essa sugestão:

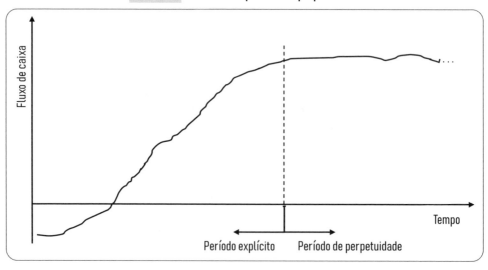

FIGURA 48 – Períodos explícito e de perpetuidade

Perceba que, visualmente, o período explícito é encerrado a partir do momento em que se tem certa estabilização no fluxo de caixa. Isso não quer dizer que os fluxos de caixa se tornam exatamente uniformes, apenas que não há alterações muito intensas no patamar do fluxo de caixa. Evidentemente, há alterações decorrentes da própria dinâmica do mercado e de fatores tais como a sazonalidade. No entanto, elas são pontuais, tendendo a retornar à média, caso não haja qualquer alteração estrutural na empresa e/ou no mercado.

Ressalta-se que, em uma empresa que esteja no início de sua operação, é normal que o fluxo de caixa gerado seja negativo. Isso é compatível com a fase inicial dedicada à sua estruturação, durante a qual não há atividades operacionais e, consequentemente, geração de receitas operacionais. Sendo assim, ao longo desse período, é possível que as movimentações financeiras sejam eminentemente negativas, compostas pelos investimentos estruturais e por despesas pré-operacionais.

Após o início do funcionamento operacional da empresa, ainda é possível que a geração de caixa seja negativa, uma vez que o nível de atividade pode ser inferior ao ponto de equilíbrio operacional. Até que ela atinja o ponto de equilíbrio operacional, o seu fluxo de caixa será negativo. Somente a partir de certo momento, após a ultrapassagem do ponto de equilíbrio operacional, é que a empresa iniciará a gerar fluxos de caixa positivos. Tipicamente, esse fluxo de caixa positivo aumentará até se estabilizar em determinado momento, a partir do qual pode-se modelar o fluxo de caixa como uma perpetuidade.

9.4. FLUXO DE CAIXA DA EMPRESA E DOS PROPRIETÁRIOS

O contexto da elaboração do plano de negócio pode suscitar diferentes necessidades e pontos de vista de avaliação. Geralmente, a avaliação da viabilidade pode ser feita mediante duas perspectivas, as quais dependem do recorte que se faz do fluxo de caixa objeto da verificação. Essas perspectivas são do empreendimento e dos proprietários.

O fluxo de caixa do empreendimento ou fluxo de caixa livre é aquele que está disponível a todos os fornecedores de capital, sejam eles credores ou proprietários. É o resultado da soma do fluxo de caixa operacional e do fluxo de caixa de investimento. A lógica é que, após o pagamento de todos os desembolsos operacionais e de todos os investimentos e reinvestimentos, o caixa resultante estará livre para todos os fornecedores de capital (credores e proprietários). O esquema gráfico a seguir ilustra a composição do fluxo de caixa livre:

ELABORAÇÃO E AVALIAÇÃO DE PLANOS DE NEGÓCIOS

FIGURA 49 – Estrutura do fluxo de caixa livre

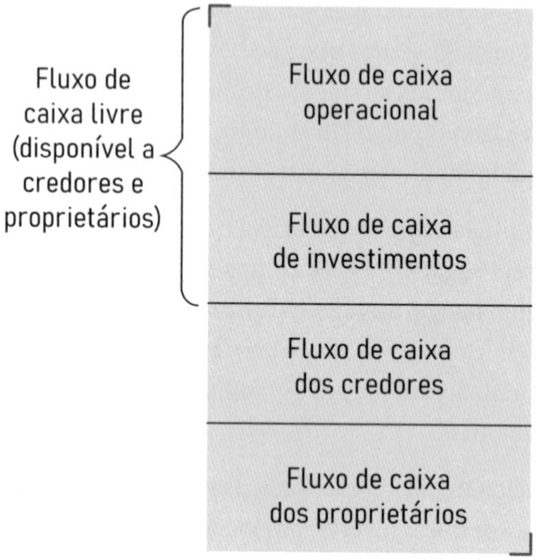

Fluxo de caixa livre (disponível a credores e proprietários):
- Fluxo de caixa operacional
- Fluxo de caixa de investimentos

Fluxo de caixa dos credores

Fluxo de caixa dos proprietários

O fluxo de caixa livre positivo permite que haja a manutenção da capacidade produtiva do empreendimento, já que considera os investimentos e reinvestimentos necessários. Seu resultado pode ser usado para remunerar todas as fontes de capital do empreendimento, sem comprometer a capacidade de geração de caixa no futuro, uma vez que os esforços de manutenção da capacidade operacional foram realizados. Esse é o fluxo de caixa intrínseco ao empreendimento, agregando as atividades de investimento, necessárias à instalação e à manutenção da capacidade de operação do empreendimento, e as atividades operacionais, que refletem o funcionamento do empreendimento e os resultados operacionais alcançados. Portanto, é a referência de fluxo de caixa utilizada para verificar a viabilidade do empreendimento como um todo.

Perceba que esse fluxo de caixa é conseguido a partir dos financiamentos feitos tanto por capital próprio quanto por capital de terceiros, indicando que ambos devem ser remunerados adequadamente pelo fluxo de caixa livre gerado. Caso essa remuneração não ocorra completamente, o fluxo de caixa livre não é suficiente para remunerar os detentores de direitos sobre ele, e, nessa circunstância, o empreendimento não é viável — credores e/ou proprietários não serão plenamente remunerados.

A taxa de juros que reflete o custo de capital originado tanto do capital próprio quanto do de terceiros, ambos financiadores do empreendimento, nas exatas proporções em que são utilizados, é o Custo Médio Ponderado de Capital (CMPC). Logo, essa é a taxa de referência que deve ser remunerada pelo fluxo de caixa livre. Se essa taxa não for alcançada pelo fluxo de caixa livre, o empreendimento não atenderá às expectativas de seus provedores de capital. Caso essa taxa seja remunerada pelo fluxo de caixa livre, o empreendimento mostra-se viável, pois os seus fornecedores de capital serão plenamente recompensados financeiramente. Essa é a lógica conceitual da verificação da viabilidade do empreendimento como um todo.

Capítulo 9: Seção de Avaliação da Viabilidade Financeira **239**

A taxa de retorno do fluxo de caixa livre é operacionalizada pelo método da Taxa Interna de Retorno (TIR), cuja forma de cálculo é explicada em apêndice. Nessa situação, o CMPC funciona como uma Taxa Mínima de Atratividade (TMA), que é referência utilizada nos métodos de orçamento de caixa. Sinteticamente, tem-se o seguinte:

QUADRO 64 – Lógica conceitual da viabilidade na perspectiva do empreendimento

Se a Taxa de Retorno do Fluxo de Caixa Livre (TIR do FCL) for maior do que o Custo Médio Ponderado de Capital (CMPC), o empreendimento é viável.

Se a Taxa de Retorno do Fluxo de Caixa Livre (TIR do FCL) for menor do que o Custo Médio Ponderado de Capital (CMPC), o empreendimento não é viável.

A outra perspectiva de avaliação é a do fluxo de caixa dos proprietários do empreendimento. O fluxo de caixa livre está disponível para remunerar os capitais disponibilizados tanto por credores quanto pelos proprietários. Como a remuneração dos credores é preferencial em relação à dos proprietários, e esses últimos têm direitos residuais sobre os resultados alcançados, torna-se interessante avaliar o fluxo de caixa disponível aos proprietários após o pagamento das obrigações financeiras junto a terceiros. Além disso, como uma das principais funções do plano de negócio é apresentar o empreendimento a potenciais investidores, os quais serão proprietários de parte dele, é muito importante mensurar as perspectivas de retorno sobre o capital que eles investiram. O esquema a seguir ilustra essa estrutura:

FIGURA 50 – Estrutura do fluxo de caixa disponível aos proprietários

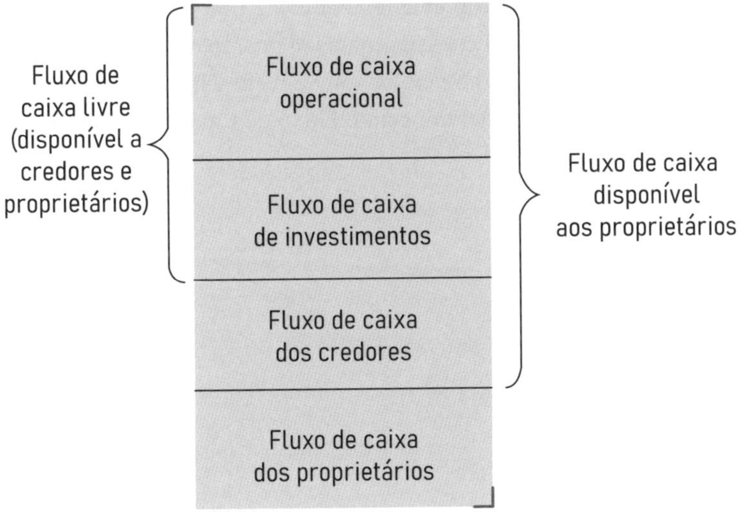

Assim, o empreendimento pode ser analisado do ponto de vista específico dos proprietários. Ao fluxo de caixa livre são adicionados algebricamente os resultados do fluxo de caixa de financiamento dos credores, resultando no fluxo de caixa disponível aos proprietários.

Dessa forma, o fluxo de caixa obtido é originado unicamente pelo financiamento dos proprietários. Portanto, seu valor resultante está disponível para ser distribuído exclusivamente, no todo ou em parte, a eles, uma vez que todos os desembolsos preferenciais foram realizados anteriormente.

Se o fluxo de caixa disponível aos proprietários é financiado somente pelo capital próprio, então a sua referência deve ser o custo do capital próprio, de modo que este representa a taxa de desconto relevante nessa análise. Se o fluxo de caixa disponível aos proprietários tem taxa de retorno superior ao custo do capital próprio, então o empreendimento remunerará os proprietários adequadamente. Caso a taxa de retorno do fluxo de caixa disponível aos proprietários seja inferior ao custo do capital próprio, o empreendimento não é interessante na perspectiva dos proprietários. Sinteticamente, tem-se:

QUADRO 65 – Lógica conceitual da viabilidade na perspectiva dos proprietários

Se a Taxa de Retorno do Fluxo de Caixa dos Proprietários (TIR do FCP) for maior do que o Custo de Capital dos proprietários (CP), o investimento no negócio é viável.

Se a Taxa de Retorno do Fluxo de Caixa dos Proprietários (TIR do FCP) for menor do que o Custo de Capital dos proprietários (CP), o investimento no negócio não é viável.

Evidentemente, essa discussão prévia tem validade prática quando a empresa utiliza financiamento de terceiros. Caso ela seja financiada completamente por capital próprio (0% de endividamento), o CMPC coincidirá com o custo CP, e o Fluxo de Caixa do Empreendimento (FCL) também coincidirá com o Fluxo de Caixa dos Proprietários (FCP). A figura a seguir ilustra tal situação:

FIGURA 51 – Estrutura do fluxo de caixa disponível aos proprietários sem dívida

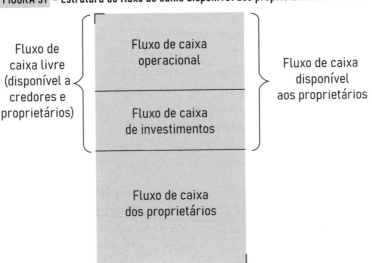

9.5. AVALIAÇÃO DA VIABILIDADE FINANCEIRA DO EMPREENDIMENTO

Nesse ponto, a verificação da viabilidade financeira do empreendimento pode ser iniciada. Para tanto, são necessários os seguintes elementos: fluxo de caixa projetado, horizonte temporal de análise e taxa de desconto dos fluxos de caixa.

Os fluxos de caixa representam o reflexo financeiro da expectativa de realização de todas as atividades do empreendimento (operacional, de investimento e de financiamento) e, por consequência, do seu desempenho.

Retomando a lógica conceitual apresentada anteriormente neste capítulo, caso o propósito seja verificar a viabilidade do empreendimento como um todo, será usado o fluxo de caixa livre, que é composto pelos fluxos de caixa operacional e de investimento. Caso o propósito seja verificar a viabilidade na ótica dos proprietários, será utilizado o fluxo de caixa dos proprietários, que é decorrência da aplicação da política de dividendos estabelecida sobre o fluxo de caixa disponível aos proprietários.

Tal projeção ocorre ao longo do horizonte temporal de análise, o que, invariavelmente, costuma ser longo. O que deve ser estabelecido é se o horizonte temporal de operação será definido ou indefinido. No primeiro caso, em algum momento, a atividade operacional é encerrada, e os ativos tangíveis, intangíveis e de giro serão desinvestidos. No segundo cenário (a maioria das situações), deve-se usar o conceito de perpetuidade.

Por fim, ainda tomando por base a lógica conceitual apresentada anteriormente e considerando que o reflexo financeiro é operacionalizado na forma de fluxo de caixa ao longo de determinado período, sua avaliação requer o estabelecimento de uma taxa de desconto compatível com o risco do empreendimento e com suas fontes de capital. Isso decorre de dois princípios básicos da matemática financeira que devem ser adotados. O primeiro é que o dinheiro tem valor diferente no tempo (uma unidade monetária hoje vale mais do que uma unidade monetária daqui a um ano). O segundo é que, antes que fluxos de caixa expressos em diferentes momentos sejam algebricamente somados, eles devem ser levados à mesma referência temporal, por meio de operações de capitalização e/ou descapitalização. Tal contexto demanda o uso de uma taxa de desconto.

O impacto financeiro das fontes de capital, tanto oriundas de recursos próprios quanto de terceiros, está embutido no custo de capital da empresa. O CMPC representa esse custo de capital do empreendimento, calculado pela composição dos custos de cada fonte de recursos ponderados pelas suas respectivas participações relativas na estrutura de capital.

Como o CMPC representa, por meio de uma única taxa, o custo de capital do empreendimento como um todo, ele é usado como taxa de desconto para os fluxos de caixa livres ao fazer a avaliação da empresa. A lógica subjacente a esse uso é a de que o fluxo de caixa livre gerado deve ser suficientemente grande para remunerar todas as fontes de capital utilizadas na estruturação e no funcionamento da empresa, além de gerar valor positivo acima desse custo financeiro. Caso isso ocorra, a empresa é viável, pois consegue remunerar completamente todas as suas fontes de capital, o que implica, por consequência, um valor positivo.

Ao avaliar a empresa somente sob a perspectiva dos proprietários, a composição do financiamento dessa parcela do fluxo de caixa é distinta da indicada no caso anterior (avaliação da empresa como um todo). O fluxo de caixa dos proprietários é financiado exclusivamente por eles, apontando, portanto, que a taxa de juros a ser usada em sua avaliação deve ser compatível com essa circunstância. Dessa forma, a taxa de juros utilizada para o desconto dos fluxos de caixa dos proprietários deve ser a taxa de remuneração do capital próprio.

O quadro a seguir sintetiza esses pontos:

QUADRO 66 – Quadro sintético das perspectivas de verificação

PERSPECTIVA	FLUXO DE CAIXA	TAXA DE DESCONTO
Empreendimento	Livre (FCL)	Custo Médio Ponderado de Capital (CMPC)
Proprietários	Proprietários (FCP)	Custo do Capital Próprio (CP)

Capítulo 9: Seção de Avaliação da Viabilidade Financeira

É importante destacar que, apesar de a empresa poder estabelecer uma meta de estrutura de capital futura para fins de projeção, deve-se atentar para o fato de que tanto essa estrutura quanto os custos de cada fonte podem ser alterados com o passar do tempo. Em função disso, o CMPC pode alterar-se ao longo dos períodos. Como consequência, o cálculo dos fluxos de caixa descontados deve ser feito mediante a variação dessa taxa de desconto.

De posse desses elementos, deve-se compreender o motivo pelo qual eles são relevantes na verificação da viabilidade do empreendimento. A viabilidade financeira do empreendimento ocorre quando o seu desempenho é suficientemente bom para proporcionar plenas condições de operação (fluxo de caixa operacional), manter e/ou expandir a capacidade operacional (fluxo de caixa de investimentos) e remunerar os fornecedores de capital (fluxo de caixa de financiamento). O ciclo dos fluxos de caixa apresentado anteriormente deve fluir de forma continuada e plena ao longo do tempo.

A verificação de viabilidade parte do conceito vindo da matemática financeira de equivalência de fluxos de caixa, o qual permite calcular um único valor, em determinada data, de acordo com certa taxa de desconto que seja compatível com um conjunto de fluxos de caixa projetados ao longo de vários períodos (os três elementos discutidos anteriormente).

Assim, o conceito basilar da viabilidade financeira é considerar que o valor do empreendimento é função dos fluxos de caixa gerados por ele, o que justifica que a abordagem parta do seu fluxo de caixa projetado para mensurar o quanto o empreendimento vale. O conceito do valor de qualquer ativo, inclusive uma empresa, é o quanto ele pode gerar de caixa no futuro a partir do que foi nele investido. Se o empreendimento tiver valor positivo, mostra-se viável. Por outro lado, se o empreendimento apresentar valor negativo, ele não é viável.

Nesse contexto, a ideia de fluxo de caixa equivalente é apropriadamente aplicada por meio de um tipo específico de equivalência. O Valor Presente Líquido (VPL), que é um valor equivalente no momento atual a um fluxo de caixa, é o instrumento que operacionaliza adequadamente a concepção de valor do empreendimento (o detalhamento desse método está em apêndice). Ele calcula um único valor no momento atual equivalente a um conjunto de fluxos de caixa projetados e descapitalizados por meio de uma taxa de desconto (taxa mínima de atratividade). Dessa forma, do ponto de vista financeiro, um único valor monetário é equivalente a todo um conjunto de fluxos de caixa, sendo esse valor único representante de toda a geração de caixa do ativo. Essa perspectiva permite que o valor presente líquido aplicado aos fluxos de caixa esperados decorrentes de um ativo seja considerado como o valor intrínseco desse ativo.

Se esse valor for positivo (VPL > 0), isso sugere que o empreendimento consegue operar e manter o nível de operação, além de remunerar completamente suas fontes de capital. Caso o valor seja negativo (VPL < 0), o empreendimento não é viável, pois parte dos fornecedores de capital (e, eventualmente, de outros recursos) não será remunerada devidamente. Logo, o VPL é o indicador financeiro por meio do qual a viabilidade do empreendimento é verificada.

Conforme a perspectiva da verificação desejada, deve-se definir sobre qual fluxo de caixa o VPL será calculado. Na perspectiva do empreendimento, tem-se o fluxo de caixa livre. Na perspectiva dos proprietários, tem-se o fluxo de caixa dos proprietários. O cálculo do VPL é dividido em duas partes complementares: VPL do período explícito e VPL do valor terminal. Para o valor terminal, tem-se o valor de desinvestimento, na circunstância de encerramento, ou o valor da perpetuidade, na circunstância de continuidade das atividades sem data específica para encerramento. Portanto, o VPL desses fluxos de caixa será dado genericamente por:

$$\text{VALOR}_{\text{TOTAL}} = \text{VALOR}_{\text{PERÍODO EXPLÍCITO}} + \text{VALOR}_{\text{TERMINAL}}$$

A forma de operacionalizar financeiramente o valor é por meio do VPL:

$$\text{VPL}_{\text{TOTAL}} = \text{VPL}_{\text{PERÍODO EXPLÍCITO}} + \text{VPL}_{\text{TERMINAL}}$$

Para o cálculo do valor do período explícito, considerando a taxa mínima de atratividade constante ao longo do tempo, tem-se a fórmula a seguir:

$$\text{VP L}_{\text{PERÍODO EXPLÍCITO}} = FC_0 + \sum_{n=1}^{t} \frac{FCn}{(1 + TMA)^n}$$

Caso as taxas de desconto variem com o passar do tempo, o VPL do período explícito passa a ser calculado da seguinte forma:

$$\text{VPL}_{\text{PERÍODO EXPLÍCITO}} = FC_0 + \sum_{n=1}^{t} \frac{FCn}{\prod_{m=1}^{n}(1 + TMA_m)}$$

Após o cálculo do VPL do período explícito, parte-se para o cálculo do valor terminal. Se for em circunstância de encerramento, o valor terminal será o seguinte:

$$\text{VALOR}_{\text{TERMINAL}} = \text{VALOR}_{\text{ENCERRAMENTO}} = \text{VALOR}_{\text{LÍQUIDO DESINVESTIMENTOS}}$$

Caso seja uma circunstância de continuidade, o valor terminal será o valor presente da perpetuidade (modelo de Gordon explicado em apêndice):

$$\text{VALOR}_{\text{TERMINAL}} = \text{VALOR}_{\text{PERPETUIDADE}} = \frac{FC_{\text{PERPÉTUO}}}{TMA_{\text{PERPÉTUO}} - g}$$

É importante perceber que tanto o valor do encerramento quanto o da perpetuidade expressos anteriormente estão calculados nas datas futuras. Admitindo que a última data do período explícito é t, o valor terminal em condição de encerramento estará expresso na data t. Caso tenha sido calculado na data imediatamente posterior ao final do período explícito, a data será t+1.

Para tornar a análise posterior única, sugere-se adotar o valor terminal em condições de encerramento na data t. Portanto, caso a realização dos ativos remanescentes ocorra em t+1, basta descapitalizá-la por um período pelo custo de capital do último período explícito, fazendo com que o valor expresso originalmente em t+1 transforme-se em t.

Já o valor terminal em condição de continuidade está expresso na data t (último período do fluxo de caixa explícito), uma vez que seu cálculo resulta em valor expresso na data imediatamente anterior ao início da perpetuidade (ver dedução do modelo de Gordon).

Portanto, em ambas as situações, tais valores terminais devem ser levados da data t à data zero, a fim de que sejam somados ao valor presente do período explícito (já expresso na data zero). Para tanto, basta pegar o valor terminal e descapitalizá-lo até a data zero. Em relação a esse procedimento, há duas possibilidades. Caso durante o período explícito seja estimada uma taxa mínima de atratividade uniforme, o cálculo é o seguinte:

$$\text{VPL}_{\text{TERMINAL}} = \frac{\text{VALOR}_{\text{TERMINAL}}}{(1 + TMA)^t}$$

Por outro lado, caso durante o período explícito tenham sido identificadas taxas mínimas de atratividade variáveis, o cálculo deve ser este:

$$\text{VPL}_{\text{TERMINAL}} = \frac{VALOR_{TERMINAL}}{\prod_{n=1}^{t}(1 + TMA_n)}$$

Por fim, o valor almejado é o valor presente do período explícito somado ao valor presente do período terminal, ambos expressos na data zero.

O quadro a seguir resume essas fórmulas conforme o comportamento da taxa de desconto que reflete a atratividade mínima e a situação do período terminal, que pode ser encerramento ou continuidade sem data definida de encerramento. Nesse quadro, foram feitos os ajustes para a verificação da viabilidade na ótica do empreendimento como um todo:

ELABORAÇÃO E AVALIAÇÃO DE PLANOS DE NEGÓCIOS

QUADRO 67 – Resumo das fórmulas de cálculo do VPL na perspectiva do empreendimento

CMPC	CIRCUNSTÂNCIA	FÓRMULA
Único	Encerramento	$\text{VPL}_{\text{EMPR}} = FCL_0 + \sum_{n=1}^{t} \dfrac{FCLn}{(1+CMPC)^n} + \dfrac{VALOR_{\text{LÍQUIDO DESINVESTIMENTOS}}}{(1+CMPC)^t}$
Único	Continuidade	$\text{VPL}_{\text{EMPR}} = FCL_0 + \sum_{n=1}^{t} \dfrac{FCLn}{(1+CMPC)^n} + \dfrac{FCL_{PERPÉTUO}/(CMPC_{PERPÉTUO} - g)}{(1+CMPC)^t}$
Variável	Encerramento	$\text{VPL}_{\text{EMPR}} = FCL_0 + \sum_{n=1}^{t} \dfrac{FCL_n}{\prod_{m=1}^{n}(1+CMPC_m)} + \dfrac{VALOR_{\text{LÍQUIDO DESINVESTIMENTOS}}}{\prod_{n=1}^{t}(1+CMPC_n)}$
Variável	Continuidade	$\text{VPL}_{\text{EMPR}} = FCL_0 + \sum_{n=1}^{t} \dfrac{FCL_n}{\prod_{m=1}^{n}(1+CMPC_m)} + \dfrac{FCL_{PERPÉTUO}/(CMPC_{PERPÉTUO} - g)}{\prod_{n=1}^{t}(1+CMPC_n)}$

Legenda: VPL = valor presente líquido. | FCL = fluxo de caixa livre. | CMPC = custo médio ponderado de capital.

Quadro semelhante pode ser feito para a verificação da viabilidade financeira por meio do VPL para a perspectiva dos proprietários:

QUADRO 68 – Resumo das fórmulas de cálculo do VPL na perspectiva dos proprietários

CP	CIRCUNSTÂNCIA	FÓRMULA
Único	Encerramento	$\text{VPL}_{\text{PROP}} = FCP_0 + \sum_{n=1}^{t} \dfrac{FCPn}{(1+CP)^n}$ $+ \dfrac{VALOR_{\text{LÍQUIDO DESINVESTIMENTOS}}}{(1+CP)^t}$
Único	Continuidade	$\text{VPL}_{\text{PROP}} = FCP_0 + \sum_{n=1}^{t} \dfrac{FCPn}{(1+CP)^n}$ $+ \dfrac{FCP_{PERPÉTUO}/(CP_{PERPÉTUO} - g)}{(1+CP)^t}$
Variável	Encerramento	$\text{VPL}_{\text{PROP}} = FCP_0 + \sum_{n=1}^{t} \dfrac{FCP_n}{\prod_{m=1}^{n}(1+CP_m)}$ $+ \dfrac{VALOR_{\text{LÍQUIDO DESINVESTIMENTOS}}}{\prod_{n=1}^{t}(1+CP_n)}$

(continua)

CP	CIRCUNSTÂNCIA	FÓRMULA
Variável	Continuidade	$\text{VPL}_{\text{PROP}} = FCP_0 + \sum_{n=1}^{t} \dfrac{FCP_n}{\prod_{m=1}^{n}(1 + CP_m)}$ $+ \dfrac{FCP_{PERPÉTUO} \ /(CP_{PERPÉTUO} - g)}{\prod_{n=1}^{t}(1 + CP_n)}$

Legenda: VPL = valor presente líquido. | FCP = fluxo de caixa dos proprietários. | CP = custo do capital próprio.

Eventualmente, outros ajustes poderão ser implementados nessas fórmulas, a depender de alguma circunstância envolvida no plano de negócio e, consequentemente, no empreendimento. É crucial que os responsáveis pela avaliação façam uma leitura adequada das informações e das necessidades para estabelecer corretamente as fórmulas a serem usadas.

9.6. PRODUTOS FINAIS

Como de costume, os produtos finais de uma seção devem ter aderência aos seus objetivos. Esta seção tem como objetivo evidenciar, a partir dos dados coletados e analisados, das premissas estabelecidas e dos fluxos de caixa projetados, se o empreendimento é viável financeiramente. Para tanto, terá que apresentar os fluxos de caixa estimados, os quais refletem financeiramente as decisões de financiamento (captar os recursos financeiros necessários para estruturar e fazer funcionar o empreendimento), de investimento (usar os recursos financeiros para estruturar e manter a capacidade operacional do empreendimento) e operacionais (realizar as atividades operacionais do empreendimento), e calcular os indicadores financeiros que permitam verificar a sua viabilidade. Evidenciada a viabilidade, isso deve ser explicitado, juntamente à proposta de participação para o destinatário do plano de negócio (se for o caso).

Com isso, os produtos finais típicos dessa seção são apresentados em seguida.

9.6.1. Fluxo de caixa livre projetado no período explícito

Considerando que o plano de negócio requeira a verificação da viabilidade na perspectiva do empreendimento como um todo, deve-se projetar o fluxo de caixa livre, o qual é composto pelos fluxos de caixa operacional e de investimentos.

Para fazê-lo, basta agregar os fluxos de caixa componentes, os quais foram projetados em suas respectivas seções. Admita, por hipótese, o fluxo de caixa operacional projetado a seguir, extraído da seção financeira das atividades operacionais.

ELABORAÇÃO E AVALIAÇÃO DE PLANOS DE NEGÓCIOS

QUADRO 69 – Projeção do fluxo de caixa operacional

CONTAS/ANOS	1	2	3	4	5
Receita operacional	R$1.500.000,00	R$1.850.000,00	R$1.900.000,00	R$1.950.000,00	R$2.000.000,00
Custos produtivos	-R$850.000,00	-R$1.012.750,00	-R$1.040.657,50	-R$1.068.727,23	-R$1.096.964,04
Custos variáveis	-R$675.000,00	-R$832.500,00	-R$855.000,00	-R$877.500,00	-R$900.000,00
Custos fixos	-R$175.000,00	-R$180.250,00	-R$185.657,50	-R$191.227,23	-R$196.964,04
Despesas operacionais	-R$675.000,00	-R$777.500,00	-R$805.750,00	-R$834.787,50	-R$864.651,88
Despesas variáveis	-R$375.000,00	-R$462.500,00	-R$475.000,00	-R$487.500,00	-R$500.000,00
Despesas fixas	-R$300.000,00	-R$315.000,00	-R$330.750,00	-R$347.287,50	-R$364.651,88
Resultado operacional	-R$25.000,00	R$59.750,00	R$53.592,50	R$46.485,27	R$38.384,08

Adicionalmente, admita o fluxo de caixa de investimentos projetado a seguir, o qual foi extraído da seção financeira das atividades de investimento:

QUADRO 70 – Projeção do fluxo de caixa de investimentos

CONTAS/ANOS	1	2	3	4	5
Entradas	R$0,00	R$0,00	R$15.000,00	R$0,00	R$25.000,00
Venda de ativos usados	R$0,00	R$0,00	R$15.000,00	R$0,00	R$25.000,00
Saídas	-R$500.000,00	R$0,00	-R$20.000,00	-R$5.000,00	-R$50.000,00
Investimentos em ativos fixos	-R$500.000,00	R$0,00	-R$20.000,00	-R$5.000,00	-R$50.000,00
Resultado de investimentos	-R$500.000,00	R$0,00	-R$5.000,00	-R$5.000,00	-R$25.000,00

O fluxo de caixa livre será o seguinte:

QUADRO 71 – Projeção do fluxo de caixa livre

CONTAS/ANOS	1	2	3	4	5
Fluxo de caixa operacional	-R$25.000,00	R$59.750,00	R$53.592,50	R$46.485,27	R$38.384,08
Fluxo de caixa de investimentos	-R$500.000,00	R$0,00	-R$5.000,00	-R$5.000,00	-R$25.000,00
Fluxo de caixa livre	-R$525.000,00	R$59.750,00	R$48.592,50	R$41.485,27	R$13.384,08

A primeira linha do fluxo de caixa livre é o resultado do fluxo de caixa operacional projetado (última linha do fluxo de caixa operacional projetado). A segunda linha do fluxo de caixa livre é o resultado do fluxo de caixa de investimentos projetado (última linha do fluxo de caixa de investimentos projetado). A última linha do fluxo de caixa livre, que representa o próprio, é a soma algébrica das duas linhas anteriores em cada data (ano, no exemplo).

Esse fluxo de caixa livre projetado representa a expectativa financeira que se tem em termos de estruturação e de operação do empreendimento, incorporando, se bem projetado, as necessidades de reinvestimento para que a empresa continue operando.

9.6.2. Fluxo de caixa dos proprietários projetado no período explícito

Caso o plano de negócio tenha como objetivo evidenciar viabilidade do ponto de vista dos proprietários, o que é comum, deve-se projetar o fluxo de caixa dos proprietários. Esse fluxo de caixa decorre dos resultados residuais alcançados pelo empreendimento e da política de dividendos estabelecida.

O resultado residual é expresso pelo fluxo de caixa disponível aos proprietários. Sua estruturação parte do fluxo de caixa livre ao qual soma-se algebricamente o fluxo de caixa dos credores. Isso faz com que nenhuma outra parte além dos proprietários tenha direito sobre ele.

Continuando o exemplo anterior, admita que o fluxo de caixa dos credores seja o projetado a seguir:

QUADRO 72 – Projeção do fluxo de caixa dos credores

CONTAS/ANOS	1	2	3	4	5
Entradas	R$100.000,00	R$0,00	R$0,00	R$0,00	R$0,00
Recebimento de empréstimo	R$100.000,00				
Saídas	R$0,00	-R$35.833,34	-R$35.000,00	-R$34.166,66	R$0,00
Amortização de empréstimo		-R$33.333,34	-R$33.333,33	-R$33.333,33	
Juros do empréstimo		-R$2.500,00	-R$1.666,67	-R$833,33	
Resultado dos credores	R$100.000,00	-R$35.833,34	-R$35.000,00	-R$34.166,66	R$0,00

Essencialmente, ele contempla os recebimentos dos empréstimos e suas posteriores amortizações, conforme os contratos pactuados entre o empreendimento e os credores.

Agregando o fluxo de caixa dos credores ao fluxo de caixa livre, tem-se o fluxo de caixa disponível aos proprietários, expresso a seguir:

QUADRO 73 – Projeção do fluxo de caixa disponível aos proprietários

CONTAS/ANOS	1	2	3	4	5
Fluxo de caixa livre	-R$525.000,00	R$59.750,00	R$48.592,50	R$41.485,27	R$13.384,08
Fluxo de caixa dos credores	R$100.000,00	-R$35.833,34	-R$35.000,00	-R$34.166,66	R$0,00
Fluxo de caixa disponível aos proprietários	-R$425.000,00	R$23.916,66	R$13.592,50	R$7.318,61	R$13.384,08

O fluxo de caixa disponível aos proprietários é a base adequada ao cálculo dos dividendos, conforme indicado quando da exposição sobre política de dividendos. Esse fluxo de caixa é residual e está disponível unicamente aos proprietários do empreendimento, sendo, portanto, uma referência adequada ao cálculo da remuneração do capital próprio.

Partindo desse fluxo de caixa e da política de dividendos estabelecida, pode-se fazer a projeção do fluxo de caixa dos proprietários. No exemplo dado, admita que a política de dividendos estabeleceu como base de cálculo o fluxo de caixa disponível aos proprietários, periodicidade anual para a distribuição dos dividendos e índice de payout de 70%. Assim, tem-se:

QUADRO 74 – Projeção do fluxo de caixa dos proprietários

CONTAS/ANOS	1	2	3	4	5
Entradas	R$450.000,00	R$0,00	R$0,00	R$0,00	R$0,00
Aporte de capital	R$450.000,00				
Saídas	R$0,00	-R$16.741,66	-R$9.514,75	-R$5.123,03	-R$9.368,86
Dividendos	R$0,00	-R$16.741,66	-R$9.514,75	-R$5.123,03	-R$9.368,86
Fluxo de caixa dos proprietários	R$450.000,00	-R$16.741,66	-R$9.514,75	-R$5.123,03	-R$9.368,86

9.6.3. Valor terminal do empreendimento

Esta parte apresenta o cálculo do valor terminal do empreendimento. Esse valor, somado ao do período explícito calculado anteriormente, permitirá a verificação da viabilidade do empreendimento.

O primeiro passo dessa etapa é identificar se haverá encerramento ou continuidade. Apesar de a maioria das empresas ser criada (e analisada) em circunstância de continuidade, em que não há data definida para o encerramento de suas atividades, é possível que o encerramento seja o caso. Por isso, essa definição deve ser considerada.

Caso as atividades da empresa sejam encerradas, o valor terminal será o valor de liquidação dos seus ativos, deduzidos os desembolsos associados a essa liquidação, incluindo eventuais tributações e outros desembolsos relacionados ao fechamento da empresa. A avaliação nesse caso é essencialmente patrimonial, ocorrendo sobre o que houver de ativos disponíveis por ocasião do encerramento das atividades e levando em conta os desembolsos associados à sua realização. Essa mensuração envolve os ativos fixos e o capital de giro.

Caso seja um contexto de continuidade, a forma de mensurá-la é empregando o cálculo do valor presente da perpetuidade (modelo de Gordon). Para tanto, devem-se estimar os parâmetros que o compõem. São eles a Taxa Mínima de Atratividade (TMA), o fluxo de caixa perpétuo e a taxa de crescimento. No caso da verificação do empreendimento, a TMA deve ser compatível com o CMPC. Os outros dois parâmetros devem ser estimados nesse momento.

Uma maneira típica de estimar o fluxo de caixa perpétuo é basear-se no último fluxo de caixa do período explícito. Como se espera que o final do período explícito indique certa estabilidade no fluxo de caixa, então o fluxo de caixa perpétuo pode ser baseado no último fluxo de caixa do período explícito. No entanto, é importante perceber que basear-se não é necessariamente adotar o mesmo valor.

Dessa maneira, dois pontos devem ser observados. O primeiro é que devem ser considerados os reajustes dos componentes do fluxo de caixa de um período (último da fase explícita) para o outro (primeiro da fase de perpetuidade). Portanto, não se trata simplesmente de repetir o último fluxo de caixa explícito para a perpetuidade. Os critérios de reajuste devem ser aplicados conforme premissas estabelecidas anteriormente para cada conta ou grupo de contas.

O segundo depende do tipo de avaliação que está sendo feito. Como o contexto é do empreendimento como um todo, usa-se o fluxo de caixa livre, o qual é composto pelos fluxos de caixa operacional e de investimentos. O detalhe importante a ser percebido é que o componente operacional tem uma recorrência mais uniforme do que o componente de investimento.

Admita, hipoteticamente, que o fluxo de caixa utilizado é formado em bases anuais. Anualmente, quando há certa estabilização do nível de atividade da empresa, o fluxo de caixa operacional costuma ser igualmente estável. No entanto, o fluxo de caixa de investimento não tem necessariamente esse comportamento estável. É perfeitamente possível que, em alguns anos, os reinvestimentos sejam muito vultosos, enquanto em outros anos, pífios. Dessa forma, não se pode simplesmente captar o reinvestimento do último ano do período explícito e repeti-lo para o período perpétuo, ainda que adotando algum critério de reajuste.

É necessário adotar uma premissa distinta para a estimativa do componente de investimento do fluxo de caixa livre. Apesar de tal premissa ser parcialmente baseada sobre o mesmo componente durante o período explícito, em função do que foi explicado, ela deve ser ajustada. O direcionamento é estimar o quanto, em média, será necessário reinvestir a cada período durante a fase de perpetuidade.

Essa estimativa, se subdimensionada, elevará de forma equivocada o valor do empreendimento, uma vez que estimará desembolsos menores do que os que realmente serão feitos. Por outro lado, se superdimensionada, o valor da perpetuidade será reduzido indevidamente, pois serão projetados desembolsos maiores do que o que de fato ocorrerá.

Assim, adotando essas formas distintas para os dois componentes do fluxo de caixa livre perpétuo, tem-se a ilustração a seguir:

FIGURA 52 – Composição do fluxo de caixa livre perpétuo

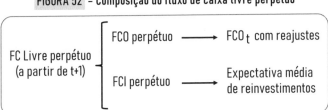

Por fim, a estimativa da taxa de crescimento deve ser feita, pois é um requisito informacional do modelo de Gordon. É uma variável que tem forte impacto sobre o resultado final, o que obriga o delineamento de uma análise muito bem fundamentada.

O modelo pressupõe que a taxa de crescimento deve ser menor do que a TMA. Isso porque, em sua concepção, foi utilizada a soma de uma progressão geométrica infinita com razão menor do que 1. Contudo, independentemente desse aspecto matemático, essa taxa deve refletir um crescimento de um fluxo de caixa que, de forma geral, tem comportamento relativamente estável. Não é factível esperar uma taxa de crescimento que permaneça acentuada para sempre. Se assim fosse, provavelmente esse momento ainda não seria o de avaliação como uma perpetuidade, mas de período explícito.

Portanto, a taxa de crescimento é empregada a fim de reajustar periodicamente o fluxo de caixa perpétuo, sem exercer um efeito muito expressivo em seus valores, salvo se tenha uma explicação bastante coerente para adotar uma taxa de crescimento alta. Um exemplo que pode conduzir ao estabelecimento de uma taxa de crescimento acentuada seria um empreendimento altamente escalável em termos de nível de atividade e com perspectivas reais e intensas de ampliação do nível de atividade.

Tipicamente, é uma variável que costuma atrair muita atenção das partes envolvidas em função do seu potencial impacto sobre o valor calculado. Por menor que seja a variação nessa taxa de crescimento, o impacto sobre o valor presente da perpetuidade é muito forte. Dessa forma, não raro, a adoção de uma taxa um pouco maior torna-se um ponto de discordância entre as partes que eventualmente estejam verificando a viabilidade do empreendimento.

Posto isso, em muitas avaliações de viabilidade, o valor definido para essa taxa é zero. Em termos práticos, isso indica que o empreendimento alcançou sua maturidade e que não há mais perspectivas de crescimento substancial após o período explícito. De certa forma, é um valor que não requer esforço para justificá-lo e, por conseguinte, que não suscitará discordâncias entre as partes que estão negociando.

Perceba que, nessa parte, essencialmente, o que se faz é justificar o valor terminal estimado, seja ele valor patrimonial (encerramento) ou fluxo de caixa perpétuo (continuidade). Deve-se ter uma justificativa robusta e bem fundamentada para esses valores, pois, em muitos casos, sobretudo em condições de continuidade, eles são bem expressivos.

9.6.4. Valor terminal dos proprietários

A situação do valor terminal na perspectiva dos proprietários é relativamente semelhante à do empreendimento como um todo. A diferença básica consiste em identificar os valores que estão disponíveis unicamente aos proprietários.

Se a circunstância for de encerramento, deve-se admitir o valor patrimonial a ser realizado somente daquela parcela que esteja disponível unicamente aos proprietários. É evidente que os desembolsos associados à realização desses ativos devem ser considerados no valor líquido final.

Se a circunstância for de continuidade, devem ser feitos ajustes às variáveis incorporadas ao modelo de Gordon. Sobre o fluxo de caixa perpétuo, as considerações a respeito dos componentes operacional e de investimento são as mesmas feitas para o fluxo de caixa livre perpétuo. Além disso, deve-se estimar o comportamento do componente de financiamento dos credores, os quais deverão ser incluídos no fluxo de caixa objeto da perpetuidade. Nesse caso, também deve ser feita uma estimativa de qual será a periodicidade de pagamento aos credores. Naturalmente, há possibilidade de que esse componente do fluxo de caixa não tenha comportamento uniforme, o que dificulta sua incorporação ao fluxo perpétuo. Se isso ocorrer, é possível calcular o valor presente desse elemento fora da perpetuidade e, posteriormente, somá-lo algebricamente ao valor presente da perpetuidade.

Em termos de taxa de desconto, ela deve ser compatível com o fluxo de caixa dos proprietários. Portanto, deve ser a taxa de remuneração do capital próprio, e não o custo médio ponderado de capital. As considerações sobre a taxa de crescimento feitas na parte anterior também se aplicam nesse caso.

9.6.5. Verificação da viabilidade na perspectiva do empreendimento

Uma vez projetado o fluxo de caixa livre durante o período explícito e o valor terminal, seja ele na circunstância de encerramento ou continuidade, pode-se efetuar o cálculo do indicador financeiro que apontará a viabilidade ou não do empreendimento. Portanto, essa parte do plano de negócio apresenta o resultado final da avaliação, refletindo financeiramente todos os dados coletados e analisados, todas as premissas estipuladas e todas as projeções feitas. Ela provê o elemento objetivo sobre o qual a decisão será tomada em relação ao empreendimento.

Como argumentado anteriormente, o indicador financeiro mais adequado e de uso mais amplo é o VPL. Além de conter um critério objetivo de escolha (se o VPL for positivo, aceita-se o empreendimento; caso contrário, rejeita-se), o VPL tem conteúdo informacional muito importante no contexto de um plano de negócio. Ele representa o valor do empreendimento, sendo uma ferramenta largamente usada em processos de avaliação de ativos (empresas, inclusive).

A maneira da sua aplicação depende dos aspectos inerentes à avaliação. Dentre eles, destacam-se o comportamento do CMPC ao longo do tempo (se fixo ou variável) e se o empreendimento será encerrado em data definida ou não. Dito isso, é importante perceber que a fórmula do VPL deverá adaptar-se a esses parâmetros, sendo responsabilidade da equipe que está elaborando o plano de negócio defini-la e aplicá-la corretamente.

Outro ponto importante é decidir se a avaliação será realizada de forma determinística ou probabilística. A forma determinística implica o cálculo estático do VPL, resultando um único valor. Já a forma probabilística resulta uma faixa de VPLs com faixas de probabilidade associada, provendo informações mais completas no que se refere ao risco de inviabilidade do empreendimento. O último apêndice deste livro apresenta técnicas probabilísticas a serem usadas em conjunto com o VPL, a fim de que os resultados sejam mais completos.

9.6.6. Verificação da viabilidade na perspectiva dos proprietários

Sendo necessária a verificação de viabilidade na perspectiva dos proprietários, essa parte destina-se a mensurar o resultado nessa ótica. Usando o fluxo de caixa projetado dos proprietários e o seu valor terminal, aplica-se a fórmula do VPL dos proprietários.

De forma semelhante ao que foi comentado anteriormente, deve-se ajustar a fórmula do VPL dos proprietários às circunstâncias específicas do caso. Igualmente, deve-se estabelecer se a análise será determinística ou probabilística. Idealmente, a fim de conferir melhor qualidade à análise e condições mais completas de decisão, é sugerido adotar a análise de cenários ou a simulação de Monte Carlo, optando, sempre que possível, pela última.

9.6.7. Considerações finais sobre a viabilidade

Após mensurar os indicadores financeiros, deve ser elaborado um texto de fechamento para o plano de negócio. Por mais que os indicadores tenham sido positivos, expressando viabilidade do negócio, ainda assim é importante fazer um fechamento qualitativo da avaliação.

Esse fechamento é composto, basicamente, pela exposição do resultado do indicador, enaltecendo a viabilidade do empreendimento — evidentemente, na hipótese dele se mostrar viável. Adicionalmente, devem ser feitas considerações qualitativas complementares que sejam pertinentes.

Não há como elencar o que podem vir a ser essas considerações, porque elas dependem das particularidades do negócio. Porém, em linhas gerais, podem ser destacados aspectos relacionados à expectativa de crescimento do negócio, aumento da demanda pelos produtos e serviços, pontos fortes perante a concorrência, barreiras à entrada de novos concorrentes, dentre outros aspectos. Também podem ser feitos comentários a respeito de fatores de risco aos quais o empreendimento está suscetível. Afinal de contas, alguns deles não podem ser negligenciados, e um plano de negócio coerente e bem-feito deve contemplá-los.

9.6.8. Proposta de negócio

Caso o plano de negócio seja destinado a uma avaliação eminentemente interna, a etapa anterior pode ser o final do documento. No entanto, se o plano de negócio for utilizado para apresentar proposta de participação a entes externos (possíveis sócios ou credores), deve-se explicitá-la. Portanto, após apresentar todos os cálculos e as considerações sobre a viabilidade nas óticas do empreendimento e dos proprietários, deve-se registrar claramente a proposta de participação.

Isso é feito por meio da indicação sintética do que é necessário para estruturar e permitir o funcionamento da empresa. Diante disso, mostra-se o que se deseja do destinatário em termos de recursos financeiros, conhecimento técnico, conhecimento de mercado, expertise de gestão etc. e o que ele espera de retorno.

É essencial que o destinatário do plano de negócio tenha entendimento claro sobre o que é esperado dele e o que ele espera receber posteriormente. Somente assim ele terá condições de decidir se participará ou não do empreendimento e em que condições.

Naturalmente, ele poderá fazer uma contraproposta para acomodar a ideia inicial ao que ele considera adequado e alinhado à sua tese de investimento. Portanto, a apresentação do plano de negócio costuma dar início a uma interação dinâmica entre as partes envolvidas até chegar, possivelmente, a um consenso.

Para ilustrar a ideia da proposta de empreendimento, admita que um plano de negócio foi concluído e que o seguinte quadro de fontes e usos de recursos foi gerado:

QUADRO 75 – Exemplo de quadro de fontes e usos de recursos

ITENS	VALORES	PERCENTUAL
Usos	R$1.800.000,00	100%
Capital fixo	R$1.600.000,00	88,89%
Imóveis	R$500.000,00	27,78%
Equipamentos	R$350.000,00	19,44%
Bens de capital	R$550.000,00	30,56%
Veículos	R$200.000,00	11,11%
Capital de giro	R$200.000,00	11,11%

(continua)

ITENS	VALORES	PERCENTUAL
Fontes	R$1.800.000,00	100%
Capital próprio	R$1.400.000,00	77,78%
Sócio A	R$250.000,00	13,89%
Sócio B	R$250.000,00	13,89%
Investidor	R$900.000,00	50%
Capital de terceiros	R$400.000,00	22,22%
Linha de financiamento A	R$100.000,00	5,56%
Linha de financiamento B	R$300.000,00	16,67%

Esse quadro está informando, de maneira sintética, a seguinte proposta: para estruturar inicialmente o empreendimento em questão, são necessários R$1.600.000,00. Além disso, para que o empreendimento funcione, são necessários R$200.000,00 de capital de giro. Portanto, o investimento total no empreendimento é de R$1.800.000,00, o qual deve ser completamente financiado.

Os proponentes do empreendimento, aqui denominados Sócio A e Sócio B, têm disponibilidade de aportar R$250.000,00 cada um. Eles já identificaram duas linhas de financiamento adequadas, as quais estão indicadas na seção de capital de terceiros das fontes de recurso e totalizam R$400.000,00. Por fim, há uma lacuna de R$900.000,00 que deve ser preenchida para viabilizar a implantação e o funcionamento do negócio, o que pode ser feito por um outro sócio, aqui denominado Investidor. Portanto, o plano de negócio será encaminhado a esse potencial sócio, de forma que ele compreenda claramente todos os aspectos do empreendimento e possa verificar, por si, se a sua participação é interessante.

Admitindo que esse investidor aceite participar do negócio, sua participação societária diante dos números apresentados será de 64,29%, pois é o quanto, percentualmente, os R$900.000,00 representam do capital próprio (R$1.400.000,00). Os demais sócios, proponentes originais do negócio, ficariam com 17,86% cada um.

Evidentemente, essa distribuição percentual reflete somente os valores aportados por cada um dos sócios. Isso desconsidera eventuais precificações relacionadas a capital intelectual, ativos intangíveis incorporados, relacionamentos, carteira de clientes trazidas etc. Elementos não financeiros que tragam valor agregado e geração de receitas podem ser negociados como forma de aumentar a participação societária do sócio que os detém, o que naturalmente confere um grau maior de complexidade, pois tais elementos teriam que ser precificados.

Capítulo 10
APRESENTAÇÃO DO PLANO DE NEGÓCIO

Há questões relevantes e complementares ao que foi discutido e apresentado até o momento que merecem atenção. Caso o propósito do plano de negócio seja apresentar a ideia de um empreendimento para outra parte, uma vez que ele tenha sido concluído, inicia-se o processo de divulgação aos possíveis interessados.

Há várias possibilidades para levar o plano de negócio ao conhecimento de potenciais investidores em caráter privado (sem abrir o capital em bolsa de valores). Elas vão desde a apresentação a potenciais investidores dentro de sua rede de relacionamento até a participação em feiras e exposições nas quais há rodadas de apresentação de planos de negócios.

Em termos práticos, neste último cenário, há vários investidores, institucionais ou não, que buscam oportunidades de participar de negócios, sobretudo os emergentes, tais como *startups*, mas não limitados a elas. A divulgação da ideia costuma iniciar com uma apresentação oral, durante a qual são divulgados pontos centrais em um tempo limitado. Os investidores que, a princípio, mostram-se interessados, podem querer aprofundar posteriormente os aspectos do plano de negócio, oportunidade na qual pode ser entregue a eles um documento denominado sumário executivo, cuja função é apresentar informações relevantes sobre o negócio de forma sumarizada. Caso esse contato inicial seja bem-sucedido, o plano de negócio pode ser encaminhado posteriormente aos possíveis interessados.

Há, dessa forma, um caminho a ser percorrido antes da entrega do plano de negócio. Esse momento prévio configura-se como oportunidade de buscar a atenção necessária de possíveis investidores para que eles aprofundem a análise sobre o empreendimento mediante a avaliação do plano de negócio. Sendo assim, além do plano de negócio em si, é fundamental que haja a elaboração de um sumário executivo e a realização de uma apresentação oral acompanhada, naturalmente, de recursos multimídia.

Este capítulo apresenta o conceito e a estrutura básica de um sumário executivo e da apresentação oral do plano de negócio.

10.1. SUMÁRIO EXECUTIVO

O sumário executivo, também chamado resumo executivo, é um documento curto e conciso (em torno de duas ou três páginas) que contém as principais informações sobre o plano de negócio elaborado. Ele disponibiliza todos os elementos-chave do plano, apresentando resumidamente os principais pontos das seções do documento principal. Naturalmente, diante do caráter objetivo e da limitação intencional de tamanho, no sumário executivo não cabem detalhes das seções, os quais deverão constar no plano de negócio.

Como o sumário executivo é um documento que contempla os principais itens contidos no plano de negócio, aquele deve ser feito depois da conclusão deste. Apesar dessa relação estreita, o sumário executivo é um documento autossuficiente, passível de leitura sem que haja a necessidade de consultar o plano de negócio — pelo menos em um primeiro momento. Sua função é convencer o destinatário do plano de negócio de que a ideia é consistente e viável, gerando interesse suficiente para que ele leia o plano de negócio completo em seguida. Assim, o sumário executivo é um importante instrumento de venda, o qual deve captar positivamente a atenção do destinatário.

Evidentemente, ele deve ser adaptado a diferentes públicos em função das suas diferentes formas de participação (investidores, credores, parceiros comerciais etc.), sendo perfeitamente possível ter diferentes versões desse documento. Contudo, independentemente da parte a quem se destina o documento, o sumário executivo deve evidenciar a viabilidade do negócio e o que se espera da parte a quem ele é apresentado.

Em linhas gerais, sua estrutura básica pode seguir a mesma do plano de negócio, a qual também pode ser adaptada ao seu destinatário. Um arranjo típico pode ser o dado a seguir:

QUADRO 76 – Exemplo de estruturação de um sumário executivo

Necessidades mercadológicas que o empreendimento deseja atender
Público-alvo e expectativas de crescimento da sua demanda
Produtos e/ou serviços a serem ofertados para atender às necessidades do público-alvo
Aspectos diferenciais e inovadores dos produtos/serviços
Definições estratégicas direcionadoras (missão, visão e valores)
Estratégias e ações mercadológicas
Projeção do nível de atividade do empreendimento

(continua)

| Estrutura física necessária ao funcionamento do empreendimento |
| Localização do empreendimento e abrangência da área de atuação |
| Necessidade de investimentos e fontes de capital necessárias |
| Projeções financeiras operacionais sumarizadas |
| Análise de viabilidade financeira do empreendimento |
| Projeção de retorno sobre o capital investido |
| Fatores de risco identificados |
| Apresentação dos empreendedores, indicando backgrounds acadêmicos, experiências profissionais e realizações prévias |

Perceba que todos esses elementos estão contidos no plano de negócio. Assim, eles devem ser cuidadosamente elencados e incorporados ao sumário executivo, de forma que seja possível, simultaneamente, que o leitor disponha de uma série de informações sucintas sobre o empreendimento proposto e que ele tenha interesse em avançar na avaliação. O desafio é levar os investidores (que normalmente não têm tempo disponível para leituras longas) ao aprofundamento posterior do plano de negócio.

10.2. APRESENTAÇÃO ORAL DO PLANO DE NEGÓCIO

Outra forma de captar a atenção de possíveis investidores é apresentar oralmente o plano de negócio. Partindo do princípio de que os investidores não dispõem de muito tempo livre (sobretudo os institucionais), essa apresentação deve primar pela objetividade e pelo foco nos aspectos mais importantes. Não raro, apresentações desse tipo duram em torno de cinco minutos, os quais, evidentemente, não são suficientes para apresentar plenamente toda a gama de informações que um plano de negócio contém. Assim, não se deve ter a pretensão de apresentar tudo o que há no plano de negócio, mas concentrar-se em itens de destaque.

Assim, tais apresentações têm o propósito central de levantar interesse suficiente no potencial investidor, de forma que ele solicite mais informações. O desafio é apresentar informações relevantes para captar positivamente a atenção da plateia, de forma a gerar interesse posterior à apresentação, quando o plano de negócio poderá ser entregue, e todos os pontos, detalhados.

De maneira geral, o público-alvo é qualificado, tendo experiência na avaliação de planos de negócios. Por isso, o nível da apresentação deve primar pela qualidade visual e técnica. Assim sendo, torna-se desnecessário, durante a apresentação, mostrar conceitos administrativos e financeiros, uma vez que é razoável supor que a plateia conheça suficientemente bem todos esses conceitos.

262 ELABORAÇÃO E AVALIAÇÃO DE PLANOS DE NEGÓCIOS

Além disso, os investidores sempre (ou quase sempre) têm uma tese de investimento. Isso significa que eles têm parâmetros por meio dos quais seus investimentos são feitos. Assim, a proposta do plano de negócio contida na apresentação deve ser o mais próxima possível dessa tese de investimento. Caso a proposta esteja distante da tese de investimento, por mais interessante que o negócio seja, ele não será aceito ou terá que ser adaptado àquela.

Outro ponto relevante é evitar a ênfase exagerada do tecnicismo. De modo geral, o melhor é se concentrar nos resultados para os clientes, evidenciando como as suas necessidades serão atendidas e por que os clientes preferirão consumir desta empresa em detrimento dos seus concorrentes. Nesse momento, mais importante do que os aspectos técnicos (os quais podem ser discutidos oportunamente) são as soluções que o empreendimento levará a seus potenciais clientes.

Como o tempo é limitado, deve-se focar o essencial para o entendimento da proposta. É importante que o recurso usado para suportar a apresentação não tenha textos longos, uma vez que o apresentador fará a narrativa. Para tanto, podem ser usados gráficos, tabelas e imagens ligados à fala, sendo reforçados e explicados por meio de uma narrativa muito bem elaborada.

Antes da apresentação, o condutor deve treinar até sentir fluidez e naturalidade na fala. A fim de manter a calma e a serenidade necessárias, é fundamental que possíveis objeções e questionamentos sejam elencados previamente. Diante deles, deve haver uma preparação para contra-argumentar de maneira segura.

A estrutura da apresentação pode ser similar à do sumário executivo apresentado anteriormente. Ambos devem primar pela brevidade e objetividade. No entanto, é possível que o espaço temporal disponível para a apresentação oral seja menor do que o espaço físico disponível para o sumário executivo — se é que é possível fazer tal comparação.

Uma forma de conduzir a apresentação é usar o *storytelling*. Ele permite que seja construída uma narrativa agradável e mais fácil de ser acompanhada e compreendida. É um excelente recurso para evidenciar as necessidades do mercado-alvo, como o empreendimento irá atendê-las, o que é preciso para estruturá-lo e quais são os retornos esperados.

De forma sucinta, uma apresentação oral poderia ter a seguinte estrutura:

QUADRO 77 – Estrutura de uma apresentação oral do plano de negócio

Necessidades de mercado atuais e futuras a serem atendidas
Mercado atual e mercado potencial
Diferenciais frente aos concorrentes
Equipe
O que precisa
O que oferece
Resultados financeiros esperados

O condutor da apresentação deve avaliar se tal estrutura é adequada, considerando a plateia, o tempo disponível e o que se deseja alcançar. Para tanto, os esforços de planejamento e preparação são cruciais para o bom desempenho da apresentação oral.

Apêndice A
MÉTODOS DE CUSTEIO

Há várias metodologias de custeio disponíveis na literatura. Todas apresentam vantagens e desvantagens, tanto no que se refere à facilidade de aplicação quanto a eventuais inadequações do método.

Aqui, são apresentadas duas dessas metodologias, por serem de fácil compreensão e, possivelmente, as mais usadas em termos práticos. São elas o custeio por absorção e o custeio direto (ou variável). Posteriormente, é realizada uma discussão sobre esses métodos de custeio em termos de decisões gerenciais. Ao final dessa discussão, argumenta-se em favor de um dos métodos. Por fim, apresentam-se os impactos que diferentes escalas de produção têm sobre os custos.

Note que a presente análise está limitada aos custos, e não às despesas. Como conceitualmente são elementos distintos, apesar de ambos estarem circunscritos ao fluxo de caixa operacional, esse momento é de mensuração de custos, após o qual as despesas serão consideradas. Dessa forma, é essencial separar custos e despesas.

Outra consideração antes de avançar: a apresentação desses métodos não pretende aprofundar esses aspectos, uma vez que há na literatura inúmeras outras fontes de informação direcionadas específica e profundamente a eles, as quais devem ser consultadas caso o leitor não tenha aptidão em custeio. O que se pretende com essa apresentação é lançar as bases mínimas de informação para fazer o custeio, permitir a projeção dos custos produtivos no contexto do fluxo de caixa operacional e trazer a discussão de algumas questões relevantes na elaboração do plano de negócio.

A.1. MÉTODOS DE CUSTEIO POR ABSORÇÃO E DIRETO

O custeio por absorção calcula o custo de um produto/serviço apropriando individualmente a ele todos os custos, sejam eles de natureza fixa ou variável. O ponto relevante é que, conforme o tipo de custo, a forma de apropriação é distinta. Portanto, o primeiro passo a ser realizado no custeio por absorção é separar os custos em variáveis e fixos. Essa etapa é tão importante quanto sujeita a risco de se fazer tal separação de maneira equivocada. Caso a separação seja incorreta, todo o processo de custeio será prejudicado.

ELABORAÇÃO E AVALIAÇÃO DE PLANOS DE NEGÓCIOS

Uma vez que os custos tenham sido devidamente separados conforme suas naturezas, parte-se para a segunda etapa, que é mensurar os componentes variáveis. Os custos variáveis são apropriados diretamente mediante registro do consumo daqueles na geração do produto ou do serviço. Como eles variam de maneira diretamente proporcional em função da quantidade produzida ou de serviços prestados, supõe-se que seja razoavelmente fácil e direta a mensuração desses custos por meio da elaboração de uma ficha técnica, a qual registra os componentes de um produto/serviço, bem como os seus custos individuais de aquisição. A ficha técnica indica todos os elementos (matérias-primas, insumos e embalagens) que são incorporados ao produto/serviço ou consumidos ao longo de sua produção/prestação.

Admita, por exemplo, que está sendo desenvolvido o plano de negócio de uma confeitaria. Um dos produtos que ela produzirá e venderá é um bolo fofo, cuja ficha técnica é dada a seguir (recomendo enfaticamente que não tentem fazer essa receita!):

QUADRO 78 — Ficha técnica do bolo fofo (matérias-primas)

INGREDIENTE	UNIDADE	QUANTIDADE	CUSTO UNITÁRIO	SUBTOTAL
Açúcar	gr	200	R$0,02	R$4,00
Farinha de trigo	gr	400	R$0,05	R$20,00
Fermento em pó	gr	10	R$0,05	R$0,50
Leite	ml	250	R$0,01	R$2,50
Margarina	gr	100	R$0,10	R$10,00
Ovos	und	4	R$1,00	R$4,00
Total				R$41,00

A primeira coluna contém os ingredientes (matérias-primas) que compõem o bolo, seguida de colunas que registram a unidade e a quantidade de cada ingrediente. A quarta coluna contém o custo unitário referente à unidade da segunda coluna, devendo agregar todos os elementos que complementarem o valor propriamente de aquisição, tais como tributos incidentes sobre a compra, fretes, seguros etc. A última coluna é calculada pela multiplicação entre a quantidade e o custo unitário de cada ingrediente, o que permite, ao final, agregar o custo total do bolo.

Perceba que, com essa ficha técnica, torna-se razoavelmente fácil identificar os elementos e os desembolsos necessários para dispor deles de maneira individual. Em empreendimentos industriais ou de serviço, lançar mão da ficha técnica costuma ser fundamental. Em empreendimentos comerciais, geralmente, não há tal necessidade, uma vez que o custo pertinente é o de aquisição da mercadoria para revenda, agregando-se custos complementares (tributos, fretes, seguros etc.).

Os custos fixos, no entanto, não são facilmente apropriados individualmente aos produtos ou serviços. Para fazê-lo, é necessário adotar algum critério de rateio, de maneira a encontrar uma fração ideal dos custos fixos absorvida individualmente por esse produto ou serviço. Alguns exemplos de critérios de rateio são: participação no faturamento, participação em termos de unidades físicas produzidas, horas consumidas de mão de obra direta ou horas consumidas pelas máquinas.

Por exemplo, admita que os custos fixos mensais da confeitaria são os elencados no quadro a seguir:

QUADRO 79 —Custos fixos mensais da confeitaria

CUSTO FIXO	VALOR
Aluguel — galpão	R$900,00
Energia elétrica	R$650,00
Manutenção — máquinas	R$200,00
Salários e encargos sociais dos padeiros	R$3.500,00
Total	R$5.250,00

Diante desses valores, para fazer o custeio por absorção, os custos fixos mensais devem ser rateados para cada unidade produzida. Admita, hipoteticamente, que essa empresa tenha dois produtos: bolo fofo e bolo de chocolate. Mensalmente, em média, a empresa vende 200 unidades do bolo fofo ao preço unitário de R$60,00 e 150 unidades do bolo de chocolate ao preço unitário de R$55,00. Portanto, o seu faturamento médio mensal é o seguinte:

QUADRO 80 — Faturamento médio da confeitaria

PRODUTO	QUANTIDADE	PREÇO DE VENDA	TOTAL
Bolo fofo	200	R$ 60,00	R$12.000,00
Bolo de chocolate	150	R$ 55,00	R$8.250,00
			R$20.250,00

ELABORAÇÃO E AVALIAÇÃO DE PLANOS DE NEGÓCIOS

Se o critério de rateio dos custos fixos aos produtos for a sua participação no faturamento (note que poderia ser adotado outro critério), utiliza-se a proporção relativa de cada um deles no faturamento total, mediante a divisão do faturamento médio de cada produto pelo faturamento agregado de todos os produtos, conforme quadro a seguir:

QUADRO 81 — Faturamento médio da confeitaria

PRODUTO	QUANTIDADE	PREÇO VENDA	TOTAL	%
Bolo fofo	200	R$60,00	R$12.000,00	59,26%
Bolo de chocolate	150	R$55,00	R$8.250,00	40,74%
			R$20.250,00	100,00%

O bolo fofo representa 59,26% do faturamento total, enquanto o bolo de chocolate, 40,74%. Por esse critério, o bolo fofo deve absorver 59,26% dos custos fixos, enquanto o bolo de chocolate deve absorver 40,74%. Para tanto, basta multiplicar cada percentual desses pelo custo fixo total e, posteriormente, dividir pela quantidade produzida. Admitindo que vendeu-se tudo o que foi produzido, tem-se a seguinte situação:

QUADRO 82 — Rateio dos custos fixos aos produtos

PRODUTO	QUANTIDADE	PREÇO VENDA	TOTAL	%	CUSTO FIXO TOTAL	CUSTO FIXO UNITÁRIO
Bolo fofo	200	R$60,00	R$12.000,00	59,26%	R$3.111,11	R$15,56
Bolo de chocolate	150	R$55,00	R$8.250,00	40,74%	R$2.138,89	R$14,26
			R$20.250,00	100,00%	R$5.250,00	

Com esse tipo de custeio, pode-se calcular o lucro obtido por cada unidade produzida/vendida. Como o conceito de lucro se refere à diferença entre a receita e os custos fixos e variáveis, diminuindo-se do preço de venda os custos fixos e variáveis individuais de cada produto, tem-se seu lucro unitário (L_U = PV - CF_U - CV_U). A margem de lucro unitária ou lucratividade unitária é o lucro unitário em relação ao preço de venda (ML = L_U / PV).

Evidentemente, esse lucro unitário não considera ainda as despesas, as quais não estão associadas ao processo produtivo. Portanto, seria um lucro parcial, refletindo somente o esforço produtivo e desconsiderando, até esse ponto, os esforços administrativos e comerciais refletidos financeiramente nas despesas.

No exemplo adotado, o lucro unitário do bolo fofo seria igual ao preço de venda (R$60,00) menos seu custo variável (R$41,00) e menos o custo fixo unitário (R$15,56), resultando R$3,44. Admitindo que o custo variável unitário do bolo de chocolate é R$36,00, conforme a ficha técnica montada, seu lucro seria R$4,74 (R$55,00 − R$14,26 − R$36,00).

Do ponto de vista gerencial, podem ser feitas algumas críticas ao custeio por absorção. Em primeiro lugar, o critério de rateio utilizado é, em certa medida, subjetivo. Podem ser adotados vários critérios e cada um conduzir a diferentes resultados. Em segundo lugar, no processo de rateio, dependendo do critério adotado, alguns produtos podem ser beneficiados enquanto outros são penalizados, podendo culminar com a retirada destes de linha. Assim, diferentes decisões podem ser tomadas em função do critério de rateio adotado. Por último, ao fazer o rateio, deve-se considerar a escala de produção, pois os custos fixos unitários são diluídos com o aumento da escala.

Portanto, ao calcular o custo fixo unitário, a escala de produção é essencial. Caso a produção sofra redução, aquele custo fixo que estava alocado para as unidades que não foram produzidas não deixa de existir, ao contrário dos custos variáveis unitários, os quais deixam de existir na mesma proporção da queda da produção.

Para minimizar os problemas associados ao rateio dos custos fixos, pode-se usar o custeio direto (ou variável). Esse método apropria individualmente ao produto ou serviço somente os custos variáveis, já que estes, por sua natureza, não necessitam de artifícios para serem apropriados. Nesse caso, não há quaisquer problemas decorrentes de critérios arbitrários ao serem apropriados individualmente os custos variáveis, pois não há rateio.

Por esse método, os custos fixos não são considerados próprios dos produtos. Eles são próprios do processo produtivo, pois existem independentemente do nível de produção. Assim, eles não são atribuídos individualmente aos produtos, mas ao empreendimento como um todo em determinado período.

Por isso, no custeio direto, não é calculado o lucro unitário, mas a contribuição unitária. Como ao custo unitário são associados somente os custos variáveis, não é possível calcular o lucro unitário, pois não são considerados os custos fixos unitários. O que são associados diretamente aos produtos individuais são seus preços de venda e os custos variáveis. Ao subtrair o custo variável unitário do preço de venda, tem-se a chamada margem de contribuição unitária que o produto ou serviço proporciona ao empreendimento. O preço de venda deve ser suficiente para pagar os custos variáveis, gerando uma contribuição unitária positiva.

ELABORAÇÃO E AVALIAÇÃO DE PLANOS DE NEGÓCIOS

Ao multiplicar a margem de contribuição unitária do produto pela sua quantidade produzida/vendida, tem-se a Margem de Contribuição Total (MCT) do produto ou serviço. Essa margem de contribuição total deve ser suficiente para, em conjunto com as contribuições totais dos demais produtos e serviços, pagar os Custos Fixos Totais (CFT) e formar o lucro total (LT) do empreendimento em determinado período. Sendo assim, no custeio direto, não se calcula lucro unitário, mas lucro total de determinado período, o qual é mensurado assim: LT = MCT - CFT.

A margem de contribuição percentual unitária é dada pela divisão da margem de contribuição unitária pelo preço de venda (MCU = CU / PV). Analogamente, a margem de contribuição percentual total do empreendimento é calculada pela divisão da margem de contribuição total agregada de todos os produtos pela receita total do empreendimento (MCT = CT / RT).

Dadas essas explicações, percebe-se que há certa similaridade em algumas etapas do custeio direto em relação ao custeio por absorção. As duas primeiras etapas (separação dos custos fixos e variáveis e cálculo do custo variável unitário) são semelhantes entre os dois métodos de custeio. A terceira etapa do custeio por absorção indica o cálculo do custo fixo unitário, a qual não ocorre no custeio direto. O custeio por absorção gera o lucro unitário, e o custeio direto, a margem de contribuição unitária.

Em termos práticos, a decisão sobre o método de custeio a ser empregado no plano de negócio é atribuição da equipe que está elaborando-o, conforme as características do empreendimento. Porém, em função das críticas feitas ao custeio por absorção e de necessidades informacionais relacionadas ao cálculo do ponto de equilíbrio operacional e à análise custo-volume-lucro (vide capítulo sobre a seção financeira das atividades operacionais), sugere-se que seja dada preferência ao método de custeio direto. Tanto para o cálculo do ponto de equilíbrio operacional quanto para o uso da análise custo-volume-lucro, são necessários os conceitos e cálculos da margem de contribuição, os quais são próprios do custeio direto. Caso seja adotado outro método de custeio (repita-se, o que é possível), posteriormente, o cálculo das margens de contribuição deverá ser feito por meio de ajustes aos custos calculados, o que demandará trabalho adicional.

A.2. COMPARATIVO DOS MÉTODOS DE CUSTEIO EM TERMOS GERENCIAIS

Como há vários métodos de custeio disponíveis na literatura, é importante conhecer os aspectos positivos e negativos de cada um deles antes de definir aquele a ser usado. Entre os dois apresentados neste livro, é possível salientar certos aspectos gerenciais por meio de um exemplo.

Admita um empreendimento que vende seis produtos, os quais estão listados no quadro a seguir. No quadro, também há informações de suas estimativas de quantidades vendidas mensalmente (segunda coluna), seus preços unitários de venda (terceira coluna) e seus custos unitários variáveis (quarta coluna). É importante destacar que as informações dos produtos, quantidades médias vendidas mensalmente e preços de venda são originadas da seção mercadológica. O custo variável unitário é calculado na seção financeira das atividades operacionais.

QUADRO 83 – Listagem de produtos

PRODUTO	QUANTIDADE MÉDIA MENSAL VENDIDA	PREÇO DE VENDA	CUSTO VARIÁVEL UNITÁRIO
A	150	R$35,00	R$19,25
B	420	R$55,00	R$35,00
C	450	R$75,00	R$65,00
D	440	R$40,00	R$20,00
E	120	R$15,00	R$10,50
F	770	R$1,80	R$0,95

Admita ainda que os custos fixos totais mensais do empreendimento sejam R$19.500,00, informação também gerada na seção financeira das atividades operacionais. O resultado operacional parcial esperado desse empreendimento, adotando diferentes métodos de custeio, pode ser calculado. Em tempo, o resultado operacional é denominado parcial pois não há informações sobre as despesas operacionais, o que seria necessário ao cálculo do resultado operacional pleno. Como estão sendo analisados os impactos dos tipos de custeio, são contemplados somente os custos, desconsiderando as despesas operacionais.

272 ELABORAÇÃO E AVALIAÇÃO DE PLANOS DE NEGÓCIOS

O primeiro método de custeio adotado é o direto (ou variável), cuja operacionalização é mais simples. Inicia-se pelo cálculo da margem de contribuição unitária e da margem de contribuição total para cada produto, conforme quadro a seguir:

QUADRO 84 — Cálculo das margens de contribuição unitária e total

PRODUTO	QUANTIDADE MÉDIA MENSAL VENDIDA	PREÇO DE VENDA	CUSTO VARIÁVEL UNITÁRIO	MARGEM DE CONTRIBUIÇÃO UNITÁRIA	MARGEM DE CONTRIBUIÇÃO TOTAL
A	150	R$35,00	R$19,25	R$15,75	R$2.362,50
B	420	R$55,00	R$35,00	R$20,00	R$8.400,00
C	450	R$75,00	R$65,00	R$10,00	R$4.500,00
D	440	R$40,00	R$20,00	R$20,00	R$8.800,00
E	120	R$15,00	R$10,50	R$4,50	R$540,00
F	770	R$1,80	R$0,95	R$0,85	R$654,50

Calculadas as margens de contribuição unitária (quinta coluna) e total de cada produto (sexta coluna), restam somente os custos de natureza fixa. Como o custeio variável está sendo adotado, os custos fixos não serão rateados individualmente a cada produto, mas considerados como gastos do período (mês, no caso). Portanto, o passo seguinte é calcular a margem de contribuição agregada de todos os produtos (soma das margens de contribuição totais de cada produto) e, depois, diminuir os custos fixos totais do mês. A margem de contribuição total é R$25.257,00 (soma dos valores da sexta coluna). Subtraindo R$19.500,00 de custos fixos, tem-se R$5.757,00 de resultado operacional parcial. O quadro a seguir ilustra esse resultado:

QUADRO 85 — Resultado operacional parcial pelo custeio variável

Margem de contribuição total	R$25.257,00
Custos fixos	R$19.500,00
Resultado operacional parcial	R$5.757,00

Partindo para a segunda circunstância, será utilizado o custeio por absorção. Para usar esse método de custeio, deve-se adotar um critério de rateio dos custos fixos para os produtos. No exemplo, será utilizada a participação relativa de cada produto na margem de contribuição total. Isso indica que os produtos absorverão os custos fixos totais na mesma proporção da margem de contribuição total. Veja o quadro a seguir:

QUADRO 86 — Resultado operacional parcial usando custeio por absorção pela MCT

PRODUTO	QTD. MÉDIA MENSAL VENDIDA	PREÇO DE VENDA	CUSTO VARIÁVEL UNITÁRIO	MARGEM DE CONTRIBUIÇÃO TOTAL	% AV MCT	CUSTOS FIXOS TOTAIS	CUSTOS FIXOS UNITÁRIOS	LUCRO UNITÁRIO	LUCRO TOTAL
A	150	R$35,00	R$19,25	R$2.362,50	9,35%	R$1.824,00	R$12,16	R$3,59	R$538,50
B	420	R$55,00	R$35,00	R$8.400,00	33,26%	R$6.485,33	R$15,44	R$4,56	R$1.914,67
C	450	R$75,00	R$65,00	R$4.500,00	17,82%	R$3.474,28	R$7,72	R$2,28	R$1.025,72
D	440	R$40,00	R$20,00	R$8.800,00	34,84%	R$6.794,16	R$15,44	R$4,56	R$2.005,84
E	120	R$15,00	R$10,50	R$540,00	2,14%	R$416,91	R$3,47	R$1,03	R$123,09
F	770	R$1,80	R$0,95	R$654,50	2,59%	R$505,32	R$0,66	R$0,19	R$149,18
				R$25.257,00	100,00%	R$19.500,00			R$5.757,00

ELABORAÇÃO E AVALIAÇÃO DE PLANOS DE NEGÓCIOS

As cinco primeiras colunas têm as mesmas explicações dadas na circunstância anterior. A sexta coluna é a análise vertical da margem de contribuição total, indicando o quanto cada produto corresponde percentualmente à margem de contribuição total do empreendimento e, portanto, quanto cada um absorverá dos custos fixos totais em termos percentuais. A sétima coluna é o valor dos custos fixos totais absorvido por cada produto, dado pela multiplicação do percentual de participação na margem de contribuição total (sexta coluna) pelos custos fixos totais do período (R$19.500,00). Observe que a soma dos itens dessa coluna deve gerar o valor R$19.500,00.

Para calcular o custo fixo unitário (oitava coluna), basta dividir o custo fixo total de cada produto (sétima coluna) pela quantidade média vendida por mês (segunda coluna). Com esses dados, pode-se calcular o lucro unitário na nona coluna. Para tanto, basta pegar o preço unitário de venda (terceira coluna) e subtrair o custo variável unitário (quarta coluna) e o custo fixo unitário (oitava coluna). A última coluna é o lucro operacional total por produto, dado pela multiplicação da quantidade vendida em média por mês (segunda coluna) pelo lucro unitário (nona coluna). Somando todos os itens da última coluna, chega-se ao resultado de R$5.757,00.

Perceba que foi o mesmo resultado alcançado na circunstância do custeio variável. Naturalmente, isso era o esperado, uma vez que não houve qualquer inclusão ou exclusão de custos nos dois casos. O que houve, tão somente, foi a diferença nos respectivos métodos de custeio. No primeiro, os custos fixos não foram rateados individualmente a cada produto, diferentemente do segundo caso, em que foram rateados pelo critério de participação na margem de contribuição total.

Note ainda que, apesar das denominações lucro unitário e lucro total, trata-se de um resultado parcial, uma vez que não foram incluídas as despesas operacionais na análise.

Como última situação para o cálculo do resultado operacional parcial, adota-se o custeio por absorção usando a participação de cada produto na receita total como critério de rateio. Para tanto, deve-se calcular a receita total do empreendimento, partindo da receita total de cada produto, conforme o seguinte quadro:

QUADRO 87 — Participação relativa dos produtos na receita operacional total

PRODUTO	QTD. MÉDIA MENSAL VENDIDA	PREÇO DE VENDA	CUSTO VARIÁVEL UNITÁRIO	RECEITA TOTAL	% AV RT
A	150	R$35,00	R$19,25	R$5.250,00	6,33%
B	420	R$55,00	R$35,00	R$23.100,00	27,87%
C	450	R$75,00	R$65,00	R$33.750,00	40,72%
D	440	R$40,00	R$20,00	R$17.600,00	21,23%
E	120	R$15,00	R$10,50	R$1.800,00	2,17%
F	770	R$1,80	R$0,95	R$1.386,00	1,67%
				R$82.886,00	100,00%

As quatro primeiras colunas são iguais às dos exemplos anteriores. A quinta coluna contém a receita total por produto (dada pela multiplicação entre a quantidade vendida média por mês e o preço de venda de cada produto). A receita operacional total de todos os produtos é R$82.886,00. A sexta coluna calcula a participação percentual de cada produto na receita operacional total por meio de uma análise vertical.

Com tais informações, pode-se proceder como na segunda circunstância, gerando o quadro a seguir:

QUADRO 88 — Resultado operacional parcial usando custeio por absorção pela receita total

PROD.	QTD. MÉDIA MENSAL VENDIDA	PREÇO DE VENDA	CUSTO VARIÁVEL UNITÁRIO	RECEITA TOTAL	% AV RT	CUSTOS FIXOS TOTAIS	CUSTOS FIXOS UNITÁRIOS	LUCRO UNITÁRIO	LUCRO TOTAL
A	150	R$35,00	R$19,25	R$5.250,00	6,33%	R$1.235,13	R$8,23	R$7,52	R$1.127,37
B	420	R$55,00	R$35,00	R$23.100,00	27,87%	R$5.434,57	R$12,94	R$7,06	R$2.965,43
C	450	R$75,00	R$65,00	R$33.750,00	40,72%	R$7.940,12	R$17,64	-R$7,64	-R$3.440,12
D	440	R$40,00	R$20,00	R$17.600,00	21,23%	R$4.140,63	R$9,41	R$10,59	R$4.659,37
E	120	R$15,00	R$10,50	R$1.800,00	2,17%	R$423,47	R$3,53	R$0,97	R$116,53
F	770	R$1,80	R$0,95	R$1.386,00	1,67%	R$326,07	R$0,42	R$0,43	R$328,43
				R$82.886,00	100,00%	R$19.500,00			R$5.757,00

As colunas custos fixos totais (sétima), custos fixos unitários (oitava), lucro unitário (nona) e lucro total (décima) foram incorporadas e calculadas de maneira semelhante à da segunda circunstância. Como não foram acrescentados nem retirados valores de receitas e custos, o resultado operacional parcial é exatamente aquele que foi calculado nas duas circunstâncias anteriores (R$5.757,00).

Porém, um olhar atento aos números pode chamar atenção ao produto C. Nessa análise, o produto C apresenta prejuízo individual (-R$7,64) e, consequentemente, total (-R$3.440,12). Isso ocorreu por causa do critério de rateio que fez com que ele absorvesse 40,72% dos custos fixos totais, e, dessa forma, o peso atribuído a ele, em termos de custos fixos, foi muito alto.

O problema dessa situação é que ela pode conduzir a uma escolha inadequada. Admita que esse quadro seja apresentado em reunião, e os participantes decidam retirar o produto C de linha, sob a expectativa de reduzir o prejuízo causado por ele. Tal decisão, no entanto, em vez de melhorar o resultado, faz com que ele piore. Perceba que, ao retirar o produto C, de fato, os custos variáveis a ele atribuídos cairão completamente, bem como a sua receita operacional gerada. Porém, os custos fixos a ele atribuídos não deixarão de existir ou, na melhor das hipóteses, cairão de maneira menos do que proporcional. Diante disso, esses custos fixos absorvidos pelo produto C deverão ser rateados novamente entre os produtos remanescentes, fazendo com que o resultado final efetivamente seja reduzido e podendo, inclusive, levar outros produtos a terem seus lucros unitários negativos, repetindo o ciclo (faça essa simulação!).

Esse caso ilustra um dos problemas citados em relação ao custeio por absorção. Dependendo do critério adotado para o rateio dos custos fixos individualmente aos itens, estes podem absorver parcelas muito altas ou muito baixas, o que pode induzir a decisões gerenciais inadequadas. O custeio variável não apresenta esse problema, por adotar o conceito de margem de contribuição e eliminar a necessidade de rateio. Além disso, o custeio variável provê as informações necessárias ao cálculo do ponto de equilíbrio e à elaboração da análise custo-volume-lucro, dois produtos finais centrais à seção financeira de atividades operacionais.

A.3. IMPACTO DA ESCALA DE PRODUÇÃO SOBRE OS CUSTOS

O comportamento dos custos de um produto ou serviço pode mudar de acordo com a escala de produção. Considerando que um empreendimento possa ter diferentes níveis de atividade ao longo do horizonte temporal de análise, as quantidades produzidas são impactadas, assim como os custos produtivos. Portanto, compreender como o volume de produção impacta os custos é essencial para a elaboração de um plano de negócio.

Normalmente, à medida que o nível da produção aumenta, ocorrem impactos desejáveis sobre o custo médio do produto. Quanto maior a produção, o custo médio de cada produto tende a diminuir, dada a maior escala de produção. Dito de outra forma, pode-se aumentar a produção de um produto em determinada proporção com custos totais adicionais menos do que proporcionais ao aumento da quantidade produzida. Quando essa situação ocorre, tem-se a denominada economia de escala.

Economia de escala ocorre, em linhas gerais, porque os custos fixos unitários são diluídos para maiores quantidades produzidas. Apesar disso, os custos variáveis unitários não sofrem impacto tão forte, mantendo-se relativamente constantes.

O Custo Total (C_T) é a soma do Custo Fixo Total (C_F) com o Custo Variável Total (C_V), ou seja, $C_T = C_F + C_V$.

O comportamento dos custos totais é dado no gráfico a seguir:

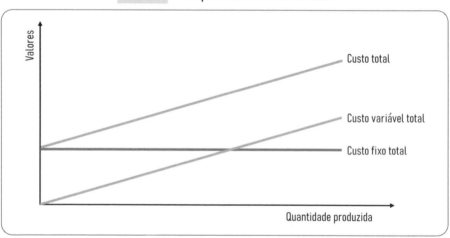

FIGURA 53 — Comportamento dos custos totais

Por sua vez, o Custo Unitário (C_{TU}) é dado pela soma dos Custo Fixo Unitário e do Custo Variável Unitário (C_{FU} e C_{VU}). O custo unitário é dado pelos respectivos custos totais divididos pela quantidade produzida (q): $C_{TU} = C_{FU} + C_{VU}$

$$\frac{C_T}{q} = \frac{C_F}{q} + \frac{C_V}{q}$$

O comportamento dos custos unitários é dado no gráfico a seguir:

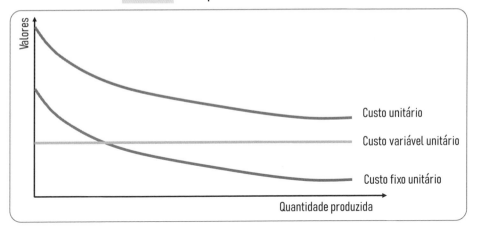

FIGURA 54 — Comportamento dos custos unitários

Como o custo variável é diretamente atribuível a cada unidade produzida, não é esperada uma variação expressiva do custo variável unitário à medida que a quantidade produzida aumenta. Para cada unidade adicional produzida, o custo variável unitário é relativamente constante.

Já com relação ao custo fixo unitário, ocorre outro efeito. À medida que a quantidade produzida aumenta, como os custos fixos totais tendem a manter-se constantes ou, pelo menos, não sofrem variações na mesma proporção da escala de produção, os custos fixos totais são diluídos pela maior quantidade, proporcionando custos fixos unitários decrescentes.

Aqui, deve-se apresentar o conceito de custo marginal. Custo marginal é a variação do custo acarretada pela produção de uma unidade adicional do produto. Ele é dado pela variação no custo total dividida pela variação na quantidade produzida. Diferentes níveis de produção podem apresentar diferentes custos marginais. Quando se tem economia de escala, o custo marginal é decrescente, indicando que, à medida que mais unidades são produzidas, os custos unitários são menores.

Alguns motivos podem ser citados para determinar essa diluição dos custos fixos, e eles podem ser categorizados em tecnológicos e pecuniários. Economias de escala tecnológica ocorrem quando o processo produtivo permite melhor uso dos fatores fixos e variáveis de produção, acarretando menor desperdício. Também é apontada, nessa categoria, a maior especialização dos funcionários em suas atividades, proporcionando maior produtividade da mão de obra direta. Nesses casos, a tecnologia usada no processo produtivo pode determinar maior eficiência no consumo dos fatores de produção, permitindo ganhos crescentes de escala.

A economia de escala pecuniária normalmente decorre do maior poder do empreendimento no mercado quando opera em alta escala. O aumento do poder de negociação, por adquirir maiores quantidades de insumo, proporciona preços de compra menores. Outro aspecto ligado à economia de escala pecuniária é a possibilidade de realizar investimentos incrementais baixos para permitir aumento da produção, tendo em vista a base produtiva já instalada (nesse caso, a economia se refere a investimentos, e não a custos).

Contudo, esse efeito desejado pode, eventualmente, sofrer uma reversão. A economia de escala pode ocorrer até determinado ponto, a partir do qual pode se deparar com a chamada deseconomia de escala. A partir desse ponto, os custos marginais se tornam crescentes. Tal situação pode ocorrer, por exemplo, em função de ineficiências geradas pela falta de espaço quando a escala se torna muito alta, fazendo com que seja necessário aumentar a área física para acomodar adequadamente o processo produtivo, incrementando os custos de manutenção, limpeza, segurança e locação. A deseconomia de escala também pode ocorrer em função do aumento da complexidade para gerenciar as atividades em escala maior, o que requer maior capacitação administrativa e a contratação de pessoas mais qualificadas para realizar esses processos.

Sendo assim, observa-se que o comportamento dos custos fixos aumenta de maneira pontual. O nível de custos fixos permanece relativamente estável até determinado nível de produção. Após esse nível, alguns custos fixos aumentam pontualmente. O novo patamar de custos fixos mantém-se relativamente estável até que outro ponto de ruptura seja atingido, após o qual há novo aumento de alguns elementos cujos custos têm natureza fixa.

A identificação desses pontos de ruptura nos custos fixos é fundamental para o plano de negócio, sobretudo quando os custos produtivos forem projetados em termos de fluxo de caixa (seção financeira de atividades operacionais). Uma prática importante é identificar os gatilhos que indicam aumento nos custos fixos, para que esses gatilhos sejam implementados, refletindo a realidade esperada do empreendimento da forma mais fiel possível.

Os itens utilizados para evidenciar a deseconomia de escala foram predominantemente relacionados a custos fixos. No entanto, ainda que raro, é possível que custos variáveis tenham algum tipo de comportamento que evidencie a deseconomia de escala. Em função da lei da oferta e da procura, por exemplo, alguns insumos — sobretudo aqueles de difícil aquisição e que estão sujeitos a certa restrição de fornecimento — podem ter seus preços de compra pressionados para cima devido à maior procura. Isso faz com que um componente variável do custo produtivo aumente para quantidades produzidas maiores, apesar de se esperar o contrário na maioria das situações.

A economia de escala é desejável porque resulta da maior racionalização dos custos produtivos em decorrência do aumento na quantidade produzida. Muitos empreendimentos baseiam sua estratégia competitiva na gestão eficiente dos custos, o que requer forte atenção à economia de escala. Outros empreendimentos somente se mostram viáveis em função de escalas de produção muito altas, sem as quais eles não atingem o seu ponto de equilíbrio operacional. Para esses empreendimentos, observar e mensurar o comportamento dos custos ao longo de diferentes patamares de produção é essencial.

Apêndice B
FORMAÇÃO DO PREÇO DE VENDA

A determinação do preço de venda dos produtos/serviços é essencial para qualquer empresa. Estabelecer o preço de forma inadequada pode comprometer a saúde financeira da empresa. Se o preço de venda estiver abaixo do preço de custo, a empresa terá prejuízo. Caso o preço de venda calculado seja muito alto, incompatível com a expectativa do mercado consumidor, ele não terá nível de venda adequado.

Este apêndice mostra um método de calcular o preço de venda de produtos baseado no conceito de margem de contribuição e no estabelecimento de uma taxa de marcação (*mark-up*) sobre o preço de custo.

A princípio, é destacada a relação entre custo, preço e valor. Em seguida, é apresentado um modelo de formação do preço de venda. Posteriormente, alguns regimes de tributação federais e estaduais são tratados (naturalmente, em função da complexidade desse assunto, em nível superficial de aprofundamento). Por fim, discute-se a incorporação do custo financeiro ao preço do produto.

B.1. RELAÇÃO ENTRE CUSTO, PREÇO E VALOR

O preço de venda praticado por uma empresa, em um contexto competitivo, é predominantemente determinado pelo mercado. Se existirem muitos competidores, certamente o poder de estabelecer preços por parte de um deles é menor. Normalmente, nesse caso, o preço de venda se estabelece em função das relações estabelecidas entre fornecedores, consumidores e competidores e pelas regras clássicas de oferta e demanda.

Entretanto, mesmo atuando em um mercado que não permita à empresa ditar os preços de venda, ela deve gerenciar adequadamente os custos e a formação dos preços de seus produtos. Com isso, evita-se fixar preços distantes da realidade mercadológica e permite-se ter informação clara sobre a margem de contribuição efetiva de cada produto.

Inicialmente, a empresa deve avaliar se os custos necessários à produção e à venda de um produto são compatíveis com o preço de venda praticado no mercado. Caso o preço de venda no mercado seja superior ao preço de custo do produto ofertado, então a empresa conseguirá disponibilizá-lo sem maiores problemas. Entretanto, na hipótese de o custo do produto superar o preço praticado no mercado, a empresa deverá tomar providências a fim de compatibilizar o custo com o preço, sob pena de auferir prejuízo com sua comercialização.

Essa relação entre custo e preço de mercado pode levar a empresa a utilizar diferentes margens de contribuição para cada produto ou linha de produtos. O estabelecimento de diferentes margens de contribuição por linhas de produtos ocorre em função do conceito de valor percebido pelos clientes.

Caso o produto não tenha qualquer diferencial frente aos concorrentes, não há evidência de que se consiga vendê-lo acima do preço praticado no mercado, pois o valor percebido por parte dos clientes não será superior. Não havendo qualquer diferencial, o cliente não será incentivado a adquirir algo acima do que se pode obter por determinado preço. Portanto, o preço de venda deverá respeitar determinada faixa conforme a seguinte figura:

FIGURA 55 – Faixa de preço a ser praticado por produtos que não têm diferencial

A faixa de preço de venda situa-se entre o seu preço de custo e o preço de mercado. Quanto melhor for o produto frente aos seus concorrentes, mais alto poderá ser o preço de venda. Porém, caso o preço estabelecido pela empresa se situe acima do preço de mercado, haverá dificuldade para comercializá-lo.

Por outro lado, determinados produtos podem ter um valor percebido pelos clientes muito acima do seu custo de produção e do preço de mercado que seria considerado normal ou similar a outros produtos. Além do preço de custo e do preço de mercado, o valor que o cliente percebe no produto é uma importante variável no processo de estabelecimento do seu preço de venda. Atributos tais como marca, *status*, sofisticação e exclusividade podem aumentar o valor agregado de um produto e permitir o estabelecimento relativamente alto do preço de venda.

Portanto, se o produto comercializado pela empresa tiver uma proposta de valor superior às dos concorrentes e se tal proposta for percebida e valorizada pelos clientes, é perfeitamente possível que o preço de venda estabelecido supere o preço praticado no mercado. Produtos com diferenciais perceptíveis podem ter preços de venda maiores, conforme indicação da figura a seguir.

FIGURA 56 – Faixa de preço a ser praticado por produtos com diferencial

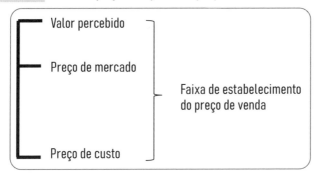

Assim, a formação do preço de venda deve levar em conta o custo incorrido para disponibilizá-lo ao mercado, o preço praticado e aceito no mercado de produtos concorrentes e o valor percebido pelos clientes. Portanto, elementos internos e externos participam do estabelecimento do preço de venda.

B.2. MODELO DE FORMAÇÃO DO PREÇO DE VENDA

O modelo de formação de preço apresentado será montado a partir da atividade operacional da empresa no processo de compra, fabricação (se for o caso) e venda do produto. Ele terá as seguintes etapas:

FIGURA 57 – Etapas da formação do preço de venda

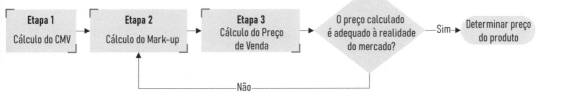

O processo de compra do produto para revenda é a primeira etapa. Ao fim dessa etapa, é conhecido o Custo da Mercadoria a ser Vendida (CMV). Para compor o CMV, é necessário conhecer as seguintes variáveis (encontradas nas notas fiscais de compra dos produtos):

- Preço de Compra em unidades monetárias (PC);
- Crédito de ICMS em termos percentuais (CrICMS);
- Imposto sobre produtos industrializados em termos percentuais (IPI);
- Frete sobre o material comprado em termos percentuais (FRETE).

A empresa que revenderá o produto tem direito a crédito de ICMS (Imposto sobre Circulação de Mercadorias e Serviços), que é calculado de acordo com a alíquota da nota fiscal e o preço de compra. O ICMS é um imposto da alçada estadual, e cada estado da federação pode cobrar diferentes alíquotas. Por esse imposto ser cumulativo, em cada etapa na cadeia de suprimentos, ele transfere crédito à etapa seguinte, cessando no consumidor final, que não revenderá o produto. Portanto, a alíquota de ICMS confere benefício à empresa e é calculado pela multiplicação da alíquota de ICMS pelo preço de compra do produto.

Outro imposto que deve ser considerado é o IPI (Imposto sobre Produtos Industrializados). Esse é um imposto federal aplicado a algumas categorias de produtos industrializados. Trata-se de um tributo não embutido no preço de compra, sendo cobrado de forma destacada na nota fiscal, e deve ser acrescido percentualmente ao preço de compra.

A última variável importante na primeira etapa do modelo é o frete pago pelo material comprado. O valor do frete é apresentado em local indicado na nota fiscal ou no conhecimento de carga. Ele é apresentado para a nota fiscal total, mesmo que ela contenha vários produtos. Portanto, a melhor forma de considerá-lo para o cálculo do CMV é torná-lo um valor percentual para ser incorporado ao preço de compra. O valor do frete em termos percentuais é dado pela divisão do valor total do frete pelo valor total da nota fiscal.

O custo da mercadoria a ser vendida, composto por essas quatro variáveis, é o preço de compra (PC), reduzido o crédito de ICMS (PC × CrICMS) e acrescidos o IPI (PC × IPI) e o frete (PC × FRETE).

$$CMV = PC - (PC \times CrICMS) + (PC \times IPI) + (PC \times FRETE)$$

Para facilitar a implementação da fórmula, pode-se colocar o preço de compra em evidência.

$$CMV = PC \times (1 - CrICMS + IPI + FRETE)$$

Caso existam outras variáveis a serem computadas ao CMV, elas devem ser incorporadas de forma similar às acima, mediante avaliação criteriosa e específica. Por exemplo, diferentes maneiras de apuração de ICMS podem alterar essa fórmula.

Uma vez calculado o CMV, parte-se para a segunda etapa, que é o cálculo da taxa de marcação (*mark-up*). A taxa de marcação é uma taxa a ser multiplicada pelo CMV a fim de obter o preço de venda, sendo baseada no processo de venda e nas despesas relacionadas. As variáveis costumeiramente usadas são:

Apêndice B: Formação do Preço de Venda **285**

- Custo da Mercadoria a ser Vendida em unidades monetárias (CMV);
- Preço de Venda em unidades monetárias (PV);
- Despesas Variáveis sobre o preço de venda em termos percentuais (DV);
- Margem de Contribuição em termos percentuais (MC).

O CMV foi calculado na primeira etapa. O Preço de Venda (PV), além de ser a variável objeto de cálculo, faz parte da fórmula, pois as despesas variáveis e a margem de contribuição dependem dele.

As despesas variáveis devem ser incorporadas ao preço de venda. Como as despesas variáveis são calculadas sobre o preço de venda, e não sobre o preço de compra, sua incorporação ao preço deve ser calculada usando o preço de venda como referência. Como exemplos de despesas variáveis, têm-se comissões, tributos incidentes sobre vendas e fretes sobre o envio de mercadorias, as quais têm o preço de venda como base de cálculo principal. De forma análoga às despesas variáveis, a margem de contribuição também é calculada sobre o preço de venda.

Explicadas as variáveis pertinentes à segunda etapa do processo, pode-se deduzir que o preço de venda de um produto é dado pela soma do seu CMV, das despesas variáveis calculadas sobre o preço de venda e da margem de contribuição calculada sobre o preço de venda. A fórmula seguinte mostra como as despesas variáveis e a margem de contribuição são adicionadas ao cálculo:

$$PV = CMV + PV \times DV + PV \times MC$$

Essa fórmula pode ser rearranjada da seguinte maneira:

$$PV = CMV + PV \times DV + PV \times MC$$
$$PV - PV \times DV - PV \times MC = CMV$$
$$PV \times (1 - DV - MC) = CMV$$
$$PV = CMV \times \frac{1}{1 - DV - MC}$$

A fórmula mostra que o preço de venda é dado pela multiplicação do CMV (calculado na primeira etapa) por uma taxa (TM) maior do que 1. Essa taxa é a chamada taxa de marcação ou *mark-up*.

$$TM = \frac{1}{1 - DV - MC}$$

Uma vez calculado o preço de venda com a margem de contribuição arbitrada, o gestor deverá comparar o preço obtido com os preços praticados no mercado. Essa análise qualitativa deve complementar o cálculo financeiro realizado até o momento. Se o preço calculado estiver fora da faixa aceitável pelo mercado e ele não apresentar nenhum atributo que o torne diferente perante os produtos concorrentes, então a margem de contribuição deve ser revista, e um novo preço de venda, calculado.

O processo de formação de preço apresentado é recursivo, no sentido de que permite a revisão do preço calculado até que se atinja aquele que for adequado às expectativas dos clientes. A variável mais adequada para permitir esse ajuste é a margem de contribuição, pois é uma das variáveis em que a empresa tem mais ingerência.

Essa fórmula pode ser considerada como básica. Cada empresa, de acordo com a legislação que a rege nos âmbitos federais, estaduais e municipais, pode ter características diferenciadas. Assim, esse modelo pode (e, muito provavelmente, deve) sofrer ajustes. Os próximos tópicos comentarão alguns ajustes, de forma não exaustiva.

B.3. REGIMES DE TRIBUTAÇÃO FEDERAIS

Os tributos federais que uma empresa deve recolher em função da sua operação dependem do regime de tributação em que ela esteja enquadrada. Para fins de montagem do modelo de precificação, são admitidos três tipos de tributação: Simples Nacional, Lucro Presumido e Lucro Real.

Ressalta-se, nesse ponto, a importância de consultar uma assessoria contábil, para que se tenha pleno entendimento dos procedimentos e alíquotas referentes aos recolhimentos dos tributos antes de montar os modelos para cálculo dos preços de venda. Essa observação também se aplica aos tributos de natureza estadual e municipal.

Os tributos federais são incorporados ao modelo apenas na segunda etapa (cálculo da taxa de marcação), uma vez que eles são devidos mediante a venda. Como eles têm natureza variável, aumentando ou diminuindo de forma diretamente proporcional ao preço de venda ou ao lucro, eles farão parte das Despesas Variáveis (DV) na taxa de marcação.

Pelo regime de tributação Simples, os impostos federais (imposto de renda, contribuição social sobre o lucro líquido, COFINS e PIS) e outras taxas são unificados em apenas um único recolhimento. Esse recolhimento é calculado por meio de uma alíquota efetiva, definida de acordo com o nível de faturamento acumulado da empresa no ano, por uma fórmula específica, multiplicada pelo preço de venda do produto.

Pelo regime de tributação baseado no lucro presumido, o órgão fiscalizador "presume" a margem de lucro que a empresa obtém em sua operação. Sobre essa taxa presumida, há a cobrança dos tributos federais, mediante suas alíquotas. A montagem do modelo, nesse caso, é mais simples. Os tributos federais mostrados são tratados como quatro alíquotas que são incorporadas às despesas variáveis no cálculo da taxa de marcação.

Não há, nos regimes Simples Nacional e Lucro Presumido, crédito de tributos federais entre uma empresa que vende produtos para revenda à outra. Nesses casos, os tributos federais recolhidos por uma empresa não são parcialmente deduzidos, pois não há crédito pela aquisição de produtos para revenda. Já no regime de Lucro Real, a COFINS e o PIS são cumulativos, admitindo crédito de uma empresa para a outra. Assim, esse crédito deve ser calculado na etapa de compra, alterando um pouco o processo de cálculo do CMV.

Além disso, em empresas tributadas no Lucro Real, o Imposto de Renda da Pessoa Jurídica (IRPJ) e a Contribuição Social sobre o Lucro Líquido (CSLL) são calculados somente se houver lucro tributável no período. Caso haja prejuízo, esses tributos não são recolhidos. Caso haja lucro, a base de cálculo desses dois tributos será o lucro contábil, e não o faturamento. Sendo assim, esses dois tributos não podem ser incorporados diretamente nas despesas variáveis do modelo, devendo situar-se após o cálculo de uma expectativa de margem de lucro da empresa.

B.4. REGIMES DE TRIBUTAÇÃO ESTADUAIS

Da mesma forma que os tributos federais, os estaduais sofrem algumas alterações. Isso é acentuado pelo fato de que cada estado legisla independentemente sobre esse assunto.

Reforçando uma consideração feita anteriormente, antes de montar os modelos, as regras sobre a tributação dos tributos estaduais incidentes sobre a operação devem ser confirmadas pela assessoria contábil. Além disso, o enquadramento da empresa e dos produtos por ela produzidos e/ou comercializados determinam mudanças nas regras tributárias.

Como regra básica, o ICMS (Imposto sobre Circulação de Mercadorias e Serviços) é um imposto estadual que confere crédito para as empresas revendedoras nas etapas seguintes da cadeia de suprimentos (salvo alguns casos, tais como microempresas ou empresas de pequeno porte). O modelo básico está contemplando essa situação no cálculo do CMV.

Entre as várias formas de tributação do ICMS, é citada a substituição tributária. A tributação do ICMS pela substituição tributária utiliza uma taxa de agregação arbitrada pelas secretarias de fazenda estaduais como base para presumir os preços de revenda dos produtos comprados. Com esse preço esperado de venda, a Secretaria Estadual da Fazenda calcula o ICMS devido pela empresa, antes dessa efetuar a venda do produto. Quando da venda efetiva do produto, não há mais fato gerador para recolhimento do ICMS.

ELABORAÇÃO E AVALIAÇÃO DE PLANOS DE NEGÓCIOS

Percebe-se que o modelo básico também deverá sofrer alterações para comportar essa mudança nas regras de tributação do ICMS. Admita uma empresa que compra uma mercadoria para revenda pelo preço PC com crédito de ICMS (CrICMS). Admita também que esse produto é enquadrado no lucro presumido, tem taxa de agregação TxAg e será vendido com uma alíquota de ICMS TxICMS. O CMV é dado por:

$$CMV = PC + (((PC \times (1 + TxAg)) \times TxICMS) - (PC \times CrICMS)) + (PC \times IPI) + (PC \times FRETE)$$

A fórmula mostra que, ao comprar o produto, há o cálculo do preço esperado de venda (PC × (1 + TxAg)). Após esse cálculo, segue o cálculo do imposto a ser recolhido pela revenda do produto a esse preço (PC × (1 + TxAg) × TxICMS). Em seguida, considera-se o crédito de ICMS para reduzir o valor do imposto pago (((PC × (1 + TxAg) × TxICMS) - (PC x CrICMS)). As demais partes do cálculo do CMV mantêm-se inalteradas.

No cálculo da taxa de marcação, a única diferença é o uso de zero para a alíquota de ICMS, uma vez que não haverá recolhimento de ICMS na venda. As demais variáveis da taxa de marcação mantêm-se inalteradas.

B.5. CICLO FINANCEIRO E CUSTO FINANCEIRO

Um aspecto relevante para o modelo de formação de preços é o momento em que os fluxos de caixa são realizados nas operações de compra e venda. Se todos os pagamentos das compras, recolhimento de tributos e recebimentos das vendas, por exemplo, fossem realizados em uma única data, não seria necessária a preocupação com os momentos em que os fluxos ocorrem. Mas essa situação é irreal.

Praticamente todas as empresas têm prazos para pagar aos fornecedores pelas compras feitas (exceto quando não há crédito para tal). Igualmente, espera-se que essas empresas concedam prazos para seus clientes efetuarem os pagamentos. Independentemente de a empresa ter crédito para comprar ou conceder prazo para seus clientes, normalmente os produtos ficam estocados por certo período antes de serem vendidos. Por esses motivos, os fluxos de caixa positivos e negativos de uma empresa não são necessariamente casados, ocorrendo em datas diferentes.

Dessa forma, o conceito de ciclo financeiro é fundamental no cálculo do preço de venda dos produtos, pois ele afeta a necessidade de capital de giro (tratada na seção financeira de atividades de investimento) e o custo financeiro da empresa (objeto desta discussão).

Ciclo financeiro ou de caixa é o período compreendido entre o pagamento das mercadorias até o momento do recebimento por conta de sua comercialização. Veja as ilustrações a seguir, respectivamente, de uma empresa comercial e de uma industrial:

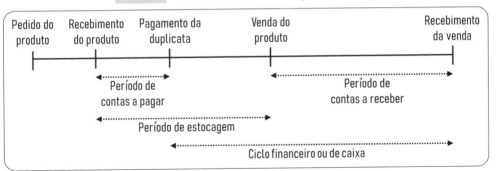

FIGURA 58 – Ciclo financeiro de uma empresa comercial

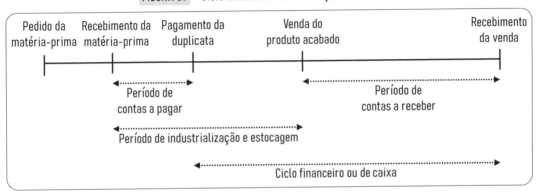

FIGURA 59 – Ciclo financeiro de uma empresa industrial

A operação típica de uma empresa comercial e/ou industrial é iniciada com um pedido de mercadoria para revenda ou matéria-prima. O fornecedor, após o recebimento do pedido, requer certo período para entregá-lo à empresa. Após o faturamento do pedido, o fornecedor normalmente concede um prazo para pagamento. Assim, o pagamento que a empresa fará ao fornecedor acontecerá em algum período após o recebimento do pedido.

Considerando que a empresa seja comercial, após o recebimento da mercadoria para revenda haverá um período em que ela permanecerá estocada antes de ser vendida, salvo em casos de compra com venda "casada". Considerando, agora, uma empresa industrial, a matéria-prima, após recebida, será encaminhada para o estoque de matérias-primas, para, quando necessário, ser enviada ao processo produtivo. Após a finalização do processo produtivo, o produto acabado será estocado até o momento de sua venda. Esse período que compreende desde o recebimento da matéria-prima até a venda do produto acabado é chamado de período de industrialização e estocagem. Após esse período, o produto acabado é vendido e, normalmente, há a concessão de prazo para o cliente efetuar o pagamento. Esse prazo de recebimento é determinado, muitas vezes, pelas características do mercado em que a empresa atua. Alguns mercados demandam prazos maiores do que outros, principalmente em função da concorrência.

Assim, o ciclo financeiro é o período entre o pagamento dos fornecedores e o recebimento dos clientes, sendo função direta dos prazos de pagamento aos fornecedores, do prazo de industrialização (empresas industriais), do prazo de estoque e do prazo de recebimento. Qualquer alteração em um desses prazos impacta diretamente o ciclo financeiro. Então, qual é a sua importância?

O ciclo financeiro é fundamental para determinar o custo financeiro das operações da empresa, podendo determinar maior ou menor necessidade de capital de giro para financiar as operações. Admita, por exemplo, uma empresa que compra mercadorias para revender com prazo médio de 30 dias para pagamento. Essa empresa mantém a mercadoria em estoque por aproximadamente 30 dias antes de vendê-la. O mercado em que a empresa está inserida trabalha com prazo de recebimento de 30 e 60 dias. O prazo de recebimento médio é, portanto, 45 dias ((30 + 60) / 2).

Essa empresa, com os prazos médios apresentados, tem ciclo financeiro médio de 45 dias. A partir do momento em que ela recebe a mercadoria, tem 30 dias para efetuar o pagamento ao fornecedor. A partir desse mesmo momento, a mercadoria ficará em estoque por 30 dias antes de ser vendida com um prazo de recebimento médio de 45 dias. O recebimento da venda da mercadoria somente ocorrerá após 75 dias da data de chegada da mercadoria (prazo médio de estoque mais prazo médio de recebimento). Assim, a empresa pagará a compra em 30 dias e receberá a venda em 75, tendo que financiar essa operação por 45 dias (prazo médio de estoque mais prazo médio de recebimento menos prazo médio de pagamento). A figura a seguir ilustra esse ciclo:

FIGURA 60 – Ciclo financeiro de 45 dias

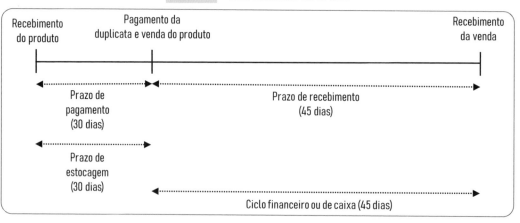

Considere que essa empresa capta recursos de curto prazo com uma instituição financeira ao custo mensal de 3%. Se ela tem o ciclo financeiro de 45 em suas operações comerciais, essas operações têm o custo financeiro de 4,53% (3% capitalizados de forma composta por 45 dias), tal como a seguinte demonstração:

$$(1+ia)^b = (1+ib)^a$$
$$(1+0,03)^{45} = (1+ib)^{30}$$
$$ib = 1,03^{(45/30)} - 1$$
$$ib = 0,0453 = 4,53\%$$

Considere que os administradores da empresa, após analisar esse custo, desejam tomar alguma ação para reduzi-lo. Caso eles não consigam taxas mais atraentes junto à instituição financeira para financiar as operações, resta trabalhar com os prazos médios para reduzir o ciclo financeiro.

As negociações com os fornecedores foram infrutíferas. Argumentando que todo o mercado trabalha com esse prazo, não havia motivo para aumentá-lo. Da mesma forma, a gerência comercial da empresa argumentou que diminuir o prazo de recebimento poderia comprometer as vendas da empresa, uma vez que os concorrentes trabalham com a forma de pagamento de 30 e 60 dias ou, às vezes, até com prazos mais elásticos.

Sendo assim, eles decidiram fazer um esforço para tornar mais eficiente a gestão do estoque, tentando diminuir o prazo médio de estoque de 30 para 20 dias. O impacto dessa diminuição será o seguinte:

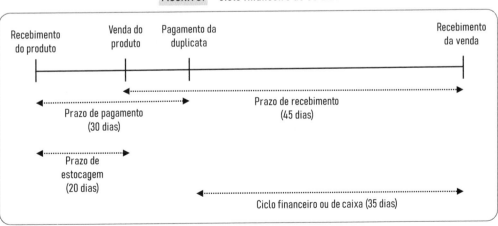

FIGURA 61 – Ciclo financeiro de 35 dias

Se a empresa demanda 65 dias para converter o estoque em caixa (tempo em que a mercadoria fica em estoque mais o tempo de recebimento) no lugar dos 75 da situação anterior, o ciclo financeiro cai para 35 dias (prazo de estoque mais prazo de recebimento menos prazo de pagamento). Com esse novo ciclo, o custo financeiro passará para:

$$(1+ia)^b = (1+ib)^a$$
$$(1+0{,}03)^{35} = (1+ib)^{30}$$
$$ib = 1{,}03^{(35/30)} - 1$$
$$ib = 0{,}0351 = 3{,}51\%$$

O custo de capital, a partir da melhora na gestão dos estoques, apresentou redução de 1,02 ponto percentual (4,53% para 3,51%).

Usando esse exemplo como referência e voltando ao contexto da formação do preço de venda, o Custo Financeiro (CF) deve ser incorporado ao modelo básico na montagem da taxa de marcação, tal como é apresentado a seguir:

$$TM = \frac{1}{1 - DV - MC - CF}$$

Com isso, a taxa de marcação incorpora o custo financeiro decorrente dos prazos médios operacionais, permitindo que sejam estabelecidos preços distintos, conforme os prazos concedidos aos clientes. Em contextos de taxas de juro altas, a incorporação desse custo financeiro é essencial ao processo de formação de preço.

Apêndice C
AMORTIZAÇÃO DE EMPRÉSTIMOS

Ao se contratar um empréstimo, este deverá ser amortizado, e os juros, pagos. Determinar os fluxos de caixa de amortização da dívida faz parte da seção financeira de atividades de financiamento para chegar à projeção do fluxo de caixa dos credores.

Este apêndice faz uma breve revisão dos dois métodos de amortização mais empregados na prática (PRICE e SAC), a fim de auxiliar a sua projeção, a qual é necessária se o plano de negócio contemplar o levantamento de recursos junto a credores. Essa revisão será feita mediante um exemplo simples, que será analisado para os dois tipos de amortização e em circunstâncias distintas de prazo.

Inicialmente, será revisto o método PRICE e, em seguida, o SAC. Ao final, é feita uma comparação entre as simulações realizadas.

C.1. SISTEMA DE AMORTIZAÇÃO PRICE

O sistema de amortização PRICE, também conhecido como sistema francês de amortização, tem como característica principal a uniformidade das prestações pagas. Para essa uniformidade acontecer, os juros periódicos são decrescentes, enquanto as amortizações são crescentes.

A forma de calcular a prestação é baseada no conceito de "pagamento uniforme" ou "anuidade" da matemática financeira. A partir de um valor presente (no caso, o valor emprestado), calculam-se as prestações uniformes ao longo de determinado período, que são equivalentes ao valor presente, quando descontada a taxa de juros da operação. Esse valor presente é o valor captado na forma de financiamento, e as anuidades são as prestações para amortizar a dívida e remunerar o capital.

Para calcular essas prestações, utiliza-se a fórmula de anuidade, apresentada nos livros de matemática financeira, ou utilizam-se recursos computacionais, tais como calculadoras financeiras e planilhas eletrônicas.

Na calculadora financeira HP-12C®, o cálculo da prestação é feito pela função PMT, após informar o Valor Presente (PV), a taxa de desconto (i) e a quantidade das prestações (n). Para se aprofundar sobre esse assunto, consulte o manual da HP-12C®. Nas demais calculadoras financeiras, deve-se consultar seus respectivos manuais.

ELABORAÇÃO E AVALIAÇÃO DE PLANOS DE NEGÓCIOS

Nas planilhas eletrônicas MS-Excel® e LibreOffice®, por exemplo, existem funções que calculam essas prestações. Para essas duas planilhas eletrônicas, a função PGTO retorna o valor das prestações. Sua sintaxe é PGTO (Taxa; N; VP), em que Taxa é a taxa de desconto da operação de financiamento, N é a quantidade de períodos da operação e VP é o valor presente da operação (valor financiado).

A partir da prestação calculada, calculam-se os juros do período, mediante a multiplicação da taxa de juros da operação pelo valor no início do período. A diferença entre a prestação e os juros do período indicará a amortização.

Veja o exemplo da amortização de um empréstimo pelo sistema PRICE. Admita que a equipe que está elaborando o plano de negócio chegue à conclusão que será necessário captar um empréstimo de R$50.000,00 a fim de financiar os investimentos em ativos fixos. A taxa de juros do financiamento é 10% ao ano, e o prazo para amortizá-lo é de 5 anos. O quadro a seguir mostra o plano de amortização com essas condições:

QUADRO 89 — Amortização PRICE sem carência

ANOS	SALDO INICIAL	FLUXOS DE CAIXA			SALDO FINAL
		TOTAL	JUROS	AMORTIZAÇÃO	
1	R$50.000,00	R$13.189,87	R$5.000,00	R$8.189,87	R$41.810,13
2	R$41.810,13	R$13.189,87	R$4.181,01	R$9.008,86	R$32.801,26
3	R$32.801,26	R$13.189,87	R$3.280,13	R$9.909,75	R$22.891,52
4	R$22.891,52	R$13.189,87	R$2.289,15	R$10.900,72	R$11.990,79
5	R$11.990,79	R$13.189,87	R$1.199,08	R$11.990,79	R$0,00

A primeira coluna mostra os anos ao longo dos quais os fluxos de caixa ocorrerão. A segunda coluna é o saldo inicial em cada ano. As três colunas seguintes mostram o fluxo de caixa total (terceira coluna) e os seus componentes: juros (quarta coluna) e amortização (quinta coluna). A última coluna mostra os saldos finais de cada ano.

O saldo inicial do primeiro ano é o valor captado no empréstimo (R$50.000,00). Sobre esse valor, foi calculado o valor total da parcela mediante o cálculo da anuidade, com valor presente R$50.0000,00, prazo de amortização de 5 anos e 10% de taxa de juros anual. A anuidade calculada é de R$13.189,87. Sua composição é calculada inicialmente pelos juros. Eles são dados pela multiplicação entre a taxa de juros (10%) e o saldo inicial do período (R$50.000,00), resultando R$5.000,00. O valor complementar para a prestação total é de R$8.189,87 (R$13.189,87 - R$5.000,00), representando o valor amortizado ao final do primeiro ano. O saldo final do primeiro ano é dado pelo saldo inicial (R$50.000,00) menos a amortização nesse período (R$8.189,87), resultando R$41.810,13. Esse valor será o saldo inicial do período seguinte.

O saldo inicial do segundo ano é igual ao saldo final do primeiro ano (R$41.810,13). A parcela de pagamento será a mesma (R$13.189,87). Essa parcela é formada por juros de R$4.181,01, que é o saldo inicial do período multiplicado pela taxa de juros (R$41.810,13 × 10%). A diferença entre o valor da parcela e os juros calculados do período indica o quanto está sendo amortizado da dívida principal (R$9.008,86 = R$13.189,87 - R$4.181,01). O saldo final é o saldo inicial menos a amortização (R$32.801,26 = R$41.810,13 - R$9.008,86).

A forma de cálculo dos demais anos é a mesma. A partir do saldo inicial do ano em verificação, calculam-se os juros pagos nesse ano, e o complemento para a prestação (anuidade) é a amortização desse período. Perceba que o saldo final ao fim do prazo da operação será zero. Caso isso não ocorra, certamente houve algum erro nas fórmulas.

O comportamento decrescente dos juros e crescente da amortização é mostrado na figura a seguir, ilustrando a uniformidade das prestações (amortização mais juros):

FIGURA 62 – Amortização PRICE sem carência

Admita agora que a forma de pagamento desse empréstimo é alterada. Além dos cinco anos para amortizar completamente o empréstimo, a empresa pode contar agora com dois anos iniciais de carência, ao longo dos quais são pagos apenas os juros. A tabela de amortização com essa mudança fica da seguinte forma:

QUADRO 90 – Amortização PRICE com carência (somente juros)

| ANOS | SALDO INICIAL | FLUXOS DE CAIXA ||| SALDO FINAL |
		TOTAL	JUROS	AMORTIZAÇÃO	
1	R$50.000,00	R$5.000,00	R$5.000,00	R$0,00	R$50.000,00
2	R$50.000,00	R$5.000,00	R$5.000,00	R$0,00	R$50.000,00
3	R$50.000,00	R$13.189,87	R$5.000,00	R$8.189,87	R$41.810,13

(continua)

ANOS	SALDO INICIAL	FLUXOS DE CAIXA			SALDO FINAL
		TOTAL	JUROS	AMORTIZAÇÃO	
4	R$41.810,13	R$13.189,87	R$4.181,01	R$9.008,86	R$32.801,26
5	R$32.801,26	R$13.189,87	R$3.280,13	R$9.909,75	R$22.891,52
6	R$22.891,52	R$13.189,87	R$2.289,15	R$10.900,72	R$11.990,79
7	R$11.990,79	R$13.189,87	R$1.199,08	R$11.990,79	R$0,00

A estrutura é similar à anteriormente explicada. A diferença reside nos dois primeiros anos, durante os quais não há amortização. Nesses dois anos, somente os juros são pagos, fazendo com que seus saldos finais não sejam alterados em relação aos iniciais. A partir do terceiro ano, os fluxos de amortização e de juros são calculados de maneira similar à mostrada anteriormente. A figura a seguir mostra esses fluxos de caixa:

FIGURA 63 – Amortização PRICE com carência (somente juros)

Amortização PRICE com carência (somente juros)

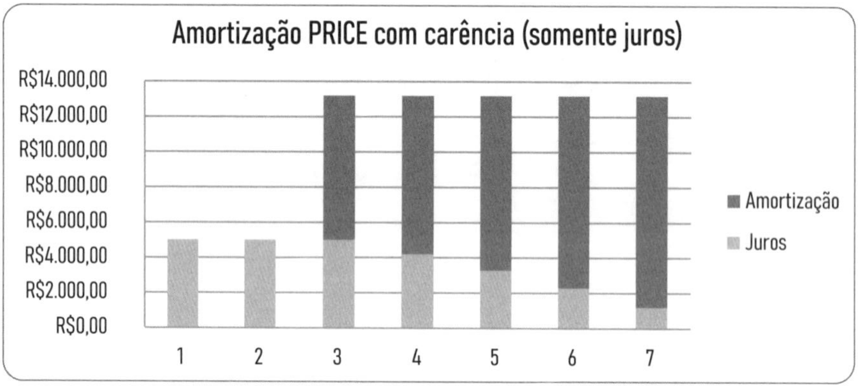

Considere outra mudança no plano de amortização. Mantendo cinco anos para a amortização do principal, admita que haverá carência de dois anos, nos quais nada será pago (nem juros nem amortização). Nesse caso, o fluxo de caixa será o seguinte:

QUADRO 91 — Amortização PRICE com carência (sem juros)

ANOS	SALDO INICIAL	FLUXOS DE CAIXA			SALDO FINAL
		TOTAL	JUROS	AMORTIZAÇÃO	
1	R$50.000,00				R$55.000,00
2	R$55.000,00				R$60.500,00
3	R$60.500,00	R$15.959,75	R$6.050,00	R$9.909,75	R$50.590,25

(continua)

ANOS	SALDO INICIAL	FLUXOS DE CAIXA			SALDO FINAL
		TOTAL	JUROS	AMORTIZAÇÃO	
4	R$50.590,25	R$15.959,75	R$5.059,03	R$10.900,72	R$39.689,53
5	R$39.689,53	R$15.959,75	R$3.968,95	R$11.990,79	R$27.698,74
6	R$27.698,74	R$15.959,75	R$2.769,87	R$13.189,87	R$14.508,86
7	R$14.508,86	R$15.959,75	R$1.450,89	R$14.508,86	R$0,00

Perceba que os juros que não foram pagos nos dois anos de carência foram incorporados ao saldo a ser amortizado. Após o primeiro ano, os juros de R$5.000,00 (R$50.000,00 × 10%) foram acrescidos ao saldo a ser amortizado, aumentando o saldo final do primeiro ano. Ao final do segundo ano, os juros de R$5.500,00 (R$55.000,00 × 10%) foram incorporados ao saldo a ser amortizado, gerando saldo final de R$60.500,00. A partir do terceiro ano, quando iniciará a amortização pelo método PRICE, a parcela será de R$15.959,75 (equivalente ao valor presente de R$60.500,00, com taxa de juros de 10% em 5 períodos). Veja a figura dessa situação:

FIGURA 64 – Amortização PRICE com carência (sem juros)

Amortização PRICE com carência (sem juros)

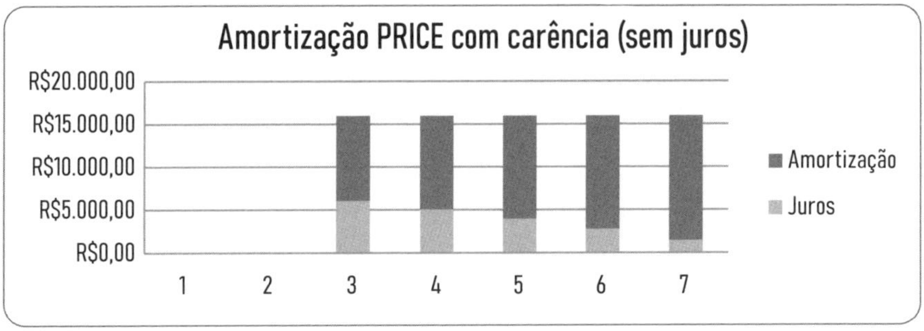

C2. SISTEMA DE AMORTIZAÇÃO CONSTANTE (SAC)

O sistema de amortização constante (SAC), como o nome sugere, implica a amortização uniforme do valor financiado ao longo do seu período de pagamento. Assim, em cada período de pagamento, a amortização será o valor principal dividido pela quantidade de prestações.

Como o principal será amortizado em todos os períodos de maneira constante, o valor dos juros será decrescente ao longo desses períodos. O valor dos juros de cada período é calculado pela multiplicação da taxa de juros da operação pelo saldo no início do período. Consequentemente, a soma da amortização constante com juros decrescentes leva a prestações decrescentes, característica do método SAC.

Partindo do mesmo exemplo anterior, com as mesmas condições, alterando apenas a forma de amortização para SAC, tem-se o seguinte comportamento:

QUADRO 92 — Amortização SAC sem carência

ANOS	SALDO INICIAL	FLUXOS DE CAIXA			SALDO FINAL
		TOTAL	JUROS	AMORTIZAÇÃO	
1	R$50.000,00	R$15.000,00	R$5.000,00	R$10.000,00	R$40.000,00
2	R$40.000,00	R$14.000,00	R$4.000,00	R$10.000,00	R$30.000,00
3	R$30.000,00	R$13.000,00	R$3.000,00	R$10.000,00	R$20.000,00
4	R$20.000,00	R$12.000,00	R$2.000,00	R$10.000,00	R$10.000,00
5	R$10.000,00	R$11.000,00	R$1.000,00	R$10.000,00	R$0,00

A estrutura apresentada é similar à da amortização pelo sistema PRICE. Os valores da coluna de amortização são calculados dividindo o valor financiado (R$50.000,00) pelo período de amortização (5 anos), indicando que a amortização será R$10.000,00 por ano, de maneira constante. Assim, no primeiro ano, os juros a serem pagos são de R$5.000,00 (R$50.000,00 de saldo inicial × 10% de juros). Somando a amortização de R$10.000,00 com os juros de R$5.000,00, chega-se à prestação total do primeiro ano (R$15.000,00). O saldo final do primeiro ano (R$40.000,00) será o saldo inicial (R$50.000,00) menos a amortização (R$10.000,00).

No segundo ano, tem-se o saldo inicial de R$40.000,00. Os juros são calculados multiplicando a taxa (10%) pelo saldo inicial e somados ao valor amortizado, gerando a parcela a ser paga nesse período. O saldo final será o saldo inicial menos o montante amortizado (R$30.000,00 = R$40.000,00 - R$10.000,00). Esse procedimento deve ser repetido até o último ano de amortização, quando o saldo final será zero. A figura que mostra o comportamento dos juros e da amortização é o seguinte:

FIGURA 65 - Amortização SAC sem carência

Apêndice C: Amortização de Empréstimos 299

Agora, admitindo a situação dos dois anos iniciais de carência da amortização e pagamento dos juros, o fluxo de caixa fica conforme o quadro a seguir:

QUADRO 93 — Amortização SAC com carência (somente juros)

ANOS	SALDO INICIAL	FLUXOS DE CAIXA			SALDO FINAL
		TOTAL	JUROS	AMORTIZAÇÃO	
1	R$50.000,00	R$5.000,00	R$5.000,00	R$0,00	R$50.000,00
2	R$50.000,00	R$5.000,00	R$5.000,00	R$0,00	R$50.000,00
3	R$50.000,00	R$15.000,00	R$5.000,00	R$10.000,00	R$40.000,00
4	R$40.000,00	R$14.000,00	R$4.000,00	R$10.000,00	R$30.000,00
5	R$30.000,00	R$13.000,00	R$3.000,00	R$10.000,00	R$20.000,00
6	R$20.000,00	R$12.000,00	R$2.000,00	R$10.000,00	R$10.000,00
7	R$10.000,00	R$11.000,00	R$1.000,00	R$10.000,00	R$0,00

O gráfico dessa amortização com carência é o seguinte:

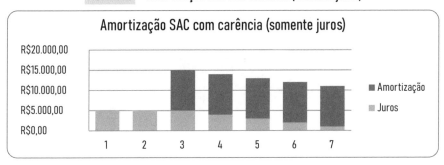

FIGURA 66 – Amortização SAC com carência (somente juros)

Por fim, a situação com dois anos de carência completa (juros e amortização) e cinco anos para amortização gera o seguinte fluxo de caixa:

QUADRO 94 — Amortização SAC com carência (sem juros)

| ANOS | SALDO INICIAL | FLUXOS DE CAIXA ||| SALDO FINAL |
		TOTAL	JUROS	AMORTIZAÇÃO	
1	R$50.000,00				R$55.000,00
2	R$55.000,00				R$60.500,00
3	R$60.500,00	R$18.150,00	R$6.050,00	R$12.100,00	R$48.400,00
4	R$48.400,00	R$16.940,00	R$4.840,00	R$12.100,00	R$36.300,00
5	R$36.300,00	R$15.730,00	R$3.630,00	R$12.100,00	R$24.200,00
6	R$24.200,00	R$14.520,00	R$2.420,00	R$12.100,00	R$12.100,00
7	R$12.100,00	R$13.310,00	R$1.210,00	R$12.100,00	R$0,00

O gráfico dessa situação é dado a seguir:

FIGURA 67 – Amortização SAC com carência (sem juros)

C.3. COMPARAÇÃO ENTRE OS MÉTODOS

É interessante perceber que, apesar da diferença de fluxos de caixa nas duas formas de amortização apresentadas, incluindo suas variações decorrentes dos dois tipos de carência apresentados, o custo efetivo de capital é o mesmo. Permite-se chegar a essa conclusão por meio do cálculo da Taxa Interna de Retorno (TIR) de todas as alternativas. Com isso, chega-se ao mesmo percentual de 10%, conforme resumo a seguir.

QUADRO 95 — Comparação dos métodos de amortização

MÉTODO	0	1	2	3	4	5	6	7
PRICE sem carência	R$50.000,00	R$-13.189,87	R$-13.189,87	R$-13.189,87	R$-13.189,87	R$-13.189,87		
SAC sem carência	R$50.000,00	R$-15.000,00	R$-14.000,00	R$-13.000,00	R$-12.000,00	R$-11.000,00		
PRICE com carência (somente juros)	R$50.000,00	R$-5.000,00	R$-5.000,00	R$-13.189,87	R$-13.189,87	R$-13.189,87	R$-13.189,87	R$-13.189,87
SAC com carência (somente juros)	R$50.000,00	R$-5.000,00	R$-5.000,00	R$-15.000,00	R$-14.000,00	R$-13.000,00	R$-12.000,00	R$-11.000,00
PRICE com carência (sem juros)	R$50.000,00	R$0,00	R$0,00	R$-15.959,75	R$-15.959,75	R$-15.959,75	R$-15.959,75	R$-15.959,75
SAC com carência (sem juros)	R$50.000,00	R$0,00	R$0,00	R$-18.150,00	R$-16.940,00	R$-15.730,00	R$-14.520,00	R$-13.310,00

Isso indica que a escolha entre um ou outro, mantidas as mesmas condições de financiamento, depende da disponibilidade de caixa em cada período para honrar os compromissos assumidos. Isso porque, para um mesmo custo percentual, há diferença no perfil do fluxo de caixa projetado em termos de distribuição dos valores e de prazos.

Apêndice D
FUNDAMENTOS DA MATEMÁTICA FINANCEIRA

Todo plano de negócio deve levar em conta o fator tempo, o que tipicamente deve-se a dois motivos. Primeiro, porque, de modo geral, o processo de elaboração e de decisão demanda certo tempo. Há várias etapas que costumam ocorrer, tais como coleta e análise de dados, levantamento de premissas para o comportamento futuro da empresa, elaboração das projeções financeiras, montagem das apresentações e material de divulgação e rodadas de negociação propriamente ditas. Há inúmeras idas e vindas que podem se estender por meses. Não obstante, isso não exclui algumas negociações que ocorrem em períodos muito rápidos. Segundo, e mais relevante, porque toda fundamentação da avaliação é realizada tomando por base movimentações financeiras que ocorrerão ao longo de um período considerável. Na maioria das situações práticas, as projeções financeiras lançam mão de perpetuidades, diante do horizonte temporal indefinido das projeções.

Sendo assim, é essencial analisar tais movimentações financeiras, respeitando alguns princípios e conceitos básicos da matemática financeira, os quais têm relação direta com o fator tempo. Caso não sejam devidamente contemplados, as análises carecerão de rigor técnico mínimo e, consequentemente, terão grau inadequado de qualidade.

Esse apêndice apresenta, de forma direcionada aos propósitos do livro, conceitos da matemática financeira essenciais ao entendimento das técnicas de avaliação financeira apresentadas. Primeiramente, discute sobre o valor do dinheiro no tempo e passa para os conceitos de juros, taxa de juros e formas de capitalização. Em seguida, discute a equivalência de capitais e fluxos de caixa uniformes.

D.1. VALOR DO DINHEIRO NO TEMPO

Há incontáveis operações financeiras observadas no mercado. Desde operações simples, tais como o desconto de uma duplicata ou a remuneração de um título de renda fixa, até aquelas com maior grau de complexidade, tais como as que envolvem compras e vendas de instrumentos derivativos.

Normalmente, operações financeiras costumam ser classificadas em ativas e passivas. As ativas são aquelas que representam investimentos e costumam iniciar com desembolsos de caixa, a partir dos quais esperam-se retornos financeiros na forma de entradas de caixa durante certo tempo, o que representa a sua compensação financeira pelos investimentos realizados. As operações passivas, por sua vez, representam financiamentos. Um indivíduo ou uma empresa capta recursos financeiros junto a um credor (entrada de caixa), a quem, posteriormente, devolverá os recursos emprestados acrescidos de uma compensação financeira (saídas de caixa).

A despeito de vários aspectos que as diferenciam, destaca-se um ponto comum a elas. As operações não costumam ocorrer no mesmo dia, demandando certo período para serem concretizadas. O desconto de uma duplicata, por exemplo, é a antecipação de um movimento financeiro que ocorrerá dentro de algumas semanas. A remuneração de um título de renda fixa ocorre enquanto alguém detiver esse título ou enquanto o título não vencer, o que pode durar meses ou anos. Sendo assim, a análise das operações que envolvem movimentações financeiras deve admitir que os fluxos de caixa decorrentes de sua aceitação serão distribuídos ao longo de um horizonte temporal que, não raro, estende-se por anos.

Considerando, portanto, que as operações financeiras, ativas e passivas, proporcionam movimentações financeiras ao longo de certo período, uma maneira adequada de representá-las é por meio de fluxos de caixa. Um fluxo de caixa é o registro de todas as movimentações financeiras ocorridas em determinado período, sejam elas positivas ou negativas. Quando ocorre uma movimentação financeira positiva (entrada), há um aumento no saldo da conta que sofreu essa movimentação. De forma oposta, quando ocorre um movimento financeiro negativo (saída), o saldo da conta de onde o recurso financeiro saiu diminui.

Um princípio básico da matemática financeira que deve ser observado nesse contexto diz respeito ao valor efetivo do dinheiro ao longo do tempo. Segundo esse princípio, o dinheiro (ou o equivalente a ele) tem valor distinto em diferentes momentos no tempo. Pode-se dizer, portanto, que uma unidade monetária hoje não terá o mesmo valor de uma unidade monetária daqui a um ano, por exemplo.

Um motivo que justifica isso é a capacidade de compra real da unidade monetária. Imagine que você tenha atualmente R$1.000,00. Com esse recurso, você consegue adquirir hoje 1.000 unidades de um produto cujo preço é R$1,00 (R$1.000,00/R$1,00). Considere que se passa um ano e você deseja adquirir mais quantidades desse mesmo produto. Ao buscá-lo no mercado, você percebe que o seu preço de venda aumentou para, por exemplo, R$1,05. Portanto, os mesmos R$1.000,00 não o permitirão adquirir 1.000 unidades desse item, mas, aproximadamente, 952 unidades (R$1.000,00/R$1,05).

A denominação do efeito de aumento generalizado dos preços de bens e serviços é inflação. O valor efetivo do dinheiro muda com o passar do tempo, parcialmente em função da inflação do período, que corrói a sua capacidade de compra. Sendo assim, ao se analisarem operações financeiras, que ocorrem ao longo de um período, esse ponto deve ser contemplado. Um meio pelo qual se pode considerar o valor do dinheiro no tempo são os juros.

D.2. JUROS

Os juros representam a remuneração ou o custo pelo uso do capital. Em verdade, sua percepção como remuneração ou custo depende do lado da operação em que se está fazendo a análise. Em uma operação ativa, tipicamente representada por investimentos, os juros são a remuneração pelo capital investido por parte do investidor. Veja a figura a seguir:

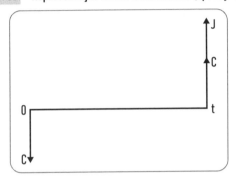

FIGURA 68 – Representação de um investimento (operação ativa)

No momento inicial (data 0), é feito um investimento C, representado graficamente por uma seta para baixo que indica saída de recurso financeiro. Esse recurso financeiro foi empregado em um investimento, cujo prazo de maturação é até a data t. Nessa data, o valor C retorna, acrescido de uma compensação financeira J na forma de juros. Essa compensação representa o retorno auferido pelo investidor na operação. Portanto, o valor gerado na data t é a soma do capital inicialmente empregado (C) com os juros da operação (J), cuja denominação é montante. Assim, o montante é dado por:

$$M = C + J$$

Em uma operação passiva, tipicamente representada por operações de financiamento, os juros representam o custo financeiro pelo uso de capital de terceiros. Veja a figura a seguir:

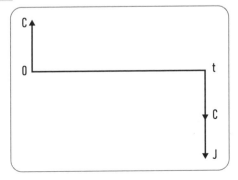

FIGURA 69 – Representação de um financiamento (operação passiva)

Na data inicial 0, uma parte (devedor) capta um recurso C de outra parte (credor). Esse empréstimo dura até a data t, quando o devedor pagará ao credor o capital emprestado (C) acrescido de uma compensação financeira desejada pelo credor na forma de juros (J).

Ressalta-se que, tanto do ponto de vista do investidor (investimento) quanto do credor (financiamento), as operações financeiras somente serão interessantes caso os juros sejam suficientemente compensadores. Em um investimento, caso a compensação financeira não seja atrativa, o investidor não terá incentivo em disponibilizar o seu recurso financeiro nessa operação. De forma similar, caso a compensação financeira não seja atrativa, o credor não terá incentivo para emprestar a um devedor. Por outro lado, quanto mais atrativa for a compensação financeira para o credor, menos atrativa será para o devedor, pois o seu custo financeiro será maior.

Portanto, a efetividade da operação depende que ambas as partes envolvidas tenham uma percepção positiva. Os juros devem ser suficientemente atrativos para os credores, mas não podem ser impeditivos para os devedores. Deve haver um alinhamento de expectativas em termos de juros para as duas pontas da operação.

Os juros calculados nessas operações são formados em função de três variáveis. A primeira delas é o valor inicial colocado na operação (C). No caso de um investimento, é o capital inicialmente investido. No caso de um financiamento, é o capital emprestado pelo credor. Quanto maior esse capital, maior devem ser os juros, pois eles têm relação de proporcionalidade direta.

A segunda variável é a taxa de juros (i). Objeto de comentário no tópico seguinte, a taxa de juros representa a compensação financeira em termos percentuais, o que permite verificar a relação entre os juros a serem calculados (J) e o capital da operação (C). Quanto maior a taxa de juros, maiores serão os juros calculados.

A terceira variável é o tempo da operação (n). Quanto maior for o tempo da operação, maiores os juros remunerados (investimento) ou cobrados (empréstimo).

Em síntese, os juros têm relações diretamente proporcionais com todas essas variáveis e são calculados por meio da seguinte fórmula:

$$J = C \times i \times n$$

Duas observações são essenciais para o uso correto dessa fórmula. Em primeiro lugar, a taxa de juros é apresentada em determinada unidade temporal, podendo ser, por exemplo, anual, mensal, diária etc. Essa referência temporal deve ser compatível com a referência temporal de n. Se a variável n estiver expressa em meses, a taxa de juros deve ser mensal. Caso n seja apresentado em anos, a taxa de juros deve ser anual.

Apêndice D: Fundamentos da Matemática Financeira **307**

A segunda observação é que o uso dessa fórmula pressupõe que a taxa de juros seja incorporada à fórmula de maneira unitária. Caso a taxa seja 5%, por exemplo, ela deve ser empregada como 0,05, ou seja, 5 dividido por 100.

D.3. TAXAS DE JUROS

Como foi verificado, os juros são calculados por meio de taxas percentuais. Essas, por sua vez, sofrem influências diversas para a sua determinação. Algumas delas são tratadas a seguir.

Um primeiro fator que influencia as taxas de juros é a inflação. Inflação é a alta generalizada dos preços em uma economia. Quando isso acontece, o poder de compra do dinheiro diminui, pois uma mesma quantidade de unidades monetárias consegue adquirir menos unidades de um bem. Portanto, de forma geral, quanto maior a expectativa de inflação, maior deverá ser a taxa de juros das operações financeiras. Imagine que você avalia um investimento, o qual deve gerar uma compensação financeira (juros) após determinado período. Caso os juros não sejam suficientes para compensar a perda inflacionária do período, o investimento não será atrativo.

Nesse contexto, podem ser discutidos inclusive os conceitos de taxas de juros nominal e real. Admita que você aplicou hoje R\$1.000,00 em um título de renda fixa e que, após um ano, você resgatou R\$1.150,00. Os juros recebidos foram R\$150,00, o que representa 15% de taxa de juros ($J = C \times i \times n \Rightarrow 150 = 1.000 \times i \times 1 \Rightarrow i = 0,15$). Essa taxa representa o retorno percentual nominal do investimento. Portanto, em termos nominais, você conseguiu uma taxa de juros de 15% ao ano.

Porém, se a inflação for levada em consideração, o retorno percentual não alcança os 15% ao ano. Considere o exemplo dado anteriormente nesse apêndice de uma inflação anual de 5%. Um bem cujo preço atual seja R\$1,00 custará R\$1,05 ao final de um ano. Portanto, R\$1.000,00 que comprariam hoje 1.000 unidades desse bem, em um ano, comprariam apenas 952,38 unidades.

Admita, adicionalmente, que você investiu R\$1.000,00 hoje e que, ao final de um ano, receberá R\$1.150,00 (15% de taxa de juros). Se você utilizasse esse recurso para adquirir o bem a R\$1,05, você conseguiria adquirir 1.095,24 unidades (R\$1.150,00 / R\$1,05). A sua capacidade de compra aumentou em 95,24 unidades, e não em 150 unidades. Diante disso, o ganho real com a sua aplicação foi de 9,524%, e não 15,00%.

Esse percentual de 9,524% é denominado de taxa de juros real. É o quanto, efetivamente, foi obtido de retorno em função do investimento. Parte da taxa de juros nominal (15%) foi corroída pela inflação (5%), gerando um retorno real de 9,524%.

ELABORAÇÃO E AVALIAÇÃO DE PLANOS DE NEGÓCIOS

Em verdade, a taxa de juros real e a taxa de inflação, quando compostas, geram a taxa de juros nominal: $[(1 + 0,09524) \times (1 + 0,05)] -1 \rightarrow 1,15 - 1 \rightarrow 0,15$ ou 15%. Essa relação é conhecida como taxa de Fisher, cuja fórmula é:

$$(1 + i_{REAL}) \times (1 + i_{INFLAÇÃO}) = (1 + i_{NOMINAL})$$

Outro ponto que influencia a taxa de juros é o custo de oportunidade do investidor, que consiste no quanto se deixa de ganhar com o uso atual do recurso financeiro para direcioná-lo a outro fim. Se, por exemplo, alguém retira o recurso de uma aplicação financeira para investir em uma empresa, o seu custo de oportunidade é o que ela está deixando de receber na aplicação financeira para investir na empresa. De forma geral, quanto maior o custo de oportunidade de um indivíduo, maior deverá ser a compensação financeira para ele fazer determinado investimento, aumentando, portanto, a taxa de juros desejada. Perceba que o custo de oportunidade é uma referência específica do indivíduo. O custo de oportunidade de um indivíduo não é necessariamente o mesmo de outro. Portanto, é um fator intrínseco ao agente que está avaliando a operação financeira.

Ressalta-se ainda que o custo de oportunidade não deve ser necessariamente utilizado como a taxa de juros da operação. Na realidade, trata-se de uma referência mínima. Outras variáveis devem ser consideradas na determinação da taxa de juros, dentre as quais, essas aqui apresentadas.

Outro ponto que deve ser considerado são as preferências intertemporais. Imagine, por exemplo, um sujeito que está desejando consumir determinado bem. No entanto, ele não dispõe de recursos financeiros imediatos para permitir esse consumo. Uma das possibilidades é esse indivíduo poupar os recursos financeiros necessários ao consumo durante algum período até alcançar os recursos suficientes para seu uso.

Outra possibilidade é incorrer em uma operação de financiamento, na qual ele capta o recurso financeiro necessário ao seu consumo imediato e, posteriormente, devolverá à outra parte (credor) o capital solicitado acrescido dos juros acordados. Quanto maior o grau de necessidade dos recursos por parte do devedor, maior será a compensação financeira que ele estará disposto a pagar ao credor.

Ainda nesse mesmo contexto, caso o credor tenha uso imediato para o recurso financeiro, em vez de emprestá-lo, ele pode ser incentivado a utilizá-lo imediatamente, o que só ocorrerá caso a compensação financeira (juros) seja atrativa.

Portanto, a taxa de juros é parcialmente determinada pelas relações de interdependência entre os usos atual e futuro dos recursos financeiros, pelas duas partes da operação financeira.

Um último elemento que influencia a taxa de juros, não sendo exaustivo nos fatores de influência, é o risco da operação. Deve haver compatibilidade entre o risco da operação e a taxa de juros utilizada para mediá-la. Quanto maior o risco da operação, maior será a compensação financeira desejada, o que aumenta a taxa de juros. Para operações menos arriscadas, a taxa de juros pode ser menor.

Apêndice D: Fundamentos da Matemática Financeira **309**

Entretanto, o que vem a ser risco nesse contexto? Nesse âmbito, risco é a possibilidade de a operação não ser concretizada conforme previamente estabelecido. É o caso de um devedor não honrar o compromisso financeiro ou o retorno pelo investimento não ser compatível com o previamente esperado. Sendo assim, quanto maior a possibilidade de o credor não pagar o empréstimo ou o investimento não gerar um retorno minimamente esperado, a operação será mais arriscada, tendo reflexo direto no aumento da taxa de juros.

O risco também está associado ao fator tempo. Tipicamente, quanto mais longo o período da operação financeira, menor é a capacidade de antecipar problemas e circunstâncias que venham a afetar o andamento normal dela. Portanto, quanto maior o horizonte temporal da operação, mais arriscada ela será. Logo, a taxa juros tende a acompanhar esse aumento na mesma direção.

D.4. MÉTODOS DE CAPITALIZAÇÃO

Quando um recurso financeiro é empregado em uma operação financeira, com o passar do tempo, ele varia. Caso seja aplicado em determinado ativo que gere rendimentos periódicos, por exemplo, ele incorpora juros à medida que o tempo passa. Caso o recurso seja relacionado a um empréstimo, o saldo devedor aumenta com o passar do tempo também em decorrência do cálculo periódico dos juros. Nesse contexto, uma importante função da matemática financeira é verificar como os recursos variam com o passar do tempo em decorrência de sua colocação em uma operação financeira.

Os métodos de capitalização visam a fornecer um arcabouço técnico baseado no conceito de valor do dinheiro ao longo do tempo. Capitalização é o cálculo de um valor futuro a partir de um valor presente, dada a incorporação de juros ao capital ao longo do tempo da operação, conforme a regra de formação desses juros. Essa verificação é fundamental, pois permite prever os montantes futuros de um recurso financeiro empregado em uma operação financeira, além de prover os conceitos básicos para o cálculo de fluxos de caixa equivalentes.

Basicamente, os recursos financeiros podem ser capitalizados de três formas: capitalização simples, capitalização composta e capitalização contínua. Elas são apresentadas a seguir.

D.4.1. Capitalização simples

A capitalização simples indica que os recursos financeiros são capitalizados ao longo do tempo mediante consideração da remuneração calculada sobre o capital inicialmente disponibilizado na operação. Portanto, os juros de todos os períodos são mensurados usando como base de cálculo o capital disponibilizado inicialmente na operação.

ELABORAÇÃO E AVALIAÇÃO DE PLANOS DE NEGÓCIOS

Imagine, por exemplo, o caso de se aplicar R$100.000,00 em um título que rende 10% ao ano de forma simples. No momento inicial (data zero), o capital disponível é R$100.000,00 ($C_0$). Após um ano, o capital (C_1) será o capital inicial da operação acrescido dos juros auferidos durante esse período (J_1). Portanto, os juros após o período de um ano aplicado serão R$10.000,00 ($J = C \times i \times n \rightarrow J = 100.000 \times 0,10 \times 1$). O capital depois de um ano (C_1) será o capital inicial da operação (C_0) acrescido dos juros (J_1), ou seja, R$110.000,00 (R$100.000,00 + R$10.000,00).

Mantendo esse capital ainda na operação por mais um ano, o capital ao final do segundo ano (C_2) será igual ao capital final do primeiro ano (C_1) acrescido dos juros auferidos durante o segundo ano (J_2). Como se trata de capitalização simples, os juros são mensurados tomando por base de cálculo o capital inicial da operação (C_0). Portanto, o capital ao final do segundo ano (C_2) será R$120.000,00 (R$110.000,00 + [R$100.000,00 × 0,10 × 1]). Mantido esse capital na operação por mais um ano, chega-se ao resultado de R$130.000,00 (R$120.000,00 + [R$100.000,00 × 0,10 × 1]).

Esse comportamento segue enquanto o capital estiver na operação. O quadro a seguir ilustra o comportamento do exemplo até o final do décimo ano:

QUADRO 96 — Exemplo de capitalização simples

ANOS	CAPITALIZAÇÃO SIMPLES
0	R$100.000,00
1	R$110.000,00
2	R$120.000,00
3	R$130.000,00
4	R$140.000,00
5	R$150.000,00
6	R$160.000,00
7	R$170.000,00
8	R$180.000,00
9	R$190.000,00
10	R$200.000,00

A partir desse exemplo, pode-se estipular o comportamento genérico de um capital que é trabalhado segundo a capitalização simples. Admita genericamente que o capital inicial da operação é C. Portanto, no momento inicial (data zero), tem-se $C_0 = C$. Decorrido um período de capitalização, o novo capital é dado por:

Apêndice D: Fundamentos da Matemática Financeira 311

$$C_1 = C_0 + J \rightarrow C_1 = C + C \times i \times 1 \rightarrow C_1 = C \times (1 + i)$$

Decorrido mais um período, ao final do segundo, tem-se:

$$C_2 = C_1 + J \rightarrow C_2 = C_1 + C \times i \times 1 \rightarrow C_2 = C + C \times i + C \times i \rightarrow$$
$$C_2 = C + 2 \times C \times i \rightarrow C_2 = C \times (1 + 2i)$$

Ao final do terceiro período, tem-se:

$$C_3 = C_2 + J \rightarrow C_3 = C_2 + C \times i \times 1 \rightarrow C_3 = C + 2 \times C \times i + C \times i \rightarrow$$
$$C_3 = C + 3 \times C \times i \rightarrow C_3 = C \times (1 + 3i)$$

Com isso, pode-se chegar à fórmula geral da capitalização simples para o período n:

$$C_n = C \times (1 + n \times i)$$

Observe que, na capitalização simples, o capital cresce de forma linear. Isso porque, em cada período, os juros calculados são iguais, uma vez que a base de cálculo de todos os períodos é a mesma.

D.4.2. Capitalização composta

Outra forma de capitalização é a composta, a qual difere da simples por considerar diferentes bases de cálculo para os juros em cada período. Nela, a base de cálculo dos juros de um período incorpora os juros acumulados até o período imediatamente anterior, ocorrendo a incidência de juros sobre juros, o que torna a capitalização composta mais acentuada com o passar do tempo.

Para ilustrar esse comportamento, siga o exemplo similar ao anterior (capital inicial de R$100.000,00 e taxa de juros de 10% ao ano). Na data zero, o capital (C_0) é colocado na aplicação. Após um ano, ele é remunerado em 10%, gerando o capital final do primeiro ano (C_1) de R$110.000,00 (R$100.000,00 + [R$100.000,00 × 0,10]).

Ao ser mantido na operação por mais um ano, ele gera juros de R$11.000,00, os quais foram calculados pela multiplicação de 10% (i) sobre a base de cálculo (R$110.000,00). Portanto, o capital final do segundo período (C_2) será R$121.000,00 (R$110.000,00 + [R$110.000,00 × 0,10]). Observe que, diferentemente da capitalização simples, a base de cálculo dos juros foi o capital final do período imediatamente anterior (C_1), e não o capital inicial da operação (C_0). Portanto, os juros do segundo período (J_2) foram maiores do que os juros do primeiro período (J_1).

ELABORAÇÃO E AVALIAÇÃO DE PLANOS DE NEGÓCIOS

Mantido o capital na operação, decorrido mais um ano, ao final do terceiro, o capital (C_3) será o capital final do segundo período (C_2) mais os juros do terceiro período (J_3). Os juros do terceiro período são dados pela multiplicação do capital final do segundo período (C_2) pela taxa de juros (i). Portanto, ao final do terceiro período, o capital (C_3) será R\$133.100,00 (R\$121.000,00 + [R\$121.000,00 × 0,10]).

O quadro a seguir mostra o comportamento desse exemplo até o décimo ano:

QUADRO 97 – Exemplo de capitalização composta

ANOS	CAPITALIZAÇÃO COMPOSTA
0	R\$100.000,00
1	R\$110.000,00
2	R\$121.000,00
3	R\$133.100,00
4	R\$146.410,00
5	R\$161.051,00
6	R\$177.156,10
7	R\$194.871,71
8	R\$214.358,88
9	R\$235.794,77
10	R\$259.374,25

De forma análoga à capitalização simples, a capitalização composta também sugere um padrão passível de generalização, conforme apresentado a seguir.

$$C_1 = C_0 + J \rightarrow C_1 = C + C \times i \rightarrow C_1 = C \times (1 + i)$$

Ao final do segundo período, a situação é:

$$C_2 = C_1 + J \rightarrow C_2 = C_1 + C_1 \times i \rightarrow C_2 = C_1 \times (1 + i) \rightarrow$$
$$C_2 = C \times (1 + i) \times (1 + i) \rightarrow C_2 = C \times (1 + i)^2$$

Ao final do terceiro período, tem-se:

$$C_3 = C_2 + J \rightarrow C_3 = C_2 + C_2 \times i \rightarrow C_3 = C_2 \times (1 + i) \rightarrow$$
$$C_3 = C \times (1 + i)^2 \times (1 + i) \rightarrow C_3 = C \times (1 + i)^3$$

Generalizando, o capital ao final do período n na capitalização composta é dado pela fórmula:

$$C_n = C \times (1 + i)^n$$

O termo $(1 + i)^n$ é chamado fator de capitalização composta. Multiplicando-o pelo capital inicial, chega-se ao resultado da capitalização após n períodos. Ressalta-se que as variáveis i e n devem estar expressas na mesma referência temporal.

Observe que o comportamento do capital na capitalização composta não é linear como na capitalização simples. O capital varia de maneira exponencial como decorrência da incorporação dos juros acumulados até o período imediatamente anterior no cálculo dos juros do período atual.

Em termos práticos, a capitalização composta apresenta uso bem mais extenso nas operações financeiras do que a simples, sendo usada, inclusive, nas operações de equivalência de fluxos de caixa apresentadas mais adiante.

D.4.3. Capitalização contínua

Outra forma de capitalização é a chamada contínua. Ela retrata o comportamento de algumas operações financeiras cuja capitalização dos recursos financeiros ocorre em períodos muito pequenos, os quais tendem a ser infinitesimais.

Para exemplificar, imagine R$100.000,00 aplicados à taxa anual de 10%. Se ocorrer somente uma capitalização no período de um ano, ao final desse ano, o capital gerado será R$110.000,00 (R$100.000,00 + [R$100.000,00 × 0,10]). Porém, se houver duas capitalizações ao longo desse ano (uma no meio do ano e outra ao final), o procedimento é dividir a taxa de juros por dois e elevar o fator de capitalização a dois, uma vez que serão duas capitalizações. Portanto, usando a fórmula da capitalização composta, tem-se R$100.000,00 × $(1 + (0,10 / 2))^2$, gerando R$110.250,00. Se houver três capitalizações ao longo desse ano (capitalizações quadrimestrais), elas serão calculadas ao final de abril, agosto e dezembro, à taxa de 3,33%. O resultado será R$110.337,04 (R$100.000,00 × $[1 + [0,10 / 3]]^3$).

À medida que a quantidade de capitalizações dentro de um período aumenta, o tempo de cada capitalização vai diminuindo continuamente. Esse efeito faz com que o valor capitalizado aumente, uma vez que o efeito dos juros compostos vai sendo intensificado. Veja o quadro a seguir que ilustra o comportamento da capitalização para quantidades maiores de capitalizações dentro do ano:

314 ELABORAÇÃO E AVALIAÇÃO DE PLANOS DE NEGÓCIOS

QUADRO 98 — Comportamento da capitalização diante de um aumento no número de capitalizações em um período

CAPITALIZAÇÕES POR PERÍODO	CAPITAL NA DATA 1
1	R$110.000,00
2	R$110.250,00
3	R$110.337,04
4	R$110.381,29
6	R$110.426,04
12	R$110.471,31
50	R$110.506,06
100	R$110.511,57
500	R$110.515,99
1.000	R$110.516,54
5.000	R$110.516,98
10.000	R$110.517,04
100.000	R$110.517,09
1.000.000	R$110.517,09

O resultado de uma capitalização com períodos infinitesimais pode ser expresso assim:

$$C_n = \lim_{k \to \infty} C \times (1 + \frac{i}{k})^{n \times k}$$

$$C_n = C \times \lim_{k \to \infty} (1 + \frac{i}{k})^{n \times k}$$

O capital ao final do período n é dado por uma capitalização composta em períodos infinitesimais. Os períodos infinitesimais são alcançados quando a quantidade de capitalizações tende ao infinito. Caso isso ocorra, a taxa de juros (i / k) torna-se muito pequena, e a quantidade de capitalizações (n × k), muito grande.

Substituindo i / k por 1 / x na fórmula anterior, tem-se:

$$C_n = C \times \lim_{x \to \infty}(1 + \frac{1}{x})^{n \times i \times x}$$

O termo $\lim_{x \to \infty}(1 + \frac{1}{x})^x$ é chamado número de Euler (e), cujo valor aproximado é 2,7183 (considerando somente quatro casas decimais). Substituindo o número de Euler na equação, chega-se a:

$$C_n = C \times e^{n \times i}$$

Observe, no exemplo anterior, que, quando as capitalizações ao longo do ano tornam-se muito intensas, o capital gerado não se altera significativamente, ficando em R$110.517,09. Esse é o limite máximo quando os períodos são infinitesimais.

Aplicando o que foi apresentado ao exemplo, em dez anos, os valores da operação serão os seguintes:

QUADRO 99 — Exemplo de capitalização contínua

ANOS	CAPITALIZAÇÃO CONTÍNUA
0	R$100.000,00
1	R$110.517,09
2	R$122.140,28
3	R$134.985,88
4	R$149.182,47
5	R$164.872,13
6	R$182.211,88
7	R$201.375,27
8	R$222.554,09
9	R$245.960,31
10	R$271.828,18

Perceba que os valores calculados pela capitalização contínua são maiores do que os valores calculados pelas capitalizações simples e composta.

D.5. EQUIVALÊNCIA DE CAPITAIS

Uma parte da matemática financeira fundamental para o contexto deste livro é a equivalência de capitais. Ela consiste em calcular fluxos de caixa equivalentes a outros fluxos de caixa expressos em datas distintas usando determinada taxa de juros. Trata-se, portanto, do cálculo de um fluxo de caixa hipotético que, respeitando o princípio do valor do dinheiro no tempo, pode ser compreendido como equivalente financeiro ao(s) original(is).

A importância desse conceito é que, como comentado anteriormente, as operações financeiras ocorrem ao longo de certo período, o qual pode ser mais ou menos extenso a depender do caso. A análise, no entanto, é feita em um único momento, quando devem-se avaliar os desdobramentos financeiros da decisão, tomando por base um período específico. Em função disso, a equivalência de capitais permeia a avaliação de viabilidade financeira de empresas e as decisões financeiras decorrentes.

Em primeiro lugar, ressalta-se que, para realizar os procedimentos de equivalência de capitais, tipicamente, adota-se a capitalização composta. Ela representa o comportamento da grande maioria das operações financeiras realizadas no mercado e, consequentemente, é utilizada como forma de "movimentar" os fluxos financeiros ao longo do tempo. Isso vale igualmente para o contexto de avaliação da viabilidade financeira de empreendimentos.

Outra definição importante é o conceito de descapitalização. Anteriormente, esse apêndice dedicou-se à capitalização, que é a variação de determinado recurso financeiro ao longo do tempo em função da maneira adotada (simples, composta ou contínua). Tal variação ocorre quando determinado recurso financeiro está empregado em uma operação, e o seu valor é alterado com o passar do tempo, ou seja, para o futuro. Entretanto, em muitas situações, calcular o valor presente de um recurso a partir de seu valor futuro é igualmente necessário. A descapitalização calcula o valor presente de um recurso financeiro equivalente a um valor expresso no futuro, envolvendo "trazer" o recurso financeiro a uma data mais recente a partir de uma data mais adiante, respeitando os princípios básicos da matemática financeira.

Sendo assim, o conceito de descapitalização no regime composto pode ser estabelecido partindo da seguinte fórmula básica:

$$C_n = C \times (1+i)^n$$

Nessa fórmula, C_n representa um valor futuro na data n, capitalizado pela taxa i. Esse C_n pode ser compreendido como um valor futuro (VF) calculado a partir de um valor presente C (VP). Portanto, a fórmula pode ser reescrita com a seguinte notação:

$$VF = VP \times (1+i)^n$$

Apêndice D: Fundamentos da Matemática Financeira

Seguindo esse raciocínio e essa estrutura, para sair de um valor futuro e chegar a um valor presente (descapitalizar), basta rearranjar os componentes da equação da seguinte forma:

$$VP = \frac{VF}{(1+i)^n}$$

Apesar de ser mais frequente o emprego do regime de capitalização composta nos casos práticos, o mesmo raciocínio pode ser aplicado aos regimes de capitalização simples e contínua, conforme as respectivas fórmulas a seguir:

$$VF = VP \times (1 + i \times n) \Rightarrow VP = \frac{VF}{(1 + i \times n)}$$
$$VF = VP \times e^{n \times i} \Rightarrow VP = VF \times e^{-n \times i}$$

Outro aspecto essencial ao entendimento e à aplicação da equivalência de capitais é que valores financeiros expressos em uma mesma data podem ser somados e/ou comparados diretamente sem qualquer problema. Portanto, se dois ou mais fluxos de caixa estão expressos em datas distintas, antes de se fazer qualquer comparação ou operação conjunta com eles, todos devem ser "levados" à mesma data. Somente após essa igualdade temporal, feita mediante respeito aos princípios da matemática financeira e aos mecanismos de capitalização e descapitalização, é que os valores poderão ser trabalhados conjuntamente.

Veja o seguinte exemplo: imagine que você tenha R$50.000,00 a receber daqui a um mês. Porém, o devedor tem hoje disponibilidade de recursos financeiros que poderão ser usados para antecipar o pagamento da dívida. Naturalmente, por essa antecipação, ele deseja uma compensação financeira, pois você poderá utilizar imediatamente um recurso que só seria utilizado daqui a um mês. Considerando que a taxa de juros acordada entre você e o devedor foi de 3% ao mês, quanto seria o valor equivalente desse pagamento hoje? Esse é um problema simples de antecipação de um recebimento. Portanto, envolve calcular o valor presente a partir de um valor futuro. Em termos gráficos, tem-se:

FIGURA 70 - Exemplo de equivalência de capitais – descapitalização de um fluxo de caixa

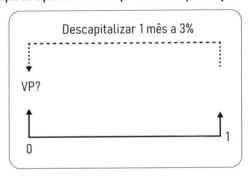

ELABORAÇÃO E AVALIAÇÃO DE PLANOS DE NEGÓCIOS

Adotando o regime de capitalização composto, pode-se fazer o cálculo do valor presente a partir do valor futuro da seguinte forma:

$VP = VF / (1 + i)^n$

$VP = 50.000,00 / (1 + 0,03)^1$

$VP = 48.543,69$

Portanto, o recebimento atual equivalente a um recebimento de R$50.000,00 em um mês, à taxa de 3% ao mês, seria de R$48.543,69.

Para verificar se o cálculo da equivalência foi feito corretamente, faça o raciocínio contrário. Qual é o valor futuro em um mês de R$48.543,69 à taxa de 3% ao mês? Veja os cálculos:

$VF = VP \times (1 + i)^n$

$VF = 48.543,69 \times (1 + 0,03)^1$

$VF = 50.000,00$

Portanto, verifica-se que, de fato, receber hoje R$48.543,69 é financeiramente equivalente a receber R$50.000,00 daqui a um mês. Observe, ademais, que tal equivalência existe para a taxa de juros de 3% ao mês. Para outra taxa, os valores serão distintos. Caso a taxa fosse 4% ao mês, observe o novo valor presente:

$VP = VF / (1 + i)^n$

$VP = 50.000,00 / (1 + 0,04)^1$

$VP = 48.076,92$

Usando uma taxa mensal de 4%, perceba que o valor presente calculado é menor do que o valor presente calculado à taxa de 3%. Como trata-se de um recebimento, significa que você receberia menos hoje com um desconto de 4% em relação ao recebimento calculado por uma taxa de 3%. Isso ocorre porque o efeito de uma taxa de juros mais alta sobre o valor futuro para o cálculo do valor presente equivalente é maior, fazendo com que o valor descapitalizado seja menor. Deduz-se, portanto, que, à medida que a taxa de juros aumenta, o valor presente diminui.

Por outro lado, quando se calcula o valor futuro a partir de um valor presente (capitalização), para uma taxa de juros maior, o valor futuro será maior. Imagine, para fins de exemplificação, que o seu devedor, em vez de desejar antecipar o pagamento, deseja postergá-lo para, por exemplo, dois meses após a data original. Você somente concordará com isso caso seja compensado por ter que aguardar um período adicional para receber seu dinheiro. Portanto, a postergação será representada graficamente assim:

FIGURA 71 - Exemplo de equivalência de capitais — capitalização de um fluxo de caixa

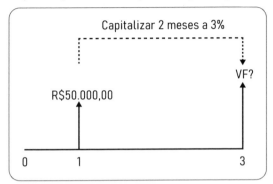

Para uma taxa de 3% ao mês, tem-se o seguinte valor futuro:

$VF = VP \times (1 + i)^n$

$VF = 50.000 \times (1 + 0,03)^2$

$VF = 53.045,00$

Portanto, à taxa mensal de 3%, o valor que equivale, daqui a 3 meses, ao recebimento de R$50.000,00 daqui a 1 mês, é R$53.045,00. Perceba que essa operação envolve a capitalização do valor presente (R$50.000,00) durante dois meses (n). Isso porque será capitalizado do primeiro ao terceiro mês.

Esses exemplos envolveram apenas um único fluxo de caixa. No entanto, operações que abrangem mais de um fluxo de caixa são bastante comuns — até mais do que aquelas com apenas um fluxo de caixa. Pode-se passar agora a um exemplo ilustrativo que contém mais de um fluxo de caixa, do qual deve-se calcular um único fluxo de caixa equivalente em outro momento. Para ampliar a apresentação, esse exemplo envolverá fluxos de caixa negativos (desembolsos).

Imagine que você tenha uma dívida pela qual você deve pagar quatro parcelas com os seguintes valores: R$5.000,00, R$5.500,00, R$6.000,00 e R$6.500,00. A primeira dessas parcelas deve ser paga em um mês, e as demais, nos meses seguintes. Portanto, graficamente, essa operação seria:

FIGURA 72 - Exemplo de equivalência de capitais — vários fluxos de caixa

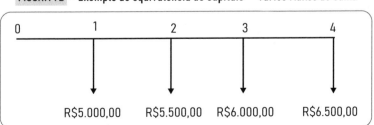

Você espera receber no segundo mês um dinheiro com o qual poderá quitar a dívida. Considerando que a taxa de juros da operação é 2,5% ao mês, pretende-se calcular o valor equivalente a ser pago no segundo mês que represente todos esses movimentos financeiros.

Pelo que foi anteriormente abordado, antes de se fazer qualquer operação com recursos financeiros, eles devem ser conduzidos ao mesmo momento, a fim de que não haja qualquer infração ao princípio do valor do dinheiro no tempo. Portanto, nesse caso, devem ser feitas três equivalências de capital. A primeira é capitalizar o fluxo de R$5.000,00 até a data 2 (um período de capitalização). A segunda é descapitalizar o fluxo de caixa de R$6.000,00 até a data 2 (um período de descapitalização). A terceira é descapitalizar o fluxo de caixa de R$6.500,00 até a data 2 (dois períodos de descapitalização). Graficamente, tem-se:

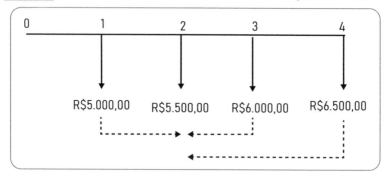

FIGURA 73 – Exemplo de equivalência de capitais – movimentação de vários fluxos

Observe que o fluxo de caixa do segundo período não precisa sofrer qualquer tipo de ajuste, uma vez que já está expresso na data focal da operação.

Para cada fluxo de caixa, tem-se os seguintes cálculos para levar ao segundo período:

$VF = VP \times (1 + i)^n \rightarrow VF = -5.000,00 \times (1 + 0,025)^1 \rightarrow VF = -5.125,00$

$VP = VF / (1 + i)^n \rightarrow VP = -6.000,00 / (1 + 0,025)^1 \rightarrow VP = -5.853,66$

$VP = VF / (1+i)^n \rightarrow VP = -6.500,00 / (1 + 0,025)^2 \rightarrow VP = -6.186,79$

Observe que os valores estão negativos. Isso porque são desembolsos e, como tal, são abordados de maneira negativa.

Após levá-los ao segundo mês, pode-se fazer o cálculo de um único fluxo de caixa equivalente aos demais para uma taxa mensal de 2,5%. Como eles estão expressos na mesma data, podem ser somados sem qualquer problema ou desacordo com os princípios básicos da matemática financeira. Portanto, na data 2, tem-se o seguinte valor equivalente:

$VE2 = -5.125,00 + -5.500,00 + -5.853,66 + -6.186,79 = -22.665,45$.

Com isso, chega-se à conclusão de que um único pagamento de R$22.665,45 na data 2 é equivalente aos pagamentos de R$5.000,00, R$5.500,00, R$6.000,00 e R$6.500,00 respectivamente nos meses 1, 2, 3 e 4 para uma taxa de juros mensal de 2,5%. Graficamente:

FIGURA 74 - Exemplo de equivalência de capitais – fluxo de caixa equivalente

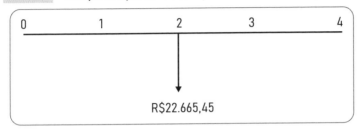

Portanto, a partir de quatro fluxos de caixa expressos em quatro datas distintas, chegou-se a um único fluxo de caixa equivalente àqueles. Partindo desse fluxo de caixa equivalente, caso seja necessário, podem ser calculados fluxos de caixa equivalentes em outras datas. Imagine que, em vez de desejar saber o valor equivalente no segundo mês, ele deveria ser calculado na data zero, como se fosse quitar a dívida imediatamente. Há duas formas de fazer isso. A primeira seria descapitalizar os quatro fluxos de caixa à data zero e somá-los conforme demonstrado a seguir:

VP = -5.000 / (1 + 0,025) + -5.500 / (1 + 0,025)² + -6.000 / (1 + 0,025)³ + -6.500 / (1 + 0,025)⁴

VP = -21.573,30

Uma segunda maneira, partindo do fluxo de caixa equivalente no segundo período calculado anteriormente, seria simplesmente calcular o valor equivalente no momento zero do fluxo de caixa equivalente do momento dois. Esse cálculo seria o seguinte:

VP = -22.665,45 / (1 + 0,025)²

VP = -21.573,30

Os resultados alcançados pelas duas maneiras apresentadas são iguais. Isso porque, essencialmente, executaram o mesmo procedimento, apenas com apresentações ligeiramente diferentes. Além disso, estão fundamentados nos mesmos princípios e técnicas, o que leva a essa consistência.

Percebido isso, pode-se concluir que há potencialmente mais de uma maneira de se resolver um problema de equivalência de capitais. Evidentemente, espera-se que o executor busque a solução mais eficiente em termos de tempo e de esforço de cálculo.

D.6. FLUXOS DE CAIXA UNIFORMES

Um caso particular nessas operações ocorre quando os fluxos de caixa são uniformes em termos de valor e de repetição temporal. Quando alguns fluxos de caixa têm o mesmo valor e ocorrem sequencialmente em intervalos de tempo uniformes, dá-se o nome de anuidade ou série uniforme. Operações com anuidades são bastante comuns, o que também torna comum a necessidade de cálculos de equivalência sobre elas.

Imagine o seguinte fluxo de caixa de recebimento:

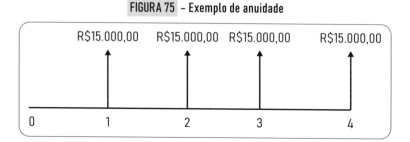

FIGURA 75 – Exemplo de anuidade

Ele é composto por quatro fluxos de caixa, todos no valor de R$15.000,00 e dispostos anualmente a partir do primeiro ano. Admita que se deseja calcular o valor equivalente desses quatro fluxos de caixa na data zero, à taxa anual de 10%. Tem-se a seguinte operação:

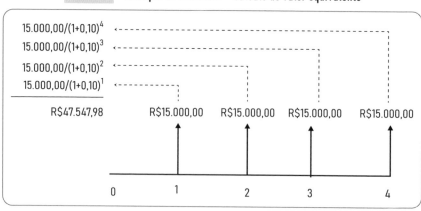

FIGURA 76 – Exemplo de anuidade – cálculo do valor equivalente

Pode-se demonstrar que o valor presente de uma série uniforme pelo regime de capitalização composta é a soma dos termos de uma progressão geométrica finita com razão igual a 1 + i. Sua fórmula é:

$$VP = \frac{FC \times [(1+i)^n - 1]}{i \times (1+i)^n}$$

Aplicando essa fórmula ao exemplo anterior, tem-se:

$$47.547,98 = \frac{15000 \times [(1+0,10)^4 - 1]}{0,10 \times (1+0,10)^4}$$

Ainda considerando equivalência de capitais, percebe-se que se pode partir do valor presente para chegar ao fluxo de caixa uniforme, bastando rearranjar a fórmula anterior da seguinte maneira:

$$FC = \frac{VP \times i \times (1+i)^n}{(1+i)^n - 1}$$

Para verificar se o cálculo anterior está correto, basta fazer o cálculo contrário por meio dessa fórmula, como demonstrado a seguir:

$$15.000 = \frac{47.547,98 \times 0,10 \times (1+0,10)^4}{(1+0,10)^4 - 1}$$

Isso indica que um único fluxo de caixa atual no valor de R\$47.547,98 equivale a 4 fluxos de caixa nas datas 1, 2, 3 e 4, cada qual de R\$15.000,00.

Um último aspecto desses fluxos de caixa uniformes é o momento de ocorrência das movimentações. Os fluxos podem ser postecipados ou antecipados. Um fluxo postecipado é assim denominado quando ocorre ao final do período. Por outro lado, um fluxo antecipado tem essa denominação quando sua ocorrência se dá no início do período. Caso isso não seja devidamente observado, os cálculos podem sofrer erro.

Apesar desses conceitos de antecipado e postecipado serem apresentados nesse ponto, eles também podem ser empregados a fluxos de caixa não uniformes.

Apêndice E
MÉTODOS DETERMINÍSTICOS DE VERIFICAÇÃO DA VIABILIDADE FINANCEIRA

Essencialmente, o valor de um ativo é função do fluxo de caixa que ele proporcionará ao seu detentor ao longo de um período determinado ou indeterminado (a depender da circunstância em que ele é concebido). Imagine investir em um ativo que não gere caixa no futuro, tampouco tenha o seu valor patrimonial valorizado. O investimento feito, por maior que tenha sido, não gerará retorno, fazendo com que o seu valor seja baixo (no limite, igual a zero). Por outro lado, se o investimento no ativo proporcionar geração de caixa no futuro, o seu detentor, efetivamente, terá retornos, o que poderá tornar esse ativo mais atrativo.

Portanto, a verificação da viabilidade financeira de um empreendimento requer a verificação do caixa que ele é capaz de gerar no futuro em decorrência dos investimentos feitos para estruturá-lo. Como esse fluxo de caixa não ocorrerá imediatamente, mas ao longo do tempo, deve-se usar um mecanismo de avaliação que contemple adequadamente tal distribuição temporal das movimentações financeiras.

Dessa forma, devem ser aplicadas técnicas de análise financeira sobre os fluxos de caixa projetados. Com isso, a verificação terá robustez e qualidade compatíveis com o que se espera de uma análise tecnicamente confiável.

Dentre os vários métodos de avaliação financeira, o Valor Presente Líquido (VPL) destaca-se por suas vantagens em relação a outros métodos (tais vantagens comparativas não serão aqui discutidas). Além disso, e como possível ponto mais importante, sua concepção contém conteúdo informacional que permite, além de indicar a viabilidade do empreendimento, mensurar o seu valor intrínseco, o que é essencial em uma eventual negociação, comum no contexto do plano de negócio.

Assim, inicialmente, este apêndice apresenta o conceito do VPL, bem como a maneira básica de calculá-lo. Em seguida, expõe a maneira de calcular o VPL considerando taxas variáveis de desconto e a forma de calcular o VPL de uma perpetuidade. Ao final, é apresentada a Taxa Interna de Retorno (TIR), que é outro método de avaliação de viabilidade. Porém, há certas situações que contraindicam seu uso, o que será explicado oportunamente.

E.1. VALOR PRESENTE LÍQUIDO (VPL)

O VPL é possivelmente a técnica de orçamento de capital mais interessante ao processo de verificação da viabilidade financeira de um empreendimento. Decompondo seu nome, a primeira palavra indica que o resultado dessa técnica gera um valor monetário. Portanto, seu resultado é dado por meio de um fluxo de caixa (valor monetário) único. O termo "presente" indica que o resultado é expresso no momento atual (data zero). Por fim, o termo "líquido" indica que os fluxos de caixa negativos do empreendimento, inclusive os associados ao seu investimento, são considerados no cálculo.

Sendo assim, o VPL é um único valor monetário que é equivalente a todos os fluxos de caixa necessários para adquirir ou estruturar o ativo e àqueles gerados posteriormente e trazidos à data presente por meio de uma taxa de desconto ajustada ao risco. É a aplicação do conceito de equivalência de capitais, pois é um único fluxo de caixa expresso no momento atual equivalente a todos os fluxos de caixa pertinentes ao ativo analisado.

Portanto, o cálculo do VPL é tão somente o equivalente atual ao conjunto de fluxos de caixa de um ativo, conforme a seguinte fórmula:

$$VPL = \sum_{n=0}^{t} \frac{FC_n}{(1 + TMA)^n}$$

Três considerações sobre essa fórmula são importantes. Em primeiro lugar, o fluxo de caixa no numerador deve ser adotado conforme a avaliação desejada. Caso esteja sendo realizada a verificação da viabilidade na perspectiva do empreendimento como um todo, esse fluxo de caixa deve representar tal contexto, ou seja, o Fluxo de Caixa Livre (FCL). Caso a verificação seja em relação aos proprietários do empreendimento, o numerador deve ser o Fluxo de Caixa dos Proprietários (FCP).

Em segundo lugar, a taxa de desconto é chamada, nesse contexto, Taxa Mínima de Atratividade (TMA). Genericamente, usa-se essa denominação em função de que o propósito de cálculo do VPL é verificar o valor gerado após a remuneração dessa taxa de desconto. Portanto, ela deve refletir o quanto minimamente deve ser remunerado em termos percentuais, para, a partir desse patamar, mensurar o valor gerado.

Por fim, utiliza-se o presente como referência temporal do capital equivalente por dois motivos: o primeiro, porque representa a data máxima para a tomada da decisão; o segundo, porque é a data a partir da qual efetivamente iniciam-se as movimentações financeiras relacionadas ao ativo. Além disso, a referência monetária dada por meio de um valor presente facilita o entendimento e a análise por parte dos gestores.

Para fins de ilustração do uso do VPL, considere o seguinte fluxo de caixa:

Apêndice E: Métodos Determinísticos de Verificação da Viabilidade Financeira   **327**

QUADRO 100 — Exemplo de cálculo do VPL

ANOS	0	1	2	3	4	5
Fluxos de caixa	-R$10.000,00	R$2.500,00	R$3.000,00	R$4.500,00	R$4.000,00	R$2.000,00

Ele representa um ativo cujo desembolso inicial para sua aquisição ou estruturação é R$10.000,00 (coluna dois da tabela). A partir desse investimento, o ativo gera fluxos de caixa anuais durante cinco anos, conforme as colunas três a sete.

O VPL é calculado por meio do conceito de equivalência de capitais no momento zero. Dessa forma, todos os fluxos de caixa, inclusive o do momento zero, devem ser descapitalizados pelo regime composto à data zero e, em seguida, somados. No exemplo, para taxa de desconto de 15% ao ano, têm-se os seguintes valores descapitalizados à data zero:

QUADRO 101 — Exemplo de cálculo do VPL

ANOS	0	1	2	3	4	5
Fluxos de caixa descapitalizados	-R$10.000,00	R$2.173,91	R$2.268,43	R$2.958,82	R$2.287,01	R$994,35

Observe que o fluxo de caixa do momento zero permanece o mesmo, pois ele já está expresso na data focal. Os demais fluxos de caixa foram levados ao momento zero por meio da descapitalização pelo regime composto ($VP = VF / [1 + TMA]^n$). Como todos estão expressos na mesma data, eles podem ser somados, gerando como resultado R$682,53. Mas o que significa exatamente esse valor? Em princípio, sabe-se que ele é o valor na data zero equivalente a todos os fluxos originais à taxa de desconto dada. Portanto, é como se o fluxo de caixa original pudesse ser trocado por esse fluxo de caixa único, pois ambos são equivalentes.

Sendo assim, todos os fluxos de caixa, positivos e negativos, foram colocados na mesma data e somados algebricamente. Como o valor resultante foi positivo, significa que todos aqueles fluxos de caixa equivalem a um único valor maior do que zero, indicando que os fluxos de caixa positivos superam os negativos, ambos trazidos à data presente. Como os fluxos positivos descapitalizados à data atual superaram os negativos também descapitalizados à data presente, pode-se concluir que o ativo é atrativo, pois os fluxos positivos (entradas líquidas de caixa) mais do que compensam os negativos (saídas líquidas de caixa).

Isso conduz à regra de decisão de investimento quando se utiliza o VPL. Quando o VPL for positivo, significa que o ativo é atrativo e deve ser aceito. Por outro lado, quando o VPL for negativo, significa que os fluxos de caixa positivos não superam os fluxos de caixa negativos, apontando que o ativo não é interessante e, dessa forma, deve ser rejeitado.

ELABORAÇÃO E AVALIAÇÃO DE PLANOS DE NEGÓCIOS

Além de informar se o ativo deve ou não ser aceito, o VPL tem outro conteúdo informacional. O seu valor absoluto depende de dois parâmetros: fluxos de caixa originais e taxa de desconto. Quanto maior a taxa de desconto, menor é o valor presente de um fluxo de caixa, pois o fluxo descontado ao momento presente será menor para taxas maiores. Portanto, mantidos os fluxos de caixa originais inalterados, mudanças na taxa de desconto influenciam diretamente o VPL calculado.

Com isso em mente, pode-se intuir que o valor calculado do VPL representa um capital equivalente na data zero após a descapitalização pela taxa aplicada à operação. Logo, representa o resultado na data zero considerando a taxa de juros utilizada para descapitalizar os fluxos de caixa.

Se o VPL for positivo, significa que o ativo remunera o capital empregado nele à taxa de desconto e, além dessa remuneração, acrescenta valor positivo ao seu detentor no montante indicado pelo VPL na data presente. É considerado, portanto, o quanto vale aquele ativo no momento atual.

Por outro lado, se o VPL for negativo, o que significa? Essa circunstância significa que o ativo sequer remunera a taxa utilizada para fazer a descapitalização dos seus fluxos de caixa, expressando que o ativo não é atrativo, pois, em vez de agregar valor ao seu detentor, destrói valor no montante do VPL negativo.

Sintetizando, um VPL positivo significa que o detentor do empreendimento que gera esse VPL está criando valor no montante do VPL à data atual além de remunerar a taxa utilizada para descontar os fluxos de caixa, devendo ser aceito. Um VPL negativo, por sua vez, implica que o empreendimento sequer remunera a taxa utilizada para desconto, acarretando destruição de valor equivalente à data atual no montante do VPL negativo, desaconselhando o investimento no ativo.

Voltando ao exemplo, o VPL de R$682,53 indica que, se um investidor aceitar esse empreendimento, além de remunerar a taxa de 15% ao ano, criará riqueza de R$682,53 na data zero. Em outras palavras, o investidor ficará mais rico o equivalente a R$682,53 atuais. Se a taxa de desconto do exemplo for alterada para 20% ao ano, ao fazer novamente o cálculo do VPL, tem-se os seguintes fluxos descapitalizados:

QUADRO 102 — Exemplo de cálculo do VPL

ANOS	0	1	2	3	4	5
Fluxos de caixa descapitalizados	-R$10.000,00	R$2.083,33	R$2.083,33	R$2.604,17	R$1.929,01	R$803,76

Somando algebricamente esses fluxos de caixa (já estão todos na data zero), chega-se ao resultado de -R$496,40. Nessa circunstância, se alguém aceitar esse ativo, perderá, em termos atuais, o equivalente a R$496,40, destruindo riqueza ao invés de criar.

E.2. VALOR PRESENTE LÍQUIDO COM TAXAS VARIÁVEIS DE DESCONTO

Em algumas circunstâncias, a taxa de juros utilizada para fazer o desconto dos fluxos de caixa no cálculo do VPL não se mantém constante ao longo de todo o horizonte temporal do empreendimento analisado. Caso isso ocorra, o cálculo do VPL deve passar por um ajuste.

Ressalta-se, no entanto, que, de forma alguma, esse ajuste altera sua concepção básica apresentada anteriormente, nem sua interpretação. Em verdade, trata-se de uma adequação à circunstância de taxas de desconto que variam em cada período. Intrinsecamente, será feita a mensuração de um único valor monetário expresso no momento zero de acordo com taxas de juros definidas. Admite o seguinte exemplo, para auxiliar a compreensão:

FIGURA 77 – Fluxo de caixa original

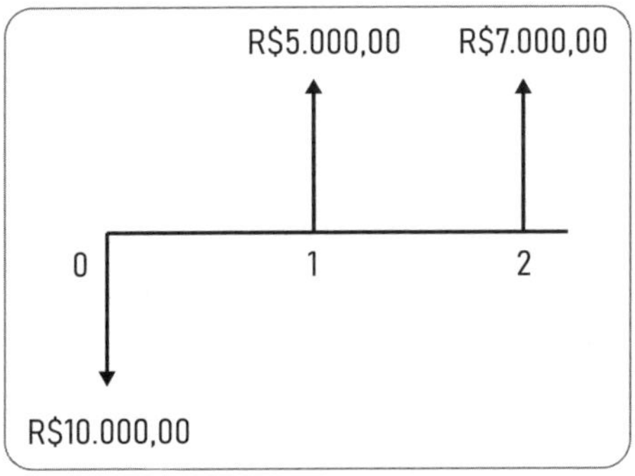

Suponha que o VPL será calculado utilizando a taxa de desconto de 5%. O resultado será:

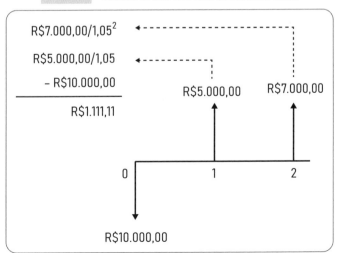

FIGURA 78 – Cálculo do VPL com taxa de desconto única

Recapitulando a interpretação do VPL, esse fluxo de caixa remunera a taxa de desconto de 5% ao período e ainda agrega R$1.111,11 de valor em termos atuais ao seu detentor, sendo, portanto, atrativo.

Recapitulando, agora, a operacionalização do método. Todos os fluxos de caixa, positivos e negativos, são, pelo regime composto, levados ao momento zero por meio da descapitalização e somados algebricamente. O resultado é um único valor monetário no momento zero (data-limite da decisão sobre o empreendimento e do início de sua execução), que é equivalente ao fluxo de caixa originalmente analisado conforme a taxa de desconto utilizada.

Observando especificamente o desconto do fluxo de caixa do primeiro momento (R$5.000,00), perceba que ele foi descapitalizado durante um único período (data um para a data zero) à taxa de 5%. Houve um "salto" utilizando a taxa de 5%, conforme figura a seguir:

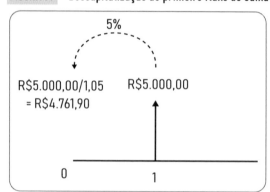

FIGURA 79 – Descapitalização do primeiro fluxo de caixa

Passando a observar o fluxo de caixa do segundo momento (R$7.000,00), veja a figura a seguir:

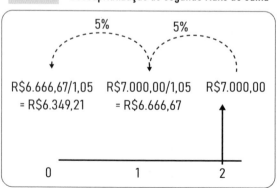

FIGURA 80 – Descapitalização do segundo fluxo de caixa

O fluxo de caixa deve ser descapitalizado por dois períodos até chegar à data zero. Inicialmente, ele é descapitalizado da data dois até a data um (um "salto") e, depois, da data um para a data zero (outro "salto"). No primeiro salto, o fluxo do momento dois (R$7.000,00) é descapitalizado à taxa de 5%, gerando um valor intermediário no momento um de R$6.666,67. Em seguida, esse fluxo de caixa intermediário do momento um é descapitalizado até o momento zero à taxa de 5%, gerando um fluxo de caixa resultante de R$6.349,21. Portanto, houve uma descapitalização da data dois até a data um e depois da data um até a data zero, ambas utilizando a taxa de 5%. Com isso, a operação completa de descapitalização foi a seguinte:

$$\frac{\frac{R\$7.000,00}{(1+0,05)}}{(1+0,05)} = \frac{R\$7.000,00}{(1+0,05)^2} = R\$6.349,21$$

A primeira etapa foi descapitalizar os R$7.000,00 para a data um, implementada no numerador da primeira parte da igualdade (R$7.000,00 / 1,05). Em seguida, a segunda etapa foi descapitalizar esse resultado parcial para a data zero. O denominador $(1 + 0,05)^2$ da segunda parte da igualdade é simplesmente a composição da taxa de 5% do segundo momento para o primeiro momento e da taxa de 5% do primeiro momento para o momento zero (1,05 × 1,05).

Passando agora para o mesmo exemplo, utilizando taxas de desconto distintas em cada período. Admita que a taxa de desconto do primeiro período é de 4% e que a taxa de desconto do segundo período é de 6%. Então, a descapitalização do fluxo de caixa do primeiro período se dá da seguinte forma:

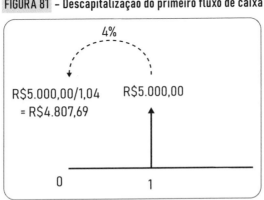

FIGURA 81 – Descapitalização do primeiro fluxo de caixa

O fluxo de caixa é descapitalizado por um único período à taxa de 4%, gerando R$4.807,69.

O fluxo de caixa do segundo período terá o seguinte comportamento:

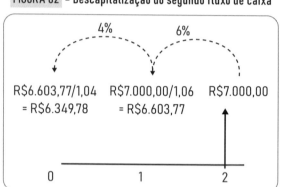

FIGURA 82 - Descapitalização do segundo fluxo de caixa

O fluxo de caixa de R$7.000,00 é descapitalizado do segundo para o primeiro período à taxa de 6%, gerando resultado intermediário de R$6.603,77. Em seguida, esse resultado intermediário é descapitalizado até a data zero à taxa de 4%, gerando R$6.349,78. Portanto, o VPL completo desse fluxo de caixa considerando as taxas variáveis será R$1.157,47 (-R$10.000,00 + R$4.807,69 + R$6.349,78). Analisando a descapitalização do segundo fluxo de caixa, tem-se o seguinte cálculo:

$$\frac{\frac{R\$7.000,00}{(1+0,06)}}{(1+0,04)} = \frac{R\$7.000,00}{(1+0,04) \times (1+0,06)} = R\$6.349,78$$

A descapitalização da data dois para a data um ocorreu utilizando uma taxa de 6%, enquanto a descapitalização da data um para a data zero utilizou taxa de 4%. Por isso houve composição dessas duas taxas no denominador da segunda parte da igualdade anterior.

Fazendo uma analogia com a equação equivalente à desse mesmo exemplo, cujas taxas são uniformes, percebe-se que, naquela situação, também há a composição de duas taxas. Apenas naquela circunstância, elas eram iguais entre si, o que permitiu apresentá-las como $(1 + 0,05)^2$, ou seja, $(1 + 0,05) \times (1 + 0,05)$.

Percebe-se, dessa forma, que o cálculo do VPL com taxas variáveis é rigorosamente o mesmo com taxas uniformes. O que se deve ser observado é que a composição das taxas de desconto não ocorrerá com taxas iguais entre si. Assim, a fórmula deve considerar essa possibilidade, sofrendo um ajuste no cálculo, mas preservando o seu conceito.

Apêndice E: Métodos Determinísticos de Verificação da Viabilidade Financeira

Diante disso, a fórmula do VPL considerando taxas variáveis de desconto é a seguinte:

$$VPL = FC_0 + \sum_{n=1}^{t} \frac{FCn}{\prod_{m=1}^{n}(1 + TMA_m)}$$

A diferença mais marcante é o denominador da expressão objeto do somatório. Em vez de ser a composição de taxas iguais ($[1 + TMA]^n$), trata-se da produtória de taxas distintas, formando a composição das taxas de desconto ($[1+TMA_1] \times [1 + TMA_2] \times [1 + TMA_3] \times \ldots \times [1 + TMA_n]$). Como o fluxo de caixa do momento zero (FC_0) não é descapitalizado, ele fica fora do somatório.

Para fixar o conceito, o VPL do fluxo de caixa seguinte será calculado.

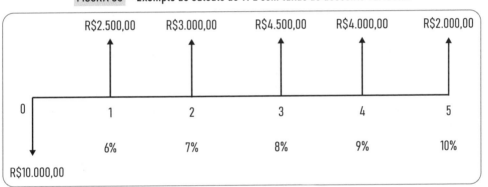

FIGURA 83 - Exemplo de cálculo de VPL com taxas de desconto variáveis

Tem-se a seguinte implementação da fórmula:

$$VPL = -10000 + \frac{2500}{1,06} + \frac{3000}{1,06 \times 1,07} + \frac{4500}{1,06 \times 1,07 \times 1,08}$$
$$+ \frac{4000}{1,06 \times 1,07 \times 1,08 \times 1,09}$$
$$+ \frac{2000}{1,06 \times 1,07 \times 1,08 \times 1,09 \times 1,10}$$

$$VPL = -10000 + 2.358,49 + 2.620,32 + 3.572,25 + 2.833,70 + 1.241,84$$
$$= 2.626,60$$

Essa forma de calcular o VPL tem aplicações práticas importantes. Basta identificar situações nas quais a taxa de desconto varia com o passar do tempo, seja em decorrência da alteração na composição do financiamento do empreendimento e/ou da alteração dos custos individuais de fonte(s) de capital.

E.3. VALOR PRESENTE DE UMA PERPETUIDADE

Outra circunstância que requer uma observação especial é quando há a necessidade de calcular o valor presente de uma perpetuidade. É o caso de empreendimentos sem data definida para serem finalizados, nos quais o valor terminal é estimado por meio da avaliação de uma perpetuidade. Porém, antes de passar a esse cálculo, é fundamental definir o conceito de perpetuidade.

Perpetuidade é um fluxo de caixa, normalmente uniforme ou com taxa de crescimento relativamente baixa, que não tem data definida para ser encerrado. Ele é tratado como uma anuidade (ou fluxo de caixa uniforme) que ocorre ao longo de um tempo infinito.

Admita, como exemplo de uma perpetuidade, um título de dívida que concede ao seu detentor um fluxo periódico de pagamento de juros, mantendo o principal inalterado. Enquanto o seu detentor tiver a posse desse título, ele terá direito ao recebimento dos juros, podendo, assim, ser considerada uma perpetuidade.

Para ilustrar, considere a aplicação de R$10.000,00 em um título de renda fixa de um banco que promete pagar 1% ao mês de juros. No momento inicial, investe-se R$10.000,00 (desembolso de caixa). Decorrido um mês, os juros gerados pela aplicação são de R$100,00 (R$10.000 × 0,01). Suponha que os R$100,00 sejam retirados, mantendo o principal de R$10.000,00 aplicado. Nesse caso, decorrido outro mês, são gerados R$100,00 de juros novamente, o que é prontamente resgatado. Passado mais um mês, a operação é repetida, e assim se procede mensalmente. Caso o detentor do título não faça o resgate do principal, o fluxo de caixa dessa operação pode ser expresso assim:

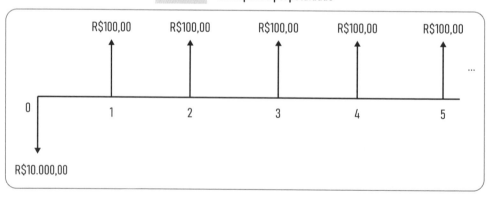

FIGURA 84 – Exemplo de perpetuidade

Adotando uma visão simplificada do caso, admita que você tenha as informações da taxa de juros (i = 1% ao mês) e dos juros periódicos gerados perpetuamente (J = R$100,00 por mês) e queira saber quanto foi aplicado para gerar esse fluxo de caixa perpétuo. Para tanto, basta aplicar a fórmula dos juros (J = C × i × n) desta maneira: 100 = C × 0,01 × 1 → C = 10.000,00. Isso sugere a equivalência entre os seguintes fluxos de caixa à taxa mensal de 1%:

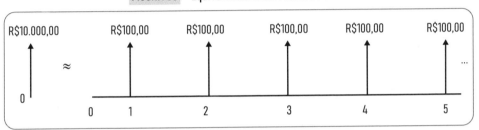

FIGURA 85 – Equivalência entre fluxos de caixa

Apresentando essa situação de uma maneira mais formal, admita que o VPL de um fluxo de caixa sem fim definido é dado pela equação a seguir:

$$VPL = \frac{FC_1}{(1+TMA)^1} + \frac{FC_2}{(1+TMA)^2} + \frac{FC_3}{(1+TMA)^3} + \cdots$$

Admita, agora, que os fluxos de caixa crescem à taxa g. É o caso de uma perpetuidade cujos fluxos de caixa apresentem certo crescimento periódico. Caso os fluxos de caixa perpétuos sejam estritamente uniformes, basta considerar g igual a zero.

$$VPL = \frac{FC_1}{(1+TMA)^1} + \frac{FC_1 \times (1+g)}{(1+TMA)^2} + \frac{FC_1 \times (1+g)^2}{(1+TMA)^3} + \cdots$$

Colocando $FC_1 / (1 + TMA)$ em evidência, tem-se:

$$VPL = \frac{FC_1}{(1+TMA)} \times \left[1 + \frac{(1+g)}{(1+TMA)} + \frac{(1+g)^2}{(1+TMA)^2} + \cdots \right]$$

A segunda parte da multiplicação é a soma de itens em uma progressão geométrica infinita de razão (r) igual a (1 + g) / (1 + TMA). A soma dos itens em uma progressão geométrica infinita com razão menor do que 1 é dada por 1 / (1 - r). Aplicando a fórmula da soma de uma progressão geométrica infinita à equação do VPL, tem-se:

$$VPL = \frac{FC_1}{(1 + TMA)} \times \frac{1}{1 - \frac{(1+g)}{(1+TMA)}}$$

$$VPL = \frac{FC_1}{(1 + TMA)} \times \frac{1}{\frac{(1+TMA)-(1+g)}{(1+TMA)}}$$

$$VPL = \frac{FC_1}{TMA - g}$$

Essa equação, conhecida como modelo de Gordon, nome dado em homenagem ao seu autor, permite calcular o valor presente de uma perpetuidade, tendo ela crescimento ou não.

A única restrição ao seu uso é que a taxa de crescimento g não pode ser superior à TMA. Tal restrição, em termos práticos, não é problemática, uma vez que o emprego desse modelo normalmente é feito em circunstâncias que respeitam essa restrição.

Considere um exemplo de fluxo de caixa perpétuo de R$10.000,00 anuais à taxa de juros anual de 9,5%. Admitindo que não haja qualquer crescimento, o seu valor presente é R$105.263,16 (10.000 / [0,095 - 0]). Se houver a expectativa de crescimento do fluxo de caixa perpétuo, os valores presentes sofrem aumentos, conforme pode ser visualizado a seguir:

QUADRO 103 — VPLs do fluxo de caixa perpétuo com diferentes taxas de crescimento

TAXA DE CRESCIMENTO	VPL
0%	R$105.263,16
0,5%	R$111.111,11
1%	R$117.647,06
1,5%	R$125.000,00
2%	R$133.333,33
2,5%	R$142.857,14
3%	R$153.846,15

Percebe-se facilmente que o impacto da taxa de crescimento sobre o valor presente de uma perpetuidade é bem expressivo. Para uma taxa de crescimento maior, o denominador da divisão diminui, aumentando o seu resultado. Por esse motivo, a definição da taxa de crescimento de uma perpetuidade costuma atrair muita atenção de quem está realizando e de quem está analisando o cálculo.

E.4. TAXA INTERNA DE RETORNO (TIR)

Uma forma de avaliar a viabilidade de determinado empreendimento é por meio do emprego de uma taxa percentual de retorno. A taxa interna de retorno (TIR) é a taxa que representa o retorno percentual de um investimento.

Tome por base o seguinte exemplo. Você tem R$1.000,00 investidos em determinado título. Após um ano, o valor do título é R$1.100,00. Percebe-se facilmente que o retorno percentual em um ano foi de 10%. Tal conclusão foi realizada ao fazer um cálculo relativamente simples de variação percentual. Diminuindo o valor inicial do valor final e dividindo essa diferença pelo valor inicial chega-se à variação percentual pretendida: (1100-1000)/1000 = 0,10 = 10%.

Em termos de matemática financeira, é o emprego direto do conceito de montante e de juros. O montante da operação (valor futuro) foi de R$1.100,00 e o principal (valor presente), R$1.000,00. Portanto,

$$M = C + J \rightarrow 1100 = 1000 + J \rightarrow J = 100$$

$$J = C \times i \times n \rightarrow 100 = 1000 \times i \times 1 \rightarrow i = 0,10 = 10\%$$

Considerando um período para o exemplo (n=1), pode-se substituir a expressão $J = C \times i \times n$ na fórmula $M = C + J$, gerando:

$$M = C + C \times i \rightarrow i = (M - C)/C$$

A expressão anterior da taxa de juros nada mais é do que a expressão de variação percentual utilizada no início do exemplo para calcular o resultado de 10%.

Portanto, para o exemplo dado, o retorno que se auferiu foi de 10% no período de um ano. Essa é a chamada taxa interna de retorno da operação.

Utilizando esse mesmo exemplo, pode-se empregar o conceito de valor presente líquido apresentado anteriormente. Admitindo taxa de descapitalização de 5% ao ano, o cálculo do VPL é o seguinte:

$$VPL_{5\%} = -1000 + 1100/(1+0,05) \rightarrow VPL_{5\%} = -1000 + 1047,62 \rightarrow VPL_{5\%} = 47,62$$

Pelo conceito mostrado anteriormente, conclui-se que esse fluxo de caixa, além de remunerar a taxa de 5% ao ano, ainda gera um valor equivalente atual de R$47,62, sendo, portanto, um fluxo de caixa interessante e gerador de riqueza.

Agora, admita o cálculo do VPL utilizando uma taxa de descapitalização de 12% ao ano:

$$VPL_{12\%} = -1000 + 1100/(1+0,12) \rightarrow VPL_{12\%} = -1000 + 982,14 \rightarrow VPL_{12\%} = -17,86$$

O VPL de -17,86 significa que o fluxo de caixa sequer consegue remunerar a taxa anual de 12%, gerando um valor equivalente atual negativo de R$17,86, destruindo riqueza. Para conseguir remunerar a taxa de 12% ao ano, seria necessário aportar o valor equivalente atual a R$17,86 ou diminuir o investimento nesse mesmo valor.

Por fim, calcule o VPL desse fluxo de caixa utilizando a taxa de descapitalização de 10%. O resultado será o seguinte:

$$VPL_{10\%} = -1000 + 1100/(1+0,10) \rightarrow VPL_{10\%} = -1000 + 1000 \rightarrow VPL_{10\%} = 0$$

A interpretação desse resultado é a seguinte: o VPL igual a zero significa que ele remunera a taxa de descapitalização de 10%, nem gerando nem destruindo valor. Portanto, ele remunera exatamente a taxa utilizada para descapitalizar os fluxos de caixa.

Observe que a taxa de 10% que levou o VPL a ter valor igual a zero é exatamente a taxa percentual de retorno calculada anteriormente para esse exemplo. Portanto, a taxa de juros que zera o VPL representa a taxa de retorno intrínseca do fluxo de caixa, pois não há geração de valor excedente à sua remuneração. Ela remunera exatamente a taxa de juros, sem qualquer excedente.

Portanto, uma maneira de calcular a taxa interna de retorno de um fluxo de caixa é identificar a taxa de juros que torna o VPL nulo. Sua operacionalização é a seguinte:

$$0 = \sum_{n=0}^{t} \frac{FC_n}{(1 + TIR)^n}$$

Para fins de ilustração, considere o seguinte fluxo de caixa:

QUADRO 104 — Exemplo de cálculo da TIR

ANOS	0	1	2	3	4	5
Fluxos de caixa	-R$10.000,00	R$2.500,00	R$3.000,00	R$4.500,00	R$4.000,00	R$2.000,00

Uma forma de calcular a taxa interna de retorno seria por aproximação. Parte-se de certa taxa de juros e calcula o VPL correspondente. Caso o VPL seja positivo, faz-se um novo cálculo de VPL com uma taxa maior, o que gera um VPL menor. Caso o VPL seja negativo, utiliza-se uma taxa menor para buscar um VPL maior. Esse processo é repetido até que se chegue a um VPL zero ou suficientemente próximo a zero (naturalmente, há ferramentas computacionais que permitem esse cálculo, evitando esse processo manual e enfadonho).

Apêndice E: Métodos Determinísticos de Verificação da Viabilidade Financeira **339**

Para o exemplo dado, esse processo foi feito várias vezes, gerando os seguintes resultados:

QUADRO 105 — Exemplo de cálculo da TIR

TAXAS DE DESCONTO	VPL
2%	R$5.081,78
4%	R$4.241,07
6%	R$3.469,66
8%	R$2.760,36
10%	R$2.106,88
12%	R$1.503,66
14%	R$945,82
16%	R$429,01
18%	-R$50,59
20%	-R$496,40
22%	-R$911,46
24%	-R$1.298,48
26%	-R$1.659,88
28%	-R$1.997,86
30%	-R$2.314,36

O quadro foi montado com VPLs calculados a partir de taxas de juros variando de 2% a 30%, em intervalos de 2 pontos percentuais. Observe que, até a taxa de 16%, os VPLs calculados são positivos (faixa de aceitação). Para taxas a partir de 18%, os VPLs tornam-se negativos (faixa de rejeição).

Portanto, pode-se deduzir que a taxa que zera o VPL (taxa interna de retorno) é uma taxa entre 16% e 18%, conforme pode ser observado no gráfico a seguir, montado a partir da tabela anterior.

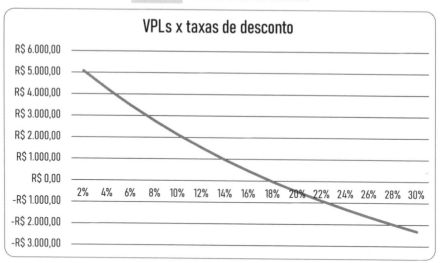

FIGURA 86 – VPLs x taxas de desconto

A taxa que zera o VPL (taxa interna de retorno) é a taxa em que a curva intercepta o eixo horizontal. Essa taxa pode ser calculada empregando o conceito de VPL da seguinte maneira.

$$0 = -10000 + 2500/(1+TIR) + 3000/(1+TIR)^2 + 4500/(1+TIR)^3 + 4000/(1+TIR)^4 + 2000/(1+TIR)^5$$

Resolver essa equação, no entanto, é uma tarefa árdua. Utilizando-se recursos de calculadoras financeiras ou planilhas eletrônicas, o esforço fica mais aceitável. Ao utilizar um desses recursos, chega-se à taxa de 17,78%, que representa o retorno percentual anual desse fluxo de caixa.

Calculada a taxa interna de retorno, deve-se ter uma referência para sua utilização como critério de decisão para analisar o investimento. Sendo assim, após calculada a TIR do fluxo de caixa, ela deve ser comparada com uma taxa que indique a sua atratividade mínima (TMA). Caso a taxa interna de retorno do fluxo de caixa seja maior do que a taxa mínima de atratividade, então o empreendimento é aceitável. Caso o seu retorno percentual seja inferior à taxa considerada atrativa, então o empreendimento não é aceitável.

Com isso, é relativamente fácil perceber a relação entre VPL e TIR. Se a TIR for maior do que a TMA, isso significa que o empreendimento remunera mais do que a taxa que torna o empreendimento minimamente atrativo. Nessa circunstância, há a remuneração da taxa mínima de atratividade e ainda é gerado valor excedente (VPL positivo). Portanto, quando a TIR for superior à TMA, o VPL será maior do que zero. Analogamente, se a TIR do empreendimento for inferior à TMA, a taxa que minimamente torna o empreendimento atrativo não é plenamente remunerada, o que conduz a uma destruição de riqueza (VPL<0). Sendo assim, quando a TIR for menor do que a TMA, o VPL será negativo. O quadro a seguir resume isso:

Apêndice E: Métodos Determinísticos de Verificação da Viabilidade Financeira 341

QUADRO 106 — Relação entre VPL e TIR

VPL	TIR	DECISÃO
VPL > 0	TIR > TMA	Aceitar empreendimento
VPL < 0	TIR < TMA	Rejeitar empreendimento

Uma vantagem de usar a TIR para analisar a viabilidade de um empreendimento é a relativa facilidade de entendimento sobre o resultado. É fácil compreender se o valor percentual está adequado às expectativas de retorno para se tomar uma decisão, sobretudo quando se compara esse retorno percentual a outros retornos percentuais de alternativas de investimento.

Por outro lado, o método da TIR apresenta duas possíveis restrições que eventualmente podem limitar seu uso. A primeira é relacionada ao conteúdo informacional. O resultado é dado em termos percentuais, mas o retorno em termos monetários não é apresentado. Não se sabe, portanto, quanto é gerado de riqueza utilizando esse método e, consequentemente, não se tem uma indicação do valor do empreendimento. A facilidade de entender o resultado percentual impossibilita a informação adicional do valor do empreendimento.

A outra restrição é a possibilidade da existência de múltiplas taxas internas de retorno em um empreendimento. Quando o fluxo de caixa projetado intercala períodos nos quais há fluxos de caixa positivos com períodos nos quais há fluxos de caixa negativos, pode existir mais de uma taxa que torna nulo o VPL. Caso isso aconteça, não se tem a indicação de uma única TIR, o que torna essa análise inconclusiva.

Outra restrição ao uso da TIR é quando a taxa mínima de atratividade varia com o passar do tempo. Quando se tem o custo médio ponderado de capital, que é a taxa que expressa os custos de cada fonte de capital na proporção em que são usadas e, portanto, torna-se a taxa mínima de atratividade do empreendimento, com comportamento variável, torna-se inviável comparar a TIR com uma única taxa.

Dessa forma, o uso da TIR para análise de viabilidade de empreendimentos pode ficar comprometido em certos casos. Daí porque optou-se pelo VPL em relação à TIR nesse contexto. Apesar disso, foi importante apresentar a TIR, uma vez que, em certos casos, fazer a análise por ela pode ser necessário, sobretudo se as partes envolvidas tiverem preferência por seu emprego.

Apêndice F
TÉCNICAS DE AVALIAÇÃO FINANCEIRA CONSIDERANDO O RISCO

A verificação da viabilidade financeira de um empreendimento é centrada no que se espera de geração de caixa. Sobre o fluxo de caixa projetado, aplicam-se métodos de avaliação financeira, a fim de identificar se é interessante ou não assumir o empreendimento. Em particular, o método do Valor Presente Líquido (VPL) é o mais adequado, em função do conteúdo informacional que ele carrega ao expressar o valor intrínseco do empreendimento.

No entanto, tal exercício preditivo, por mais que haja empenho direcionado à qualidade e à confiabilidade da projeção, está sujeito a incertezas. Há vários aspectos e variáveis sobre os quais não se tem ingerência, fazendo com que os fluxos de caixa projetados não ocorram exatamente como o planejado. Nesse contexto, a incerteza está associada a essa dispersão. Quanto maior a expectativa de diferença entre os fluxos de caixa projetado e realizado, maior a incerteza, e vice-versa.

Caso essa incerteza seja mensurada por meio de probabilidades, tem-se o conceito de risco. Em particular, o risco relevante é o risco de que haja dispersão em direção a um resultado aquém do que foi projetado, sendo consequência de dispersões negativas de entradas de caixa (entradas de caixa menores do que as projetadas) e/ou positivas de saídas de caixa (saídas de caixa maiores do que as projetadas).

Para acomodar a maior incerteza (ou maior risco) na avaliação financeira, uma providência possível é ajustar a Taxa Mínima de Atratividade (TMA) usada para descontar os fluxos de caixa para fins do cálculo do VPL. De modo geral, quanto maior a incerteza (ou risco), maior a taxa usada para descontar os fluxos de caixa, e vice-versa. A taxa de desconto maior incorpora maior incerteza, acarretando um VPL menor.

Entretanto, o ajuste da TMA usada para calcular o VPL não é a única maneira de incorporar a inevitável incerteza à avaliação. Há outras formas que podem ser usadas, as quais conferem maior grau de qualidade ao plano de negócio.

Inicialmente, este apêndice discute os conceitos e medidas de incerteza e risco. Em seguida, são apresentadas a análise de cenários e a simulação de Monte Carlo, as quais são usadas em complemento ao método do VPL.

F.1. CONCEITOS E MEDIDAS DE INCERTEZA E RISCO

Ao analisar um fluxo de caixa, percebe-se que há inúmeras variáveis que podem afetar as movimentações financeiras. Tanto variáveis externas quanto internas exercem influência sobre os fluxos de caixa, o que torna esses últimos sensíveis, em maior ou menor escala, às variações dessas variáveis.

Tome como exemplo as receitas operacionais que compõem o fluxo de caixa projetado. Basicamente, elas são função direta da quantidade vendida e do preço unitário de venda dos produtos/serviços. Quantidade e preço dependem de decisões internas da empresa e de relacionamentos que ela mantém com entes externos. As decisões sobre preços, por exemplo, decorrem do posicionamento mercadológico dos produtos/serviços e de diferenciais em relação a produtos/serviços concorrentes. Já as quantidades vendidas dependem da capacidade produtiva instalada pela empresa (fator interno) e das relações mercadológicas estabelecidas com os clientes, observando a atuação dos concorrentes diretos e indiretos (fatores externos). Em adição, outros pontos contribuem com a dificuldade de projetar esses fluxos de caixa com alto grau de confiabilidade, tais como sazonalidade de mercado, inadimplência dos clientes e fatores macroeconômicos que impactam a demanda. Dessa forma, para projetar as receitas operacionais com o devido esmero, devem ser contemplados vários pontos, sem os quais ela será carente de confiabilidade.

A questão central evidenciada nesse exemplo é que a projeção do comportamento de variáveis que afetam direta ou indiretamente as contas do fluxo de caixa é bastante difícil em função dos vários desdobramentos que podem ocorrer. É esperado, inclusive, que o nível de confiabilidade sobre os valores projetados não seja tão alto para algumas contas do fluxo de caixa.

Entretanto, isso não deve ser motivo para inviabilizar a elaboração do plano de negócio. Há dois conceitos centrais e complementares que devem ser levados em conta, de forma a contemplar tal questão. Os conceitos são incerteza e risco.

Incerteza é a possibilidade de o valor realizado não ocorrer conforme o projetado antecipadamente. Portanto, em um exercício de projeção, no qual são projetados valores para as contas do fluxo de caixa, é possível que os valores realizados sejam diferentes dos primeiros. Tal diferença decorre da incerteza inerente ao exercício de projeção. Quanto maior for a incerteza a respeito do comportamento das contas, maior pode ser a diferença entre os valores projetado e realizado.

A incerteza, portanto, é a percepção de que o que é projetado talvez não ocorra de maneira exatamente igual à projeção, havendo a possibilidade de desvio. Sendo assim, ao fazer uma projeção, deve-se considerar essa situação, cuja consequência direta é que a viabilidade do empreendimento, decorrente de premissas sujeitas a incertezas, é, por si, sujeita a determinado grau de incerteza. Contudo, apesar de se ter clara ideia e percepção de que o

Apêndice F: Técnicas de Avaliação Financeira Considerando o Risco **345**

que foi projetado pode ocorrer de maneira distinta da previsão, não se consegue, em uma situação de incerteza, mensurar o quanto será esse desvio, tampouco a probabilidade de ocorrência dessa situação.

A situação de incerteza passa para uma situação de risco quando é possível quantificar a incerteza em termos de probabilidade de ocorrência de eventos indesejados e a extensão desses desvios. Sendo assim, risco é a incerteza quantificada.

Apesar de os desvios poderem ser positivos ou negativos, os de interesse particular são aqueles que levam a um resultado realizado abaixo do projetado. Desvios com resultados realizados superiores aos projetados são bem-vindos e não são considerados para fins de incerteza nesse contexto. Não se fala em risco de ganhar mais do que foi projetado. Logo, o que se pretende analisar, evitar, se possível, e contemplar na avaliação é a possibilidade de os resultados realizados serem menores dos que os projetados.

Como o risco requer mensuração, é importante que esse conceito tenha uma medida objetiva. A literatura financeira apresenta várias medidas de risco utilizadas em situações específicas. Nessa situação, a medida que pode ser empregada é o desvio-padrão.

O desvio-padrão é uma medida estatística que indica a dispersão dos valores observados em relação a um valor médio (esperado). Quanto maior o desvio-padrão, mais dispersão é observada em relação ao esperado e, portanto, maior o nível de risco dessa variável. Quanto menor a dispersão, menor será o desvio-padrão e, consequentemente, menor será o risco da variável.

A ideia subjacente é que, se houver acentuado desvio do que foi realizado em relação ao projetado, isso significa que o risco é grande, uma vez que fica difícil prever valores, dada a amplitude dos resultados possíveis. Portanto, valores muito menores do que os previstos podem ocorrer — assim como valores muito maiores. Porém, o foco principal que se dá em uma situação de risco é aquele no qual os resultados ficam aquém do esperado (desvios para baixo).

O exemplo a seguir auxiliará o entendimento desse conceito. Duas contas têm seus dados históricos registrados da seguinte maneira:

QUADRO 107 — Dados históricos de conta 1 e conta 2

CONTAS	1	2	3	4	5	6	7	8	9	10	11	12
Conta 1	R$520	R$485	R$470	R$520	R$490	R$510	R$520	R$460	R$500	R$515	R$445	R$440
Conta 2	R$750	R$120	R$550	R$440	R$300	R$630	R$500	R$540	R$470	R$650	R$500	R$430

A primeira coluna apresenta as contas, cujos valores históricos aparecem em formato mensal durante 12 meses nas colunas seguintes. Ao calcular a média de cada uma dessas contas, os resultados são, coincidentemente e aproximadamente, R$490,00 (R$489,58 para a conta 1 e R$490,00 para a conta 2).

Portanto, partindo do princípio de que esses dados históricos são bons indicadores de sua realização esperada no futuro, eles podem ser utilizados para fundamentar a projeção do comportamento futuro dessas duas contas. Caso haja a expectativa de que o comportamento histórico de uma conta seja extrapolado para o futuro, o seu valor médio histórico pode ser considerado como o valor esperado dessa conta no futuro. Como no exemplo as duas contas têm valor médio aproximado de R$490,00, espera-se que, no futuro, os valores de ambas sejam aproximadamente R$490,00.

É possível que os valores observados em cada período futuro não sejam exatamente iguais ao valor esperado. Inclusive, isso também ocorreu no passado, havendo meses com valores acima, e outros com valores abaixo da média. Em outras palavras, há dispersão dos valores observados em relação à média da conta, indicando valores acima da média (dispersão positiva) e valores abaixo da média (dispersão negativa).

Para visualizar tais dispersões, esses dados podem ser plotados em um gráfico de linhas, tendo o resultado ilustrado a seguir:

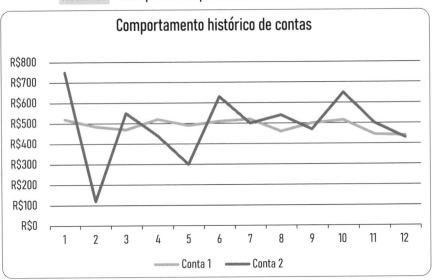

FIGURA 87 – Exemplos de comportamento histórico das contas 1 e 2

O eixo horizontal representa o tempo, e o eixo vertical, os valores observados historicamente. Os valores históricos observados da conta 1 são menos voláteis do que os da conta 2, significando que os valores observados da conta 1 são mais próximos do valor médio do que os valores observados da conta 2. Dito de outra forma, os altos e baixos da conta 2 têm maior amplitude do que os valores extremos observados da conta 1. Que implicação isso tem?

Apesar de as duas contas terem o mesmo valor esperado, em função de terem a mesma média histórica, e de terem adotado uma premissa de ambiente futuro que repita o ambiente passado, o comportamento esperado de ambas pode diferir em um aspecto importante.

Como a amplitude dos valores históricos da conta 2 foi maior do que a da conta 1, os valores futuros também apresentarão comportamentos semelhantes. Os valores esperados da conta 2, apesar de na média ficarem próximos a R$490,00, individualmente terão valores bem maiores e bem menores do que a média. Os valores esperados da conta 1, na média, também ficarão em torno de R$490,00, com a diferença de que individualmente estarão mais próximos desse número. A medida que permite identificar isso objetivamente é o desvio-padrão, cuja fórmula é a seguinte:

$$DP = \sqrt{\frac{\sum_{i=1}^{n}(X_i - X_m)^2}{n}}$$

A variável X_i é o i-ésimo elemento do conjunto de n valores analisados. O X_i pode estar acima ou abaixo do valor médio (X_m). O resultado dessa fórmula indica a dispersão média de todos os elementos e está na mesma dimensão dos dados de X.

Essa fórmula pode ser alterada, caso se identifiquem pesos distintos para cada item da série. Nesses casos, as diferenças não devem ser divididas por n, mas ponderadas pelos respectivos pesos. Assim, em vez de usar o conceito de média aritmética, usa-se o conceito de média ponderada, transformando a fórmula em:

$$DP = \sqrt{\sum_{i=1}^{n}(X_i - X_m)^2 \times P_{i\%}}$$

Voltando ao exemplo, o desvio-padrão da conta 1 foi calculado em R$29,65, e o da conta 2, em R$164,76. Isso indica em valores absolutos o que é percebido graficamente: a conta 2 tem valores muito mais amplos e dispersos do que a conta 1. Como o que se deseja é previsibilidade como referência de grau de incerteza, isso sugere que a conta 2 é mais incerta (menos previsível) do que a conta 1 (mais previsível), pois fazer a projeção da conta 1 leva a desvios menores entre os valores projetado e realizado do que os desvios esperados na projeção da conta 2.

O desvio-padrão é apresentado na mesma medida da variável original. Portanto, se a variável original é dada em unidades monetárias, o desvio-padrão é calculado em unidades monetárias. Em alguns casos, talvez seja interessante proporcionar a mensuração do risco em termos relativos. Para esse propósito, pode-se usar o conceito de coeficiente de variação. Seu fundamento é calcular a relação (divisão) entre o desvio-padrão e a média dos valores analisados, tendo-se a ideia de desvio por unidade de valor esperada. Portanto, o coeficiente de variação é uma medida de dispersão relativa, calculada a partir do desvio-padrão (medida de dispersão absoluta), conforme fórmula a seguir:

$$CV = \frac{DP}{Média}$$

O uso do coeficiente de variação, somado ao desvio-padrão, é importante nos casos em que os valores médios comparados são diferentes. Nessas circunstâncias, pode-se identificar e comparar as medidas de risco relativas, ou seja, por unidade de valor. Esse mesmo princípio pode ser usado quando a conta em análise é definida por meio de uma distribuição de probabilidade.

Admita, agora, duas contas sendo verificadas, cujas distribuições de probabilidade, obtidas por meio da análise histórica dos seus valores, são normais (distribuição de Gauss). A conta A tem valor médio de R$100,00 e desvio-padrão de R$10,00. A conta B, por sua vez, tem valor médio de R$100,00 e desvio-padrão de R$20,00. Como uma curva normal é simétrica em relação à média e pode ser caracterizada pelos parâmetros média e desvio-padrão, as distribuições de probabilidade de ambas têm os seguintes formatos:

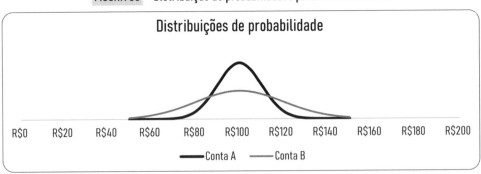

FIGURA 88 – Distribuição de probabilidades para as contas A e B

Observe que a distribuição de probabilidade da conta A é mais concentrada em torno da média do que a da conta B. As caudas da conta A são menos densas do que as da conta B, ao mesmo tempo em que o centro da conta A é mais concentrado do que o centro da conta B. Isso é o reflexo gráfico do menor desvio-padrão de A em relação ao de B.

Portanto, ao se basear em tais informações para estimar o comportamento dessas contas, espera-se que os valores futuros de A fiquem mais próximos da média do que os de B, ainda que ambas as contas tenham o mesmo valor médio esperado. Isso colocado, percebe-se que o risco de erro ou desvio na projeção é maior para a conta B do que para a conta A. Portanto, a conta A é mais previsível e, consequentemente, menos arriscada em um processo de projeção. Posto isso, como será usado o desvio-padrão no cálculo do VPL?

A ideia é que o desvio-padrão seja um parâmetro adicional ao VPL. O VPL, em situação de risco, não será calculado nem apresentado na forma de um número único. Em uma situação de incerteza ou de risco, esse número único não representa a totalidade da informação sobre o seu valor. A concepção é calcular uma faixa de valores possíveis, sobre a qual será avaliada a probabilidade de ocorrência desses valores, conforme a distribuição de probabilidades mais adequada. Considerando esses valores dentro de uma distribuição de probabilidade, é possível que sejam calculadas as probabilidades de ocorrência de determinadas faixas de valor, o que parece mais adequado ao caso.

Imagine a situação de calcular o VPL e chegar ao valor V. Portanto, em que pese a chance de um VPL efetivo maior ou menor do que esse calculado, os interessados nessa informação terão apenas um valor pontual. Admita agora que, em vez de ter um valor pontual, chega-se a uma faixa de valores possíveis sobre os quais fez-se uma análise de como estão distribuídos. Ao cabo dessa análise, identificou-se que os valores calculados têm, dentre outros indicadores, média M e desvio-padrão DP. Adicionalmente, foi identificado que esses valores apresentam uma distribuição normal. Para esses parâmetros, sua representação gráfica é dada a seguir:

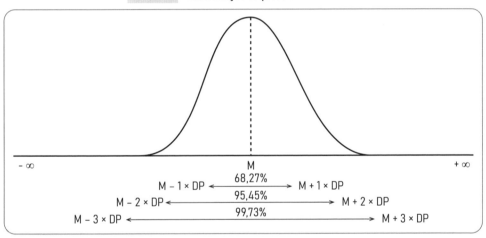

FIGURA 89 – Distribuição de probabilidade normal

Como a distribuição normal é simétrica em relação à média, observe que a área sob a curva da distribuição normal é igual à direita e à esquerda da média (M). Portanto, há 50% de chance de o valor ser superior à média e 50% de chance de ser inferior.

Outras propriedades da distribuição normal permitem identificar as probabilidades de ocorrência indicadas na figura anterior. O intervalo entre a média menos um desvio-padrão e a média mais um desvio-padrão representa 68,27% da área sob a curva, ou seja, essa é a sua probabilidade de ocorrência. O intervalo, ao ser ampliado, aumenta também a probabilidade de ocorrência. O intervalo entre a média menos dois desvios-padrão e a média mais dois desvios-padrão tem 95,45% de chance de ocorrência. Por fim, o intervalo entre a média menos três desvios-padrão e a média mais três desvios-padrão tem 99,73% da área sob a curva, indicando sua probabilidade de ocorrência.

No contexto da viabilidade de um empreendimento, mais importante do que esses intervalos, que são comuns às distribuições normais, é identificar a probabilidade de o VPL ser negativo. Em outras palavras, é essencial, ao se fazer uma avaliação em condição de risco, verificar a probabilidade de que o empreendimento seja inviável (VPL < 0). Veja o exemplo gráfico a seguir:

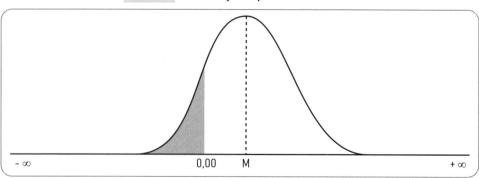

FIGURA 90 – Distribuição de probabilidade normal

Observe na figura que o valor médio é M. Portanto, esse é o valor esperado do VPL. No eixo horizontal, há a indicação do valor igual a zero, que permite identificar a probabilidade de o VPL ser negativo. A partir desse ponto igual a zero em direção à esquerda, há a área sob a curva que indica a probabilidade de ser negativo (área pintada). Aplicando as propriedades da curva normal, é possível calcular essa área (probabilidade), o que dará uma informação adicional bastante relevante aos interessados.

Sendo assim, observa-se que a mera percepção da possibilidade de o empreendimento não ser viável passa para uma probabilidade calculada dessa circunstância indesejada. Com isso, tem-se um conjunto mais completo de informações para a tomada de decisão, saindo de uma circunstância incerta para uma arriscada.

F.2. ANÁLISE DE CENÁRIOS

A análise de cenários é uma técnica utilizada com o propósito de agregar um passo adicional ao método do VPL. Ela pressupõe que o empreendimento pode se deparar com diferentes cenários no futuro, os quais podem envolver aspectos internos e externos, sobre os quais os gestores têm mais ou menos ingerência. Para cada cenário desses, haverá diferentes circunstâncias que impactarão seu desempenho e, consequentemente, sua viabilidade.

Portanto, a forma de modelar cada possível cenário se dá pela alteração nas premissas levantadas para subsidiar as projeções dos fluxos de caixa. Por ocasião do processo convencional de avaliação pelo VPL, podem ser realizadas alterações nessas premissas, o que

Apêndice F: Técnicas de Avaliação Financeira Considerando o Risco **351**

levará a diferentes valores calculados. Para cada conjunto de alterações nas premissas, é calculado um VPL, gerando um conjunto de valores para o empreendimento, e não apenas um único valor.

As etapas para a avaliação por meio de cenários são dadas no quadro seguinte:

QUADRO 108 — Etapas da análise de cenários

Definição dos cenários
Cálculo do VPL para cada cenário
Estimativa da probabilidade de ocorrência de cada cenário
Cálculo do VPL esperado

Cada uma dessas etapas será apresentada a seguir.

F.2.1. Definição dos cenários

O primeiro passo é definir os cenários nos quais o empreendimento será analisado. Cada cenário desses requer o estabelecimento de um conjunto de premissas e circunstâncias sobre as quais as avaliações serão conduzidas.

A abordagem mais utilizada envolve partir da definição de um cenário-base, no qual as premissas adotadas são as de um contexto mais provável de ocorrer. Normalmente, é o cenário admitido na avaliação convencional pelo método do VPL.

A partir desse cenário-base, são definidos outros cenários. A princípio, podem ser estimados cenários em circunstâncias piores e em circunstâncias melhores, ou seja, mais pessimistas e mais otimistas. Em termos práticos, os cenários são definidos a partir de mudanças nas premissas sobre os comportamentos de variáveis sujeitas a incertezas. Veja o quadro a seguir, o qual ilustra uma síntese de como as variáveis podem ser tratadas, no esforço de gerar diferentes cenários:

QUADRO 109 — Exemplo de cenários a partir das variáveis

CENÁRIO	PREMISSAS
Base	Condições normais
Muito otimista	Aumento das receitas em 15%
	Redução dos desembolsos com logística em 5%
	Redução do custo de capital de terceiros em três pontos percentuais

(continua)

ELABORAÇÃO E AVALIAÇÃO DE PLANOS DE NEGÓCIOS

CENÁRIO	PREMISSAS
Otimista	Aumento das receitas em 10%
	Redução dos desembolsos com logística em 5%
	Redução do custo de capital de terceiros em dois pontos percentuais
Pessimista	Queda das receitas em 5%
	Aumento dos custos produtivos em 10%
	Antecipação de 50% dos reinvestimentos programados para a planta fabril
Muito pessimista	Queda nas receitas em 10%
	Aumento dos custos produtivos em 10%
	Substituição completa dos bens de capital utilizados na produção

O quadro anterior apresenta duas colunas. A primeira nomeia o cenário, e a segunda resume as alterações nas premissas. Conforme as necessidades informacionais, outras colunas podem ser adicionadas a essas duas. Como exemplo, pode-se adotar uma coluna para registrar as fontes de dados para essas alterações.

Não há uma quantidade previamente estabelecida e universalmente aceita para os cenários. No entanto, ao considerar os esforços envolvidos nessa definição e nas etapas posteriores, é comum serem adotados entre três e cinco cenários, incluindo o base.

O esforço de conceber cada cenário desses é grande, na medida em que eles devem ser profundamente discutidos e fundamentados. Em verdade, é um esforço similar a repetir a primeira etapa do cálculo do VPL tantas vezes quantos forem os cenários adotados. O esforço é um pouco menor porque cada cenário não terá que ser refeito completamente, mas parcialmente. Somente os pontos sujeitos a alterações é que serão manuseados para acomodar as expectativas de novas circunstâncias nos fluxos de caixa projetados.

F.2.2. Cálculo do VPL para cada cenário

O passo seguinte é calcular o VPL para cada um dos cenários levantados, mediante os demais passos adotados. Ao final dessa etapa, haverá o mesmo número de VPLs e de cenários definidos.

F.2.3. Estimativa da probabilidade de ocorrência de cada cenário

Definidos os cenários a serem analisados na avaliação e os seus respectivos VPLs, o passo seguinte é estimar a probabilidade de ocorrência de cada um deles. Naturalmente, esse processo é sujeito a certas influências subjetivas, uma vez que nem sempre se tem um histórico que permita uma estimativa baseada objetivamente em dados passados.

Em adição, nem sempre as expectativas de ocorrência de diferentes cenários são compartilhadas da mesma maneira pelos envolvidos no processo. Isso requer reuniões e discussões para que se chegue a probabilidades convergentes o suficiente para serem adotadas. Normalmente, é um processo recursivo que consome bastante tempo e energia dos envolvidos. Porém, é um esforço que deve ser realizado, pois os resultados finais são muito sensíveis a essas probabilidades, o que sugere a relevância de sua definição.

F.2.4. Cálculo do VPL esperado

A etapa final objetiva calcular o VPL esperado, bem como informações acessórias de risco. Para tanto, as informações geradas nas etapas anteriores deverão ser consolidadas em um quadro nos moldes do apresentado a seguir:

QUADRO 110 — Quadro sintético dos valores e probabilidades de cada cenário

CENÁRIO	VPL	PROBABILIDADE DE OCORRÊNCIA

A primeira coluna contém os cenários adotados para a avaliação. A segunda coluna registra os VPLs calculados em cada um dos cenários. A última coluna apresenta as probabilidades de ocorrência de cada cenário (a soma das probabilidades de todos os cenários deve ser igual a 100%). Veja um exemplo desse quadro sintético preenchido a seguir:

QUADRO 111 — Exemplo de cenários

CENÁRIO	VPL	PROBABILIDADE DE OCORRÊNCIA
Muito pessimista	-R$1.500.000,00	10%
Pessimista	R$1.000.000,00	25%
Mais provável	R$5.500.000,00	50%
Otimista	R$7.000.000,00	10%
Muito otimista	R$8.500.000,00	5%

Foram estabelecidos cinco cenários. Além do base, há dois mais pessimistas do que aquele e dois mais otimistas. Os cenários pessimistas têm um conjunto de premissas que levam a resultados piores do que o resultado do cenário-base. Os cenários otimistas, por sua vez, agregam circunstâncias e premissas que levam a resultados melhores. Tais cenários também podem ser visualizados de maneira gráfica:

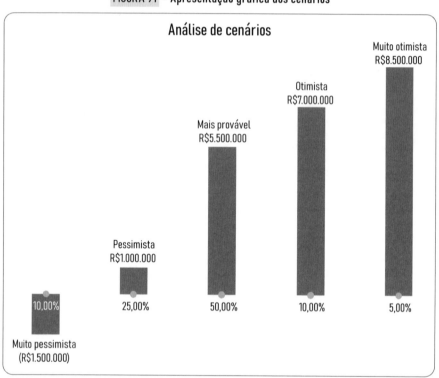

FIGURA 91 – Apresentação gráfica dos cenários

O tamanho das barras representa o VPL calculado em cada cenário. Na base de cada barra, há a probabilidade de ocorrência do respectivo cenário.

Com esses dados, pode-se calcular o VPL esperado considerando todos os cenários traçados. O valor esperado é a média de todos os valores calculados em cada cenário ponderada pela respectiva probabilidade de ocorrência. Matematicamente, tem-se:

$$VPL_{ESPERADO} = \sum_{i=1}^{n} VPL_i \times probabilidade_i$$

No exemplo, tem-se:

$$VPL_{ESPERADO} = -1.500.000 \times 0,10 + 1.000.000 \times 0,25 + 5.500.000 \times 0,50$$
$$+ 7.000.000 \times 0,10 + 8.500.000 \times 0,05$$

$$VPL_{ESPERADO} = 3.975.000$$

Portanto, o VPL esperado é de R$3.975.000,00, o que representa a expectativa de ocorrência dos cenários concebidos, conforme suas respectivas probabilidades.

Naturalmente, esse é um valor esperado e, como tal, sujeito a incertezas decorrentes dos desdobramentos futuros. Portanto, é importante dimensionar os desvios que podem ocorrer. A medida a ser usada para esse fim é o desvio-padrão.

Calculando essa medida de dispersão sobre os valores decorrentes dos cenários, mediante a fórmula e os diferentes pesos, tem-se R$2.883.032,26. Portanto, no exemplo, para um valor médio de R$3.975.000,00, há um desvio-padrão de R$2.883.032,26. O risco desse caso é considerável, pois o desvio-padrão é relevante frente ao VPL médio. Basta observar o coeficiente de variação, que é de 72,53% (2.883.032,26 / 3.975.000,00).

Ademais, um dos cenários calculados apresenta VPL negativo, sugerindo que é inviável nesse cenário particular. Portanto, o método indica de maneira clara que há circunstâncias que podem conduzir o VPL da empresa a um valor negativo, o que serve de alerta aos seus interessados.

F.3. SIMULAÇÃO DE MONTE CARLO

Imagine a avaliação da viabilidade de um empreendimento pelo método determinístico do VPL. O resultado será um único valor que representa o quanto ela vale e, consequentemente, se é viável ou não. Admita que o VPL calculado foi R$1.000.000,00. Faça, agora, a análise de cenários. Admita a concepção de três cenários, cada qual com os respectivos valores calculados: R$675.000,00, R$1.000.000,00 e R$1.275.000,00. Cada cenário desses tem um conjunto de premissas que conduzem àqueles valores, por meio dos quais é possível perceber sua variabilidade e, consequentemente, o risco.

Imagine agora que se deseja fazer uma análise mais aprofundada, decorrente da percepção de que há mais desdobramentos de premissas do que os conjugados nos três cenários. Portanto, foram estabelecidos cinco cenários, com os seguintes valores estimados: R$575.000,00, R$800.000,00, R$1.000.000,00, R$1.125.000,00 e R$1.400.000,00. É fácil perceber que esses cinco cenários abrangem maior amplitude de VPLs possíveis.

Essas três circunstâncias são sumarizadas nos três histogramas a seguir. No eixo horizontal, há os valores de cada circunstância. No eixo vertical, há a quantidade de cada cenário.

FIGURA 92 – Histograma da avaliação em um cenário (modelo determinístico)

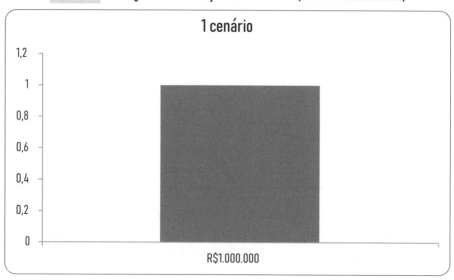

FIGURA 93 – Histograma da avaliação em três cenários

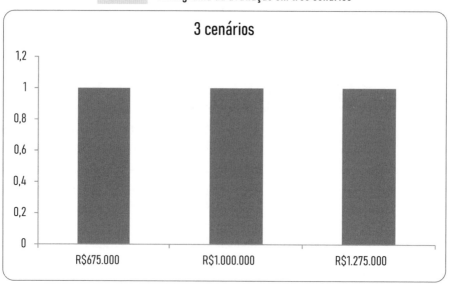

FIGURA 94 – Histograma da avaliação em cinco cenários

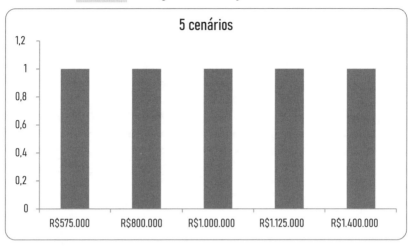

Imagine, por um instante, a possibilidade de ampliarmos esses cenários. Considere a capacidade de montar dezenas, centenas ou milhares de cenários para o VPL em vez de apenas algumas unidades. Os histogramas a seguir ilustram os valores decorrentes de avaliações respectivamente para 50, 100, 500, 1.000 e 5.000 cenários.

FIGURA 95 – Histograma da avaliação em 50 cenários

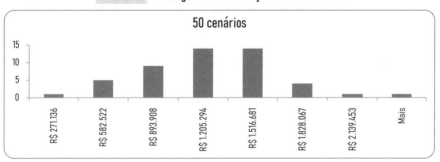

FIGURA 96 – Histograma da avaliação em 100 cenários

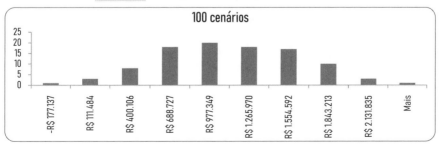

FIGURA 97 – Histograma da avaliação em 500 cenários

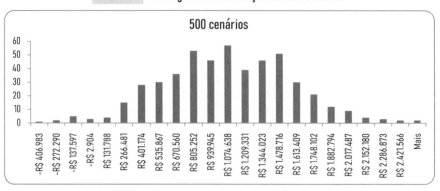

FIGURA 98 – Histograma da avaliação em 1 mil cenários

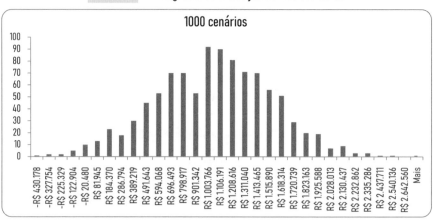

FIGURA 99 – Histograma da avaliação em 5 mil cenários

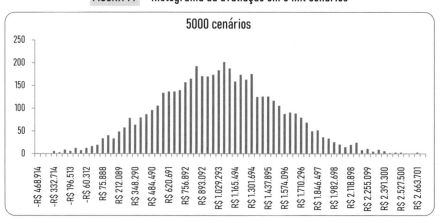

Perceba que o aumento dos cenários incorporados à avaliação permite que ela seja mais aprofundada no que se refere à percepção do risco assumido (desvio do valor esperado). Sumarizando as avaliações em cada cenário, pode-se montar o quadro a seguir, no qual constam estatísticas descritivas de cada avaliação, conforme o número de cenários:

QUADRO 112 — Estatística descritiva das avaliações por quantidade de cenários

Quantidade de cenários	1	3	5	50	100	500	1.000	5.000
VPL médio	R$1.000.000	R$983.333	R$980.000	R$1.079.608	R$975.351	R$1.006.434	R$999.649	R$1.010.485
Desvio-padrão	R$0	R$245.232	R$280.802	R$464.985	R$520.281	R$505.504	R$490.607	R$494.039
Coeficiente de variação	0,00%	24,94%	28,65%	43,07%	53,34%	50,23%	49,08%	48,89%
Mínimo	R$1.000.000	R$675.000	R$575.000	R$52.314	-R$248.320	-R$482.122	-R$812.974	-R$469.254
Máximo	R$1.000.000	R$1.275.000	R$1.400.000	R$2.450.839	R$2.420.456	R$2.556.258	R$2.744.985	R$2.709.101

ELABORAÇÃO E AVALIAÇÃO DE PLANOS DE NEGÓCIOS

A primeira coluna contém as indicações das medidas apresentadas para cada contexto de avaliação. As demais colunas apresentam essas medidas para cada contexto de avaliação, os quais são caracterizados pelo número adotado de cenários. A primeira medida (segunda linha) é o VPL médio (para fins de simplificação dos cálculos, foi adotada a média aritmética, o que pressupõe, portanto, que cada cenário tem a mesma probabilidade de ocorrência). A segunda medida (terceira linha) contém o desvio-padrão. Perceba que o desvio-padrão da avaliação com um cenário é zero. Isso ocorre porque essa avaliação é determinística, apresentando um único cenário, o que não permite o cálculo da medida de dispersão. Na quarta linha, estão calculados os coeficientes de variação, a fim de evidenciar a dispersão relativa. Nas duas últimas linhas constam os valores mínimo e máximo calculados. Para a avaliação determinística, ambos os valores foram iguais ao valor médio, já que só há um único valor nesse contexto. O que se pode auferir a partir desse quadro e dos gráficos apresentados anteriormente?

Se for possível gerar mais cenários para, dessa forma, calcular mais VPLs prováveis, então haverá uma quantidade maior de informação sobre os possíveis valores, bem como sobre a dispersão deles em relação ao valor médio. À medida que a quantidade de cenários aumenta em cada processo de avaliação, os valores médios vão se aproximando do valor esperado na situação-base (análise determinística). No entanto, agrega-se a esse valor esperado a dimensão de risco, dada pelo desvio-padrão e pelo coeficiente de variação. Essas duas últimas medidas também evidenciam certa convergência à medida que a quantidade de cenários aumenta.

Além disso, observando o histograma para 5 mil cenários analisados, nota-se certa semelhança com o formato de uma distribuição normal. Esse é um possível efeito do teorema central do limite, o qual indica que, se forem gerados muitos números aleatórios, os valores amostrais tendem para uma distribuição normal, mesmo que os valores populacionais não sejam distribuídos normalmente. Caso esse teorema se aplique ao caso em questão (o que parece plausível para a presente circunstância), as propriedades de análise da curva normal podem ser empregadas em uma mensuração do risco do empreendimento. Com isso, a geração e a avaliação de uma quantidade de cenários maior do que algumas poucas unidades abre um leque de perspectivas atrativas para compor a avaliação da viabilidade financeira do empreendimento.

Com essa ideia, a Simulação de Monte Carlo (SMC) utiliza ferramentas computacionais para simular dezenas, centenas ou milhares de projeções de fluxos de caixa. A sua fundamentação se baseia na projeção de algumas contas do fluxo de caixa, não de forma determinística (estática), mas de maneira probabilística (dinâmica). Para tanto, essas contas não são representadas por valores médios esperados e estáticos, mas por distribuições de probabilidade que permitem a geração aleatória de valores conforme o comportamento esperado.

Veja a figura a seguir. Em uma análise determinística, o fluxo de caixa é visualizado conforme a representação da esquerda; em uma análise probabilística, como a representação da direita:

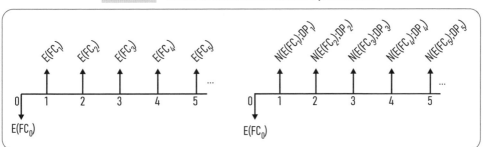

FIGURA 100 – Fluxos de caixa determinístico e probabilístico

Perceba que o fluxo de caixa determinístico é formado por valores esperados, os quais não incorporam a possibilidade (maior ou menor a depender do caso) de que esse valor, de fato, não ocorra tal como esperado. Portanto, o valor calculado sobre o fluxo de caixa é único, pontual e contempla o risco tão somente por meio do ajuste da taxa de desconto. O fluxo de caixa probabilístico, por sua vez, é formado por elementos estocásticos (originados por fatores aleatórios), implementados como distribuições de probabilidade. O modelo é denominado estocástico quando pelo menos uma das variáveis ou características operacionais incorporadas é dada por uma função de probabilidade.

No exemplo, o fluxo de caixa do momento zero foi representado pelo valor esperado, uma vez que não se espera variabilidade significativa em um desembolso que ocorrerá imediatamente. Os fluxos de caixa dos períodos de um a cinco, por outro lado, estão sujeitos a variabilidades, sobretudo com o passar do tempo. Nesse caso, após levantamento de premissas sobre seus comportamentos futuros, eles são representados por distribuições normais (os parâmetros de uma distribuição normal são a média e o desvio-padrão). Portanto, a distinção entre os dois casos reside na operacionalização dos valores. Em vez de um valor esperado (E[FC]), tem-se uma distribuição de probabilidade (N(E[FC];DP)).

Tal procedimento permite a projeção de milhares de simulações dos valores do fluxo de caixa, os quais podem representar milhares de cenários possíveis. Cada geração de novos valores para os elementos do fluxo de caixa corresponde a um cenário possível. O resultado de cada cenário simulado (VPL) é guardado em uma distribuição de probabilidade. Com isso, ao final da simulação de Monte Carlo, em vez de se ter um único VPL, como ocorre em uma avaliação determinística, há um conjunto de VPLs, tantos quanto foram os cenários simulados. A disposição desses valores em uma distribuição possibilita estimar a probabilidade de ocorrência de cada valor, por meio de medidas de estatística descritiva e da análise da distribuição desses resultados.

ELABORAÇÃO E AVALIAÇÃO DE PLANOS DE NEGÓCIOS

Deve-se atentar, no entanto, para o fato de que nem todas as contas que compõem o fluxo de caixa devem ser projetadas necessariamente conforme uma distribuição. Há variáveis de comportamento bastante previsíveis que não carecem de uma modelagem probabilística. Outras, porém, dada a dificuldade em estimar com grau de certeza completa, devem ser modeladas por meio de distribuições de probabilidade.

Além disso, existem contas independentes que não estão relacionadas às variações das contas probabilísticas. Elas são constantes (desvio-padrão igual a zero) ou variam de outra forma, independentemente das contas inicialmente identificadas. Outras variáveis podem ser diagnosticadas como dependentes das variáveis a serem geradas aleatoriamente. Isso deve ser implementado por meio de relações percentuais, sendo as últimas base de cálculo para as primeiras.

As etapas para o cálculo do VPL por meio da simulação de Monte Carlo são dadas no seguinte quadro:

QUADRO 113 — Etapas do cálculo do VPL pela simulação de Monte Carlo

Levantamento de premissas
Simulação de um cenário por meio da geração de valores para as contas estocásticas
Cálculo do VPL sobre o fluxo de caixa projetado do cenário simulado
Repetição das etapas 2 e 3 n vezes, armazenando n VPLs em uma distribuição
Análise da distribuição dos VPLs calculados

Tais etapas serão apresentadas a seguir.

F.3.1. Levantamento de premissas

Essa etapa é similar à primeira do método determinístico de cálculo do VPL. Inicialmente, o modelo de fluxo de caixa para calcular o VPL deve ser criado por meio da determinação de um plano de contas compatível com as suas atividades operacionais, de investimento e de financiamento. Montada essa estrutura, o passo seguinte é o levantamento de premissas sobre as contas de forma a permitir as projeções. As diferenças iniciam a partir desse ponto.

O pressuposto básico da avaliação probabilística, a qual a simulação de Monte Carlo objetiva calcular, é que algumas contas têm comportamento estocástico. Para aquelas que não apresentam esse comportamento, o processo é igual ao adotado nessa mesma etapa na avaliação determinística pelo VPL.

Apêndice F: Técnicas de Avaliação Financeira Considerando o Risco **363**

Para as contas com comportamentos estocásticos, há a necessidade de tratamento adequado a essa condição. Tais contas devem ser modeladas por meio de distribuições de probabilidade, em vez de valores médios esperados. Portanto, o primeiro passo é definir, para cada conta estocástica do fluxo de caixa, qual será seu comportamento esperado, o qual é implementado por meio de uma distribuição de probabilidade e de seus parâmetros.

Diferentes contas podem se comportar de forma particular. Portanto, diferentes contas têm distribuições de probabilidade específicas que permitem prevê-las. Tais distribuições podem ser estimadas por meio da verificação histórica de valores realizados, quando esses são submetidos a testes de aderência em relação a distribuições de probabilidade conhecidas. Com isso, a conta pode ser caracterizada pela distribuição mais adequada e pelos seus parâmetros definidores. Para tanto, há ferramentas estatísticas que podem ser empregadas com esse propósito, indicando a distribuição mais aderente aos dados históricos.

Caso não haja dados históricos disponíveis, o levantamento de premissas deve ser feito, não no sentido restrito de estimar valores esperados, mas no de estimar distribuições de probabilidade e os seus parâmetros. Assim, o caráter estocástico é incorporado ao modelo, e a avaliação probabilística pode ser realizada.

F.3.2. Simulação de um cenário por meio da geração de valores para as contas estocásticas

Após a caracterização de cada conta, estocástica ou não, parte-se para a geração de um cenário. Esse é concebido pela geração de números aleatórios para as contas estocásticas, dentro de suas respectivas distribuições de probabilidade. O computador atribui um valor aleatório conforme distribuição de probabilidade especificada para cada conta estocástica do fluxo de caixa, criando um cenário.

Uma vez gerados os valores para as contas estocásticas independentes, pode-se automaticamente calcular os valores das contas dependentes por meio de relações percentuais. É o caso de despesas variáveis e custos diretos, por exemplo. Cada simulação dessa série de valores significa um cenário possível. Esse evento, portanto, tem uma probabilidade diferente de zero de acontecer.

F.3.3. Cálculo do Valor Presente Líquido sobre o fluxo de caixa do cenário simulado

Definidos o cenário e o decorrente fluxo de caixa, o VPL é calculado e armazenado. Adota-se o mesmo princípio do cálculo do VPL para a avaliação determinística.

F.3.4. Repetição das etapas 2 e 3 n vezes, armazenando n VPLs em uma distribuição

Como o objetivo é gerar uma faixa de VPLs possíveis, em vez de um valor pontual, as etapas 2 e 3 devem ser repetidas tantas vezes quanto for considerado ideal para a avaliação. A ideia é repetir a geração de cenários várias vezes, calculando a mesma quantidade de VPLs.

A determinação da quantidade de iterações vai depender do poder de processamento utilizado. O atenuante é que, atualmente, o poder de processamento é suficientemente alto para permitir grande quantidade de iterações desse processo recursivo. De modo geral, isso não costuma representar qualquer limitação ao método.

Se o processamento de muitas iterações for possível, os resultados serão mais apurados e representativos. O conceito é o mesmo de uma amostragem. Quanto maior o tamanho da amostra, melhor é a confiança sobre os resultados.

Após a geração de cada VPL, esses devem ser armazenados em uma lista, objeto de análise da etapa seguinte.

F.3.5. Análise da distribuição dos VPLs calculados

Ao final de todas as iterações anteriores, está criada uma série de resultados. Sobre esse conjunto de VPLs, podem ser feitas duas análises. Em primeiro lugar, esse conjunto de valores pode ser submetido a estatísticas descritivas, a fim de se ter um quadro que sintetize as características dos valores calculados, conforme exemplo a seguir. Medidas de concentração (média e mediana) e dispersão (desvio-padrão, coeficiente de variação e valores mínimo e máximo) podem ser calculadas.

QUADRO 114 — Exemplo de quadro sintético da análise dos resultados

INDICADOR	VALOR
Número de simulações	
VPL médio	
VPL mediano	
Desvio-padrão	
Coeficiente de variação	
VPL mínimo	
VPL máximo	

Apêndice F: Técnicas de Avaliação Financeira Considerando o Risco — 365

Além dessas medidas descritivas, as quais já costumam fornecer um bom nível de informação, uma análise sobre a distribuição de probabilidade à qual esse conjunto de valores melhor se adequa é fundamental. Caso eles se adequem a determinada distribuição, podem ser estimadas probabilidades de ocorrência dos valores simulados de acordo com as funções de densidades específicas da referida distribuição (tal qual a indicada preliminarmente para a distribuição normal discutida anteriormente).

Imagine, por exemplo, que, ao final de uma simulação de Monte Carlo, os valores estejam normalmente distribuídos com valor médio de R$1.000.000,00 e desvio-padrão de R$500.000,00. Tomando por base a informação prévia de probabilidades de ocorrência entre a média mais determinada quantidade de desvios-padrão, pode-se montar o seguinte quadro de probabilidades:

QUADRO 115 — Probabilidades de ocorrência

DESVIOS-PADRÃO	VALOR MÉDIO MENOS X DESVIOS-PADRÃO	VALOR MÉDIO MAIS X DESVIOS-PADRÃO	PROBABILIDADE ACUMULADA 1	PROBABILIDADE ACUMULADA 2	INTERVALO DE PROBABILIDADE
1	R$500.000,00	R$1.500.000,00	15,87%	84,13%	68,27%
2	R$0,00	R$2.000.000,00	2,28%	97,72%	95,45%
3	-R$500.000,00	R$2.500.000,00	0,13%	99,87%	99,73%

A primeira coluna indica a quantidade de desvios-padrão usados para subsidiar os valores digitados nas colunas 2 e 3. A segunda coluna calcula o valor médio menos X desvios-padrão, em que X é a quantidade de desvios-padrão da respectiva linha. A terceira linha apresenta o valor médio mais X desvios-padrão. A quarta coluna apresenta a probabilidade acumulada calculada até o valor da segunda coluna, e a quinta coluna, até o valor da terceira coluna (para montar essa tabela, utilizou-se a função DIST.NORM.N do Excel®, que fornece a probabilidade acumulada de ocorrência de determinado valor dentro de uma distribuição normal). Analisando as colunas quatro e cinco da linha de um desvio-padrão, o percentual de 15,87% (quarta coluna) indica que há probabilidade de 15,87% de que o valor seja menor ou igual a R$500.0000,00 dentro dessa distribuição. O percentual de 84,13% (quinta coluna) indica que há probabilidade de 84,13% de que o valor seja menor ou igual a R$1.500.000,00. A última coluna indica a probabilidade de que o valor esteja entre os dois extremos dessa linha (R$500.000,00 e R$1.500.000,00). Esse percentual (68,27%) é dado pela probabilidade de que o valor seja menor ou igual a R$1.500.000,00 (84,13%) menos a probabilidade de que o valor seja menor ou igual a R$500.000,00 (15,87%).

ELABORAÇÃO E AVALIAÇÃO DE PLANOS DE NEGÓCIOS

Em particular, pode ser estimada a probabilidade de o VPL ser negativo, o que costuma ser uma informação bastante importante. Independentemente do tipo de distribuição gerada (possivelmente, os resultados estarão normalmente distribuídos, dada a grande quantidade de simulações), suas funções de densidade de probabilidade acumulada poderão ser usadas para esse fim.

No exemplo anterior, a probabilidade de que o VPL seja menor ou igual a zero é de 2,28% (terceira linha da quarta coluna). Portanto, há uma probabilidade de 2,28% de que o seu VPL seja negativo. Naturalmente, isso decorre de um conjunto de circunstâncias negativas que levam a esse resultado indesejado e indica que, apesar de ser um percentual que indica baixa probabilidade de ocorrência, ainda há esse risco.

De maneira menos sofisticada, pode-se conseguir isso também pela análise da distribuição dos valores simulados. Caso tenham sido realizadas 1 mil iterações e, dessas, 20 tenham apresentado resultados negativos, ainda que sem rigor matemático maior, tem-se uma dimensão da quantidade de situações desfavoráveis passíveis de ocorrência. Na simulação, 2% dos resultados foram negativos, o que também evidencia a possibilidade de essa situação indesejada acontecer.

O histograma também é uma saída gráfica muito interessante. Ele representa a distribuição de frequências de um conjunto de dados. Em primeiro lugar, os dados a serem analisados devem ser ordenados crescentemente. Em seguida, são categorizados conforme seus valores, sendo estabelecidos intervalos para cada agrupamento, dentro dos quais todos os dados são inseridos. Posteriormente, faz-se uma contagem da quantidade de itens dentro de cada categoria. No histograma, cada categoria é representada por uma coluna, e a altura dessa coluna indica o número de ocorrências dos elementos dentro de cada categoria. À medida que os intervalos de cada agrupamento são reduzidos, o histograma vai se tornando mais preciso e mais adequado à análise.

ÍNDICE

A
Análise
  custo-volume-lucro, 119, 154
  de cenários, técnica, 350
  de viabilidade, 220
  horizontal, 142
    acumulada, 143
    periódica, 143
  vertical, 138, 208
Atividades
  administrativas e comerciais, 74
  produtivas, 75

B
Bens
  de capital, 37
  de consumo
    duráveis, 36
    não duráveis, 36
    intermediários, 38

C
Cadeia de suprimentos, 32
Canais de distribuição, 34, 44
Capacidade
  analítica, 13
  produtiva, 11, 79, 238
Capital de giro, 108, 116, 229
Capitalização
  composta, 311
  fator de, 313
  contínua, 313
  simples, 309
Categorização de produtos e serviços, 35
  intangíveis, 35
  intermediários, 35
  tangíveis, 35

Ciclo
  financeiro, 172
  financeiro ou de caixa, 288
    importância do, 290
  operacional do empreendimento, 170
Ciclo de vida
  do empreendimento, 197
  do produto/serviço, 38
  fases
    de crescimento, 39
    de declínio, 41
    de introdução, 38
    de maturidade ou de estabilidade, 41
  esperado, 34
Ciclo do produto, 83
  crescimento, 83
  declínio, 83
  introdução, 83
  maturidade, 83
Classificação ABC, 157
Comportamento
  cíclico em uma empresa industrial, 169
  esperado, 56
  futuro do empreendimento, 18
  histórico, 56
Conceito
  de incerteza, 344
  de perpetuidade, 241
  de risco, 344
Concessão de crédito, 62
Concorrentes
  diretos, 32, 60
  indiretos, 32, 60
Condições de comercialização, 62
Contas
  analíticas, 124
  de resultado, 137
  sintéticas, 124

Contribuição Social sobre o Lucro Líquido (CSLL), 133
Cronograma
  das atividades de estruturação, 73
  de disponibilização dos ativos fixos, 94
  de incorporação dos ativos, 73
  financeiro, 163
Curva
  de produção, 130
  de venda prevista, 107
  de vendas, 130
Custo
  da Mercadoria a ser Vendida (CMV), 283
  de capital
    do empreendimento, 194, 206
    do negócio, 194
  de captação, 194
  de financiamento, 176
  de oportunidade, 199
  de oportunidade do investidor, 308
  do capital próprio, 199
  efetivo de capital, 300
  Financeiro (CF), 292
  marginal, 279
  médio do produto, 278
  Médio Ponderado de Capital (CMPC), 207, 238
Custos
  fixos, 120
  produtivos, 130
  totais, 121
  variáveis, 121

D

Demanda inelástica, 40
Depreciação
  contábil, 185
  gerencial, 188
Descapitalização, 316
Deseconomia de escala, 280
Despesas
  fixas, 122, 134
    projeção das, 136
  totais, 122
  variáveis, 122
Desvio-padrão, 345
Disponibilidade de caixa, 169
Distribuição
  de dividendos, 205
  de Gauss, 348

E

Economia de escala, 278
  pecuniária, 279
Eficiência produtiva, 78
Elasticidade
  cruzada, 51
  da demanda, 48
  preço-demanda, 13
Equilíbrio operacional, 150
Equivalência
  de capitais, 316, 326
  de fluxos de caixa, 243
Espelho financeiro, 163
Estímulos externos, 11
  negativos, 10
  positivos, 11
Estratégia mercadológica, 33, 61
Estruturações do
  empreendimento, 22
  administrativa, 22
  física, 22
Estrutura de mercado, 47
  condições de
    comercialização, 47
  estabelecimento do
    preço, 47
  expectativa de quantidade
    vendida, 47
  tipos de
    concorrência
      monopolística, 51
    concorrência perfeita, 50
    monopólio, 48
    monopsônio, 51
    oligopólio, 49
    oligopsônio, 52
Excedente operacional, 232

F

Fase
  de execução, 19
  de planejamento, 19
Fatores
  de incerteza, 15
  de produção, 76
    fixos, 76
    variáveis, 76
Fator tempo, 14, 303
Financiamento das compras, 36
Fluxo de caixa
  completo do
    empreendimento, 219
  consolidado, 117
  da empresa, 237
  de amortização da
    dívida, 293
  de caixa operacional, 227
  de financiamento, 116, 227
  de investimento, 116, 168,
    190, 227
  determinístico, 361
  dos credores, 227, 293
  dos Proprietários (FCP),
    227, 237, 326
  equivalente, 243
  estimado, 247
  expectativa de estabilização
    do, 236
  Livre (FCL), 237, 326
    perpétuo, 252
  mensal, 183
  operacional, 116
    completo, 137
    custos produtivos, 118
    despesas
      operacionais, 118
    projeção do, 124
    projetado, 137, 178
    receitas operacionais, 118
  probabilístico, 361
  projetado, 115
    das atividades de
      financiament, 216
  relações entre, 226
  total do
    empreendimento, 116
  uniforme, 322
    antecipado, 323
    postecipado, 323
Fontes de capital, 195
  capital de terceiros, 201
  capital próprio, 195

Formato de Gantt, 91
Frequência de compra, 35

G

Gerenciamento de estoques, 171
Giro de caixa, 174
Grau
  de automação do
    equipamento, 79
  de previsibilidade, 14

H

Habilidades de análise, 19
Hábitos de consumo, 30
Horizonte temporal de
  operação, 241
  definido, 241
  indefinido, 241

I

Importância relativa dos
  produtos, 158
Impostos, 284
  COFINS, 132, 287
  Contribuição Social sobre o
    Lucro Líquido
    (CSLL), 287
  ICMS (Imposto sobre
    Circulação de
    Mercadorias e Serviços),
    284, 287
  Imposto de Renda da
    Pessoa Jurídica (IRPJ),
    133, 287
  Imposto sobre Circulação
    de Mercadorias e
    Serviços (ICMS), 133
  Imposto sobre Serviços
    de Qualquer Natureza
    (ISSQN), 133
  IPI (Imposto sobre Produtos
    Industrializados), 284
  PIS, 132, 287
Índice de payout, 251
Inflação, 135, 304
  indicadores de, 135
  projeção de, 135
  taxa de, 201

J

Juros, 305
  taxas de, 307

Índice 369

L
Layout, importância, 87
Localização ótima, 99
Lucratividade operacional, 141
Lucro
  Antes dos Juros e Imposto
    de Renda (LAJIR), 203
  operacional, 145

M
Margem
  de contribuição, 157
    percentual, 153
    total, 153
  de contribuição percentual
    unitária, 270
  de Contribuição Total
    (MCT), 270
  de Contribuição Unitária
    (MCU), 150, 269
  de segurança, 181
Métodos
  de capitalização, 309
  de custeio, 265
    direto, 265
    por absorção, 265
Modelo de Gordon, 244, 336
Movimentações financeiras
  projetadas, 115

N
Nível
  de atividade do
    empreendimento, 30,
    43, 147
  de atividade projetado, 83
  de desembolso, 100
  de desembolso
    operacional, 175
  de desperdício, 78
  de produção, 48
  de produção do
    empreendimento, 76
  de qualidade esperado, 58
  de saturação, 40
  de venda, 281

O
Ociosidade de capital
  disponível, 194
Operações financeiras, 303
  ativas, 303
  passivas, 304
Orçamento de caixa, 177
Orientações locacionais, 100
  macrolocalização do
    empreendimento, 102

P
Percepção de valor, 39, 51
Período de industrialização e
  estocagem, 289
Perpetuidade, 334
Plano de negócio, 7
  a equipe de elaboração de
    um, 16
  apresentação oral do, 261
  campos de ação do, 8
    avaliação do plano de
      negócio, 8
    elaboração, 8
  como instrumento de
    controle, 10
  como instrumento
    prospectivo, 10
  conceito, 7
  de ampliação, 11
  de contração, 11
  definição, 8
  de implantação, 11
  externo, 21
  interno, 21
  nível de complexidade de
    um, 12
  nível de incerteza de
    um, 13
  os usos de um, 10
  para recursos financeiros
    externos, 9
Política de dividendos, 196
  base de cálculo da, 196
  índice de payout, 197
  periodicidade de
    distribuição dos
    dividendos, 197
Ponto de equilíbrio operacional,
  119, 145, 177, 237
Possibilidade de expansão, 106
Pós-venda, 37

Prazo médio, 174
  de estocagem, 174
  de pagamento, 174
  de recebimento, 174
Precificação de ativos, 199
  APT (Arbitrage Pricing
    Theory), 199
  CAPM (Capital Asset
    Pricing Model), 199
Preço de venda dos produtos/
  serviços, 281
  determinação do, 281
  faixa de, 282
  modelo de formação
    do, 283
Preferências intertemporais, 308
Prejuízo operacional, 145
Processos produtivos, 80
  automatizados, 80
  semiautomatizados, 80
Produto/serviço, 48
  elástico, 48
  inelástico, 48
Projeção
  de faturamento, 63
  de recebimento, 63
Proposta de negócio, 256

R
Receita de equilíbrio
  operacional, 151
Recursos comprometidos, 9
Regime
  de caixa, 71
  de competência, 71
Requisitos estruturais, 86
Resultado operacional, 178
Retornos esperados, 9
Risco
  da operação, 308
  de inadimplência, 64
  de mercado, 52

S
Simulação de Monte Carlo,
  255, 355
Sistema de amortização
  constante (SAC), 297
  PRICE, 293
Sumário executivo, 260

T

Taxa
- de crescimento, 253
- de Fisher, 308
- de inflação, 308
- de juros
  - nominal, 307
  - real, 307
- de marcação
  - (mark-up), 284
  - despesas variáveis (DV), 286
- Interna de Retorno (TIR), 201, 220, 239, 300, 325, 337
- Mínima de Atratividade (TMA), 216, 239, 243, 326, 343

Técnicas de coleta de dados, 55
- analogia histórica, 55
- grupo focal, 55
- painel de especialistas, 55
- técnica Delphi, 55

Tipos de investimento, 163
- ativos intangíveis, 167
- ativos tangíveis, 163
- capital de giro, 169

Trade off, 17, 78, 100

Tributos federais, 286
- Lucro Presumido, 286
- Lucro Real, 286
- Simples Nacional, 286

V

Valor
- da continuidade do funcionamento da empresa, 22
- do dinheiro no tempo, 303
- intrínseco, 325
- percebido pelos clientes, 282
- presente da perpetuidade, 251
- presente de uma perpetuidade, 334
- Presente Líquido (VPL), 81, 110, 219, 243, 326
  - negativo, 327
  - positivo, 327
  - residual de um ativo, 184
- terminal do empreendimento, 251
- Uniforme Equivalente (VUE), 81, 110

Vantagem tributária, 203

Variação percentual, 143

Variáveis
- locacionais, 102
  - microlocalização do empreendimento, 102
- qualitativas, 55
- quantitativas, 55

Viabilidade
- de funcionamento, 32
- do negócio, 8
- financeira, 194, 241, 343
  - verificação da, 325, 343

Projetos corporativos e edições personalizadas dentro da sua estratégia de negócio. Já pensou nisso?

Coordenação de Eventos
Viviane Paiva
viviane@altabooks.com.br

Assistente Comercial
Fillipe Amorim
vendas.corporativas@altabooks.com.br

A Alta Books tem criado experiências incríveis no meio corporativo. Com a crescente implementação da educação corporativa nas empresas, o livro entra como uma importante fonte de conhecimento. Com atendimento personalizado, conseguimos identificar as principais necessidades, e criar uma seleção de livros que podem ser utilizados de diversas maneiras, como por exemplo, para fortalecer relacionamento com suas equipes/ seus clientes. Você já utilizou o livro para alguma ação estratégica na sua empresa?

Entre em contato com nosso time para entender melhor as possibilidades de personalização e incentivo ao desenvolvimento pessoal e profissional.

PUBLIQUE
SEU LIVRO

Publique seu livro com a Alta Books.
Para mais informações envie um e-mail para: autoria@altabooks.com.br

/altabooks /alta-books /altabooks /altabooks

CONHEÇA OUTROS LIVROS DA **ALTA BOOKS**

Todas as imagens são meramente ilustrativas.

ROTAPLAN
GRÁFICA E EDITORA LTDA
Rua Álvaro Seixas, 165
Engenho Novo - Rio de Janeiro
Tels.: (21) 2201-2089 / 8898
E-mail: rotaplanrio@gmail.com